从饗宴到丧祭

两汉至宋元墓葬家居随葬组合研究

◎ 李嘉妍 著

上海古籍出版社

图书在版编目(CIP)数据

从飨宴到丧祭：两汉至宋元墓葬家居随葬组合研究/李嘉妍著.—上海：上海古籍出版社,2023.6
ISBN 978-7-5732-0607-7

Ⅰ.①从… Ⅱ.①李… Ⅲ.①墓葬(考古)-文化-研究-中国-汉代-宋元时期 Ⅳ.①K878.84

中国国家版本馆CIP数据核字(2023)第013115号

从飨宴到丧祭
两汉至宋元墓葬家居随葬组合研究

李嘉妍 著

上海古籍出版社出版发行
(上海市闵行区号景路159弄1-5号A座5F 邮政编码201101)
(1)网址：www.guji.com.cn
(2)E-mail：guji1@guji.com.cn
(3)易文网网址：www.ewen.co
上海丽佳制版印刷有限公司印刷
开本787×1092 1/16 印张19.25 插页7 字数375,000
2023年6月第1版 2023年6月第1次印刷
ISBN 978-7-5732-0607-7/K·3338

审图号：GS(2023)1589号 定价：118.00元
如有质量问题，请与承印公司联系

作者简介

李嘉妍，女，浙江嘉兴人。现为北京大学考古文博学院在读博士生，师从沈睿文教授，专业方向为汉唐考古。

从"飨宴"到"丧祭",是对家居随葬组合在墓葬内功能变化的整体概括,自"两汉"至"宋元",则覆盖各个发展时期。

所谓"飨宴"者,《晋书·明帝纪》曾载"停飨宴之礼,悬而不乐",其重在"宴"。

所谓"丧祭"者,《礼记·檀弓下》尝言"以吉祭易丧祭",其核则在"祭"。

自两汉至宋元,该组合经历了漫长的演变,从始至终不曾在中国古代的墓葬体系中消失,它伴随着墓葬本身空间形制、生死观念的转变而一同发生改变。

与此同时,中国古代墓葬作为"礼法"与"仪俗"交融的产物,礼与俗也同样对三大随葬系统之一的家居组合产生了影响。它们逐渐成为政治运作中具有独特身份标识和等级意义的重要代表,并形成了一套阶次完整、极差严格的等级序列,被彻底吸收进入礼仪制度的建设之中。这一点尤其集中表现在该组合发展的成熟阶段,即魏晋南北朝时期。

肆 / 继承、对立和统一 123

一、长江中下游与闽晋流域的辐射性 125
二、中原北方的改制、妥协与创新 127
三、南北方地区的异同与流变 128
四、边缘地区的差异化表达 130
五、墓葬空间体系中的礼制内涵 132

伍 / 家居组合的消匿与墓主画像的重现 137

一、隋末唐初以来家居随葬传统的继承与流变 139
二、「棺床与屏风」的全新组合 143
三、从「一桌二椅」到「夫妇共坐」 166
四、元明时期「神座居中」的礼制延续 182

结 语 197

附 表 203

图表索引 263

参考文献 267

后 记 300

目录

绪　言　1

一、『家居』与『家具器物』：研究对象及材料的界定　4

二、从『家具器物』到『墓葬制度』：相关研究概述与评说　8

三、方法、脉络与章节　15

壹/ 从地面到墓下：墓内祭祀设施的出现　19

一、『墓祭非古』之争　21

二、『素帐设虚樽』：等级墓葬中的礼祭组合　23

三、新莽之前的家居随葬祭器组合　31

四、墓内祭祀与居室营建　44

贰/ 墓室空间中的『飨』与『宴』　47

一、两汉之际的生死更异　49

二、由器物组合构建的『飨宴空间』　50

三、壁画与画像石中的『飨宴』主题　77

四、丧葬组合的成熟与定型　81

叁/ 地方传统与区域差异　83

一、东晋南朝家居随葬组合的成熟定制　85

二、北魏至北朝的复归与全新发展　96

三、非核心区域的『两汉』传统　110

绪 言

「家居」与「家具」：研究对象及材料的界定

从「家具器物」到「墓葬制度」：相关研究概述与评说

方法、脉络与章节

墓葬作为灵魂与肉身在身后世界的承载个体，对于墓葬整体的构筑与营建始终是人们所思考与关注的重点，无论是平民百姓抑或王侯贵族，都曾试图对墓葬内的随葬组合及空间结构做出安排，以体现对生命的理解与冥界的思索。

家居随葬组合作为墓葬中极为重要的组成部分之一，在整个墓葬空间的营建中承担着不可替代的独特功能。家居组合在两汉时期的墓葬中便已初见端倪，往往被作为"祭器"而讨论研究；最终的成熟是在魏晋南北朝时期，这是中国丧葬礼制变革的重要时期，上承汉制，下接"晋制"[1]；并在隋唐时期的墓葬中以另一种不同的形式进行表达，一直延续至宋代。相比于其他随葬组合而言，前者与墓葬空间性之间的联系更为紧密，也更能体现出墓葬主导者或营建者的生死观念，或在一定程度上，能够被理解成是为死者灵魂所创设的特殊的"主体空间"[2]。

家居随葬组合的出现与发展是丧葬制度改革下的产物，在墓葬形制、结构，甚至随葬品都发生关键性改变之时，家居一类的器物逐渐出现在墓葬之中，这背后所反映的既是当时社会丧葬礼俗与灵魂观念的转变，也是对上层统治者政治推行下的妥协与回应。家居随葬组合作为墓葬整体营建中的载体之一，虽然汉制下的家居随葬器物由于未成定法，是否能够称为"组合"仍存疑，但将两汉时期看成是这一组合的滥觞时期应无争议；在魏晋南北朝时期发生根本性的改变，形成完整的体系，并在南北方地区以不同的形式呈现，在边缘地区也可见其面貌；再到唐前期发展出全新的呈现方式，唐中期之后以图像方式复归，直至宋元时代形成"一桌二椅"题材主题。这一组合在发展过程中，逐渐呈现出截然不同的表现形式。但无法否认的是，这一组合始终在墓葬内，从未被抛弃。

大量考古学墓葬材料的详细刊布，为我们考察和审视这一组合在墓葬体系中的发展提供了物质基础。据此，在本书中笔者以家居随葬组合为研究视角，从考古学材料本身出发，在整合梳理两汉、魏晋南北朝、隋唐以及宋辽金元墓葬资料的基础上，试图对家居随葬组合进行长时段、多区域的讨论与探究；以时间顺序为线索，考察家居随葬组合的历史来源与发展流变，对不同时期、不同地区家居随葬的组合经营与呈现方式进行论

---

[1] 俞伟超首先提出中国历史时期墓葬发展的三个阶段，将其归纳为"周制""汉制"与"晋制"（详俞伟超《汉代诸侯王与列侯墓葬的形制分析——兼论"周制"、"汉制"、"晋制"的三阶段性》，载其所撰《先秦两汉考古学论文集》，北京：文物出版社，1985年，页117—125）。齐东方进一步指出魏晋时期普通墓葬中出现了陶祭台、榻、案、案几及陶俑、牛车等鲜明可视的新方式与新器物；并认为考古报告中所称的祭台或祭坛、供台、砖台等，是设在墓门口或墓室前部，用砖砌出高于地面的平台，上置石板、案几、陶榻，应与祭台功能相同。这一类新出现的设施应当被看作是墓葬之中的祭奠空间，以此弥补带横前室墓在西晋以后极为少见而导致的祭祀空间的消失（详齐东方《中国古代丧葬中的晋制》，《考古学报》2015年第3期，页345—366）。霍巍也通过六朝陵墓装饰中瑞兽系统的形成与发展，深入探讨这一制度的形成。详霍巍《六朝陵墓装饰中瑞兽的嬗变与"晋制"的形成》，《考古》2015年第2期，页2、103—113。

[2] [美]巫鸿著，施杰译《黄泉下的美术》，北京：生活·读书·新知三联书店，2011年，页1—11。

述,以探究并分析差异产生背后的可能原因,集中探讨这一现象背后所体现的不同文化传统对于墓葬空间的统一构建与不同规划。由此,通过家居随葬这一墓葬组合体系,来阐释两汉直至宋元近一千五百年内,墓葬随葬设施与空间的发展脉络与文化内核,追溯其渊源,考究其发展,进一步解读家居随葬组合发展过程中所体现的丧葬礼法制度的重构与生死灵魂观念的破立,理解中国古代传统文化的传承性与延续性。

一、"家居"与"家具"
研究对象及材料的界定

"家居"类随葬组合的概念,最先被提出是在对东晋时期的随葬陶器进行分类时,墓室内象征墓主家居的帐座、床榻、案、凭几等器物被归为同一类别[1],可统称为"家居随葬组合"。这一组合由生前居室家具一类的器物组成,因而亦有学者将其称作"家具"。在本书的叙述中,笔者选择"家居"随葬组合来概括,而非"家具",原因有三:

一则是关于定义的问题。家具的范围过于狭隘,床榻、案几等被列为居室设施当无疑,但帷帐座、食案等是否能够以家具的概念进行描述,仍需斟酌。这一类居室生活中的附属性配件,与家具设施相互配合共同形成人群主体的生活空间,但针对其本身的属性归纳,仍应进一步具体考量。

二则是关于主体对象的问题。若以"家具"随葬组合为名,这一组合的对象则是以居室家具为主要内容的随葬器物,其核心为物质性。但本书所讨论的"家居随葬组合",虽以家居类随葬器物为切入点,却更为关注人作为墓葬主体与家居组合的关系,与其说是对器物组合的考察,倒不如说是对墓葬中以墓主为中心的家居空间的探讨。

三则是关于研究材料形式的问题。"家居随葬组合"所涉及的考古学墓葬材料,不仅仅局限于出土的随葬器物等;还包括墓室壁画中绘制的家居随葬组合及与墓葬空间存在联系的图像学材料,即墓主人居床榻、设案几一类的图像;以及部分墓葬之中所出土的石棺床榻一类的葬具及其上所绘的石刻线画等。因此,仅以"家具"相称,并不能相对完整地囊括所有探讨的内容。

据上,暂将墓葬中与之相关的所有材料统称为"家居随葬组合",这一定义更倾向于针对器物本身类型的分类,而针对这一组合在墓室内具体的意涵象征与功能作用,则仍

---

[1] 韦正将东晋时期的随葬陶器大致分为三类,除正文所说的"家居"类器物外,一是代表出行场面的牛车和仆从俑;二是日常生活用品如砚台、香熏、耳杯、盘、勺、魁、果盒、盆、碗等。详韦正《六朝墓葬的考古学研究》,北京:北京大学出版社,2011年,页152—158。

需依凭所对应的时代背景、文化传统，进一步作出性质判定。

此外，由于这一组合中的具体器类多为现世生活中的居家设施，因此，其本身形制的分化与发展并非一蹴而就，而是经历了一定的演变过程。为进一步明确研究对象的具体范围，以便展开后文的讨论，本书将对组合包括的具体器类进行如下定义与考证：

（一）禁、梡、俎、案

禁、梡于西周早期已见，为礼、宴之器，大夫、士多用。《礼器》云："天子、诸侯之尊废禁，大夫、士梡禁。以下为贵。"盖天子、诸侯并不用禁，大夫用梡，已高于天子、诸侯，然犹无足。士用禁，而足高三寸，又高于大夫。分愈卑而承尊者愈高，所谓"以下为贵"也[1]。

俎最早见于商周时期，商人以脾为贵，而祭祀鬼神；周人则以肩为贵，而宴享宾客。《周礼·天宫》载："王日一举，鼎十有二，物皆有俎。"[2] 与禁、梡不同，俎以多为尊，少为卑，天子设九俎而食[3]。秦汉时，多用俎来指代祭祀之食，为死者专设。

案者，古称案几，指木制的盛食物的矮脚托盘，亦指长形的桌子或架起来代替桌子所用的长木板。《说文·木部》云："案，几属。"《急就篇》颜注曰："无足曰盘，有足曰案，所以陈举食也。"又于后文言，案亦有功用之分，可为食案，亦有方案等承案，尺寸大于食案[4]。案与俎应是并行发展的，前者专为生者而设，后者则在发展过程中逐渐成为礼、祭之器，以丧礼而用[5]。

由此可见，不论是早期的禁、梡，还是多见于秦汉时期的案、俎，应均为置物之设，为家具陈设，上摆食器、酒器，以供宴请宾客、祭祀仪礼。

（二）几

《新定三礼图》引："案《司几筵》，'掌五几：左右玉、雕、彤、漆、素'。详五几之名，是无两端赤、中央黑漆矣。"[6] 此处，"几"应指一种可供人倚靠的坐具，周时以材分贵贱。《周礼·春官宗伯》曰：

---

[1]〔清〕皮锡瑞撰，吴仰湘编《礼记浅说》，北京：中华书局，2015年，页218。
[2]〔清〕李文炤《周礼集传》卷一《天官冢宰》，长沙：岳麓书社，2012年，页274—275。
[3] 于伸《木样年华：中国古代家具》，天津：百花文艺出版社，2006年，页27—29。
[4]〔清〕孙诒让撰，汪少华整理《周礼正义》卷八〇《冬官考工记下》，北京：中华书局，2015年，页4039。
[5] 于伸《木样年华：中国古代家具》，页41—42。
[6]〔北宋〕聂崇义纂辑，丁鼎点校《新定三礼图》卷八《弓矢图》，北京：清华大学出版社，2006年，页238—239。

司几筵掌五几、五席之名物，辨其用与其位。凡大朝觐、大飨射，凡封国、命诸侯，王位设黼依，依前南乡，设莞筵、纷纯，加缫席、画纯，加次席、黼纯。左右玉几，祀先王昨席，亦如之。诸侯祭祀席，蒲筵、缋纯，加莞席、纷纯，右雕几。昨席，莞筵纷纯，加缫席、画纯。筵国宾于牖前，亦如之，左彤几。甸役，则设熊席，右漆几。凡丧事，设苇席，右素几。其柏席用萑，黼纯，诸侯则纷纯，每敦一几。凡吉事变几，凶事仍几。[1]

又《释名·释床帐》云：" 几，庋也，所以庋物也。"[2] 几或为放置物品的小桌子，以陈列之用，类似于案。本书所涉及的考古学墓葬材料中，汉代"长几"即以支撑坐具为主，与两周春秋时期相似。而魏晋南北朝时期所出土的"几"多自汉末三国时兴起，几面呈扁圆弧形，下置三兽形足的凭几（或称"隐几""曲几"），常配合置案组合出现，设于床榻之上。后人多有记载，言："隐几，以怪树天生屈曲。若环带之半者，为之。有横生三丫作足为奇，否则装足作几，置之榻上，倚手顿颡可卧。《书》云'隐几而卧'者，此也。"[3]

由此可见，案、几之器，其名虽不同，但在功能上却有重合之处。从形制而言，案近宽而面状，而几远长而似条状，但并无详细区分，或同源而出，共用于礼、祭场合，后不断分化，形成明确的规制。考古发掘报告中，对案、几的甄别颇显随意，用名之标准亦未统一，从而导致材料的误读性较高。在家居随葬组合的研究中，为保证材料处理的合理性，我们暂且将置物一类的陈设之器释为"案"，而以支撑倚靠的器物作为"几"；另有部分边缘地区出土的圆形小型木制器物，发掘报告多称作"木几"，可认为是"木盘"或"木案"。

（三）床、榻

东汉刘熙《释名》记："人所坐卧曰床。床，装也，所以自装载也。长狭而卑曰榻，言其体榻然近地也。小者曰独坐，主人无二，独所坐也。枰，平也；以板作之，其体平正也。"[4]《礼记质疑》又再引《荀子·礼论》所言，曰："是床专为卧具，而坐榻亦通谓之床。"[5] 以此可推，床、榻原应为同一类功能性的家具器物，惟尺寸上略见不同；后为区分两者，多以床为卧具，以榻为坐具。基于此，学界也多用此称[6]。

---

[1]《周礼正义》卷三八《春官宗伯》，页1858—1885。
[2]〔汉〕刘熙撰，〔清〕毕沅疏证，〔清〕王先谦补《释名疏证补》卷六，北京：中华书局，2008年，页195。
[3]〔明〕高濂《遵生八笺之七·起居安乐笺·尘外遐举笺》"怡养动用事具"条，成都：巴蜀书社，1986年，页46—47。
[4]〔东汉〕刘熙《释名》卷六《释床帐》，北京：中华书局，1985年，页93。
[5]〔清〕郭嵩焘撰，梁小进主编《礼记质疑》卷一二《内则》，长沙：岳麓书社，2012年，页333—359。
[6] 对于床、榻之别及其分化的问题，学者多有讨论及考据。详李宗山《中国家具史图说》，武汉：湖北美术出版社，2001年，页158；孙机《汉代物质文化资料图说》（增订本），上海：上海古籍出版社，2008年，页251。

（四）屏风

"屏风"之名，史称"黼扆"。《汉制考》载："孔安国《顾命传》云：'扆，屏风，画为斧文，置户牖间。'"[1]《新定三礼图》中亦有"扆"一类条目，曰："屏风之名，出于汉世。故引以为况。"[2]王三聘作《古今事物考》，列"屏风"一词，解："周礼掌次，设皇邸，注谓邸后板也。屏风，礼记，天子负斧扆而立，注谓今屏风、扆遗象也。"[3]在传统居室空间中，屏风本身并不作为一种功能性的家具被使用，而以规划、分隔空间的辅助性功能为主；在墓葬中，也多与床、榻，甚至案、几组合出现，列于前或陈设后，对墓室空间的营建与层次的剥离具有重要作用。

（五）砖台、帐座

砖台，是指汉至魏晋墓室内设置的砖砌高台，以砖砌为主，多铺单层砖或下侧立砖、上层平铺；研究者多将这一设施称为"祭台"，但针对其性质的认定，仍应视出土情况而具体斟酌，因此，"砖台"之名或更为合理。砖台常见于长江中下游地区的魏晋砖室墓中，与三足凭几同出。虽然在形制上略显简略，不似居室家具，但在实际的功能性和具体的组合上，都存在一定的替代或补充关系，故也将其列入研究范围之内。

帷帐座，是属于施帐所用的附属性配件。帷帐是居室空间中较为重要的家具装饰类设施，但由于其本身有机材质的限制，几乎不见遗存，因此，与其配套使用的帷帐座可作为物质材料纳入考察。遗憾的是，多数帷帐座的形制规格较小，亦损毁严重，且在考古发掘过程中常出现与灯座等其他器物混淆、记录不清等情况，仅可作参考而列。

（六）棺床

北朝至隋唐时期，北方地区墓葬内多以石质棺床作为葬具，部分设围屏，称"石床屏风"。这一类葬具与魏晋南朝的石榻并不相同：后者多以示意为主，置前室，墓内屏风多围列石榻而排布，与棺椁并无直接空间上的衔接；而前者则将墓主尸身直接置于石床之上，屏风或壁画直接以棺床为中心向两侧延伸，与家居生活中居室卧床在空间中的设置并无二致，故也将其列入家居组合之中。

---

[1]〔南宋〕王应麟撰，张三夕、杨毅点校《汉制考》卷三《礼义》，北京：中华书局，2011年，页65—74。
[2]《新定三礼图》卷八《弓矢图》，页236—237。
[3]〔明〕王三聘辑《古今事物考》卷七《器用》，上海：上海书店，1987年，页141。

（七）以壁画形式出现的"家居随葬组合"题材

家居随葬组合在墓葬中的出现并不仅仅以器物为载体，图像也是一种重要的表现形式。相比于随葬陶、瓷器而言，墓葬图像的绘制难度更低，受到的限制更小，因而，壁画中的家居组合题材多与墓主画像配合出现，形成一套固定的图像题材模式，而非作为主体单独表现；据此也可推定家居随葬器物组合在墓葬空间的实际场景与真实意涵。依据两者表达内容上的相对一致性，暂将这一确定的构图模式也纳入讨论范围。

以上几大类不同形式的相关材料可被整体归纳为"家居随葬组合"而作为本书研究的主体对象，综合进行考察与讨论。另，或有其他所涉及的墓葬材料未见于如上类别，可据相应情况而纳入考量。

二、从"家具器物"到"墓葬制度"
相关研究概述与评说

目前，对案几、床榻一类的家居随葬品的研究，学界内的重点集中于对单类器物的讨论，而并未将其整体的组合，或上述器物与墓内设施的组合，归入完整的墓葬体系中去考量，更未能将各个区域的具体材料整合，去探讨这一物质现象背后的礼制因素。尤其是南京地区魏晋时期的考古学材料中，家居随葬一类器物的出土完整性与集中性较高，由此相关研究也呈现出一定的倾向，包括墓葬出土的明器坐榻、凭几等。基本的研究方法都是在对研究对象进行梳理整合的基础上，进行分型定式，之后对演变规律或来源进行探究，最后对使用方式与等级进行讨论，解释其在墓葬中的意义及内涵。

对家居随葬组合较为完整的研究，基本在时段及地区上均呈现集中性，即着重于东晋时期南京及其周边区域内的材料总结。且注重器物本身的分析，未能全面、系统探讨这一整类器物的组合与使用[1]。

---

[1] 周庭熙通过对南京地区东晋南朝墓葬中所出的明器坐榻的研究，指出坐榻、案与凭几、帷帐座或灯座的明器家具组合可作为南京地区东晋南朝墓葬等级判断的依据之一，认为坐榻与砖砌祭台为替代关系，墓中随葬的明器坐榻及其他家具的布置，应为墓主生前家居生活以及应享有礼遇依然可在其死后所处的墓葬空间中的延续（详周庭熙《论南京地区东晋南朝墓出土的明器榻》，《东南文化》2017年第1期，页102—108；周庭熙《南京地区东晋南朝墓葬所出明器坐榻研究》，南京大学硕士学位论文，2017年5月）。傅征男则在前辈学者研究的基础上，结合佛窟与墓室壁画资料和相关历史文献，对南京及周边地区出土凭几墓葬的考古资料进行了研究；并对东晋、南朝凭几的形态演变做了简单的初步分析，归纳东晋、南朝南方地区墓葬中出土凭几的不同形态特征；讨论凭几在现实使用时的摆放位置和使用人群及其在墓葬中的空间摆放位置；由此探讨凭几在墓葬中的意义和凭几在墓中能够代表墓主灵魂的原因与由来。详傅征男《南京及其周边地区出土凭几探究——以东晋、南朝时期为主》，南京大学硕士学位论文，2016年5月。

与此同时，由于在两汉时期这一类随葬品已较多出现于墓葬之中，因此，大多数学者均以汉墓作为研究对象来进行分析讨论。但是，这一类器物在之后时段的发展与演化，尤其是其所呈现出的地区差异与相似表达，往往被忽略；只将研究的目光置于南方的政治中心或周边地区，对于北方地区及非政治、经济中心地区则基本不见讨论。对于该类器物在不同地区如何被继承，又如何进一步发展，以何种表现形式体现于墓葬之中，其间的差异又如何被理解，以上种种问题都少有探究。

　　此外，对于案几、床榻、屏风等一类家居随葬的相关研究涉及领域较为广泛。就目前的研究情况而言，多数学者都选择不同表现形式的历史学文献材料、考古学物质材料等，从不同的研究视角切入，试图完整、详尽地对这一类研究对象进行讨论与考证。总体研究方向主要集中于以下四个不同类别：

（一）家具类概述

　　对于魏晋南北朝家具演变的研究中，几乎无一例外都以个体器物为研究对象，着重对历史文献的解读，试图探究其演化发展的过程，并讨论文化来源等问题；而对考古资料的认识并不深入。对于家居家具之间的组合关系则基本都未涉及，尤其是家具之间如何组合使用、如何构建居住空间，墓葬内的明器家具、实用家具如何营建生死距离等问题，都在现有的相关研究中暂时被忽略。

　　杨森在《敦煌家具研究》中试图从家具史的角度系统分析敦煌壁画中的家具图像，具体将其分为床榻类、坐具类、几案类等，同时根据其变化将家具发展过程分为三大时期：南北朝、中唐（家具史家的一个重要分期）、五代宋。由此，能够进一步与敦煌以外地区同类型家具的形态进行比较，对其文化源流进行探究。文章着重以单类器物的形态作为研究的核心，研究其发展与演变过程，包括与其他地区的对比，但并未就其组合、位置进行深入研究[1]。

　　根据考古出土材料，杨泓对中国古代家具的演变过程进行概述，并将其划分为三个发展阶段：发生期（史前至魏晋）、发展期（东晋十六国至北宋）与成熟期（北宋至明清），并试图从建筑、礼俗等角度探讨魏晋南北朝时期家具使用的问题[2]。与此同时，还对现有的家具研究进行整理，认为近年来的研究重点多为以考古发掘资料为基础，结合历史文献，对某一种家具或有关遗物进行的研究。指出原始家具的萌芽在史前阶段，经

---

[1] 杨森《敦煌家具研究》，兰州大学硕士学位论文，2006年5月。
[2] 杨泓《美术考古半世纪——中国美术考古发现史》下编第三章《家具经纬——古代家具的演变与造型》，北京：文物出版社，1997年，页405—423。杨泓《汉唐之间城市建筑、室内布置和社会生活习俗的变化》，载巫鸿编《汉唐之间的视觉文化与物质文化》，北京：文物出版社，2003年，页3—30；后载其所撰《中国古兵与美术考古论集》，北京：文物出版社，2007年，页205—232。杨泓《考古所见魏晋南北朝家具》，《紫禁城》2010年第10、12期，2011年第1期，页54—67、60—65、94—99。

历较为漫长的发展阶段，其发展与演变与工艺技术、社会习俗有着极为紧密的联系[1]。针对敦煌莫高窟壁画中所出现的家具图像也有进一步的判断与研究[2]。

对于家具史的整体性研究，学界内目前已有多部较为完整的"通史性"著作。崔咏雪《中国家具史——坐具篇》，李宗山《中国家具史图说》以及胡德生《中国古代的家具》，均属此类。借助历史文献、出土考古材料以及图像学资料等，从整体的时空背景出发，着重于家具的发展变化，全面地总结各个历史时期床榻、几案、屏风等各类家具的特点，为家具史的研究奠定了基础框架[3]。

（二）器物类考证

目前学界内对于几案、床榻及屏风一类家具器物的相关研究较多，多以考证释读为主，着重于对三类材料的运用与解读，包括历史文献与史料典籍、考古出土的物质材料，以及相关研究对象的图像资料。对于传统文献学材料的考证，相对成熟的研究较多，多集中于对各类家具器物器名的考释，及其用途的确定。例如对于凭几一类的器物，其源流与发展已有学者进行过针对性的研究[4]，而相关的正名与用途也已见考证[5]，另有对文献中所出现的"隐几而卧"这一情境的考据[6]。此外，对于桌、案、榻等器物也多有研究考

---

[1] 杨泓《考古发现与中国古代家具史的研究》，载《庆祝苏秉琦考古五十五年论文集》，北京：中华书局，1989年，页121—128；后载其所撰《汉唐美术考古和佛教艺术》，北京：科学出版社，2000年，页245—252。

[2] 杨泓进一步指出公元五至六世纪的敦煌壁画中所出现的家具主要为各种坐具，可分为两类：一类为传统的坐具，如席和床；另一类为新出现的高足坐具，包括胡床、椅凳等。与此同时，其进一步认为这一时期是中国古代家具发展期的开始，体现出社会习俗的变化：既有传统家具的传承，亦有新式家具的冲击。详杨泓《敦煌莫高窟与中国古代家具史研究之一——公元五至六世纪中国家具的演变》，载其所撰《汉唐美术考古和佛教艺术》，北京：科学出版社，2000年，页253—263。

[3] 崔咏雪《中国家具史——坐具篇》（增订新版），台北：明文书局，1994年。李宗山《中国家具史图说》，同上。胡德生《中国古代的家具》，北京：商务印书馆，1997年。

[4] 陆锡兴在《凭几源流》一文中指出：凭几之凭是依、靠之意，故凭几亦可称为倚几。凭几自先秦时期就已存在，汉晋之际发生变化，其后朝创造新制、改造旧制两个方向发展，在隋唐时期依然流行，并在形态上发生了一定的改变（详陆锡兴《凭几源流》，《中国典籍与文化》2000年第1期，页97—101）。吴振韩认为三足凭几是魏晋南北朝时期出现的一种新型家具，不仅作为一种日常生活的家具而存在，且作为一种重要明器出现在六朝贵族墓葬中；既具有实用性特征，同时也具有象征性意义，是士人阶层的一种身份和地位象征，更标榜和宣示着追求隐逸生活的一种态度（详吴振韩《三足凭几的形态及其演变研究》，《东南文化》2017年第4期，页73—84）。杨泓在其《逝去的风韵——杨泓谈文物》一书中将隐几单独列出，结合相关文献与物质材料，对其源流、形制等方面进行了考证研究。详杨泓《隐几》，载其所撰《逝去的风韵——杨泓谈文物》，北京：中华书局，2007年，页58—60。

[5] 李鉴昭据杜佑《通典》所撰，认为六朝古墓中所出的陶质几器皆可定名为凭几，一则为当时之名，二则说明其用途。详李鉴昭《试说六朝墓中出土凭几的正名与用途》，《考古通讯》1956年第5期，页60—62。

[6] 王作新于《"隐几而卧"诂正》中作出结语：隐，背隐或背靠；几，泛指表示搁置物件的器具，特指义为置食物和倚身的器具。置食者，通常设席前；倚身者，可置凭依者左右，亦可在后。"隐几而卧"当为后者（详王作新《"隐几而卧"诂正》，《古籍整理研究学刊》1994年第1期，页22—24）。吴郁芳则在《也说"隐几而卧"》中对其说法提出质疑，列举多条理由认为王新之说全无可能，并指出"隐几而卧"最简洁的释意即伴眠。详吴郁芳《也说"隐几而卧"》，《古籍整理研究学刊》1994年第4期，页30—31。

证,多数集中于对其外观造型的研究[1],也有对形态演变的概述总结[2]。而对于屏风这一器物本身,有关研究也呈现出两大趋势:一则倾向于研究屏风的历史源流与形态发展[3],二则重点探究其功能用途及其与空间利用之间的关系[4]。另外,还有学者专门对床榻围子进行过讨论[5]。

对于考古学出土物质材料的研究,相对于前者而言较少,基本会作为前一类史料的补充材料进行研究,或将其置于墓葬本身的情境中去理解。对于图像材料中所出现的几案、床榻等家具,近年来成为学界研究的重点,图像资料所特有的具象化、形象性,为传统研究提供了新的途径与可能。相关的研究涉及内容广泛,包括对单类器物图像的考证[6]、墓葬壁画中特定主题的图像的研究[7]等。

(三)墓葬类整理

针对墓葬内所出土的几案、床榻一类的家具,学界内相关研究多配合其他随葬品共

---

[1] 胡德生一文从几、案起源于有虞氏谈起,全面详尽地介绍了各朝代的几、案、桌,直至清代;并对其名称、形态及用途等多个方面进行了概述和研究。在其后多次发表续篇,以对其研究进行补充。详胡德生《几子案子和桌子》,《家具》1997年第5期,页25—27。
[2] 陈增弼以南京大学北园东晋墓及南京象山家族墓中所出的"榻"为研究对象,通过对历史文献的解读及对相关考古资料的对比,指出发掘报告中将其定名为"案"是有误的,这一类器物应是榻。此外,还对比分析了汉、魏、晋时代榻与案的区别,并通过实物材料研究确定独坐式小榻的尺度与形制。详陈增弼《汉、魏、晋独坐式小榻初论》,《文物》1979年第9期,页66—71。
[3] 徐涛涛指出屏风的起源能够追溯至西周甚至更早,自魏晋南北朝开始,其审美功能被凸显,经宋元发展,在明清时期审美与实用功能并重。屏风作为一种物质的实体形态,其文化内涵至今仍被沿用。李道亮透过各种文献、考古材料,梳理屏风发展演变的过程,认为屏风在发展的过程中,逐渐与古典家具融为一体,相互映衬,完全融入古代家居行列之中,并呈现出一种和谐宁静、情致儒雅之美。详徐涛涛《屏风的历史渊源及其文化脉络》,《现代装饰(理论)》2015年第2期,页198;李道亮《古代屏风造型特征和功能演变探析》,《美与时代(上)》2013年第11期,页105—106。
[4] 屏风在空间中有着极为重要的作用,就华勇总结,主要有以下几个功能:分隔空间、遮挡视线;减缓气流、导引人流;装饰家居、美化环境;营构多维空间与模糊之美。周耀、张吉庆则将屏风的作用归纳为物理作用与心理作用。详华勇《浅析屏风与空间》,《艺术教育》2006年第3期,页81、112;周耀、张吉庆《试论屏风在古代室内生活中的作用》,《设计》2016年第11期,页107—109。
[5] 朱新艳在《床榻围子的历史渊源研究》一文中指出:席与屏风组合使用的方式可以被认为是有围子的床榻类家具的雏形;围子的产生,是对床榻与屏风在结构上相连接使用方式的一种继承;也是在适应当时的生活方式与居住环境的基础上创新而来的。详朱新艳《床榻围子的历史渊源研究》,《家具与室内装饰》2015年第10期,页92—93。
[6] 邹清泉在其《隐几图考》中以考古学所见的壁画、画像砖等图像资料为基础,重点研究汉魏南北朝时期的隐几形象,对比其差异、变化,并以顾恺之维摩像为例,试图解释其图像学意义,以了解其背后所处时代的社会生活。详邹清泉《隐几图考》,《文艺研究》2012年第2期,页130—135。
[7] 董淑燕则以出现在汉末魏晋南北朝壁画墓主人图中的麈尾和隐几为研究对象,对这些壁画墓的地区分布和相互影响状况进行了探讨,并总结东汉以来墓主像构图的变化规律,分析执麈凭几的墓主人图的特定时代意义;指出其时代意义:首先是在壁画墓中逐渐形成以执麈凭几的墓主人像为中心的布局,为从西汉晚期以来墓葬壁画题材转变的必然结果;其次是选择麈尾和隐几这两种器物作为墓主人像特定道具的原因在于其本身的特点;最后,执麈凭几的墓主人图在流传的过程中逐渐成为一种固定的程式,已失去其本意。董淑燕《执麈凭几的墓主人图》,《东方博物》2011年第3期,页4、49—59。

同进行考察，并讨论确定器物的名称[1]，将其作为判定墓葬等级的随葬品进行归纳总结，试图纳入墓葬等级判定的标准之中[2]。部分学者以地区性发现的考古材料，包括随葬品、明器模型、石刻以及壁画等为研究对象，分析对比长时段背景下，家居类考古材料所呈现的发展与变化，以此对古代家具进行研究与探讨[3]。或将墓葬内所出土的这一类器物视为随葬组合，置于地区墓葬个体之中，根据其材质、形制等进行简单的分型定式，并作为墓葬分期定型的衡量标准之一，但未对其有更加深入的研究[4]，其中也包括对墓内"祭台"发展趋势及表现特征的梳理与研究[5]。

另有学者对壁画墓进行了综合整理，列举大量已发现的魏晋南北朝时期"隐几而坐"的人物像，并对材料进行深入解读分析，重点对其文化、艺术价值作出解释判断[6]。屏风是家居器具中不可或缺的一类器物，故墓葬壁画中所出现的屏风主题图像也是目前研究的热点，其中也包括部分石窟壁画中的屏风题材，但着眼点大多是对壁画风格、时人的艺术观念、壁画渊源和区域性等方面进行研究，极少对这一类器物本身或组合展开探讨，

---

[1] 李蔚然在讨论南京地区六朝墓葬出土的陶器时指出，东晋早期墓葬中所发现的个别几案在性质判定上可能存在一定问题，应属于"独坐"一类的坐榻，这与韦增弼的看法相对一致（详李蔚然《南京六朝墓葬的发现与研究》，成都：四川大学出版社，1998年，页101）。邵磊指出过去部分墓葬中所发现的"志石"或"石碑"，应为石质围屏榻的构件，而非其他石质随葬品；同时，还进一步指出围屏石榻、石门、石棺座等石质器具应是南朝高等级墓葬所具备的因素，代表墓主的地位与等级。详邵磊《南京灵山梁代萧子恪墓的发现与研究》，《南京晓庄学院学报》2012年第5期，页12—22。

[2] 韦正通过整理六朝墓葬材料，指出东晋墓葬制度中，帝王与重臣墓葬的等级性特征表现在凭几、床榻、帐座等特殊陶器上，与贺循议礼有一定的关系；陶器的使用在东晋时期似有等级含义，越是高等级墓葬中，陶器使用越严格，种类既全，数量也多（详韦正《六朝墓葬的考古学研究》，页152—158、280—283）。蒋赞初也将坐榻纳入东晋帝陵及与之有关的高等级墓葬随葬品的考察范围之内，同时指出三足陶凭几多出现于中型墓葬之中，应也与墓葬等级相联系。详蒋赞初《关于长江下游六朝墓葬的分期和断代问题》，载中国考古学会编《中国考古学会第二次年会论文集（1980年）》，北京：文物出版社，1982年，页196—205。

[3] 王利民《大同地区考古资料中的古代家具初探》，《山西大同大学学报（社会科学版）》2008年第1期，页35—37、57。

[4] 罗宗真对六朝墓葬进行了分类整理，大致将其分为世家大族墓葬及一般墓葬，对其墓地选择和排列、墓葬结构与形制以及随葬遗物等均有较为详细的论述；但只将凭几、床榻及屏风一类器物作为普通的随葬品，并未单独讨论。详罗宗真《六朝考古》，南京：南京大学出版社，1994年，页106—123。

[5] 王音总结分析了孙吴都城南京、高等级墓葬区马鞍山以及陪都鄂州墓室内砖台的设置数量、位置及布置方式，进而梳理了砖台的发展流布脉络，指出：砖台虽非孙吴首创，但却在孙吴时期流行开来，并且在孙吴中期有一项重大变化，即双砖台对称布局形式的出现，只是并未维持太长时间；至孙吴晚期，最终基本固定下来的是在墓室前部设单砖台以为祭奠中心的布局方式。详王音《孙吴墓葬中的砖台及其渊源流布——以都城墓葬为中心》，《南方文物》2020年第2期，页193—199；王音《长江中下游孙吴、西晋墓葬中的文化与礼俗》，北京大学博士学位论文，2019年6月。

[6] 郑岩对魏晋南北朝时期的壁画墓进行了分区分期；同时根据壁画的主题题材进行了分类讨论，其中对于石棺床的结构意义有较为深入的讨论，指出石棺床是在营造一种所谓"家"的概念，是被浓缩到最低限度又同时保留着具体形式的"家"，更是"死亡"的代名词；并认为其中的"墓主端坐帷帐"画像是在强调这些葬具的意义和墓主灵魂的存在。详郑岩《魏晋南北朝壁画墓研究》，北京：文物出版社，2002年。

对文化渊源及演变进程等有关的学术讨论更是几乎不见[1]。

此外，对于北朝时期较为多见的石质葬具，亦有学者系统梳理了北朝时期的石棺葬具，从艺术史与形象学的角度对于画像石葬具上的图像进行了较为深刻的研究，对于全面了解北朝石棺葬具的使用情况及其表现内容和含义具有积极意义。但研究对象基本局限于葬具本身或其上所刻画像，将其理解为单独的一件器物来探究，而非置于地下墓葬体系的整体排列布局之中去考虑[2]。

（四）葬制类研究

针对这一类器物在墓葬中所处的空间位置及其所代表的内涵，部分学者进行过相关研究，但时段基本集中于两汉时期。其中多数选取单独的一类器物对所具有的礼仪功能或文化渊源进行探究考证，包括陶案、凭几等具体器物[3]，又或是选取与这一类器物有关的物质现象进行研究[4]。因此，如何判定和理解这一类组合器物的性质成了相关研究中的重点与核心，一则仍以祭器定义[5]，二则认为当以墓主"宴饮空间"来对其性质进行概括，但无论是持何种观点，都无法否认至少在相当长的一段时间内，该组合的性质并不

---

[1] 大多数学者选择分区分期来对壁画中的屏风图像或以屏风形式出现的壁画进行讨论：马晓玲对北朝至唐时期的屏风式壁画材料进行了总体梳理整合，并对其布局、内容与分期进行了综合讨论，由此依据其核心题材进行了分析研究（详马晓玲《北朝至隋唐时期墓室屏风式壁画的初步研究》，西北大学硕士学位论文，2009年6月）。信佳敏则从汉唐时期墓室屏风图像的概念及发展源流出发，试图从图像位置和空间观念转变的视角来探讨其中的原因；并选择树下人物图作为研究对象，来分析这一时期墓室屏风图像样式及内涵的转变。详信佳敏《汉唐时期墓室壁画中的屏风图像研究》，中央美术学院硕士学位论文，2010年5月。

[2] 贺西林《北朝画像石葬具的发现与研究》，载巫鸿编《汉唐之间的视觉文化与物质文化》，北京：文物出版社，2013年，页341—373。

[3] 魏镇以洛阳汉墓中所出土的"案、杯、盘"的器物组合为研究对象，通过对几座典型墓葬进行墓内情景复原研究，重新审视陶案的器物性质和作用及其所在空间，认为洛阳汉墓中的陶案及以其为代表的器物组合的性质应是供墓主宴饮所使用的明器，而非以往学者所认为的用于祭祀墓主的祭器；其所营造的空间应为宴饮空间而非祭祀空间（详魏镇《洛阳汉墓中的陶案及其礼仪功能》，《中国国家博物馆刊》2017年第12期，页17—24）。高玲玲则以供案为研究对象，指出其作为中国较为典型的一种传统家具，主要用于祭祀，在中国古代历史上具有较高的地位。认为供案从古到今的演变与祭祀文化密切相关，并以供案的发展历史为脉络，对供案的兴起及发展、过渡及变革、成熟及完善各个阶段的形制、材质等变化进行了分析，探究了祭祀文化对供案发展的各个阶段的影响；并将供案明确为人与鬼神、佛等进行精神对接的唯一媒介，人们向神佛祈福、向祖先表达感恩与缅怀，都是在供案的仪式中进行的。详高玲玲、徐伟、沈忠民《供案与祭祀文化之间的渊源探究》，《家具与室内装饰》2018年第5期，页20—21。

[4] 程酩茜在其文中首先对各类施帐遗存进行了功能判定，将其分为帷帐构件、装饰附件、帐钉、纺织品覆幕和帷帐座，并进行了分型研究；之后根据位置来探讨其用途与形制。在此基础之上，研究墓内帷帐与丧葬礼仪的关系，认为应为墓中灵座（神座）所设，并探究墓葬帷帐流行与消失的原因。详程酩茜《汉唐墓葬中的施帐现象研究》，南京大学硕士学位论文，2018年5月。

[5] 黄晓芬《汉墓的考古学研究》中明确对这一类器物组合的"祭器"性质作出判断，并基于墓葬形制的改革，指出两汉时期墓内的"祭祀空间"与"埋藏空间"实现了相对的独立，祭器所在的位置即为"祭祀空间"。刘尊志也认为这一组当为墓内祭祀设施。详黄晓芬《汉墓的考古学研究》，长沙：岳麓书社，2003年，页92、155；刘尊志《汉代墓内祭祀设施浅论》，《中原文化研究》2019年第1期，页55—62。

明确，在不同地区、不同时期、不同等级的墓葬中存在转换、反复的过程[1]。

另有学者在论述丧葬礼制（尤其是两汉时期）的同时[2]，将案几、床榻一类的随葬器物作为其中的一个方面进行研究，认为以上器物的出现，尤其是与"祭台"的组合出现，实际上代表着丧葬观念的转变、埋葬制度的改变，是作为一种新的社会习俗而兴起的。而对于东晋南朝时期的墓葬礼制，对南京地区目前所发现的部分高等级墓葬，亦有学者进行过专门研究，利用现有的考古发掘资料，结合历史文献，试图通过家居随葬组合类器物来确认其对应关系及墓主身份，并在此基础上进一步探究东晋帝陵的丧葬礼制与等级特征[3]；或将家居随葬组合作为东晋墓葬中的重要组成部分，着重研究东晋墓葬等级制度及丧葬礼俗[4]。

此外，对于家居随葬组合与墓葬祭祀的相对关系，也有较多学者先后提出观点，尤其是针对六朝时期南方都城地区墓内祭祀空间的发展与流变[5]有集中的讨论，并通过对比南北方地区之间的异同，试图探讨汉唐之间墓葬祭祀演变脉络的整体过程与影响因素，剖析这一祭祀诉求的根本内因[6]。

在专门针对北朝时期墓葬祭祀空间关系的研究中，也有学者将家居一类的器物纳入考察的范围，认为墓葬中的"席案"应象征着墓主所在位置，在前室带耳室或小龛的前后室墓中一般放置于前室西半部靠后壁的位置。这是与多室壁画墓中墓主人像绘

---

[1] 韩国河认为"多数的方盒、案、盘、耳杯、勺的组合都属于奠器，同时又是为供奉灵魂饮食使用，和秦汉时期的生活风尚相一致"。魏镇在归纳理解这一组合的相关材料时，体现了一定的过程性。早期认为其主要功能应为构筑墓主的"宴饮空间"（详本书页13注[3]），后来又重新对该组合的性质进行审视，认为汉代墓内设奠所用的祭奠器物具有情境性和动态性的特点。同类器物在不同的情境中具有不同的性质和功能，不能贸然将所有墓内出土的案、耳杯等器物归入祭奠器，要根据其出土情境进行判断。另外，同一件器物可能拥有多重器物性质，并进行相互转换。详韩国河《秦汉魏晋丧葬制度研究》，西安：陕西人民出版社，1999年，页286；魏镇《汉代墓内设奠现象与祭奠器再研究》，《考古》2020年第11期，页83—90。

[2] 李如森指出东汉及其之后所流行的墓内置祭台或案的做法是对其之前墓内设奠的一种继承，祭台、祭器与祭品都较为相似，只是祭台——案的质料有所不同，增加了铜案、石案等；棺前置漆案，案上置漆耳杯、漆盘等祭器，应为墓内祭祀的定制（详李如森《汉代墓祭新探》，《北方文物》1998年第1期，页28—33；《汉代丧葬礼俗》，沈阳：沈阳出版社，2003年，页59—65）。胡雪竹也对汉代墓内祭祀空间及图像做过相关的阐释。详胡雪竹《汉代墓内祭祀空间及祭祀图像的研究》，西安美术学院硕士学位论文，2017年5月。

[3] 蒋赞初通过研究认为，幕府山M2，即南京汽轮电机厂大墓应为穆帝陵，而其余出有龙首及虎首装饰之陶帷帐座的幕府山M1、幕府山M3、幕府山M4三座大墓应属东晋皇族之墓。并认为东晋帝陵及皇族墓在建筑形制与随葬品的组合上比较省约和保守，大体上均恪守西晋帝陵的旧制而很少革新。详蒋赞初《南京东晋帝陵考》，《东南文化》1992年第3、4期，页98—106。

[4] 温星金着重指出建康地区东晋墓葬在普遍使用原有砖砌祭台的背景下，大中型墓葬流行以陶案（或陶榻）、凭几为标志的全新祭奠组合；作为一个"位"的指向性载体，祭台的出现使得墓葬本身更显居室化。详温星金《东晋建康地区墓葬制度试析》，南京大学硕士学位论文，2016年5月。

[5] 李婷以六朝墓葬中的祭台为研究载体，通过对东吴、西晋、东晋南朝三个阶段六朝京畿地区的墓内祭祀空间载体及其随葬品组合的分析、归纳与对比，确立了六朝祭祀空间的流变与考古序列。详李婷《墓内祭祀的继承与流变》，云南民族大学硕士学位论文，2015年6月。

[6] 王倩《魂兮有奉：三国两晋南北朝墓葬祭祀遗存研究》，北京大学博士学位论文，2020年6月。

制的位置相对应的,用以构建完整的墓葬空间,并形成以死者本身作为丧葬礼仪主体的祭奠空间[1]。

三、方法、脉络与章节

以往的发掘报告与相关研究,大多都对墓葬之中所出土的家居随葬组合,做分离单独处理,将其作为普通的随葬器物或图像材料进行相关记录与简单研究。目前,仅有部分学者对这一类组合中的单类或几类器物做过短时间、地区性的归纳梳理,而对于家居随葬组合在长时间内、同一文化区内的相似性,广泛地域范围内的差异性对比等主题,均未进行详细完整的探讨。同时,针对家居随葬组合在墓葬整体规划中的相互关系及核心内涵,讨论层面的多元化程度明显不足。

本书拟在既往研究的基础上,追溯家居随葬组合的历史来源与演变规律,对不同时期、各个地区家居随葬组合的相关材料进行梳理与总结,大致了解其表现形式与发展过程,分析其发展动因与流变可能;并试图对家居随葬组合本身做出解读,研究其背后所体现的丧葬礼制与生死观念。

笔者所采用的研究方法,主要可概述如下:

考古学文化分区研究是对考古学文化进行分区与分期的研究,即构建时空框架,是进一步分析阐释的基础。笔者为更加清晰地梳理与整合汉魏至唐宋各个不同时期墓葬中所出土的家居随葬组合,针对其本身呈现出的地区性,对其进行分区论述,以便对其表现形式与空间营建的异同性进行对比与讨论,这也更加符合考古材料的物质性。

本书试图探讨不同地区内家居随葬组合的表现方式,及其与墓葬整体营建之间的相互关系,并研究其背后的象征意涵,以追溯文化渊源与发展流变。因此,在梳理过程中,不可避免地需要运用考古学研究中的情境分析[2],即将出土材料置于墓葬这一特殊情境之中进行深入解读,结合时空背景,重建墓葬本身的构筑过程与内涵意义。

家居随葬组合对于墓葬"空间性"的构建具有极为重要的意义,甚至可以说其摆放位置直接构筑起墓葬中某一确定的单体空间,能够直接界定死者在墓葬中的位置,及与其他随葬器物之间的关系;并且可据此确定死者周围空间布局的意义以及图像程序的展

---

[1] 王音《北朝晚期墓室空间布局研究——以北魏洛阳时代至北齐都城地区的墓葬为例》,载北京大学中国考古学研究中心主办《古代文明》(第12卷),上海:上海古籍出版社,2018年,页306—323。
[2] 考古学研究中的情境分析,是指在界定遗迹与遗物时空范围的基础上,对出土材料间共存关系所呈现的特定情境进行阐释的方法。详许永杰《中国考古学研究中的情境分析》,《考古与文物》2011年第1期,页92—99。

现意义，以此探究死者周围器物设置的意义[1]。这对于阐释家居随葬组合的内涵象征及其背后的礼制内核具有一定的作用，同时也为理解这一组合在长时间范围内的发展与演变，提供了相对合理的现实依据。

除以上方法外，作为历史时期考古研究，对于文献资料的释意、解读，也是研究方法中极为重要的组成部分，能够为考古学物质材料的研究与讨论提供历史背景与时代空间。

本书将以时间顺序为总线索，基于考古学墓葬材料，依次概述与阐说家居随葬组合的历史源流、性质转换、发展成熟、消匿隐现等各个层面与阶段的具体展现，深入剖析并解释自汉魏至唐宋这一长时段内，家居随葬组合形成、变迁及重组的基础推力与根本动因，以此考察中国古代社会丧葬礼制的变革与生死灵魂观念的转变。

"绪言"是全书的总领旨要，主要叙述了选题缘由与研究背景；对本文所涉及的主体研究对象进行概念定义与范围划分，明确研究开展的基础材料；并对现有相关研究进行梳理和评述，指出仍待完善、深入的问题领域与存在的不足。另对研究所用的理论方法及文章的脉络、章节进行了简单介绍。

"从地面到地下：墓内祭祀设施的出现"，以西汉至新莽之前的墓葬材料为基础。这一时期的墓葬中已经开始出现"家居"随葬器物，但未见组合；且是否能够被称为"家居"器类仍存疑[2]，或更应被认为是"祭器"。中高等级墓葬中出现礼制性等级导向的"家居"类器物，即案、几、屏风等，多成堆叠状置于耳室或前、中室之中，具有明确的礼器意味，并成为"家居随葬组合"的前身。

第贰章以"墓室空间中的'飨'与'宴'"为题，主要论述新莽时期至东汉晚期墓葬之中可见的"家居随葬组合"。这一时期，家居随葬组合已可见基本的组合形制，表现形式也呈现出多样化的发展。砖室墓的发展为在墓葬中规划出独立的空间提供了可能；家居随葬组合所象征的生前居室"宴饮"空间，通过家居设施被分割突出而成为墓葬空间中的重要组成部分，甚至成为墓葬整体的中心，从而实现早期"祭器"功能的性质改变。

第叁章的章题为"地方传统与区域差异"，将从魏晋南北朝时期家居随葬组合的具体

---

[1] 东亚墓葬构建的"空间性"模型由巫鸿首次提出，主要针对墓主人对于死后世界的幻想和生前世界的回忆，通过将这两种空间压缩于墓葬之中，从而使有限的墓葬空间具有极大的观念含义。详〔美〕巫鸿《东亚墓葬艺术反思：一个有关方法论的提案》，载其所撰，梅玖、肖铁、施杰等译《时空中的美术（巫鸿古代美术史文编二集）》，北京：生活·读书·新知三联书店，2016年，页161—192。梁潇《东亚墓葬艺术研究方法论模型结构研究——以巫鸿先生〈东亚墓葬艺术反思：一个有关方法论的提案〉为例》，《大观》2015年第7期，页16。

[2] 笔者案，早期尤其是新莽朝之前可见的"家居"随葬类器物是否能够被认定为居室"家居"设施仍然存疑；据现有材料，前后两者的性质存在根本性差异。但出于对这一组合阐述的连续性，此处仍称之为"家居随葬器物（或组合）"，但其性质与之后阶段的象征意涵并不相同，当为礼祭组合。

情况出发，进行整体的梳理与概述。三国魏晋直至南北朝时期，是墓葬家居随葬组合发展的成熟期并达到高峰，该组合的使用范围极为广泛，形成了较强的区域性，表现出独特的地域传统；虽表现方式多有不同，呈现多元化的发展，但是在核心内容和象征意涵上隶属同一脉络，可见相似性与一致性。

第肆章"继承、对立和统一"，主要在结合历史学情境的基础上，从时代背景、社会政治与文化诉求等多个视角与维度，来讨论魏晋南北朝时期墓葬家居随葬组合发展成熟的深层次原因，以及其在不同地区表现出相对的差异性与统一性的具体缘由，从而分析并探究墓葬家居随葬组合在墓葬空间中的具体表现与核心意涵，在墓葬体系建构中所承担的实际功能与主要作用，进一步解读在这一丧葬礼制改革背景下时人灵魂信仰与生死观念的内核。

第伍章将分"家居组合的消匿"与"墓主画像的重现"两大板块，简述隋已降、唐宋至元明以来墓葬家居随葬组合的发展过程。隋至唐前期，家居随葬器物在墓葬中基本不见，壁画题材中也似隐匿，与之相应的是墓主画像题材的缺失。由此，这一组合的暂时消匿又是否意味着居室空间在墓葬体系中被占用或替代？答案应该是否定的。唐中期以前，墓室棺床成为墓葬的中心，配合屏风式壁画构筑起墓室的家居空间，成为家居随葬组合的另一种表现形式。唐中晚期以后，墓主画像配合家居随葬组合的壁画题材重新出现，并不断发展，成为宋代可见定制的"一桌两椅"图像的构筑模式，仍在墓葬内承担重要作用，且在金元时期得到全新的发展。

第陆章为全书的结语部分，是对本次研究的总括性概述，综合梳理论证过程，强化结论的合理性；指出家居随葬组合与墓主画像作为中国古代墓葬中从未缺失过的重要组合，在其不断演变的呈现方式背后，实质上是礼法与观念的融合交替。

综合以上，本书的研究意义无疑在于：身置这样一个丧葬礼制不断发生变革、长时段、多空间的背景中，家居随葬这一组合自汉代产生，在不同时期、不同文化区域先后经历了自身性质的改变，具体组合形式、表现方式的转换，并在墓葬营建之中不断被构筑与使用，以此来实现对于文化传统的继承、现世社会的要求以及政治统治的迎合。在发展的成熟阶段，家居随葬组合在多个区域内部、地域之间被大规模使用，呈现的方式虽有不同，但依然能够被一一对应起来，直接或间接反映各个地区在政治背景、文化传统层面的共同选择与个体差异。选取这一视角切入研究，来透视中国古代社会丧葬礼仪与生死观念的变与不变，或许可以形成一个值得被反复讨论与阐述的专题性研究。

壹 从地面到墓下
墓内祭祀设施的出现

「墓祭非古」之争
「素帐设虚樽」：等级墓葬中的礼祭组合
新莽之前的家居随葬祭器组合
墓内祭祀与居室营建

一、"墓祭非古"之争

家居随葬组合中的器类最早由于被归入墓葬祭器而备受关注,多用作实物材料来讨论墓内祭祀,甚至墓祭之礼等相关问题。墓内祭祀设施的出现,也被认为是墓祭之俗在墓葬之内兴起的另一种表现方式。

东汉王充在《论衡》中最早提出"古礼庙祭,今俗墓祀,故不升墓"[1],"古不墓祭"的直接提出者则是蔡邕,"闻古不墓祭,朝廷有上陵之礼,殆为可损。今见其仪,察其本意,乃知孝明皇帝至孝恻隐,不可易夺"[2]。所谓墓祭,实为一种脱离礼制、流行于民间,对鬼神所依附的墓葬进行直接祭祀的活动[3]。汉儒言古者不墓祭,是基于古时传统灵魂观念的影响。

《礼记·祭义》记载我问之孔子鬼神:

> 子曰:"气也者,神之盛也。魄也者,鬼之盛也。合鬼与神,教之至也。众生必死,死必归土,此之谓鬼。骨肉毙于下,阴为野土。其气发扬于上,为昭明,焄蒿、凄怆,此百物之精也,神之著也。因物之精,制为之极,明命鬼神,以为黔首则,百众以畏,万民以服。圣人以是为未足也,筑为宫室,设为宗、祧,以别亲疏远迩,教民反古复始,不忘其所由生也。众之服自此,故听且速也。"[4]

春秋以降,魂魄二元概念逐渐成为时人对生死世界的主流理解,《左氏传》载:

> 人生始化曰魄,既生魄,阳曰魂。用物精多,则魂魄强。是以有精爽,至于神明。匹夫匹妇强死,其魂魄犹能冯依于人以为淫厉。[5]

魂魄观念是以为人之精神与肉体共存,即魂归于天,四处可游,神思永存;而魄藏之

---

[1]〔汉〕王充撰,张宗祥校注,郑绍昌标点《论衡校注》,上海:上海古籍出版社,2010年,页466。
[2]〔清〕严可均《全后汉文》,北京:商务印书馆,1999年,页752。
[3] 魏镇《礼俗之间:"古不墓祭"研究反思》,《民俗研究》2019年第4期,页69—74、158。
[4]〔清〕孙希旦撰,沈啸寰、王星贤点校《礼记集解》卷四六《祭义第二十四》,北京:中华书局,2010年,页1218—1220。
[5]〔清〕洪亮吉撰,李解民点校《春秋左传诂》卷一六《昭公二》,北京:中华书局,2008年,页680—681。

地，入墓不复，肉身有形[1]。直至汉代，在上层的精英文化和平民的大众文化里，仍广泛存在着这样的信仰：人活着的时候，魂与魄和谐统一在人体内；人死的时候，两者则分离开来，并脱离身体；魂魄相异，魂是"精神的"灵魂，魄是"肉体的"灵魂[2]。据《仪礼·士丧礼》记载，士丧之礼，以尸入葬，祭于殡室，朝夕、初半均设奠，以祀精魂。可见，墓者只藏尸身，肉体因以物为形无需设奠，而殡者（即庙或陵寝）则需按时、按月而祭，丧主灵魂时时复归，常匿于此。

《礼记·檀弓下》曰"殷既封而吊，周反哭而吊"，则殷商时期或已有在墓地举行与祭祀有关的活动[3]。杨鸿勋依据墓葬考古的相关材料再次推定殷商已见墓祭[4]。《周礼·冢人》见有关于墓祭之述，但以杨宽为代表的部分学者指出，古代礼制在墓旁祭祀，并不奠墓主，而是祀地神[5]。不过亦有研究者据《周礼·量人》"掌丧祭奠竁之俎实"的记载，认为墓祭当有两次祭祀，一次祭墓主，一次祭地祇；在墓地"甫竁"之时再次举行祭奠，为"甫竁奠"，即有量人负责查看随葬物品是否足数或者有没有僭礼，并且以"重"为丧主[6]。

故，先秦时期或确有据灵魂观念影响而形成的"古者不墓祭"之礼俗传统，但亦存在墓上的丧葬活动；只是性质与缘由并不能说清；另，以丘之说，还有出于特殊而破礼者，则史料未载也。

春秋战国时期，社会动荡，礼制仪法渐成分崩离析之态，谓之曰"周既东迁，王政不纲，礼乐征伐自诸侯出，其下自大夫出，又其下自陪臣出，天下不知有王室久矣"[7]。与此同时，铁农具的使用，促使私有地主经济迅速发展，分封制逐渐瓦解，宗法关系也受到冲击[8]。这种政治、经济上的断裂式发展，也进一步推动了社会制度的转变，墓祭的正式形成则成为这一变革中的重要表现。

从文献来看，墓祭行为真正成俗应该是在秦汉之际，蔡邕提出"古不墓祭"时紧跟"至秦始皇出寝"的问题，就可明确秦代是一个转折点，即墓祭之俗当在秦汉之际兴起，至汉初就已形成了较为固定的墓祭模式[9]。墓内祭祀也应是墓祭之俗发源后

---

[1] 《礼记·郊特牲》曰："魂气归于天，形魄归于地，故祭所以求诸阴阳之义也。"引〔清〕孙诒让撰，汪少华整理《周礼正义》卷三三《春官宗伯》，北京：中华书局，2015年，页1599。
[2] 〔美〕余英时著，侯旭东等译《东汉生死观》，上海：上海古籍出版社，2005年，页134—140。
[3] 周保国《"古不墓祭"再考》，《华夏文化论坛》2018年第2期，页72—85。
[4] 杨鸿勋《关于秦代以前墓上建筑的问题》，《考古》1982年第4期，页402—406。
[5] 杨宽《先秦墓上建筑和陵寝制度》，《文物》1982年第1期，页31—37。
[6] 周保国《"古不墓祭"再考》，页72—85。
[7] 〔南宋〕龚昱《乐菴语录》卷三，《景印文渊阁四库全书》第849册，页305。
[8] 周保国《"古不墓祭"再考》，页72—85。
[9] 魏镇《礼俗之间："古不墓祭"研究反思》，页69—74、158。

的一种表现方式。最早在战国秦墓中即有发现设奠的做法,凤翔县高庄战国秦汉墓M2[1]紧靠墓门处置一生土台,上置漆器随葬品及牺牲祭品,或可认为是汉代墓内设奠的前奏[2]。

从"墓祭"做法的相对合理化,我们或可窥视当时社会生死灵魂观念的转变,与此同时发生改变的是墓葬形制,由只具备"藏形"[3]功能的封闭性竖穴椁墓,逐渐发展为开放式、可用于安魂的横穴室墓[4]。这一形制的演变最早出现在西汉时期的大型王侯墓中,与横穴式墓确立的同时又迅速推广流行于中、小型墓中,而边缘地区的转变则相对较晚,大约在东汉中期及以后。这一葬制的变化,进一步推动了墓内祭祀空间的独立[5],也使得现世居室生活中的案、几、屏风等器物能够被安置在墓葬之内,作为祭器,配合耳杯、勺、樽等饮食器构成组合,以示生者之祭。

这一时期,家居随葬组合是作为墓内祭器的代表而被放置于墓葬之中的,与东汉以后兼具构筑墓室空间的功能并不相同,但在墓葬内这一组合形制已初具雏形。

二、"素帐设虚樽"
等级墓葬中的礼祭组合

西汉诸侯王、列侯墓中即可见这一套以家居类随葬器物为主的礼祭组合,多以几、案为中心,数量、组合似乎并未成定制,时代一直从西汉武帝时期延续至成帝中晚期,分布地域较为广泛,各诸侯王、列侯均见使用[6]。

西汉时期诸侯王墓家居类随葬器物出土情况如下(表1-1):

---

[1] 尚志儒《凤翔县高庄战国秦墓发掘简报》,《文物》1980年第9期,页10—14、31、98。
[2] 李如森《汉代墓祀新探》,《北方文物》1998年第1期,页28—33。
[3] 《礼记·檀弓上》谓:"葬也者,藏也。藏也者,欲人之弗得见也。"引《礼记集解》卷九《檀弓上第三》,页227。
[4] 李梅田、李童《魂归于墓:中古招魂葬略论》,《江汉考古》2019年第4期,页95—103。
[5] 黄晓芬《汉墓形制的变革——试析竖穴式椁墓向横穴式室墓的演变过程》,《考古与文物》1996年第1期,页49—69。
[6] 部分诸侯王、列侯墓的发掘报告中,仅提及发掘可见不计其数、精美的漆木竹器,但未见案、几等器类,或是出于保存状况较差,无法辨明或确定其具体形制的原因。例如江苏徐州北洞山西汉墓,便在其地下附属建筑群中出土了大量漆器残件,依稀可见夹纻胎和木胎的漆案痕迹,叠压放置,图案多以变形云纹、箟纹及三角几何纹等组成,线条纤秀流畅。详徐州博物馆、南京大学历史系考古专业《徐州北洞山西汉墓发掘简报》,《文物》1988年第2期,页2—18、68、97—100;《徐州北洞山西汉楚王墓》,北京:文物出版社,2013年。

表1-1 西汉时期诸侯王墓出土家居随葬器物组合相关概况

墓葬名称	墓葬年代	墓主身份	墓葬形制	出土器物及具体位置
湖南长沙陡壁山汉墓[1]	西汉早期	某代长沙王后曹㜏	单墓道竖穴石坑黄肠题凑墓、墓道向西；棺内空间狭小，仅容套棺。	墓室内见漆案、漆几等；漆案金银箔贴花。
江苏泗阳大青墩泗水王墓[2]	西汉早期（年代存疑）	某代泗水国诸侯王	竖穴土坑木椁墓；墓室、南外藏椁、东外藏椁、西外藏椁、夹层组成。	主椁室出土漆案、几残件，以戗金加漆绘技法装饰卷草等图案。
河北获鹿高庄M1[3]	武帝元鼎三年（前114）	常山宪王刘舜	异穴合葬；东西双墓道竖穴土坑木椁墓。	墓室出土5件叠放铜足漆案
河北满城M1[4]	武帝元鼎四年（前113）	中山靖王刘胜	异穴合葬；单墓道崖洞墓、墓道向东；墓道、甬道、南北耳室、前室、后室和回廊组成。	北耳室出土食物、酒器等一类器物，包括实用器（陶盆、罐、瓮等），另有仿漆器的陶制冥器；大件陶器下面垫有木板或木架。中室中区与西南区分别以一套完整的帷帐为中心，周围地面有漆皮与朽木，两侧另有铜制器物和漆器附件。后室石棺床南侧东部应有1小漆案，上有铜壶等遗物；主室中部有1大型漆案，上置大量鎏金铜器，部分残漆盘、漆樽等。
河北满城M2[5]	与刘胜墓年代接近	中山靖王刘胜之妻窦绾	位于M1之北，相距120米，平面布局相似，后室位于前室之南，后室外不设回廊。	南耳室设6座器物台；中室应设多座漆几案（现已朽）。

---

[1] 肖湘、黄纲正《长沙咸家湖西汉曹㜏墓》，《文物》1979年第3期，页3—18。
[2] 陆建方、欧阳摩一《泗阳大青墩泗水王陵》，《东南文化》2003年第4期，页26—29。
[3] 孙启祥《河北获鹿高庄出土西汉常山国文物》，《考古》1994年第4期，页330—333、388—390。河北省文物研究所、鹿泉市文物保管所《高庄汉墓》，北京：科学出版社，2006年。
[4] 中国社会科学院考古研究所、河北省文物管理处《满城汉墓发掘报告》（上下册），北京：文物出版社，1980年。郑绍宗《满城汉墓》，北京：文物出版社，2003年。
[5] 中国社会科学院考古研究所、河北省文物管理处《满城汉墓发掘报告》（上下册），同上。郑绍宗《满城汉墓》，同上。

续　表

墓葬名称	墓葬年代	墓主身份	墓葬形制	出土器物及具体位置
广州南越王墓[1]	武帝时期	第二代南越王赵眜	单墓道竖穴石坑石室墓、墓道向南；墓道、前室及东西耳室、主室及东西北三侧室组成。	东耳室（放置宴乐用具之所）出1件镶铜框漆案另有残片，可能不止1件。墓室主棺室东墙前近置1座漆木大屏风，其底座至顶部横枋高1.8米，正面横宽3米，挡住东侧室过道口；列棺椁东侧，放入时未展开，由于尺寸过大，有砍砸等痕迹。东侧室出1件镶铜框漆案（形制同东前室，可能不止1件）。
山东巨野红土山西汉墓[2]	西汉中期以后（武帝后元初年，即公元前87年以后）	推测为昌邑王刘髆	单墓道竖穴石坑石室墓、墓道向东；墓道、前室及后室组成。	前室中部放置长方形漆案多件，具体形制、相关情况不清。
山东长清县双乳山汉墓M1[3]	武帝末年	西汉济北国末代王刘宽	异穴合葬；单墓道竖穴石坑木椁墓、墓道向北；封土、墓道、墓室等组成。	正藏椁内出土漆木案几，已朽，仅存部分铜饰件；具体形制、相关情况不清。
山东昌乐东圈M1[4]	西汉中期	某代菑川王后	异穴合葬；崖洞墓；竖井式墓道（下部甬道）、南室、北室及四个侧室组成。	墓室出土4件案足（鎏金）、案栏多件。
江苏徐州石桥M2[5]	西汉中期	某代楚王后	异穴合葬；崖洞墓、墓道向西；位于M1之北，相距10米；墓道已毁，甬道、主室组成。	墓室内仅见铜案足和四角案栏铜饰，分两式，鎏金；其中一式在河北满城汉墓、江苏邗江胡场汉墓常见；具体位置不清；1件错金银花瓣漆杖首，镶嵌绿松石与玛瑙。

---

[1] 广州市文物管理委员会、中国社会科学院考古研究所、广东省博物馆《西汉南越王墓》（上下册），北京：文物出版社，1991年。
[2] 山东省菏泽地区汉墓发掘小组《巨野红土山西汉墓》，《考古学报》1983年第4期，页471—499、531—542。
[3] 任相宏、崔大庸《山东长清县双乳山一号汉墓发掘简报》，《考古》1997年第3期，页1—9、26、97—100。
[4] 迟延璋、曹元启、李学训《山东昌乐县东圈汉墓》，《考古》1993年第6期，页505—513、535、562—563。
[5] 王恺、李银德《徐州石桥汉墓清理报告》，《文物》1984年第11期，页24—42、102—103。

壹 | 从地面到墓下：墓内祭祀设施的出现

续 表

墓葬名称	墓葬年代	墓主身份	墓葬形制	出土器物及具体位置
河南永城黄土山M2[1]	西汉中期偏晚	梁国某代梁王王后	异穴合葬；崖洞墓墓道向北；位于M1之北，相距20米；墓道、甬道、前庭、车马室和主室组成。	后室出土6件鎏金案足铜饰，4件鎏金案栏铜饰，背后凹槽处均可见漆木器残迹。
北京石景山老山汉墓[2]	西汉中晚期	某位诸侯王王后	单墓道竖穴土坑黄肠题凑墓、墓道向南；墓道、墓室（外回廊、题凑、内回廊）组成。	前室北部正中置1件长方形彩绘漆案，东西两侧各放置1件长方形大型漆案（西侧保存、东侧烧毁）；据保存情况，上面原应有耳杯、方盘、圆盒、壶等漆制饮食器；另出土3件木制"凭几"，具体形制不清。
河北定县M40[3]	宣帝五凤三年（前55）	中山怀王刘修	单墓道竖穴土坑黄肠题凑墓、墓道向南；墓道、前室、后室组成。	后中室南部两侧各置1盏铜灯，中部有1件铜足方形石案，案上四角各放1件错银镶绿松石铜羊，并放有银扣漆耳杯、盘；石案正对后中室内棺。
江苏高邮天山M1[4]	宣帝五凤四年（前54）	广陵厉王刘胥	异穴合葬；单墓道竖穴石坑黄肠题凑墓、墓道向南。	墓室内描述见木案、木坐榻（尺寸：1.4×0.93×0.28米）；雕花榻脚高0.8米，漆绘甚精致；木案形制及两者具体位置不清。
北京大葆台M1[5]	元帝初元四年（前45）	元帝时广阳顷王刘建	异穴合葬；单墓道竖穴土坑黄肠题凑墓、墓道向南；墓道内筑木椁室。	前室出土黄熊柜扣（神）漆床、朱绘云纹漆床、石案（正方形）、铜漆案等。
北京大葆台M2[6]	与刘建墓年代接近	元帝时广阳顷王王后	位于M1之西；单墓道竖穴土坑黄肠题凑墓、墓道向南。	墓室出土石案（正方形）、漆案（仅存足部，已朽）等。

---

[1] 河南省文物考古研究所、永城市文物旅游管理局《永城黄土山与酂城汉墓》，郑州：大象出版社，2010年，页13—91。
[2] 王武钰、王鑫、程利《老山汉墓考古发掘的收获》，《首都博物馆丛刊》2001年总第15期，页2、129—131。祁普实《老山汉墓出土主要文物刍议》，《首都博物馆论丛》2011年总第25期，页215—223。
[3] 刘来成《河北定县40号汉墓发掘简报》，《文物》1981年第8期，页1—10、97—98。
[4] 梁白泉《高邮天山一号汉墓发掘侧记》，《文物通讯》1980年第32期，页36—39。
[5] 北京市古墓发掘办公室《大葆台西汉木椁墓发掘简报》，《文物》1977年第6期，页23—29、84—85。大葆台汉墓发掘组、中国社会科学院考古研究所《北京大葆台汉墓》，北京：文物出版社，1989年。
[6] 大葆台汉墓发掘组、中国社会科学院考古研究所《北京大葆台汉墓》，同上。

据上，西汉诸侯王墓中出土的家居类随葬器物中，常见漆木器。早期墓葬形制仍为竖穴木椁墓，漆几、案等器物多放置在墓室之内，数件叠放为主，和其他器类如漆盒、匣等同出，或与宴乐礼器等共置一处，并无固定相仿的摆放规则，应是墓主平日常用之物。

周礼以俎之多少定尊卑，部分诸侯王墓的陪葬坑中也大量出土鎏金漆、铜案，如河南永城保安山M2，暂被认为是武帝元朔年间梁孝王刘武之妻李后之墓[1]，在其位于墓顶部中心稍偏南处1号陪葬坑内出土大量鎏金案栏、案足铜饰；原漆案应朽，但可见其原本应作为陪葬礼器而入葬，并无明确的设奠之意。山东淄博市西汉齐王墓随葬器物1号坑[2]内也见2件长方形漆木案，大小相同，叠置，铜包角鎏金花纹，木胎残，只余黑褐色漆皮。

因此，这一时期西汉诸侯王墓中的案当为俎，应是作为王公等级的象征而使用的礼器，仅仅用以陪葬。至于其摆放位置常以重叠之势而随意无规，也与时人在现世生活中使用重案、俎的方式有关，具体形制可见于汉画图像所绘（图1-1）。

图1-1 四川彭县出土汉画像石中的重案[3]

西汉中后期以后，诸侯王墓的墓葬形制逐渐向崖洞墓、回廊型室墓发展，墓葬空间进一步增加，案、几等居室生活类随葬器物开始呈现出固定的组合，摆放的位置也不再重叠堆放，而是单独排列，上设有食器、酒器等，并配合屏风、帷帐等家居类随葬器物，

---

[1] 河南永城保安山M2位于M1之北，相距约200米，为异穴合葬墓。墓葬形制为崖洞墓，墓道朝东；由墓道、两对耳室、主室及6个侧室、回廊、4个角室共同组成。详阎根齐《芒砀山西汉梁王墓地》，北京：文物出版社，2001年，页40—75。
[2] 贾振国《西汉齐王墓随葬器物坑》，《考古学报》1985年第2期，页223—266、279—286。
[3] 聂菲、姚湘君《从汉画看汉代家具及陈设》，《南方文物》2002年第3期，页77—83。

壹 | 从地面到墓下：墓内祭祀设施的出现　27

分隔出相对独立的墓葬空间。就目前已知的几座器物出土位置较为清晰的诸侯王墓来看，漆案、石案，或所称的祭物台，多被发现于前室或后室的正中间，部分四角装饰有灯具，正对棺室；甚至有在墓室内陈列多件者，以东、西、南三侧分置1件，构成合围之势，明显可见用意，或已有简单的墓内祭祀之礼。

但这一做法并不意味着墓葬祭祀空间的独立形成。以南越王墓为例，主棺室中所陈设的漆木屏风，并未围绕棺椁展开，而是将两页翼障相合，就近放置。由于尺寸过大，无法放入墓中，屏风上的铜铸顶饰和支撑、承托的构件全部被拆下或砍凿，集中堆放在东墙北端的转角处。据此可推测，这一屏风或为墓主生前心爱之物，亦是彰显其身份等级的标志，故需随主入葬，并不是专为在墓中设奠而制作的明器。若非如此，也不会导致规格不符墓制，出现不得已而加以损毁的现象。

此外，西汉列侯墓葬中也同样可见家居随葬器物组合，与诸侯王墓并无二致，大约概况见下表（表1—2）。

西汉列侯墓的出土情形与同一时期的诸侯王墓较为相似。早期的椁墓，案、几类器物仍置边箱或头箱，多堆叠而放，也未见组合。文帝以后的长沙马王堆汉墓较为特殊，虽以椁室加以四层套棺而葬，却已初现家居随葬器物的组合，且摆放位置固定，尤以M1北边箱为例，四周设帷幔，漆案、漆几、漆杖并立，后立屏风，又有侍吏、伎乐木俑对立，案上置盘、耳杯等饮食器、酒具，同出的还有绣枕、香囊、奁盒等，与此墓中出土的"T"形帛画中的情形如出一辙。针对这一场景所表现的意义，研究者多有讨论，说法不一：或认为是墓主生前家居宴饮之状[1]；或认为是庖厨一类的生活类场景[2]；亦有认为是出于以酒食供献给死者灵魂的目的而设[3]。

就笔者观察而言，这一组合似乎是在有意地模仿墓主生前的居室生活，换言之，该边箱所放置的器物均应属于这一类性质。墓室四个边箱内所摆放的器物多有不同，东、南边箱中多见立俑、生活用陶器，西边箱内又多置竹、木器，可见每一边箱内的随葬品或都形成了一定的形制组合，但相较于表现墓主生前生活的空间情境，其作用更像是作为礼制等级的标志而随葬入墓，暗含祭祀之意。

发展至西汉晚期，部分诸侯王墓中甚至出现了木坐榻、漆床等家居随葬器类，进一步扩宽了家居随葬器物的组合范围，在其原本作为墓内祭祀设施的功能之上又增加了几分空间标识的作用，似乎有象征墓主之"位"的意涵。

---

［1］ 孙作云《长沙马王堆一号汉墓出土画幡考释》，《考古》1973年第1期，页54—61、70—71。
［2］ 安志敏《长沙新发现的西汉帛画试探》，《考古》1973年第1期，页43—53。
［3］ 马雍《论长沙马王堆一号汉墓出土帛画的名称和作用》，《考古》1973年第2期，页118—125。

表 1-2　西汉时期列侯墓出土家居随葬器物组合相关概况

墓葬名称	墓葬年代	墓主身份	墓葬形制	出土器物及具体位置
湖南沅陵虎溪山M1[1]	文帝后元二年（前162）	第一代沅陵侯吴阳	异穴合葬；长方形竖穴土坑木椁墓、墓道向东；墓道、南北耳室、墓室组成。	墓室出土4件漆案，髹黑、红漆，以红、铅灰色漆绘云纹或变形凤鸟纹、几何纹，带边框，仅1件可复原，其余均残损；2件漆几，几面一呈曲尺形、另一呈长方形，均髹黑漆、素面。
四川绵阳双包山M2[2]	西汉早期	列侯级别	长方形竖穴土坑木椁墓、墓道向南；斜坡墓道、墓室（前后室）组成；后室陈棺。	前堂东后室出6件漆案，长方形，斫木胎，底部木条状足，带彩绘；4件木几，素面无漆，四足；后寝出1件漆案，形制似前。
湖南长沙马王堆M1[3]	文帝前元十二年（前168）以后数年	軑侯利仓之妻"辛追"	异穴合葬；带斜坡墓道长方形竖穴土坑木椁墓、墓道向北；斜坡墓道、墓室组成；四层套棺。	南北边箱各出1件漆案，长方形、底部矮足；北边箱四壁有帷幔，内出土1组木俑（10件侍从女俑、3件彩绘立俑、13件歌舞奏乐俑）；对面放置漆几、屏风、手杖、绣枕、香囊，以及放有梳妆用品的漆奁和盛有食物的漆案；案上置5件小漆盘、1件漆耳杯、2件漆卮，小盘内盛食物，盘上放1串竹串，耳杯上放1双竹箸；1件几，云纹、几何纹为主、木胎；1件屏风，木胎，下有足座承托，彩绘几何方连纹、云纹、龙纹。屏风靠西侧箱壁，几置左前方（北），木杖设于右前方（南），案放置于前部，案与屏风中部有绣花香囊、夹袍、几巾等，似墓主人跪坐其间。
湖南长沙马王堆M3[4]	文帝前元十二年（前168）	有说为第二代軑侯利豨的兄弟；或认为是軑侯利豨	位于1号墓之南；带斜坡墓道长方形竖穴土坑木椁墓、墓道向北；斜坡墓道、墓室组成；三层套棺。	北边箱出1件屏风（形制同M1墓、图案不同），南侧出1件漆几（形制与M1不同），东侧出1件漆案（形制同M1），西边箱出2件相似漆案，整体组合、位置同M1。

---

[1]　郭伟民、张春龙《沅陵虎溪山一号汉墓发掘简报》，《文物》2003年第1期，页1、2、36—55。湖南省文物考古研究所《沅陵虎溪山一号汉墓》，北京：文物出版社，2020年，页83。发掘简报与正式报告中的"器物描述"部分有一定出入，暂取后者为准。
[2]　四川省文物考古研究院、绵阳博物馆《绵阳双包山汉墓》，北京：文物出版社，2006年。
[3]　湖南省博物馆、中国科学院考古研究所《长沙马王堆一号汉墓》，北京：文物出版社，1973年。
[4]　湖南省博物馆、湖南省文物考古研究所《长沙马王堆二、三号汉墓（第一卷　田野考古发掘报告）》，北京：文物出版社，2004年。

续 表

墓葬名称	墓葬年代	墓主身份	墓葬形制	出土器物及具体位置
江西南昌西汉海昏侯墓M1[1]	西汉中晚期宣帝神爵三年（前59）以后	海昏侯刘贺，曾位至废帝，封昌邑王	带斜坡墓道长方形竖穴土坑木椁墓、墓道向南；主椁室、过道、回廊形藏椁、甬道和车马库组成。	墓室出土漆木案、漆几等。
河北邢台南郊西汉墓[2]	西汉中晚期宣帝甘露二年（前52）以后	南曲炀侯刘迁	带斜坡墓道长方形竖穴土坑砖砌墓、墓道向东；木板盖顶。	1件方形大理石案，四角各饰1铜羊，卧姿、错银镶绿松石。
江苏徐州拖龙山西汉墓M3[3]	西汉晚期	列侯一级或更高	长方形竖穴石坑洞室墓；西侧一洞室、南部一龛。	墓室出土2件铜制蹄状足、1件铜制包边，疑为漆案残件，具体位置已扰动。
湖南永州鹞子岭M2[4]	西汉末期成帝鸿嘉二年（前19）以后	泉陵侯顷侯刘庆之妻	位于M1之南；长方形竖穴土坑木椁墓、墓道向西；墓道、前室、后室组成。	1件漆案（仅余残片），中部红漆为地，黑彩蔓草纹，外髹黑漆（与同时期其他同等级墓葬形制较为相似）；具体位置不清。

因此，我们暂将这一组合认为是以家居随葬器物为中心的墓内祭祀设施，在竖穴式木椁墓中呈现出一种过渡性的发展阶段，即在墓内祭祀空间逐步独立的过程中，家居随葬组合本身表现居室生活的作用也在渐渐被揭示出来。

据上述，西汉时期的诸侯王、列侯墓已可见较为明确、相对完整的家居随葬器物组合，其性质从早期排列随意、折叠堆放的祭礼器；到可见固定组合、位置清晰的墓内祭祀设施，并配合屏风，漆杖、漆奁，侍吏、伎乐立俑等并用，规划出地下设奠祭祀的区域；再到构筑似有模仿墓主家居宴饮情境意涵的位置空间。虽然在性质上，仍应以墓内祭祀设施对其进行界定，但家居随葬器物组合的基本形制当已初见端倪。

家居随葬器物组合在这一发展过程中，已逐渐成为墓葬随葬品体系中一个极为重要的组成部分，其核心性质和表现内涵也略有改变。而这一变化应该是由上层贵族主导，

---

[1] 杨军、徐长青《南昌市西汉海昏侯墓》，《考古》2016年第7期，页45—62。
[2] 何直刚《河北邢台南郊西汉墓》，《考古》1980年第5期，页403—405、485—486。
[3] 刘尊志、耿建军、吴公勤《徐州拖龙山五座西汉墓的发掘》，《考古学报》2010年第1期，页101—132、141—148。
[4] 郑元日、唐青雕、邓少年《湖南永州市鹞子岭二号西汉墓》，《考古》2011年第4期，页45—62。

以自上而下的趋势进行的；因此，在中下层墓葬中，以家居组合为中心的墓内祭祀现象的出现相对较晚、数量较少，直至西汉晚期才逐渐有所转变，相关内容将在下一节进行具体论述。

三、新莽之前的家居随葬祭器组合

新莽以前，各诸侯王、列侯墓中几乎均可见以案为主体的家居类随葬器物，主要以漆木器或玉石器为主，且逐渐形成组合，成为等级墓葬中不可或缺的礼祭组合。而在同一时期的其他贵族或中下层墓葬之中，这一组合似乎并未受到重视，使用者也屈指可数，主要集中于相对固定的一定地域之内。

就现有的考古学墓葬材料而言，暂可大致将出土有家居随葬器物或组合的墓葬，列为以下几个区域，分别进行讨论。

1. 中原关中地区

这一地区主要以关中陕西为分布中心，延伸至中原河南的范围内，至西汉末期，北方长城沿线地带也零星出土案、几一类的随葬器物。关中地区，非诸侯王、列侯墓出土的案基本为漆木制，且墓葬形制多为砖室洞穴，时代在西汉中期以后。早期则偶有发现，例如：西安北郊枣园南岭西汉墓 M1[1]，被认为是西汉早期的贵族墓葬，为长方形竖穴土坑木椁墓；出土的漆案木制案面已不存，但见 2 件铜制案足，其中 1 件见于棺内，可能为后期扰动所致。发掘报告指出大多铜器和陶器及肉食放置于棺外西端，即头箱位置，由此推测其原本可能多件漆木案叠置，与其他随葬器物同出，应为祭礼器。

咸阳马泉镇西汉空心砖墓 M1、M2[2]，墓室均出土长方形漆木案。前者髹红漆，摆放于棺前，上置 1 件漆木耳杯；后者则设于墓室口偏西处，内置 1 件耳杯，朝向木棺（图1-2）。西北医疗设备厂 M95、陕西交通学校 M178[3] 墓内漆案的出土情形也类似，墓室结构均为砖室墓：M95 为双人合葬墓，漆案放在双棺前部正中，上置动物残骨等；M178

---

[1] 陕西省考古研究院《西安北郊枣园南岭西汉墓发掘简报》，《考古与文物》2017 年第 6 期，页 17—33。
[2] 发掘报告作漆盘，据墓葬平面图及器物描述，应为食案。刘卫鹏《咸阳马泉镇西汉空心砖墓清理报告》，《文博》2000 年第 6 期，页 10—20、39。
[3] 西安市文物保护考古所、郑州大学考古专业《长安汉墓》（上下册），西安：陕西人民出版社，2004 年，页 44—45、52、503—504、508。

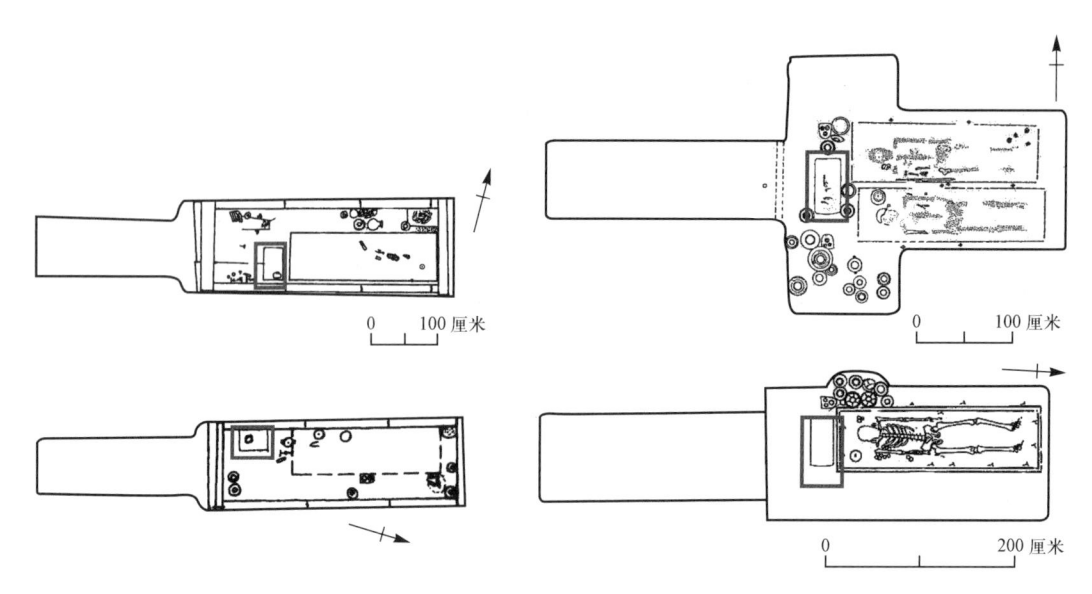

图 1-2　陕西咸阳马泉镇西汉空心砖墓 M1（上）、M2（下）墓葬平面图[1]

图 1-3　西北医疗设备厂 M95（上）、陕西交通学校 M178（下）墓葬平面分布图

为单人葬，木棺置于墓室一侧，漆案也偏于一侧以正对棺内尸身（图 1-3）。在年代分期上分属第一期与第二期，即西汉武帝元狩五年前后至宣帝前段、宣帝后段至元帝时期，均至西汉中期及以后。将漆案正对放置于墓主棺前，并配以耳杯、食物等，已初步可见墓内设奠祭祀的意涵，虽未见单独的空间，但这一做法应该是东汉时期墓内祭祀逐渐发展成熟的前身，直至东汉魏晋时期，边缘非文化核心区仍采用这一方式进行墓内祭祀。

此外，关中部分贵族墓葬的从葬坑也可见漆木案，应与诸侯王、列侯墓陪葬坑或外藏坑内置大量漆案以列为礼相同。武帝茂陵 1 号无名冢 1 号从葬坑[2]中出土 3 件铜饰鎏金长方形漆案，以红彩为主，透雕花纹；另见 1 件蹄形案足，虽残木多已朽，但仍可见其原应呈折叠状，堆放于一处。

中原地区仅河南、山西部分地区可见西汉墓出土案、几的情形，分漆木器与陶器两种，数量并不多。木椁墓仍多用漆器，而砖室墓则以陶案为主。山西柳林县看守所西汉中期 98LYHM68[3]正对墓主人棺放置 1 件长方形漆案，上设漆耳杯、漆盘等；该墓为长方形土圹竖穴墓，葬以木制的一棺一椁（图 1-4）。

---

[1] 方框对应器物的出土位置，后各图皆同。
[2] 负安志《陕西茂陵一号无名冢一号从葬坑的发掘》，《文物》1982 年第 9 期，页 1—17、97—100。
[3] 山西省考古研究所、吕梁地区文物管理局、柳林县文物管理所《柳林县看守所墓葬发掘报告》，载石金铭主编，山西省考古研究所、山西省考古学会编《三晋考古》（第三辑），太原：山西人民出版社，2006 年，页 313—327。

河南淮阳于庄汉墓M1[1]、洛阳金谷园车站汉墓M11[2]均在墓室内出土长方形陶案各1件，下置四足。前者具体位置、形制已不清；后者边缘有凸棱，四腿呈曲尺形，摆放在墓主室前部（即靠东一侧，坐西朝东），正对并列两棺中的一棺（图1-5）。

西汉晚期至新莽以来，中原关中地区及北方长城沿线的墓葬中常见案面为圆形或长方形的平底陶案，尤以中原河南地区居多。河南洛阳涧西区汉墓M9[3]（1955），济源泗涧沟汉墓M24[4]，新乡五陵村汉墓M91、M112[5]，新乡火电厂家属楼汉墓M8[6]（1995）等均见有陶案，多为一墓一件，正对墓主棺木放置。甘肃安西五道沟汉墓M3、M7[7]也出土圆形平底陶案各1件。

整体而言，约从西汉中期始，即武帝以后起，非诸侯王、列侯墓中逐渐兴起以案为代表的家居类随葬器物，但使用者极其有限，远不及上层贵族墓葬中的占比，且多见于大型木椁墓或空心砖室墓之中，流行群体仍十分有限。晚期以来，则在相对普通的墓葬之中见有形制相似、制作简单的陶案，摆放位置、组合形式基本一致，似开始形成一定的

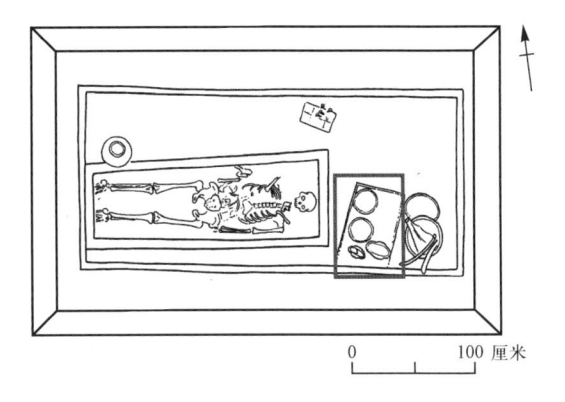

图1-4 山西柳林县看守所98LYHM68墓葬平面分布图

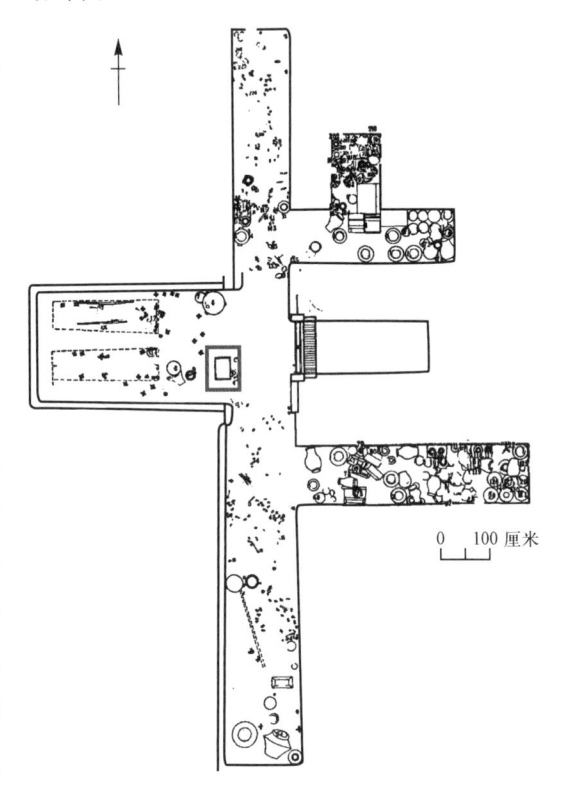

图1-5 河南洛阳金谷园车站M11墓葬平面分布图

---

[1] 骆崇礼、骆明《淮阳于庄汉墓发掘简报》，《中原文物》1983年第1期，页1—3、77—78。
[2] 余扶危、张剑《洛阳金谷园车站11号汉墓发掘简报》，《文物》1983年第4期，页15—28、100。
[3] 赵青云、刘东亚《一九五五年洛阳涧西区小型汉墓发掘报告》，《考古学报》1959年第2期，页75—94、167—168。
[4] 河南省博物馆《济源泗涧沟三座汉墓的发掘》，《文物》1973年第2期，页46—54、69。
[5] 赵争鸣《河南新乡五陵村战国两汉墓》，《考古学报》1990年第1期，页103—135、148—155。
[6] 新乡市文物管理委员会《1995年新乡火电厂汉墓发掘简报》，《华夏考古》1997年第4期，页15—26、107。
[7] 甘肃省文物考古研究所《安西五道沟汉墓发掘简报》，《陇右文博》2000年第2期，页3—16。

壹 | 从地面到墓下：墓内祭祀设施的出现　33

规制传统。在中下层墓葬内的使用方法也进一步被固定下来：正对墓主棺木，上置耳杯、盘等饮食器，以表达祭飨之意，与西汉中晚期诸侯王、列侯木椁墓在边箱或头箱中放置几、案、杖等器物的做法相同，只是在礼制等级上有差异。

2. 江淮青齐地区

江淮青齐地区在西汉时期的非诸侯王、列侯墓葬中，发现并清理了一批推测为士一级的中下层贵族氏族墓地，以山东临沂市金雀山、银雀山墓群为代表，墓葬形制均为长方形竖穴土坑木棺椁墓，设边箱、头箱等，漆案、几、杖或俎等多置其间。

临沂金雀山周氏墓群[1]共见六座墓，其中M10出土1件双足木几；M13出土2件长方形漆木案；M14则见1件长方形漆木案，1件双足木几，另有1件白漆树皮木杖。临沂金雀山南坛百货楼工地墓群[2]M28出土2件长方形漆木案，1件木杖，1件多曲足木几。M31见1件双足木几；1件木俎，相对案形制较小，四足为扁方木，上布满刀痕。M33则见1件多曲足木几。以上六座墓葬均使用单棺单椁，器物放置在墓室边箱之中、靠近中心位置，案、几多同出（图1-6）。且案、几形制、样式并无二致，案面下部置马蹄形四足，通体黑漆，朱绘纹饰；几面狭长，无法置物，两足或多足，起凭靠之用（图1-7）。M1墓室之中设一椁一棺，西侧边箱置3件素面黑漆木几，规格形制各不相同，其中2件分别以兔、虎首雕饰几面两端（图1-8）；木胎彩绘长方形漆案、木杖各1件，均髹黑漆[3]。而另有八座墓，或只见棺而无椁，或不见椁而只用双棺，均未使用漆木案、几等家居类

图1-6 山东临沂金雀山墓群M14（上左）、M28（上右）、M31（下左）、M33（下右）墓葬平面分布图

---

[1] 沈毅《山东临沂金雀山周氏墓群发掘简报》，《文物》1984年第11期，页41—58、97。
[2] 冯沂《山东临沂金雀山九座汉代墓葬》，《文物》1989年第1期，页21—47、101—102。
[3] 临沂文物组《山东临沂金雀山一号墓发掘简报》，载《考古》编辑部编《考古学集刊》（第1辑），北京：中国社会科学出版社，1981年，页133—138。

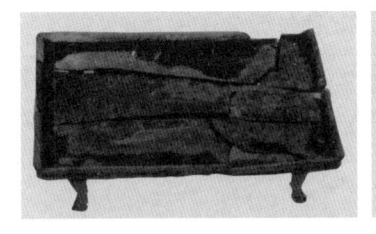

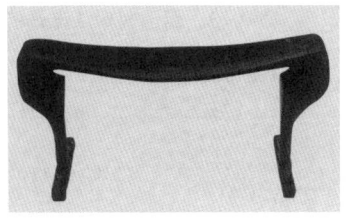

图 1-7　山东临沂金雀山墓群出土漆案、俎、几

（从左到右 M28：7、M31：29、M31：12）

随葬器物，可见在西汉中晚期，这一组合的使用受到身份等级的明确限制。而木杖、几的配合使用，或与墓主"高年授几"相关，以彰显家族与社会地位[1]。

位于金雀山墓群西侧、相距不远的银雀山墓群 M7[2]，墓葬形制为长方形竖穴土坑墓，一椁一棺，墓室边箱出土 2 件长方形漆木案，1 件多曲足木几，尺寸、装饰、摆放方式均与前者相同。山东莱西县岱墅西汉木椁墓 M2[3] 的出土情况也同上述墓群。在西汉时期的整个延续时间范围内，山东、江苏以及安徽地区均可见此类墓葬或墓群，出土家居随葬器物组合，以漆木制为主，多以此彰显墓主的政治或社会身份，为礼祭等级的反映。其墓葬形制也趋于一致，相关概况整理如下（表1-3）。

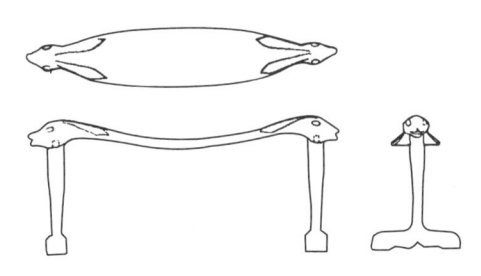

图 1-8　山东临沂金雀山墓群 M1 出土兔首木几复原示意图（M1：19）

除漆木器外，陶质器类也在西汉时期这一区域常见使用，尤以山东地区居多。山东莱州市朱郎埠墓群 M35[4]，出土 1 件长方形平底陶案，放置于墓主木棺一侧。威海市蒿泊大天东村西汉墓 M4[5] 边箱则置 1 件长方形陶案，四角加曲尺形四足。日照海曲西汉墓 M106[6] 也见 1 件长方形夹砂灰陶案，底附四个圆锥状矮足，形制较漆木案而言极为简略，或是出于对漆器的仿制。

---

[1] 这一时期，由于墓葬形制仍多采用竖穴棺椁墓，棺旁置边箱，随葬器物通置一处，墓葬空间的分化并不明显，并未形成较为独立的区间。因此，几、杖的使用应以表现墓主身份、家族或社会地位为主，并未暗含墓主之"位"的明确标示意义。东汉以降，甘肃地区多座洞室墓中可见案、几与杖的具体摆放位置、相对序列。至此，几、杖在墓室内作为标志墓主灵魂栖息之所的作用可被确定下来。相关情况将在后文介绍。
[2] 徐淑彬、高本同、苏建军《山东临沂市银雀山的七座西汉墓》，《考古》1999 年第 5 期，页 28—35、100—103。
[3] 王明芳《山东莱西县岱墅西汉木椁墓》，《文物》1980 年第 12 期，页 7—16、98。
[4] 该墓群出土形制相同的长方形平底陶案共 3 件，仅 1 件见墓号，其余 2 件的出土情况暂时不清。详烟台市博物馆《山东莱州市朱郎埠墓群发掘报告》，《华夏考古》2009 年第 1 期，页 39—64、161—163、171。
[5] 刘晓燕、张云涛、隋裕仁《山东威海市蒿泊大天东村西汉墓》，《考古》1998 年第 2 期，页 25—30、99。
[6] 山东省文物考古研究所《山东日照海曲西汉墓（M106）发掘简报》，《文物》2010 年第 1 期，页 1、4—25。

表1-3　西汉时期江淮青齐地区非诸侯王、列侯墓出土漆木家居随葬器物组合相关概况[1]

墓葬名称	墓葬年代	墓主身份	墓葬形制	出土器物及具体位置
安徽霍山县西汉木椁墓M1[2]	西汉早期	推测为家族墓地	长方形竖穴土坑木椁墓、墓向朝东；一椁重棺。	南边箱置1件双足漆几，通体黑漆，朱黄绘纹。
江苏仪征张集团山1号西汉墓[3]	西汉早中期（不晚于西汉武帝元狩五年[前118]）	推测为江都王陪葬墓	长方形竖穴土坑木椁墓；一椁一棺。	足箱近中部置1件长方形漆木案，下有四蹄状足，通体黑漆，红彩饰纹。
安徽巢湖放王岗汉墓M1[4]	西汉中期（西汉武帝元狩五年以后至昭帝时期[前118—前74]）	推测为该地区最高行政长官（县令长）或富甲一方的大商贾	长方形竖穴土坑木椁墓；重椁重棺。	前室出土14件长方形漆木案，下有四蹄状足，其中8件绘兽纹，4件绘鸟纹，另有2件绘云纹，尺寸规格不一。南边箱出土1件漆几，髹黑漆，光素无纹饰。
安徽天长西汉墓M19[5]	西汉中期偏早	东阳县官吏谢孟	长方形竖穴土坑木椁墓、墓向朝南；一椁一棺。	2件长方形漆木案，下附四扁足，髹黑漆，朱彩绘纹。1件置头箱靠北壁处，另1件置边箱靠南壁处。
江苏邗江胡场汉墓M5[6]	西汉中期宣帝本始四年（前70）	王奉世夫妇合葬墓（应为士一级）	长方形竖穴土坑木椁墓；并置双椁。	1件长方形漆木案，底附四足，髹褐漆、绘朱红；具体位置不清。
山东青岛市平度界山汉墓[7]	西汉中期	暂时不清	长方形竖穴岩坑石椁木棺墓、墓向朝南；一椁一棺。	1件长方形漆木案，仅存铜制案足、案栏，置于足一侧二层台上；行灯、铜盘等同出。
山东荣成梁南庄汉墓M2[8]	西汉中期	暂时不清	长方形竖穴石圹木椁墓；一椁重棺。	长方形漆木案，仅残存铜足，具体形制、位置不清。

---

[1] 山东日照海曲汉代墓地内的西汉晚期木椁墓中，多见大型漆木案及鸠杖等组合，如M125。但由于均已损毁，只存残迹，具体形制、位置不清，且发掘报告未以墓葬个体为单位进行统计整理，故不列入此表。详何德亮、郑同修、崔圣宽《日照海曲汉代墓地考古的主要收获》，《文物世界》2003年第5期，页41—46。
[2] 杨鸿霞《安徽霍山县西汉木椁墓》，《文物》1991年第9期，页14、40—60、101—103。
[3] 张敏、孙庆飞、李民昌《仪征张集团山西汉墓》，《考古学报》1992年第4期，页477—507、509、535—540。
[4] 安徽省文物考古研究所、巢湖市文物管理所《巢湖汉墓》，北京：文物出版社，2007年。
[5] 天长市文物管理所、天长市博物馆《安徽天长西汉发掘简报》，《文物》2006年第11期，页1、4—21。
[6] 扬州博物馆、邗江县图书馆《江苏邗江胡场五号汉墓》，《文物》1981年第11期，页12—23、101。
[7] 林玉海、荆展远、王艳《山东青岛市平度界山汉墓的发掘》，《考古》2005年第6期，页2、32—42、98—103。
[8] 王桂芳、林仙庭、于晓丽《山东荣成梁南庄汉墓发掘简报》，《考古》1994年第12期，页1069—1077。

续 表

墓葬名称	墓葬年代	墓主身份	墓葬形制	出土器物及具体位置
江苏仪征烟袋山汉墓[1]	西汉中期	墓主或与江都国和广陵国皇族有关	长方形竖穴土坑木椁墓、墓向朝南；双椁（正藏、外藏椁）双棺。	外藏椁内出土1件木几足饰片；女棺内一侧置1件木杖。
安徽天长三角圩墓地M19[2]	西汉中期	广陵国主膳食令丞桓嵩	长方形竖穴土坑木椁墓；一椁一棺。	头箱出土1件长方形漆木案，下附四足，已残失；外髹酱褐色漆、内髹朱漆；案面饰云气纹、几何纹、凤纹等。
山东五莲张家仲崮汉墓M1[3]	西汉中期偏晚	推测为汉代宗室墓	长方形竖穴土坑木椁墓（已被破坏，据家族墓地形制推测）。	1件长方形漆木案，底附蹄状足；器身已朽，仅存部分铜饰件；具体位置不清。
安徽天长三角圩墓地M12[4]	西汉中期偏晚	暂时不清	长方形竖穴土坑木椁墓；一椁无棺。	边箱南部出土1件长方形漆木案，底附马蹄形四足，仅存三足；外髹黑漆；饰三角羽状纹和细弦纹。出土1件多曲足木几。边箱另出土1件铜杖首，满饰浅浮雕纹样。
江苏连云港陶湾黄石崖西汉西郭宝墓[5]	西汉中晚期	东海郡太守西郭宝	长方形竖穴土坑木椁墓、墓向朝南；一椁一棺。	1件长方形漆木案，底附马蹄形四足，通体黑地、朱绘；具体位置不清。
江苏扬州平山养殖场汉墓M3[6]	西汉中晚期	夫妇合葬墓	长方形竖穴土坑木椁墓、墓向正西；一椁双棺。	头箱正中部置1件长方形漆木案，下接蹄状足，髹褐漆、绘朱纹。
江苏扬州西汉"妾莫书"木椁墓[7]	西汉晚期元帝至平帝年间	推测为刘氏宗族墓地	长方形竖穴土坑木椁墓、墓向正南；双椁单棺。	3件长方形漆木案，马蹄形案足，彩绘纹饰，镶有鎏金铜扣；具体位置不清。

---

[1] 王根富、张敏《江苏仪征烟袋山汉墓》，《考古学报》1987年第4期，页471—501、537—540。
[2] 安徽省文物考古研究所《安徽天长三角圩墓地》，北京：科学出版社，2013年，页255—292。
[3] 曹元启、王学良《山东五莲张家仲崮汉墓》，《文物》1987年第9期，页76—83。
[4] 安徽省文物考古研究所《安徽天长三角圩墓地》，页217—227。
[5] 连云港市博物馆《连云港市陶湾黄石崖西汉西郭宝墓》，《东南文化》1986年第2期，页17—21、236—237。
[6] 印志华《扬州平山养殖场汉墓清理简报》，《文物》1987年第1期，页26—36、102。
[7] 周长源、徐良玉、吴炜《扬州西汉"妾莫书"木椁墓》，《文物》1980年第12期，页1—6、97。

续 表

墓葬名称	墓葬年代	墓主身份	墓葬形制	出土器物及具体位置
江苏东海县尹湾汉墓群M6[1]	西汉成帝元延三年（前10）	东海郡卒史五官掾功曹史师饶夫妇合葬墓	长方形竖穴土坑木椁墓；一椁双棺。	足箱置1件漆木几，木胎髹黑漆，几面朱书"甲宋"二字；具体形制不清。
江苏邗江姚庄M101[2]	西汉晚期	夫妇合葬墓	长方形竖穴土坑木椁墓、墓向朝南；一椁双棺。	头箱置2件长方形漆木案、1件多曲足漆几；足箱置1件双足漆几。
江苏连云港海州西汉霍贺墓[3]	西汉晚期	霍贺夫妇合葬墓	长方形竖穴土坑木椁墓、墓向朝南；一椁双棺。	足箱置1件漆案，黑彩朱绘；具体形制不清，已残。
江苏扬州小杨庄西汉墓M28[4]	西汉晚期	官秩在六百石至两千石之间，或相当于广陵国中级官吏	长方形竖穴土坑木椁墓、墓向朝东；一椁双棺。	7件长方形漆木案，四角蹄状足，案面饰回形纹红彩带，褐色底，绘云气纹，间饰羽人、鸟兽等；3件多曲足漆几，素髹褐漆。
安徽天长三角圩墓地M1[5]	西汉晚期	广陵国掌管"山海池泽之税""宾赞受事"之令官桓平	长方形竖穴土坑木椁墓、墓向朝南；一椁二棺。	足箱出土10件长方形漆木案，其中3件大型漆木案，7件小型漆木案，均髹朱、黑两色漆，饰云气纹、几何纹等；出土3件多曲足木几。东棺出土1件漆杖，外髹黑漆。
安徽天长三角圩墓地M10[6]	西汉晚期	暂时不清	长方形竖穴土坑木椁墓、墓向朝南；一椁二棺。	边箱出土3件长方形漆木案，其中2件大型漆木案，1件小型漆木案，均髹朱、黑两色漆；头箱出土2件漆杖，外髹黑漆。
江苏连云港唐庄高高顶汉墓[7]	西汉末年	暂时不清	长方形竖穴土坑木椁墓；并置双椁。	3件长方形漆木案，底附四足，1件素面无饰纹，2件案面绘凤鸟纹；1件多曲足漆几，镂空雕刻；具体位置不清。

---

[1] 纪达凯、刘劲松《江苏东海县尹湾汉墓群发掘简报》，《文物》1996年第8期，页2、4—25、97—98、100。
[2] 印志华、李则斌《江苏邗江姚庄101号西汉墓》，《文物》1988年第2期，页19—43、101—104。
[3] 南京博物院、连云港市博物馆《海州西汉霍贺墓清理简报》，《考古》1974年第3期，页178—186、212—213。
[4] 周赟、秦宗林《江苏扬州市小杨庄西汉墓葬M28的发掘》，《考古》2021年第4期，页2、61—78。
[5] 安徽省文物考古研究所《安徽天长三角圩墓地》，页8—163。
[6] 安徽省文物考古研究所《安徽天长三角圩墓地》，页187—215。
[7] 周锦屏《连云港市唐庄高高顶汉墓发掘报告》，《东南文化》1995年第4期，页102—108。

续表

墓葬名称	墓葬年代	墓主身份	墓葬形制	出土器物及具体位置
江苏连云港海州凤凰山水库西汉木椁墓[1]	西汉时期	暂时不清	长方形竖穴土坑木椁墓；一椁一棺。	1件漆木几，具体形制、位置不清，已残。
安徽和县城北西汉木椁墓[2]	西汉时期	暂时不清	长方形竖穴土坑木椁墓；三椁一棺。	东部边箱出土1件长方形漆木案，底有矮足，案身涂黑漆，案面周沿突起。
江苏扬州邗江县郭庄汉墓[3]	西汉晚期至新莽时期	夫妇合葬墓	长方形竖穴土坑木椁墓；一椁双棺。	头箱置1件长方形漆木案，下摆放一排灰陶罐，上设漆耳杯等。
安徽天长县汉墓M2[4]	西汉晚期（或至东汉早期）	暂时不清	长方形竖穴土坑木椁墓；一椁一棺。	棺外置1件长方形漆木案，下附角形四足，朱、黄彩绘。
安徽天长县汉墓M6	西汉晚期（或至东汉早期）	暂时不清	长方形竖穴土坑木椁墓、墓向正东；一椁一棺。	边箱中部置1件长方形漆木案，下附角形四足，朱、黄彩绘。
安徽天长县汉墓M8	西汉晚期（或至东汉早期）	双人合葬墓，暂时不清	长方形竖穴土坑木椁墓；一椁双棺。	棺外置1件长方形漆木案，下附角形四足，朱、黄彩绘。

此外，值得注意的是，在这一区域内的西汉晚期墓葬内，开始出现墓主人"居家宴饮"的图像题材。江苏扬州邗江县胡场西汉宣帝年间墓葬M1[5]，形制为长方形竖穴木椁墓，椁内有纵横隔梁，并设隔墙，为阑干式建筑。"墓主人生活图"竖置于头箱对开小门后侧，画像下部为宴乐场景，朱幕高悬，墓主人端坐床榻之上，前置几、案，案上有杯盘，几下放香薰；后有侍从；前有伎乐。正对放置3件长方形漆木案、1件漆几。椁室侧箱还放置有1件形制较大的长方形漆木案。这与砖室墓中正对墓主木棺置案、设器的做法，当属同类，应为供奉或祭飨之意，只是对象从墓主尸身转变为以

---

[1] 李洪甫、石雪万《连云港地区的几座汉墓及零星出土的汉代木俑》，《文物》1990年第4期，页58、80—93、104。
[2] 安徽省博物馆《安徽和县城北西汉木椁墓》，载《文物》编辑委员会编《文物资料丛刊》(1)，北京：文物出版社，1977年，页111—113。
[3] 印志华《扬州邗江县郭庄汉墓》，《文物》1980年第3期，页90—92。
[4] 安徽省文物工作队《安徽天长县汉墓的发掘》，《考古》1979年第4期，页320—329、389。下M6、M8同。
[5] 扬州博物馆、邗江县文化馆《扬州邗江县胡场汉墓》，《文物》1980年第3期，页1—10、97—98。

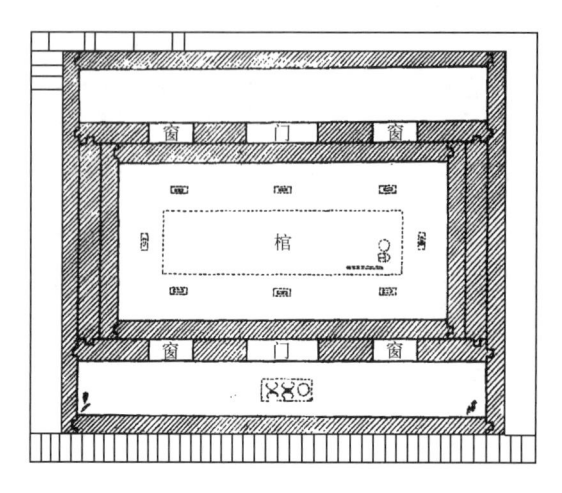

图 1-9　山东文登县石羊村汉木椁墓墓葬平面分布图

图画表现的墓主形象。山东文登县石羊村汉木椁墓[1]更是在棺木四周放置8个牌位，素木未漆，上有墨书文字，与近代灵牌相似，可惜具体形制、内容已不清；并于前侧正中置漆案，上摆放铜鼎、铜壶及漆碗等（图1-9）。由此可见，该地区这一时间段内确实开始出现墓内祭祀对象的变化。

此时由于受墓葬形制的限制，新的祭祀对象似已出现，但这一转变是否已全然实现，抑或只是不同祭祀对象在一定程度上共同表现祭祀主体，而非呈现相互替代关系？但是毋庸置疑，这一做法仍然是墓内祭祀表现形式的传统延续。

3. 江汉湘赣地区

因江汉湘赣地区为楚文化的核心地域，故这一地区西汉早期的墓葬之内仍带有极强的中原文化辐射影响，仍以战国时期流行的木椁墓为主要墓葬形制，在中、低等爵官员的墓葬中多使用漆木案，与诸侯王、列侯墓中使用案几作为等级象征、以设礼祭的做法相同，但在数量上体现出差异。湖北江陵凤凰山M168[2]（图1-11），为竖穴土坑木椁墓，葬具使用一椁重棺，年代为西汉初期文帝前元十三年（前167），墓主是五大夫遂。墓内边箱出土1件长方形漆木案（图1-10），底部四角有曲形足，红、褐、灰黑三彩绘制，内置牛排、鸡骨等食物；1件多曲足漆几，通体髹黑漆，饰龙纹。

楚纪南城凤凰山西汉墓M8、M9及M10[3]也各出土1件长方形漆木案，形制与凤凰山M168基本一致，由整木制成，平底矮足；M10还见1件残损漆几；均置墓室边箱之内（图1-12）。

---

[1] 蒋宝庚、殷汝章《山东文登县的汉木椁墓和漆器》，《考古学报》1957年第1期，页127—131、244—245。

[2] "五大夫"在秦汉二十等爵制中位列第九级，与西汉时期县令基本同级。该墓发掘报告在第二次发表材料时，更改了第一次发掘报告的叙述，原为"方平盘一、案一"，后不见"案"，只列"方平盘一"，名为简书自名，形制与案相当，或为原报告贻误。详见南城凤凰山一六八号汉墓发掘整理组《湖北江陵凤凰山一六八号汉墓发掘简报》，《文物》1975年第9期，页1—12、22；陈振裕《江陵凤凰山一六八号汉墓》，《考古学报》1993年第4期，页455—513、551—566。

[3] 长江流域第二期文物考古工作人员训练班《湖北江陵凤凰山西汉墓发掘简报》，《文物》1974年第6期，页41—61、88—95。

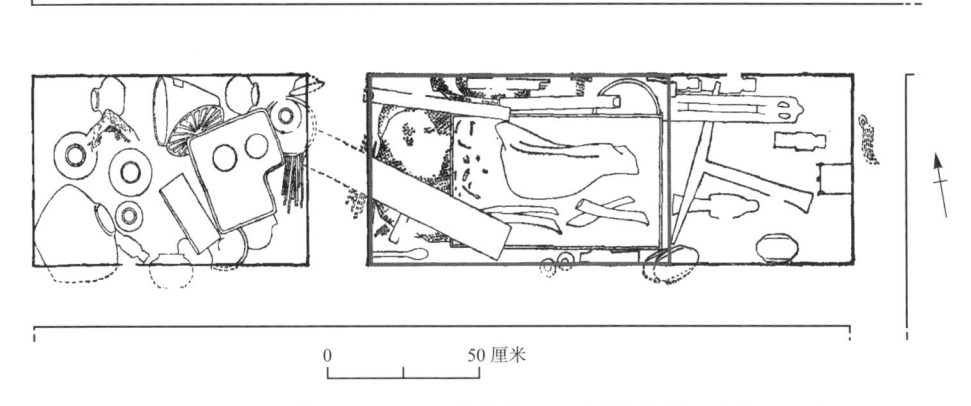

图 1-10　湖北江陵凤凰山 M168 边箱第二层随葬器物平面分布图

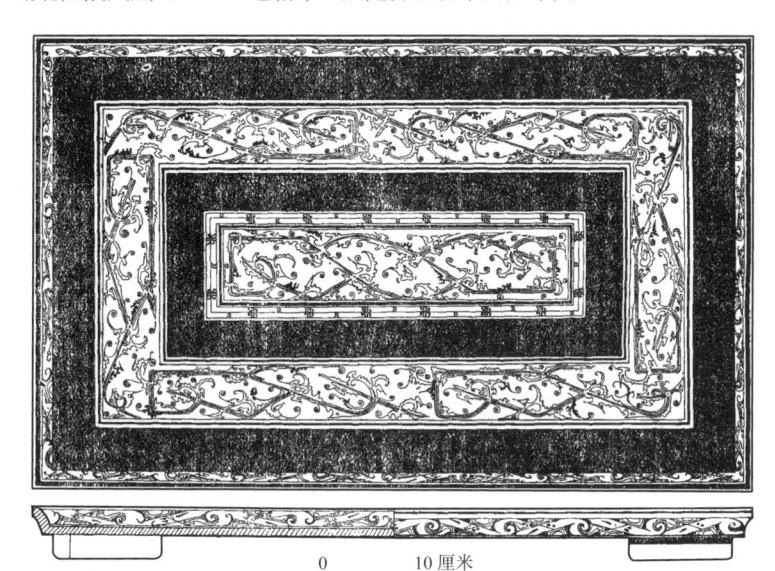

图 1-11　湖北江陵凤凰山 M168 出土长方形漆木案（漆方平盘 M168∶24）

邻近的湘赣地区则在西汉中期之后，开始出现少量石质家居随葬组合器物。例如：湖南洪江市小江村汉代墓地[1]出土大量滑石器一类石案，与盘、杯、壶等配合使用。1990 年湖南溆浦大江口西汉晚期墓 M3[2]，发现 1 件长方形石案，四角下置雀替状平矮足，与滑石灯、陶镂壶、博山炉等置于一处，靠墓室内西（里）侧。

这一区域的墓葬在使用案、几一类家居随葬器物时，明显受到了地域传统的影响，并率先出现了新的文化特征。这一因素也在东汉时期不断发展，成为家居随葬组合体系中的重要表现方式。

---

[1] 湖南省文物考古研究所《洪江市小江汉代墓地》，载中国考古学会编《中国考古学年鉴（2010）》，北京：文物出版社，2011 年，页 329—330。
[2] 向开旺、田云国《1990 年湖南溆浦大江口战国西汉墓发掘简报》，《考古》1994 年第 1 期，页 23—33、104。

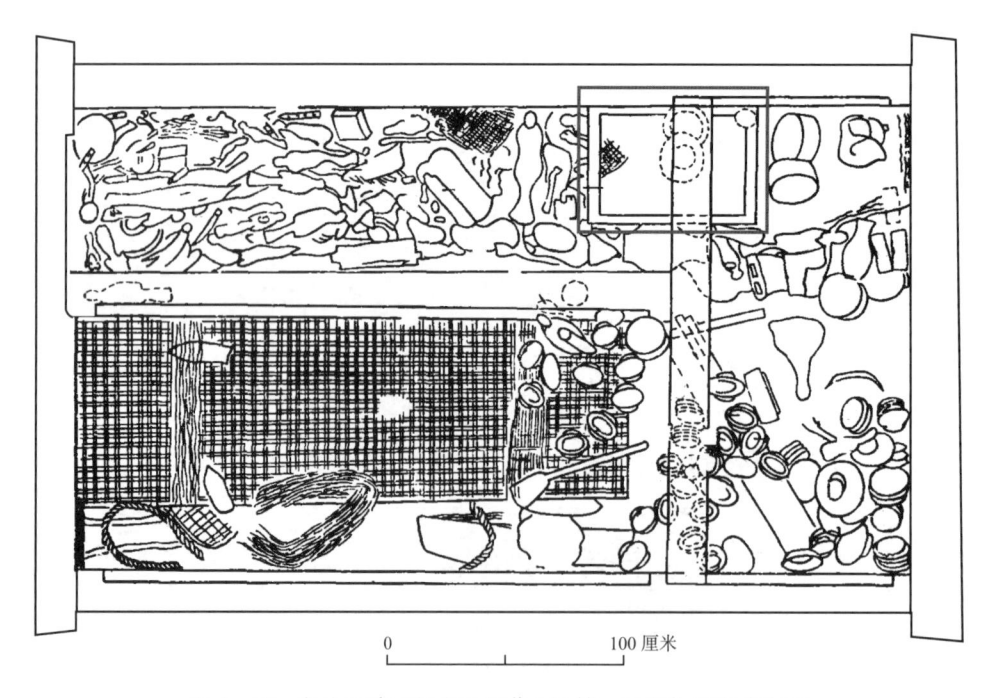

图 1-12　湖北江陵凤凰山西汉墓 M8 第一层器物平面分布图

4. 西南边陲地区

西南边陲地区主要指云、贵、川、渝四省的地域范围。西汉时期，这一区域内常见漆木材质的家居类随葬器物，器型也多以案为主，但在形制规格上与上文所列的两个地区较为不同，多见尺寸较小的圆形漆木案，发掘报告多作木几。成都龙泉驿区北干道木椁墓群西汉早期 M26[1]出土 2 件圆形漆木案，下以榫卯结构插三曲足，向外弯曲。成都天回镇老官山西汉景武年间墓 M3[2]也见外观相同的 1 件圆形漆木案，通体黑漆，无纹饰。据两墓所出土的圆形漆木案，或可推测这一时期所流行的漆木案，在规格形态与外表装饰上均已形成定制；但由于墓葬本身遭受盗扰，具体的出土位置已不清，故无法知晓其使用方式。

亦有使用长方形漆木案者，与关中中原、江淮青齐地区墓葬内者基本相同。贵州赫章可乐西汉晚期墓 M178[3]，系夫妇合葬墓，两棺呈折角状分别贴近西壁与北壁处，长方

---

[1] 江章华、刘雨茂《成都龙泉驿区北干道木椁墓群发掘简报》，《文物》2000 年第 8 期，页 21—32。
[2] 成都文物考古研究所、荆州文物保护中心《成都天回镇老官山汉墓发掘简报》，载四川大学博物馆、四川大学考古学系、成都文物考古研究所编《南方民族考古》（第十二辑），北京：科学出版社，2017 年，页 215—246。
[3] 贵州省博物馆考古组、贵州省赫章县文化馆《赫章可乐发掘报告》，《考古学报》1986 年第 2 期，页 199—251、275—282。

形漆木案摆放在两者中间交错直角方位，上置陶豆、漆盘和铜簋等，似同时表现对墓主夫妇二人的祭祀（图1-13）。

至西汉晚期及新莽以前，则开始流行模制的陶案，但数量较少，并不成系统。以四川成都高新区紫荆路汉墓M9、M10[1]为典型，分别见长方形陶案2件、1件。

在前几个区域内，在西汉时期已可见较多使用案、几等家居随葬器物的情形，而西南边陲地区则并不明显。这可能是因为在该地域范围内，目前所发掘的墓葬在等级规制上并不是很高，因此使用者也相对较少。

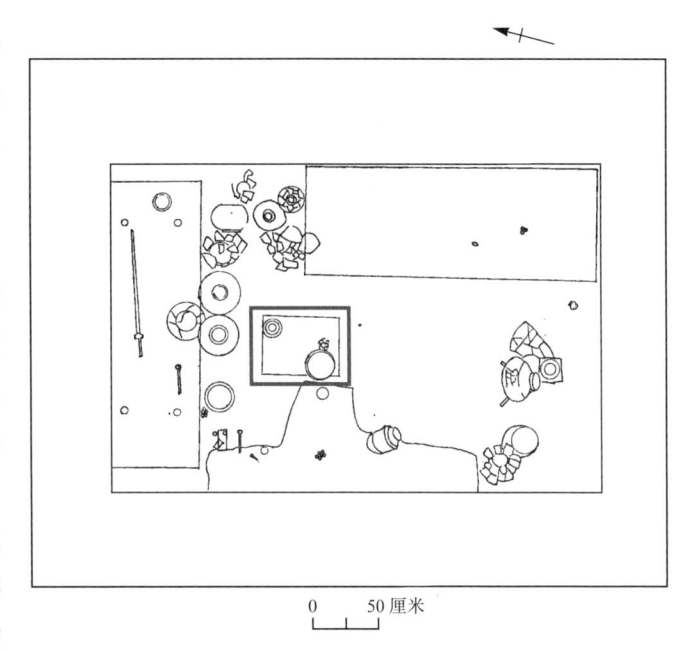

图1-13 贵州赫章可乐西汉晚期墓M178墓葬平面分布图

5. 岭南两广地区

岭南两广地区墓室内出土家居类随葬器物的墓葬，占比亦较低，呈零星状分布，可知这一组合并非随葬定制，未成系统；主要材质为漆木、金属铜两大类，多置于木椁墓内。广西贵县西汉初期罗泊湾M1[2]，在椁内出土2件圆形铜案，带三蹄状足，其中1件腹部外壁饰细蟠虺纹、绳索纹等，另1件为铜鼓改制而成，足见其随意性。相近的罗泊湾M2[3]、贺县金钟M1[4]也发现有漆案残存的遗迹。

墓室内出土漆木案较为典型的是广东东山梅花村M8[5]，该墓为竖穴土坑木椁墓，年代被判定为西汉中期中后段至西汉后期早段这一范围内；墓室前中室正中依稀可见长方形漆案残迹，二大一小，重叠排布，形状呈长方形，外表髹黑漆，朱绘花纹；上置釉陶

---

[1] 王方、王仲雄《成都高新区紫荆路汉墓发掘简报》，载成都市文物考古研究所编《成都考古发现》，北京：科学出版社，2002年，页142—156。
[2] 广西壮族自治区文物工作队《广西贵县罗泊湾一号墓发掘简报》，《文物》1978年第9期，页25—42、54、81—84。
[3] 兰日勇、覃义生《广西贵县罗泊湾二号汉墓》，《考古》1982年第4期，页355—364、453—454。
[4] 蓝日勇、覃义生、覃光荣《广西贺县金钟一号汉墓》，《考古》1986年第3期，页221—229、292。
[5] 广州市文物考古研究所《广州东山梅花村八号墓发掘简报》，载其所编《广州文物考古集》，北京：文物出版社，1998年，页262—281。

壹 | 从地面到墓下：墓内祭祀设施的出现 43

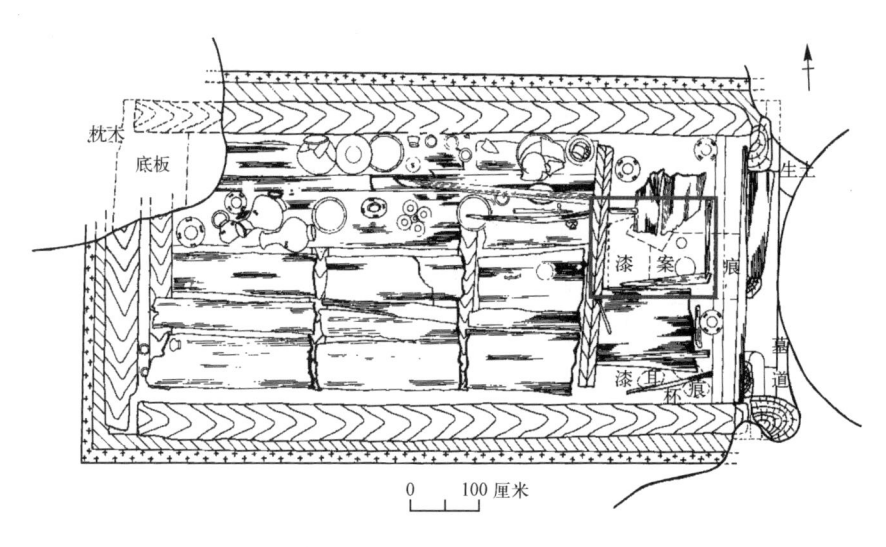

图 1-14　广东东山梅花村 M8 墓葬平面分布图（上层）

碗、铜杯等（图 1-14）。广州永福路西汉墓 M2[1]时代与前者一致，墓葬形制为长方形竖穴分室分层木椁墓，也同样见 2 件长方形漆木案，堆叠置于后器物室之中。

西汉时期的岭南，就数量而言，是家居类随葬器物分布的一个较小的集散点。家居类随葬器物在墓内使用的方式仍与上述其他地区相似，设于木椁边箱或头箱内，叠放堆置，仍应是受到礼制等级影响的产物。

综合上述分区，西汉时期非诸侯王、列侯墓在墓葬形制上主要可分为竖穴木椁墓与砖石洞室墓。前者仍以漆木案为主，随葬于边箱、头箱等椁室之内，堆叠摆放，与高等级墓葬设礼器而葬的做法一致，时代集中在西汉早期至中期以前，墓葬多属大夫、士一级。后者则在西汉中后期后陆续出现，墓内见有材质不一的器案，多正对墓主人棺木摆放，上置杯、盘、壶等食器与酒具，少有几、杖等组合，应为生者设奠所用；这一做法也在东汉时期不断发展并成熟，呈现出丰富的表现形式，并形成分化空间。

四、墓内祭祀与居室营建

通过以上两节列举的考古墓葬材料，我们不难看出墓内祭祀的做法在西汉时期就已经出现，并在各诸侯王、列侯墓中形成了以家居类随葬器物为中心、相对完整的组合形

---

[1] 广州市文物考古研究所《广州市永福路汉唐墓葬发掘简报》，载其所编《羊城考古发现与研究》（一），北京：文物出版社，2005 年，页 73—87。

制，成为魏晋时期所流行的家居随葬组合的前身。西汉中晚期以后，这一做法开始表现出自上而下的延展性，不再仅仅局限于中上层爵位贵族或官吏，各地域范围内，一部分等级相对较低的空心砖石墓中亦摆放简单的墓内祭祀设施，虽稍显粗滥，但其象征意涵并无二致。

这种变化的产生，毋庸置疑，与当时社会世人的精神信仰与生死观念息息相关。前文曾提到战国以来"魂魄二元论"逐渐被接受与认同，其中所谓"魄"者，与尸身肉体紧密相关，因此当尸体被埋葬时，魄也随之入地。汉代似也广泛流行着这样一种信仰，即魄的生命非常依赖于尸体，如果尸体被很好地保存和恰当地安葬，魄不仅能够与尸体保持接近，而且可能存在得更久[1]。由此，于墓室之内直接设置生者对死者肉身的祭飨位置，应是一种"恰当"的安葬方式，以示安魄之意；且能够近距离、不间断地进行，不似墓上或家庙祭礼的繁冗与复杂。

与墓内祭祀设施几乎同时出现的是墓葬形制的变革。祭祀空间的扩大和顶部的增高，在汉墓变革中起到了重要的作用：湖南长沙曹㜨墓为早期题凑型间切式椁的代表，题凑型回廊式椁就是在其基础上发展而来的，在这一形制的作用下，整个椁内形成了一个全面开通的空间，平均高度大幅度增加，已可见室墓的特征；后在不断的完善过程中，题凑型回廊式椁墓完成了向回廊型室墓的过渡，广州南越王墓就是典型代表之一，墓室内空间扩大，并出现了基本的空间规划[2]。

不可否认的是，墓内祭祀设施的出现与墓葬形制的转变，并非完全同步，也非统一步调向前发展。这一过程中是反复与交叉的，甚至在某些墓葬中，家居随葬组合器物体现出时空的交错性与性质的双重性。这也是新兴事物在发展过程中所不可避免的。

但也正是这样一种墓葬形制的改变，从现实的可操作性上，为墓内祭祀设施的出现与发展提供了可能。从战国时期木椁墓中多出土以漆木案、几为代表来标示身份等级的礼器，发展为汉代室墓中以祭祀功能为主导的墓内设施。如果说汉代灵魂观念信仰的风靡，是墓内祭祀设施出现的精神基础，那么墓制的变化即为墓内祭祀空间的独立与分离提供了现实推力。

西汉中晚期，在中下层墓葬中可见的正对墓主人棺木摆放祭案，上置饮食器、酒具的做法，也多出于空心砖石室墓中。从整体来看，相关的墓葬材料并不多，占比也较少，流行地域范围也较小，明显可知其仍属于滥觞阶段，应是礼制从上层贵族逐渐向中下层波及的结果，其影响依然具有一定的局限性。

---

[1]〔美〕余英时著，侯旭东等译《东汉生死观》，页146。
[2] 黄晓芬《汉墓形制的变革——试析竖穴式椁墓向横穴式室墓的演变过程》，页49—69。

与此同时，墓内祭祀设施的组合形制也在西汉时期被基本确定下来。以家居类随葬器物作为墓内祭祀的承载对象，是由现世居室生活的情形决定的，事死如生，墓葬作为藏尸之所，与生前家居设施一一对应。虽然在前文的分析中，我们可以看到，这一时期墓葬内的家居随葬组合，仍以生者祭飨之意为主，并未具有明确的象征墓主之"位"的空间意义，也未具有灵魂所栖的标识作用，但显然家居随葬器物本身的使用组合已初见雏形，一直发展至东汉时期，在这一基础上再加以补充与拓展。而组合所代表的内容与意涵，似在东汉中晚期发生了转变，出现了新的发展，并在魏晋南北朝时期进一步完善与成熟，具体内容将在后面几章进行完整而详细的论述。

贰

墓室空间中的『飨』与『宴』

两汉之际的生死更异
由器物组合构建的『飨宴空间』
壁画与画像石中的『飨宴』主题
丧葬组合的成熟与定型

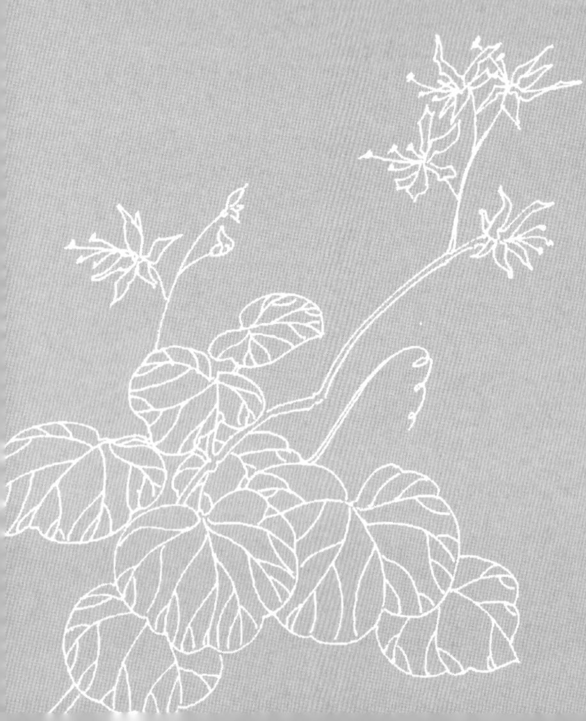

一、两汉之际的生死更异

新莽代汉，是丧葬礼制发生大规模变革的重要历史时期，波及各个社会群体，敬神、祀鬼、祭祖成为当时社会生活与墓葬信仰的主要内容。汉代以前，传统墓葬形式是封闭式的椁墓；自西汉始，这一传统形式被新兴的开通式室墓逐渐取代；东汉以后，各种类型的砖室墓、石室墓等成为社会的主流风尚。墓葬形制的这一转换，为时人提供了表达墓葬信仰的空间[1]。

对墓葬空间的构筑，被认为是汉代宇宙论的一种体现。多数学者根据对墓葬形制的观察，更愿意将墓葬称为天地相合的一种微缩模型，是连接仙界的桥梁，是沟通人与天、使死者由俗转圣的过渡区[2]。因此，墓葬被分隔成各种不同的空间，由上至下，从里到外，分别表现不同的情境与世界。这一或可被归为"礼俗"的处理方式，反映了当时社会普遍流行的价值取向与宗教精神。

从现存的考古资料与文献记载来看，两汉时期的生死观念实际上出现了一定的从浪漫幻想走向理性现实的演变轨迹：由对仙人的狂热想象到对鬼魂世界的复杂安排；由希冀灵魂的飞升到通过善待死魂灵以守望生者的幸福；由瞩望缥缈的神仙世界到切实地想象死后的境遇；由注重生与死的彼岸世界到注重生与死的现实状态[3]。墓主灵魂也似乎不再仅仅只是单向地上升，以向往进入神仙世界，而是反复往返、游荡；亦存于地下的墓室之内，享宴饮伎乐之祀。对身后世界的关注与对死亡鬼魂的恐惧，共同推动了世人对墓葬空间营建与随葬器类选择的转变。

由此，墓葬祭祀便成了新莽以降、东汉以来极为重要的社会风尚。王充虽一再反对"厚葬"，言"人死不为鬼"[4]，但在《论衡》中反复提及"祭祀之义"：

> 凡祭祀之义有二：一曰报功，二曰修先。报功以勉力，修先以崇恩，力勉恩崇，功立化通，圣王之务也。是故圣王制祭祀也，法施于民则祀之，以死勤事则祀之，以劳定国则祀之，能御大灾则祀之，能捍大患则祀之。[5]

---

[1] 李虹《死与重生：汉代墓葬信仰研究》，山东大学博士学位论文，2011年4月，页82。
[2] 李虹《死与重生：汉代墓葬信仰研究》，页81—99。
[3] 徐华《两汉生死观的演变及其艺术表现》，《扬州大学学报（人文社会科学版）》2004年第3期，页91—96。
[4] 郑浩东《东汉形神思想研究——以〈新论〉、〈论衡〉为中心》，兰州大学硕士学位论文，2015年6月，页30—35。
[5] 黄晖《论衡校释》，北京：中华书局，1990年，页1065。

虽然我们并不清楚，这里所说的"祀"的主体究竟是谁，但从中可见，东汉时期确实对祭祀一类的行为大加倡导。同时，受到孝道观念的影响，祭飨先考、前祖也成为社会道德观念中不可缺少的一部分。这一点，从东汉时期数量繁多、样式精美的墓上石堂、石刻建筑和墓内画像石就能窥见一斑。

据此，墓内原本单纯以礼祭为导向的组合设施，也在两汉之际进一步发展，形成了更加成熟完整的以家居随葬器物为中心的定制样式，或兼具"飨"与"宴"两种功能，从只表现生者祭飨尸魄，到同时构筑墓主地下宴饮的灵魂空间，以供奉祀，或可称"飨宴组合"[1]。这一传统的礼祭组合，在历史发展中，渐渐成为地下墓葬建构的中心，其性质与功能也发生了根本性的转变，不再仅仅局限于生者的祭祀或等级礼制的象征，转而被纳入代表墓主之"位"或空间的表达体系之中。

二、由器物组合构建的"飨宴空间"

通过上一章节对考古学材料的梳理，可见以家居类随葬器物为中心的组合形式在西汉时期已经出现，并相对固定。两汉之际，这一组合在墓葬内继续以随葬器物的形态进行表达，在地域的分布上更为广泛，数量上则明显增加，并自上而下涉及各个社会层级。在部分空间形制已呈现出根本性变革的地下墓室之中，逐渐承担起与前期不完全相同的功能，构建起具有"主位"意涵的独立的身后空间，并成为墓葬整体不可分割的重要组成部分。

首先来看东汉时期的诸侯王、列侯墓，出土器类与西汉时期未出现较大差异，仍以案为主；器物材质由原来的漆木铜器发展为以陶、石为主，尤以石案、石榻为新见，或与中原、青齐地区的地域传统有关；摆放序列也更见规制组合。在墓葬形制从木椁墓向砖室墓转变的过程中，这一组合的使用似乎未受到明显的影响，在墓室内极为常见。以目前已确定的诸侯王墓为例，除江苏邗江甘泉 M2[2] 未见外，其余均可见这一组合的器类。相关出土概况见下表（表 2-1、表 2-2）。

---

[1] "飨宴组合"是在对家居随葬器物组合发展至东汉时期，墓内祭祀对象开始改变，墓主灵魂空间被构筑起来后所特有性质判定的基础上，给出的功能性名称。换言之，在墓室之内承担这一作用的家居类随葬器物可称为"飨宴组合"。为保障行文论述的连贯性，本章节所提及的"飨宴组合"，均特指这一类家居随葬器物组合。

[2] 纪仲庆《江苏邗江甘泉二号汉墓》，《文物》1981 年第 11 期，页 1—11、98—100。

表 2-1　东汉时期诸侯王墓出土家居随葬器物组合相关概况

墓葬名称	墓葬年代	墓主身份	墓葬形制	出土器物及具体位置
山东临淄金岭镇 M1[1]	明帝永平十三年（70）	齐炀王刘石	向南；墓道、甬道、东西耳室、前室、后室、后室三面回廊组成。	西耳室出土2件长方形陶案，底部四角各附一蹄状足（形制同河北定县北庄汉墓）；另出1件方形石案，四角为凸尺状足，中间一圆柱状足，案面刻划卷云纹、环状纹和半环状纹饰。
河北定县北庄汉墓[2]	和帝永元二年（90）	中山简王刘焉及其妻	同穴合葬；砖石砌、坐北向南；墓道、东耳室、前室、后室与环绕后室回廊组成。	墓室出土4件长方形陶案，案底四角附有蹄状足；具体位置不清。另出土2件圆形平底陶案，应为放置食物之用（形制与两汉魏晋时期北方地区常见圆案一致）。
山东济宁肖王庄 M1[3]	和帝永元十三年（101）	任城孝王刘尚	坐北向南；墓道、南北耳室、甬道、前室、后室和围绕前、后室的回廊组成。	墓室出土2件长方形陶案，平底附蹄状足，器内涂朱；3件圆形石案，汉白玉质，平底带足，兽首或蹄状足。另出4件圆形平底陶案（形制、用途相同）。
河南淮阳北关汉墓 M1[4]	安帝延光三年（124）	陈顷王刘崇	异穴合葬；坐东向西；墓道、甬道、南北耳室、后室、回廊组成。	前室出土1件石凭几，平面呈椭圆形，表面光滑，通体刻阳线卷云纹，下有弯曲几足；1件画像石，四周刻卷云纹，内刻宴饮图，画面由屏风相隔为两部分：左三人，右四人，为宴饮场景（左侧画面见人坐于床榻上，前置案，后设屏风）。另出狮形石座、虎形石座各1件，具体位置不清。
山东济宁哺育小学汉墓[5]	东汉晚期桓灵之际	任城王刘博或刘佗之妻	坐东向西；墓道、前室、南北侧室、后室、后室三面回廊组成。	墓室出土1件长方形陶案，朱砂红彩，置于前室中部；另出土3件圆形平底陶案，均为放置食物之用，南北侧室靠近门口处各放置1件，余下1件散落在回廊中。

[1]　山东省文物考古研究所《山东临淄金岭镇一号东汉墓》，《考古学报》1999年第1期，页97—121。
[2]　敖承隆《河北定县北庄汉墓发掘报告》，《考古学报》1964年第2期，页127—194、243—254。
[3]　田立振、傅方笙《山东济宁市肖王庄一号汉墓》，载刘庆柱编《考古学集刊》（第12集），北京：中国大百科全书出版社，1999年，页41—112、411—418。
[4]　韩维龙、李全立、史磊《河南淮阳北关一号汉墓发掘简报》，《文物》1991年第4期，页34—46、102—103。
[5]　济宁市博物馆《山东济宁发现一座东汉墓》，《考古》1994年第2期，页127—134、195—196。

续　表

墓葬名称	墓葬年代	墓主身份	墓葬形制	出土器物及具体位置
河北定县北庄M43[1]	灵帝熹平三年（174）	中山穆王刘畅夫妇	同穴合葬；坐北向南；墓道、甬道、东西耳室、前室和并列二后室组成。	西后室（男墓主）出土1件玉座屏，青玉制成；上层玉屏片正中透雕神话"东王公"形象，盘膝高坐；下侧左右两边各为一跪着妇女，周围透雕凤、鸟、麒麟、鸭、兽等形象；下层玉片正中透雕一妇人形象，应为"西王母"，头部两侧有日月相照，两侧各跪一妇人，四周透雕龟、蛇、熊等形象。

对于上层人士而言，这一组合沿袭自西汉传统，在内容与意涵上也延续了前朝以生者飨祀为首推的旧意。西汉时期，大量制作精良的漆木案叠置摆放，以礼祭功能为主，在部分墓葬中可见墓主之"位"的雏形；相对的，东汉时期的诸侯王、列侯墓中，陶案、凭几等器类的工艺与选材略显粗滥，但在设置上更加规范，基本单独摆放于墓前室中部，上设耳杯、盘、勺等，坐屏等则被安置于棺木所在的后室，呈现出地下祭祀空间的分化。

由此，基于墓葬形制从木椁墓向砖石室墓转变，以家居类随葬器物为代表的"飨宴"随葬组合，其使用方式也逐渐被固定下来，并在不同的地域之内，受丧主身份等级、社会群体等影响，表现出差异化的呈现形式。直到东汉晚期，在集中的几个区域内，组合的性质与功能又开始发生全新的改变，以榻、床、屏风为中心的墓主"灵位"在墓室空间中被正式营建；后延续至南方六朝，三足凭几又成了新的标志性代表。

对于非诸侯王、列侯一等的中下层墓葬，在同一时期的各个地域内，以家居类随葬器物为核心的"飨宴"组合亦成为墓室空间体系中不可分割的一部分。这出于其设置简单，又符合时人祭墓安神的观念。与此同时，室墓的传统也浸入社会，作为墓葬形制的主要选择，模型明器等陶制器类逐渐发展成为随葬品的主要组合，因此，墓内祭祀设施也成了一种相对模式化的设置，选取的材料质地与制作的规格样式也几乎如出一辙。

以河南、山西、河北为代表的中原地区，承袭自西汉以来的礼俗，是使用这一组合

---

[1]　定县博物馆《河北定县43号汉墓发掘简报》，《文物》1973年第11期，页8—20、81—84。

表 2-2　东汉时期列侯墓出土家居随葬器物组合相关概况

墓葬名称	墓葬年代	墓主身份	墓葬形制	出土器物及具体位置
河北石家庄北郊汉墓[1]	东汉前期	暂时不清	砖室墓；墓道南向；墓道、甬道（附二耳室）、前室、后室组成。	前室出土1件长方形食案、1件圆形平底陶案（报告作陶盘），器表红彩；置前室靠近后壁西侧，紧靠墓壁。
河北蠡县汉墓[2]	东汉中期	某代蠡吾侯	砖室墓；墓道南向；墓道、前室（附二侧室）、中室（附一侧室）、后室组成。	墓室出土1件长方形玉案，底部四足；2件长方形平底陶案，2件圆形平底陶案；具体位置不清。
山东东平王陵山汉墓[3]	东汉中晚期	东平宪王家族墓	砖石室墓；墓道南向；墓道、前室（附二侧室）、后室组成。	墓室出土8件陶案，圆形和长方形各4件，器里涂粉或涂朱，报告中未见图，故具体形制、出土位置不清。
河南洛阳西关汉墓[4]	东汉晚期	暂时不清	砖室墓；墓道南向；墓道、甬道、前室（附一侧室）、后室组成；后室陈二棺（合葬墓）。	墓室出土5件长方形平底陶案，2件圆形平底陶案，均面涂红彩；具体位置不清。
河南洛阳东花坛机车厂M346[5]	东汉晚期	暂时不清	砖室墓；墓道南向；墓道、甬道、前室（附一侧室）、后室组成。	墓室出土2件长方形平底陶案，2件圆形平底陶案，均面涂红彩；具体位置不清。
河南洛阳东北郊M575[6]	东汉晚期	暂时不清	砖室墓；墓道东向；墓道、甬道、前室（附二侧室）、后室组成。	墓室出土1件石榻（已残），暗红斑纹大理石制成，长方形，面及四侧磨平，背存凿痕，四角下部各有一八角矮足；具体位置不清。
山东济南长清大觉寺M2[7]	东汉晚期	暂时不清	砖石室墓；墓道南向；墓道、前室（附二侧室）、中室、后室组成。	中室出土2件长方形平底陶案，2件圆形平底陶案，均面涂红彩；出于中室东侧中部。

---

[1] 孙启祥、李胜伍《石家庄北郊东汉墓》，《考古》1984年第9期，页810—812、848。
[2] 文启明《蠡县汉墓发掘记要》，《文物》1983年第6期，页45—52。
[3] 蒋英炬、唐士和《山东东平王陵山汉墓清理简报》，《考古》1966年第4期，页6、189—192。
[4] 洛阳市文物工作队《洛阳发掘的四座东汉玉衣墓》，《考古与文物》1999年第1期，页3—26。
[5] 洛阳市文物工作队《洛阳发掘的四座东汉玉衣墓》，页3—26。
[6] 洛阳市文物工作队《洛阳发掘的四座东汉玉衣墓》，页3—26。
[7] 高继习、刘剑、马前伟《济南市长清区大觉寺村一、二号汉墓清理简报》，《考古》2004年第8期，页26—41。

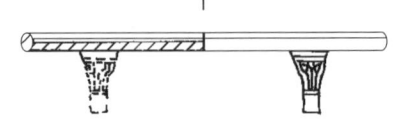

图 2-1 河南禹州新峰墓地东汉画像石墓出土"鱼纹"陶案[1]（M127∶3）

的主要地域之一。最常见的做法是在墓室前堂（或墓室前部）摆放长方形陶案，上设耳杯、勺、盘等饮食器及酒器，正对墓主人棺木放置；多人合葬墓，基本为一棺对应一套组合。陶案的形制多为两类：平底凸沿或底附四足，足部装饰或有不同，为蹄状足、曲尺足或锥状足；部分案面正中绘刻有鱼形纹饰，生动逼真，旁加类卷云状的水波纹等，与早期"俎"的表现形式较为相似，或为这一时期所流行的器用传统（图2-1）。河北地区则有使用铜质器类的墓例情况出现[2]。部分墓葬中，圆形陶案配合长方形陶案共同使用，两案或叠置，或并列，平底或附三足，就出土位置而言，可归为同一组合。对照东汉时期的墓主宴饮图像题材，或可推知其原本的排序陈列，如河南洛阳市朱村东汉壁画墓BM2[3]北壁西部绘有墓主夫妇宴饮图（图2-2），床榻前置案几，圆形平底陶案内放置一套耳杯，旁侧的三足圆形陶案上摆放酒樽。

一般来说，附足陶案的使用率相对平底陶案较低，时代偏早[4]；但两者在功能上应无差异，表现的应是墓内祭祀；排列方式也多基本相同，应是随时间发展而产生的变化：附足陶案与西汉及以前的铜饰漆木案更相似，平底陶案或为模制化采造后的产物。河南济源市桐花沟M10[5]，棺前置1件长方形陶案，附四蹄状足，上设耳杯等饮食器等（图2-3），被认为时代在东汉中期偏早，或早至东汉早期晚段。东汉中期的赵庄汉墓M1[6]也出土1件长方形蹄状足陶案，大致摆放位置及形式与前者相同。出土附足陶案的墓葬，基本采用一致的使用方法，此处不再赘述，具体情况见附表（表2-3[7]）。

---

[1] 张广东《河南禹州新峰墓地东汉墓（M127）发掘简报》，《文物》2012年第9期，页16—22、34。河南省文物考古研究所、许昌市文物工作队《河南禹州新峰墓地东汉画像石墓发掘简报》，《华夏考古》2013年第3期，页10—22、153—156。
[2] 河北涿州上念头东汉墓出土长方形附四足与圆形附三足鎏金彩绘铜案各1件，表面装饰朱砂；就随葬品和墓葬形制而言，墓主身份可能较高，推测为东汉时期的贵族或高级官吏。详史殿海《涿州上念头东汉墓葬发掘简报》，《文物春秋》2007年第3期，页40—46。
[3] 史家珍《洛阳市朱村东汉壁画墓发掘简报》，《文物》1992年第12期，页15—20、98、101—102。
[4] 就河南陕县东周秦汉墓地而言，M3117出土1件长方形附蹄状足陶案，属第二组，时代在西汉晚期至王莽时期或稍后；M2076、M2131分别见圆形及长方形平底陶案1件，均为东汉晚期的组别。详中国社会科学院考古研究所《陕县东周秦汉墓》，北京：科学出版社，1994年。
[5] 陈彦堂《河南济源市桐花沟十号汉墓》，《考古》2000年第2期，页78—88、102—103。
[6] 河南省文物考古研究所《河南济源市赵庄汉墓发掘简报》，《华夏考古》1996年第2期，页28、60—74。
[7] 表2-3、2-4等表格，均置于书末"附表"处。下同。

图 2-2　河南洛阳市朱村东汉壁画墓北壁墓主夫妇宴饮图

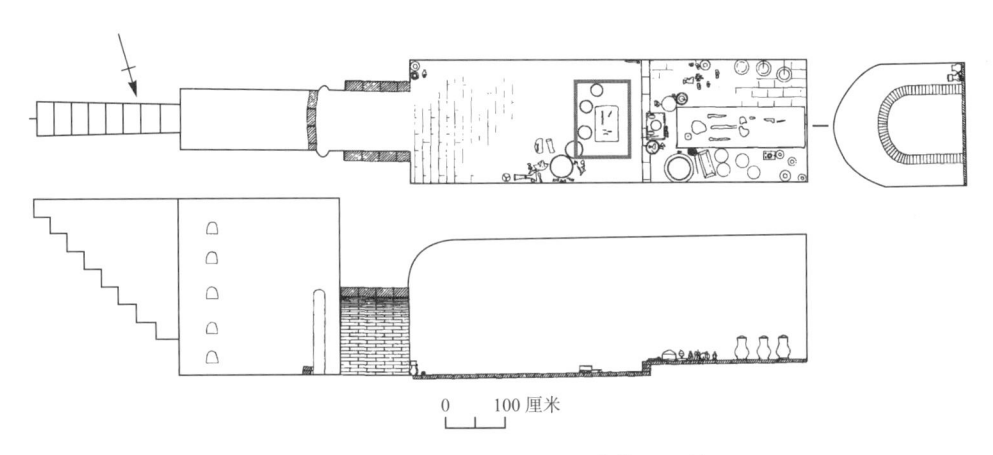

图 2-3　河南济源市桐花沟 M10 墓葬平、剖面图

贰 | 墓室空间中的"飨"与"宴"　55

平底陶案的使用更为普遍，中原地区尤以河南、河北两省见长。河南孟津县天皇岭东汉晚期墓七座[1]，共出土8件长方形平底陶案，除M3见2件外，其余每墓1件，合葬墓亦是如此。以M8为例的单室墓（图2-4），陶案正对墓主棺木摆放，合葬者则置两棺前侧正中；以M3为代表的多室墓（图2-5），陶案多放置在前室，仍对应各个墓室内的棺木。河北地区大部分出土陶案的墓葬也基本呈现一致的特征。由于相关墓葬数量较多，正文中无法一一提及，具体出土情况见表2-4。

值得注意的是，并非所有墓葬中的陶案均表现出同样的摆放方式，尤其在多室墓中更为特殊。河北满城宏昌园B区东汉中晚期墓M9[2]，为斜坡墓道前后双室砖室，陶案放置在前室，上有耳杯、陶盘等（图2-6）；但很明显陶案的摆放顺序与后室墓主夫

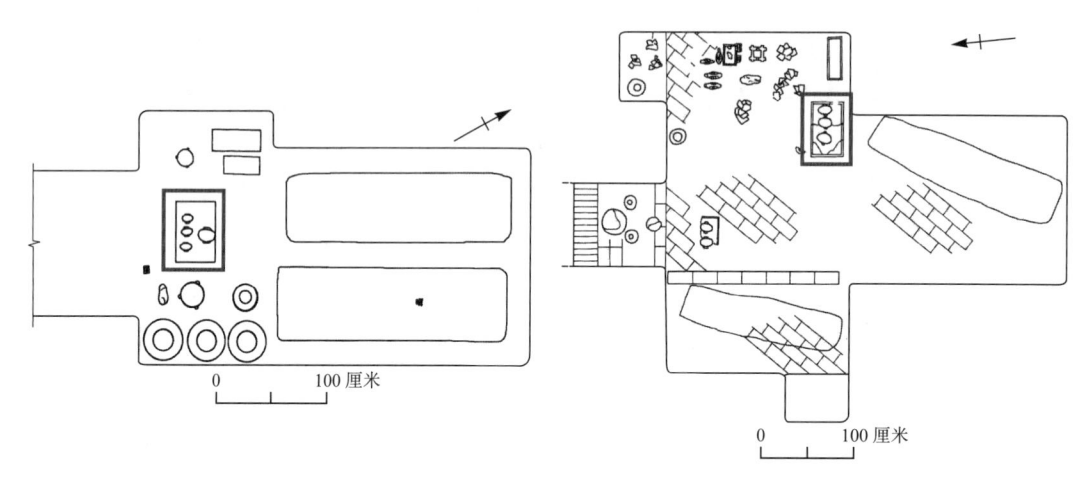

图2-4　河南孟津县天皇岭东汉墓M8墓葬平面分布图　　图2-5　河南孟津县天皇岭东汉墓M3墓葬平面分布图

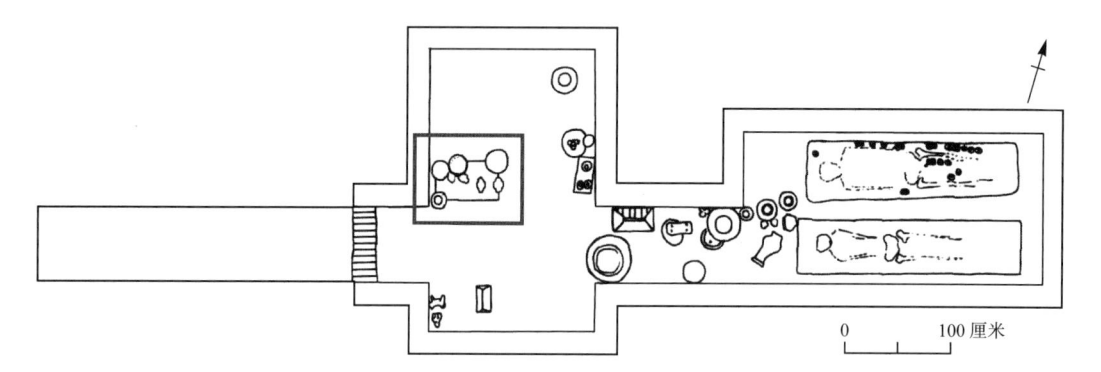

图2-6　河北满城宏昌园B区东汉墓M9墓葬平面分布图

---

[1] 张鸿亮、马寅清《河南孟津县天皇岭东汉墓》，《考古》2016年第12期，页2、37—55。
[2] 满城县文物局《满城宏昌园B区汉墓发掘简报》，《文物春秋》2012年第3期，页23—27。

妇棺木并不对应，而更像是朝向前室凸出耳室而设置。据发掘报告，该墓前室北侧即耳室空间内，铺有砖砌二层台，可见营建者有意在墓室中辟出独立的空间以设置这一组合，其对象也并非墓主尸身，更像是对处于这一空间中的主体进行所谓的"祭祀"，甚至构筑出分离的墓主之"位"，与上文所言及的墓内祭祀设施并不相同。河南洛阳涧西七里河东汉墓[1]也是多墓室的砖室墓，同样将陶案放置在西侧耳室之内，并在二层砖台上放置陶案，其上设耳杯、陶盘等饮食器及羊头等食物（图2-7）。郸城东汉晚期画像石墓M2[2]南前室置1件长方形陶案，底为兽面纹四足，素面涂黑、红彩，与耳杯、陶壶等同出。

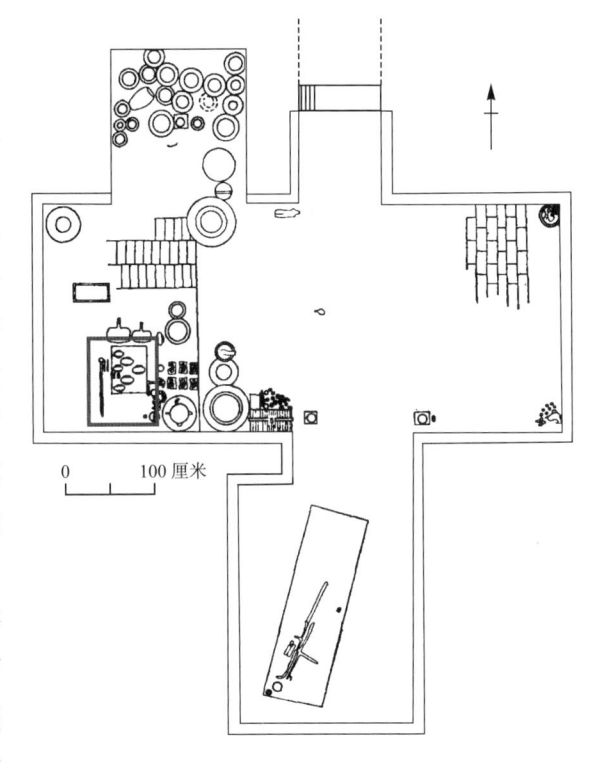

图2-7　河南洛阳涧西七里河东汉墓墓葬平面分布图

虽然两墓都未有说明，在陶案所处的独立空间内有否像魏晋时期的西北或东北地区在墓室某一个侧室之内绘制墓主画像的做法，但是毫无疑问，两者的意涵当无分异。即便东汉时期以器物来表现这一主题，也可见墓内祭祀的对象已不再是墓主棺木，而转变为特殊设置、且同时象征墓主灵魂之所在的空间。这一变化并不是从这一时期才开始的，西汉时期就已零星出现（第二章曾列举说明），直至东汉而逐渐泛化。

河南洛阳五女冢新莽墓M267[3]，在墓室中部东侧设一影壁，西侧设一道小沟，将墓室一分为二。隔墙南部以两层砖砌筑一祭台，西侧又以小砖平铺二层台阶。祭台上南部置陶盒、陶耳杯、陶案等，西北部摆放小型泥器、铜镜等（图2-8）。祭台北侧隔墙上和东侧墓壁上原绘有壁画，现已剥落。河北安平逯家庄东汉壁画墓[4]也可见相似的情形。

---

[1] 余扶危《洛阳涧西七里河东汉墓发掘简报》，《考古》1975年第2期，页116—123、134、143—145。
[2] 该组墓葬形制较为特殊，M1—M4四座墓葬并列紧密相接，从平面来看，似为一座墓葬。详河南省文物考古研究所、永城市文物旅游管理局《永城黄土山与郸城汉墓》，郑州：大象出版社，2010年，页95—209。
[3] 史家珍、王遵义、周立《洛阳五女冢267号新莽墓发掘简报》，《文物》1996年第7期，页1—2、42—53、95。
[4] 刘来成《安平东汉壁画墓发掘简报》，《文物春秋》1989年合刊，页70—77、145—151。河北省文物研究所《安平东汉壁画墓》，北京：文物出版社，1990年。

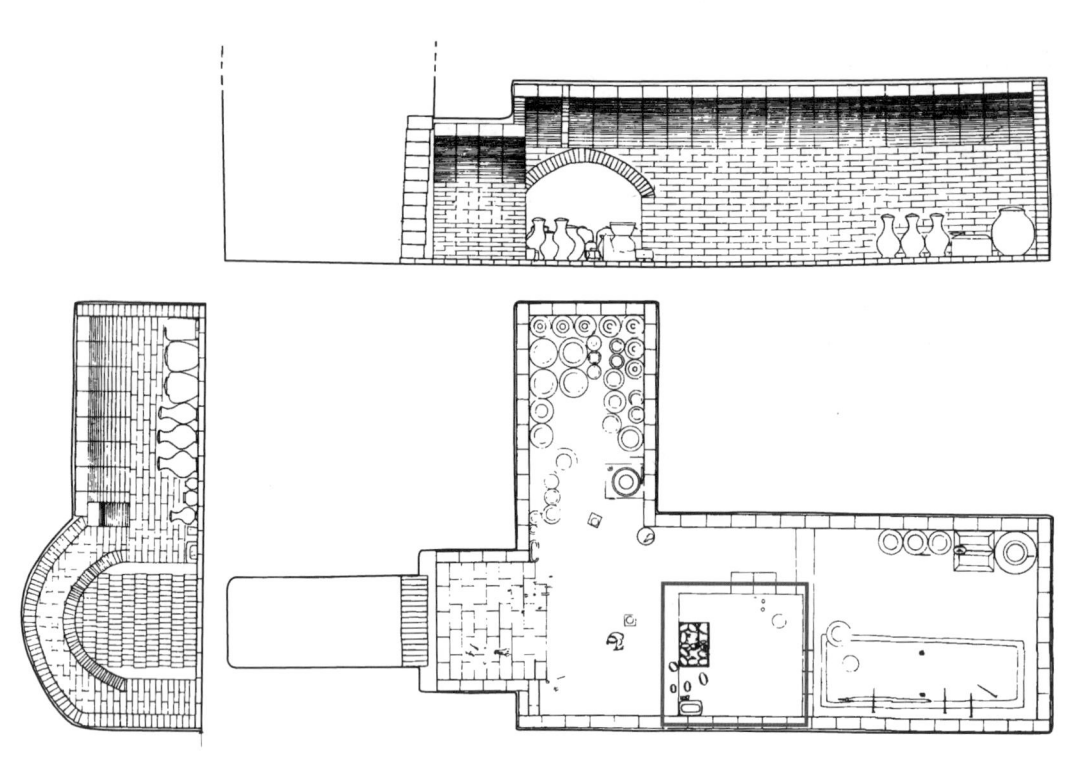

图 2-8　河南洛阳五女冢新莽墓 M267 墓葬平、剖面图

而河南密县打虎亭、后士郭的几座汉画像石墓[1]，因墓葬形制、随葬器物组合基本相同，被认为同属于东汉晚期的某一家族墓地。以后士郭 M2[2] 为例，西室置 1 件石榻、1 件石案，并见陶耳杯、陶罐等饮食器，中室西端又设有陶案、陶盘及陶灯等，以此推断西室应为墓主灵魂所处的"飨宴"空间，以受祭祀之用。需要说明的是，墓内大量使用画像石装饰，几乎见于整体空间，但西室四周壁面并未表现任何图像题材，可见这一组合设施本身即可能象征某一特殊空间。同样，密县打虎亭 M1、M2[3] 也在墓室壁面上绘制壁画或装饰汉画像石，以表现墓主的现世生活，但中室西段（即西室）除墓门浮雕线刻装饰外，四壁未见相关图像（图 2-30）。

---

[1] 河南密县打虎亭汉画像石墓 M1、M2，后士郭汉画像石墓 M1、M2、M3，以及河北望都汉墓 M2，墓内均见西室设置石榻的做法，并置陶案等其他家居随葬组合器物，其原因应同理。详赵世纲《河南密县打虎亭发现大型汉代壁画墓和画象石墓》，《文物》1960 年第 4 期，页 27—30；安金槐、王与刚《密县打虎亭汉代画象石墓和壁画墓》，《文物》1972 年第 10 期，页 49—62、68、73—74；安金槐《河南密县后士郭三号汉墓调查记》，《华夏考古》1994 年第 3 期，页 29—32、40；河北省文化局文物工作队《望都二号汉墓》，北京：文物出版社，1959 年。

[2] 赵世纲、欧正文《密县后士郭汉画像石墓发掘报告》，《华夏考古》1987 年第 2 期，页 96—159、223、229—240。

[3] 河南省文物研究所《密县打虎亭汉墓》，北京：文物出版社，1993 年。

对于这一设施的性质,学界内多有争议,一则认为其应当属于墓内祭祀设施,与墓外祭祀设施的发展构成了墓祭设施的主题内容,与汉代重厚葬的丧葬行为、重孝道的社会风气有密切关系[1]。二则提出,从洛阳地区汉墓出土陶案的情况来看,不能因为案上设有食物就直接认定祭祀行为的存在;从使用组合来说,案的性质应与陶灯、陶奁相同,为模拟生人使用的器具而造就的明器,在墓内的礼仪功能主要是营造宴饮空间供墓主使用,而非用于对亡者的祭奠,这一点亦可与墓室壁画"宴饮图"的空间位置相印证[2]。

综合来看,打虎亭、后士郭的画像石墓内确有存在规划空间的行为,所谓的"影壁"直接将墓主棺木与前部的器物群分隔,与多室墓的做法类似。因此,这一设施并不是直接针对墓主尸身而进行祭祀的,极有可能是面对祭台北侧隔墙上绘制的壁画而设,已残毁的图像推测应为墓主居家宴饮题材。根据祭台上所放置的器类,除案、几一类的"飨宴"组合外,另有铜镜等个人生活用具,可见仅仅以墓内祭祀来概括其性质确为不妥。但若是将这一设施简单归入"宴饮空间",表现墓主之"位",也并不全然,祭台上陶案、耳杯的设置,仍可见墓祭意涵。

在新莽至东汉早中期之际的中原地区,以案、几等器类为代表的"飨宴"组合在多室墓内的功能与性质还未完全界定清晰,但"飨"与"宴"无疑都是这一组合的两大性质所属。无论是墓内"生者祭祀"还是墓主"宴饮空间",都似乎在这一单独构建的空间中得以体现,呈现出过渡阶段的特征。

在西北甘肃地区,在东汉时期,这一组合也产生了新的变化与发展,目前可见的考古材料以甘肃地区两汉墓葬为主。由于地处边缘,这一区域内的"飨宴"组合与同时期的其他地域相比,表现出一定的滞后性与传统性,最为明显的就在器物的材质上,在陶制器具被大量使用的社会趋势下,以甘肃为中心的西北地区仍常见铜饰漆木案、几等,摆放顺序也极有规律,仍延续西汉以来的传统。1957—1959年发掘的甘肃武威磨咀子墓地 M48[3],时代属西汉末年,棺首置 1 件多曲足木几,前侧布 2 件长方形木案,分别对应墓主的两具棺木,摆列漆碟、漆碗等(图 2-9)。木几背面有墨书隶书十四竖行,并刻有界格,字迹大部漫漶,可辨识者寥寥无几,多以示"时辰""告人"等字词,推测应专为墓主而设,以供其用,彰后生之祀。

---

[1] 刘尊志《汉代墓内祭祀设施浅论》,《中原文化研究》2019 年第 1 期,页 55—62。
[2] 魏镇《洛阳汉墓中的陶案及其礼仪功能》,《中国国家博物馆馆刊》2017 年第 12 期,页 17—24。
[3] 甘肃省博物馆《武威磨咀子三座汉墓发掘简报》,《文物》1972 年第 12 期,页 9—23、79—80。

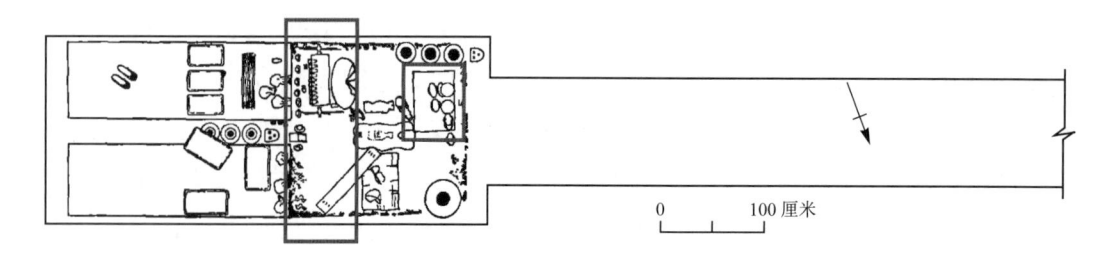

图 2-9　1957—1959 年甘肃武威磨咀子墓地 M48 墓葬平面分布图

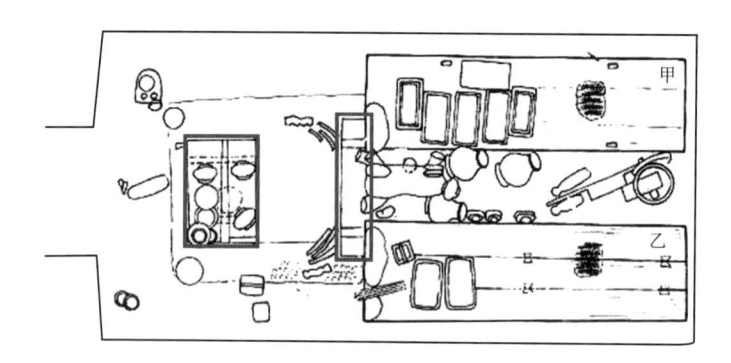

图 2-10　2003 年甘肃武威磨咀子墓地 M6 墓室平面分布图

2003 年发掘的甘肃武威磨咀子墓地新莽墓 M6[1]，于木棺前侧背靠放置 1 件多曲足漆几，前部再摆放 1 件长方形蹄状足陶案，上设漆耳杯、陶樽、三足陶罐等；漆盒（无盖，内盛鸡骨等物）、丝绸等置于棺板之上（图 2-10）。1959 年发掘的东汉早中期墓 M22[2]也是同样的陈列方式，多曲足漆几横置在棺前，长方形朱漆木案位于棺前，专陈祭器、漆耳杯、漆盘等（图 2-11），案面边缘绘刻"张孝用"三字，也当专为丧主而造，并非日常之物。

棺前置几，且几面基本不置器物，所用饮食器及酒具均摆放于前侧的木案之上，可见案与几的功能分化在墓葬空间中是有被体现的。据汉画像石题材可知，几作为居室家具，其并非用以承托物件，而是供人倚靠之用。山东安丘县汉墓石刻与河南唐河县画像石拜谒图[3]（图 2-12），均可反映其用途，时人端坐于前，双臂支撑。

因此，凭几所在之处即为墓主灵魂栖息之所，墓主跪坐于几旁以待飨食，棺前摆放的木案祭祀的对象就是这一意识空间，与中原地区祭祀墓主画像的做法两相一致，只是以棺前凭几予以象征，并未具象绘制。至于原因，或与凭几本身的礼制内涵与现实功能

---

[1] 甘肃省文物考古研究所、日本秋田县埋藏文化财中心、甘肃省博物馆《2003 年甘肃武威磨咀子墓地发掘简报》，《考古与文物》2012 年第 5 期，页 28—38、115—117。
[2] 陈贤儒《甘肃武威磨咀子汉墓发掘》，《考古》1960 年第 9 期，页 6—11、15—28。
[3] 聂菲、姚湘君《从汉画看汉代家具及陈设》，《南方文物》2002 年第 3 期，页 77—83。

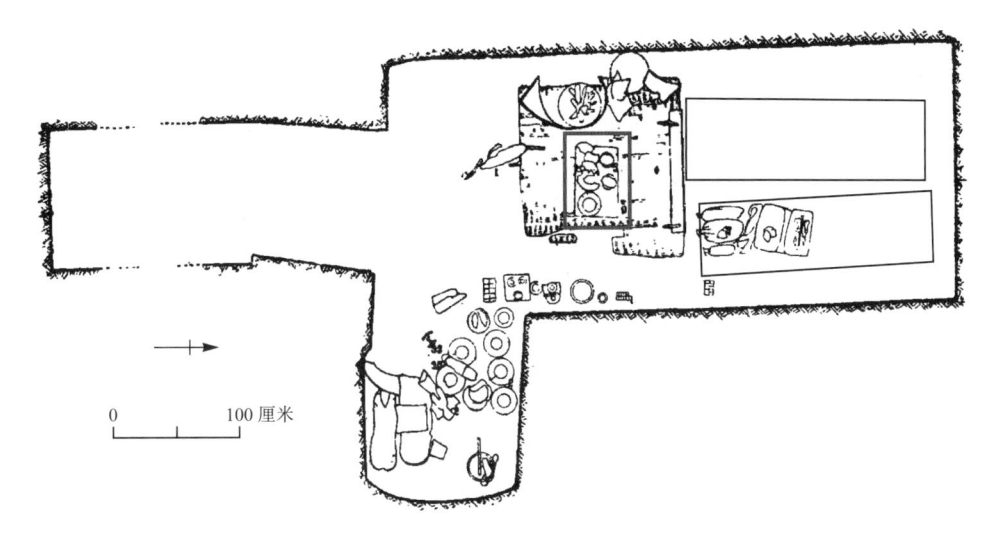

图 2-11　1959 年甘肃武威磨咀子墓地 M22 墓葬平面分布图

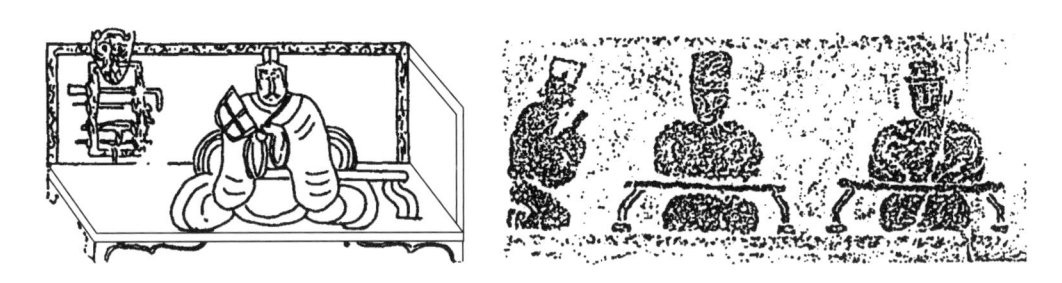

图 2-12　汉墓画像石可见多曲足几置坐图像题材
山东安丘县汉墓石刻（左）　河南唐河县画像石拜谒图（右）

有关。《礼记·月令第六》载"仲秋之月"：

> 是月也，养衰老，授几杖，行糜粥饮食。[1]

《陈书》卷一七《王冲传》又记：

> 初，高祖以冲前代旧臣，特申长幼之敬。文帝即位，益加尊重，尝从文帝幸司空徐度宅，宴筵之上，赐以几。其见重如此。[2]

---

[1]〔清〕孙希旦撰，沈啸寰、王星贤点校《礼记集解》卷一七《月令第六》，北京：中华书局，1989 年，页 472。
[2]《陈书》卷一七《王冲传》，北京：中华书局，1972 年，页 236。

贰｜墓室空间中的"飨"与"宴"　61

汉代以来，聘求耆德，参与政事，每有几杖之礼，或设几杖之座。前者是赠送几杖，以敬老人之礼，意示隆重；后者则专为老人特设之座，表达诚意[1]。《西京杂记·几被以锦》再曰："汉制，天子玉几，冬则加绨锦其上，谓之绨几……公侯皆以木为几，冬则以细罽为橐以凭之，不得加绨锦。"[2] 由此可见，凭几应是高年特授之礼，象征礼制等级，用以家居生活；置于墓室之内，也应是在营建墓主生前所对应的身后地下世界的灵魂空间。

与中原地区相同，北方长城地带也有在墓室之内设置墓主画像，并使用陶案的情况。内蒙古和林格尔东汉壁画墓[3]，在墓后室西壁正面绘制墓主夫妇画像（图2-13）；墓室内出土4件陶案，但由于盗扰严重，具体位置已不清。

此外，平底或附足陶案的使用也在这一时期偏晚阶段的西北地区、长城沿线逐渐流行，案面多为长方形，一般置于棺侧或棺首。尤其是内蒙古中南部地区，自西汉末期、新莽初年始，便零星有漆木案与耳杯的组合出现[4]；发展至东汉时期，逐渐形成使用陶案的传统[5]。西北地区在东汉中晚期也表现出基本一致

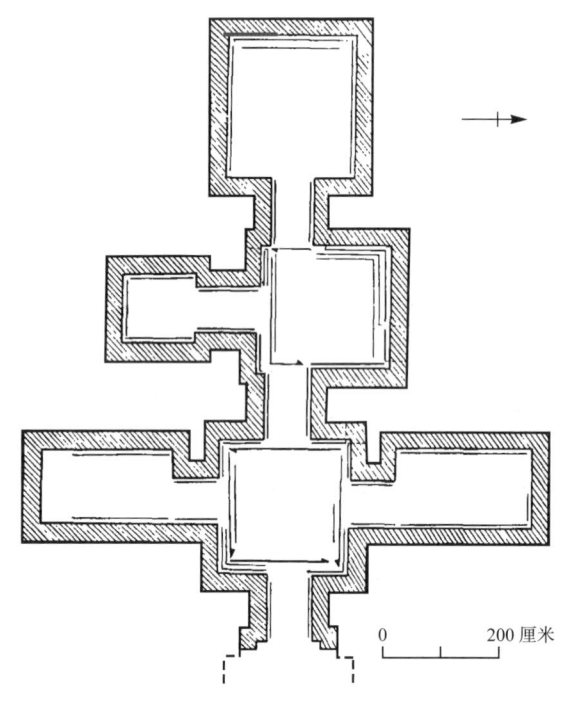

图2-13 内蒙古和林格尔东汉壁画墓壁画分布平面位置示意图

---

[1] 朱启新《高年授几杖——古代的尊老与养老》，《中华文化画报》2010年第10期，页82—87。
[2] 〔晋〕葛洪《西京杂记》卷一，北京：中华书局，1985年，页1—2。胡雪竹《汉代墓内祭祀空间及祭祀图像的研究》，西安美术学院硕士学位论文，2017年5月，页20—22。
[3] 内蒙古文物工作队、内蒙古博物馆《和林格尔发现一座重要的东汉壁画墓》，《文物》1974年第1期，页8—23、79—84。
[4] 内蒙古沙金套海汉墓群M20出土1件长方形漆木案，上面摆放耳杯、圆盒、圆盘、箸等，置于墓主并列的两棺之前，属西汉晚期元帝、成帝阶段，早于王莽时期。三段地汉代墓地M3也见1件长方形平底漆木案，与耳杯等同出，墓葬年代属于西汉中晚期至东汉初期。详魏坚《内蒙古中南部汉代墓葬》，北京：中国大百科全书出版社，1998年，页71—114、138—160。
[5] 内蒙古包头市窝尔吐壕汉墓第1号多室砖墓，属东汉中期，墓室内见1件长方形陶案，底部设四蹄状足，与陶罐等同出。另有城麻沟墓葬M1、上窝尔吐壕M2以及召湾M67等均出土陶案。详李逸友《包头市窝尔吐壕汉墓清理简况》，《文物》1960年第2期，页76—77；魏坚《内蒙古中南部汉代墓葬》，页215—252、298—301、327—331。

的特征，甘肃宁县和盛镇屯庄村东汉晚期墓[1]就出土1件长方形平底陶案（发掘报告作陶盘），置于前室中后部，正对后室墓主棺木，上置陶耳杯、陶勺等饮食器（图2-14）。

另见规格较小的长方形或圆形陶案，部分上置饮食器或酒具，多数单独使用，成组的耳杯、勺、罐、盆等多簇拥棺而设。甘肃临泽五三汉晋墓群M14在墓主棺木一侧摆放1件长方形陶案，四边起凸，四锥形足；

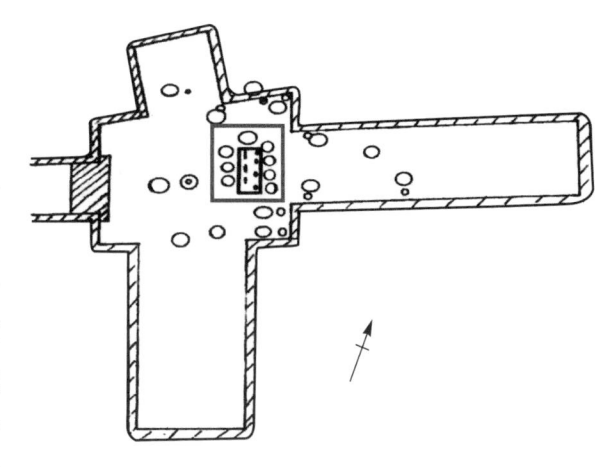

图2-14 甘肃宁县和盛镇屯庄村汉墓HTM1墓葬平面分布图

M3、M50也采用同样的做法[2]。甘肃定西巉口M1、M2[3]也分别出土长方形、圆形平底陶案各1件，圆形陶案1件（附三马蹄状足），均是浅黄绿色釉，多置于墓前室；墓葬的年代下限可能在魏晋时期。

东汉至魏晋十六国时期，西北地区出土"飨宴"组合的墓葬并不在少数，做法也相对统一[4]。对比其他核心区域，无论是在器物的形制装饰上，还是组合形式上，都略显简单粗糙，不似他者的规格。

青齐、徽淮地区继承西汉以来的传统，"飨宴"组合风靡云蒸，成了墓葬建制中必不可少的一部分。漆木制品的使用急剧减少，只在部分新莽时期的竖穴木椁墓或等级较高的砖室墓[5]中仍然使用。以江苏邗江县杨寿乡宝女墩新莽墓M104、M105[6]为例，前者墓

---

[1] 张弛《宁县和盛镇屯庄村汉墓清理报告》，《陇右文博》2011年第2期，页3—7。
[2] 张掖市文物保护研究所《甘肃临泽五三汉晋墓群发掘简报》，《中国国家博物馆馆刊》2020年第3期，页6—35。
[3] 苟惠迪、何佑《甘肃定西噴口两座墓葬发掘简报》，《考古与文物》1982年第2期，页20—25。
[4] 甘肃武威滕家庄汉墓、高台县汉晋墓M4、M5、M6，永昌乱墩子汉墓M2、M7，酒泉县下河清汉墓M5，以及内蒙古召湾和边墙壕汉墓M98，宁夏固原市北塬东汉墓M5均可见相关发现。详宁笃学《甘肃武威滕家庄汉墓发掘简报》，《考古》1960年第6期，页8、13—15；赵吴成、周广济《甘肃省高台县汉晋墓葬发掘简报》，《考古与文物》2005年第5期，页16—28；武威地区博物馆《甘肃永昌乱墩子汉墓》，《考古与文物》1985年第1期，页38—43、49；倪思贤《甘肃酒泉县下河清汉墓清理简报》，《文物》1960年第2期，页50、55—58；张海斌、高学锋《召湾和边墙壕清理的四座汉墓》，《内蒙古文物考古》2000年第1期，页66、92—101；樊军《宁夏固原市北塬东汉墓》，《考古》2008年第12期，页2、23—38、101—102。
[5] 安徽淮南市刘家古堆汉墓和寿县茶庵马家古堆东汉墓M1、M3分别出土有圆形或长方形漆木案，使用人群等级较高。详淮南市文化局《安徽省淮南市刘家古堆汉墓发掘简报》，载《文物》编辑委员会编《文物资料丛刊》（4），北京：文物出版社，1981年，页104—111；安徽省文化局文物工作队、寿县博物馆《安徽寿县茶庵马家古堆东汉墓》，《考古》1966年第3期，页9—10、138—146。
[6] 李则斌《江苏邗江县杨寿乡宝女墩新莽墓》，《文物》1991年第10期，页39—61、104。

贰 | 墓室空间中的"飨"与"宴" 63

室内出土1件长方形漆木案，已残损，仅剩案边，伴出3件扁方蹄形木胎案足。后者也见7件漆木案包角，鎏金，曲尺形；9件方形马蹄状足，分大、中、小三型，推测应属三种规格不一的漆木案。

陶案也是这一时期山东、江苏及安徽地区最为常见的组合器型之一，平底、附足均见，案面分长方形与圆形两种，与中原地区相同；陈列的位置，可能是受到东汉以来砖石多室墓的影响，不再局限于墓主棺木周围，多设于前室或耳室等。江苏邗江县槐泗桥汉代多耳室拱顶砖室墓，在墓室四角各置1件长方形平底陶案，摆放齐整；宰家墩汉代拱顶砖室墓则在前室前部出土2件长方形陶案。二者形制相同，底均附四短足，案面着朱色，均属东汉晚期[1]。

山东章丘县普集镇东汉墓M1、M2[2]均在前室与墓道的交界处，即近墓道口一侧，设置1件长方形陶案，四角有腿，案上有两条鱼形纹，上置陶壶、耳杯等；并伴出圆形平底陶案（发掘报告作盘），装饰带形纹、波浪纹等（图2-15）。除以上列举之外，目前可见的发掘材料数量较多，基本情况一致（表2-5）。

自东汉中晚期始，这一地区表现出不同于其他地域的特殊特征，与上文列举的几座河南密县的汉画像石墓相似，开始出现大量石质"飨宴"组合，尤以石榻为新，不见于前，且逐渐成为组合的核心器型。地域距离较近的周边地区也见相似情形。例如，安徽

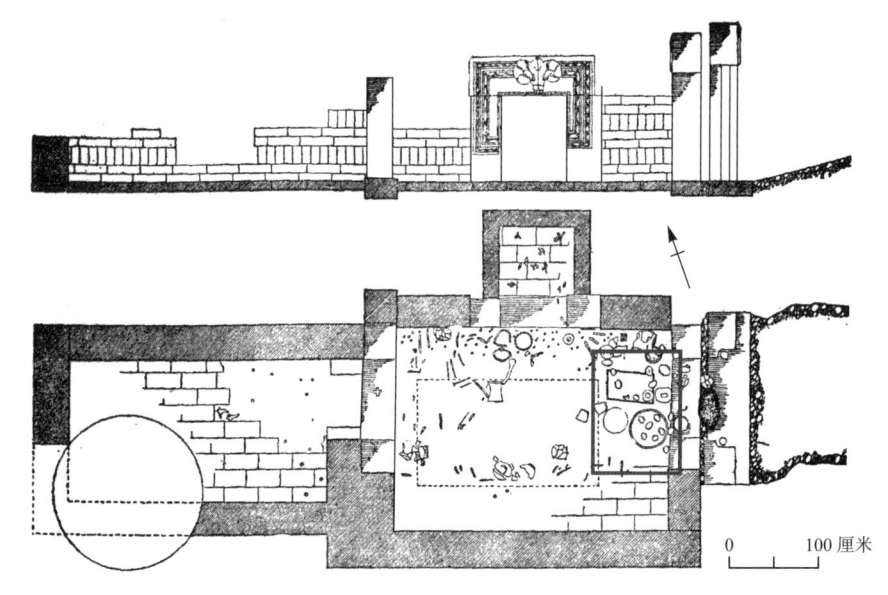

图2-15 山东章丘县普集镇东汉墓M1墓葬平、剖面图

---

[1] 印志华、吴炜《邗江县两座汉代砖室墓发掘简报》，《东南文化》1986年第1期，页26—31。
[2] 王思礼《山东章邱县普集镇汉墓清理简报》，《考古通讯》1955年第6期，页12—15、33—39。

定远县壩王庄古画像石墓[1]，发掘报告提及"中室地上有两块厚0.17米的石条，可能是从顶上掉下来的"。但依据实物照片，应当为石榻（图2-16）。颍上县黄壩乡砖室墓[2]，见1件长方形石案，四角下各凿琢一方形矮足；墓室内二门立石隔板画像石，其中中石正中部雕刻有墓主席坐、奉侍拜谒之情景。

山东泰安县旧县村汉画像石墓[3]，前室西侧南北向放置1件青色石灰岩石榻（发掘报告作石床），榻一侧两端雕出长方形足，足间雕刻"壶门"并磨光以刻图像，采用浅浮雕和减地平雕的技法（图2-17）。

图2-16　安徽定远县壩王庄古画像石墓中室出土石榻（"石条"）

从经过盗扰后仅存的遗迹现象判断，墓主夫妇棺木置于后室，石榻上未见其他器物或骨殖，当非棺床，而是专属墓主灵魂所栖的独立空间。

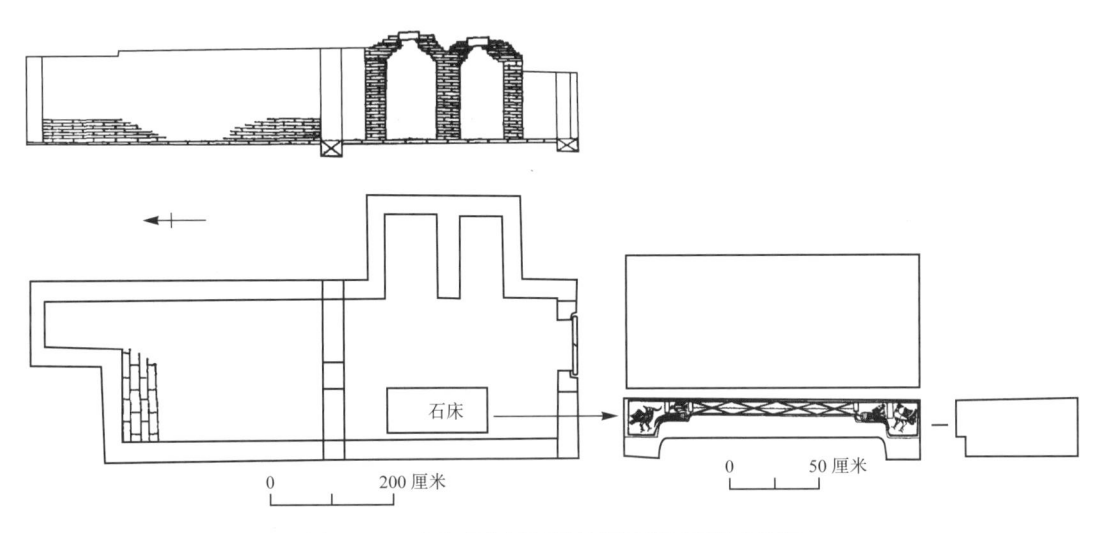

图2-17　山东泰安县旧县村汉画像石墓出土石榻

---

[1] 王业友《定远县壩王庄古画象石墓》，《文物》1959年第12期，页43—46。
[2] 发掘报告将此墓的时代判定在魏晋之际，但据出土随葬器物、画像石雕刻技法等方面的风格特征，笔者认为该墓年代的上限或略可前提，应当在东汉晚期至魏晋之际。详李德文《颍上县黄壩乡魏晋墓发掘报告》，载安徽省文物考古研究所编《文物研究》（第11辑），合肥：黄山书社，1998年，页136—146。
[3] 程继林《山东泰安县旧县村汉画像石墓》，《考古》1988年第4期，页307—313。

东汉晚期，山东济南青龙山汉画像石壁画墓[1]JQM1中室西侧也同样放置1件石榻。发掘报告作石案，但据其形制长1.40、宽0.61、厚0.71米，规格远远大于一般案、几的尺寸，可知其当为石榻。石榻东侧立面刻绘案足图案。石榻所对应的中室西墙绘制壁画：画像上端两隅绘朱彩帷幕，两侧有侍吏、拱手而拜之人，帷幕下人物则模糊不清。发掘报告原文述"画面中部下方、两侧人物之间绘一黑色几案，状如中室西侧石质几案。在几案之上，有刻划人物轮廓，无头，似为匠人用硬物起画稿所为"。此处的"几案"当为榻，是墓主之坐具，石榻象征墓主灵魂所在之"位"；壁画内未绘墓主画像，或也在指代墓主灵魂栖于此。

石榻前侧则置1件长方形平底陶案，2件圆形平底陶案，上摆放陶耳杯、陶罐等饮食器及酒具，行祭祀之意（图2-18）。这与前文中原地区的做法异曲同工，在延续祭飨设施的同时，更在墓室内以实物器类的形式真正构筑起属于墓主灵魂的栖息空间，而不再仅仅以图像进行表达。由此，石榻（或后来发展的石床、棺床）开始成为墓内家居随葬组合的中心，"飨宴"组合中"宴饮"空间的营建被逐渐强调，从而进一步被体现。

山东福山东留公村汉墓[2]前室西侧亦并排置定石几与石榻（发掘报告作石床）。石几几面长方形，下有二足，仿多曲足几而雕刻；石榻下附四足，足向里一侧刻曲线形（图

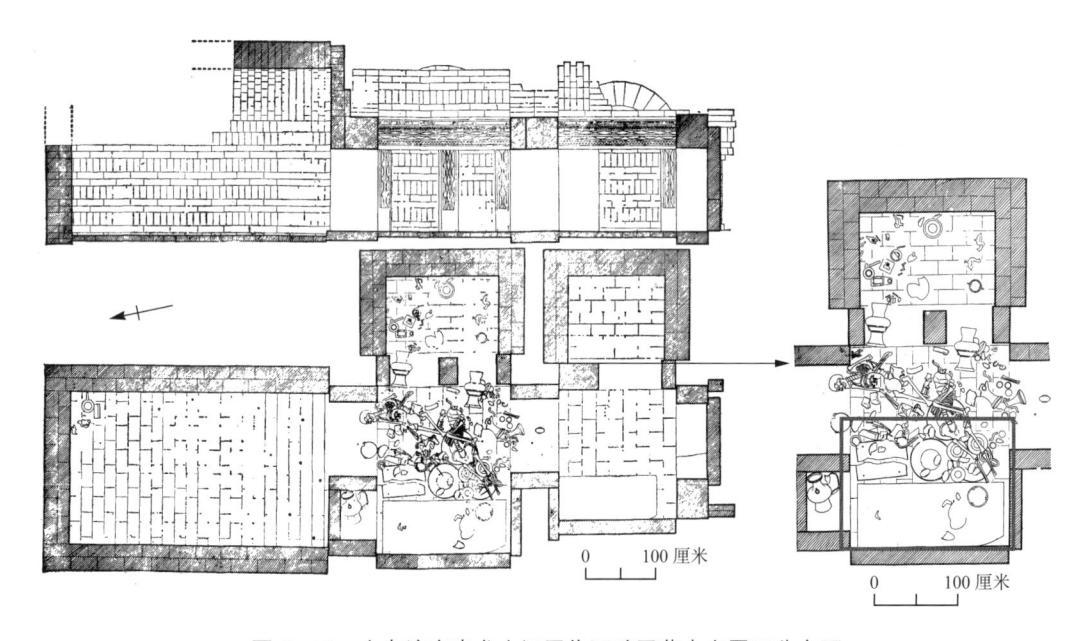

图2-18 山东济南青龙山汉画像石壁画墓中室平面分布图

---

[1] 刘善沂、孙亮《山东济南青龙山汉画像石壁画墓》，《考古》1989年第11期，页984—993、1059—1060。
[2] 李克敏《山东福山东留公村汉墓清理简报》，《考古通讯》1956年第5期，页9、16—19。

2-19）。两者均为模仿当时漆木器型而造，在性质意涵与功能作用上应当较青龙山汉画像石壁画墓出土的石榻相差无几；且陈列位置也基本相同。这或与当时的丧葬仪礼有关，并受限于墓主画像的分布。

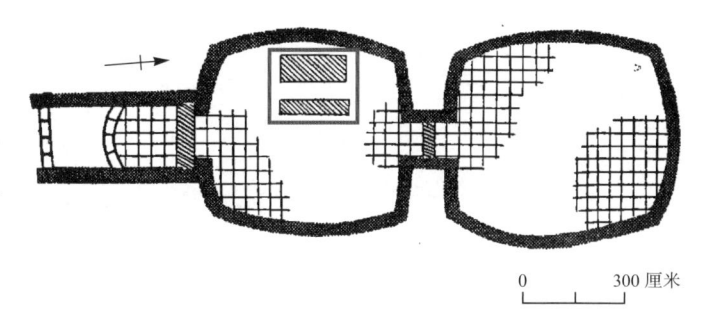

图 2-19　山东福山东留公村汉墓墓葬平面分布图

除上述地区外，新莽至东汉时期的其他区域内基本多呈现出一致的特征，即继承西汉以来的传统，在墓内设置以陶案为主的祭祀设施，这是"飨宴"组合在这一时期的普遍发展趋势。其中，尤以关中陕西地区、岭南两广地区以及西南边陲地区为常见，与西汉时期的主要分布地域相互重合。陕西境内的东汉墓，自东汉中期以来，多用长方形或圆形平底陶案，一墓1—2件或多件，正对墓主棺木摆放，似成定制，案例数量极多，尤以今西安与其周边区域为代表[1]，具体出土情况见表2-6。

两广地区则在西汉时期的基础上，大量使用长方形或圆形陶案，附足或平底均有；还见有砖砌祭台等[2]，功能与前者类似；亦有用铜案者，只见一例。广州东郊沙河东汉墓M2[3]，前室靠近棺室口正中，放有1件长方形铜案（图2-20），

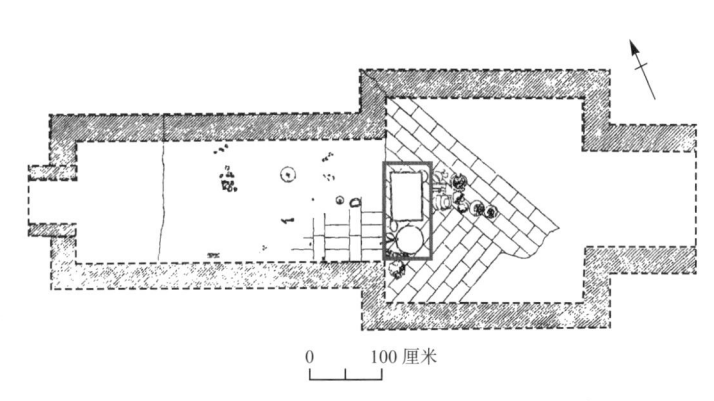

图 2-20　广东广州东郊沙河东汉墓 M2 墓葬平面分布图

─────────
[1] 西北有色金属研究院东汉墓群、雅荷城市花园汉墓群、大洋乳胶厂贰号汉墓、雅荷智能家园汉墓群、海宏轴承厂柒号汉墓、西安市中药厂贰拾号汉墓、荣海花园壹号汉墓、西安市电信局第二长途通信大楼汉墓群、佳馨花园陆拾号汉墓、珠江新城叁号汉墓、西北农副产品批发市场汉墓群、电容器厂叁号汉墓、旭景名园壹号汉墓、西北国棉五厂汉墓群、第二炮兵学院宿舍楼壹号汉墓、西安东郊常家湾壹号汉墓、西安理工大学汉墓群、三兆公壹号汉墓、曲江雁湖小区汉墓群、曲江雁鸣小区汉墓群、曲江花园汉墓群、曲江春晓苑汉墓群、雁塔南路汉墓群、西安曲江国际会展中心贰号汉墓、西安石油学院汉墓群、世家星城汉墓群等东汉墓群中均出土有大量陶案，上置耳杯、陶勺、陶盘等饮食器皿，位置基本固定。由于墓葬数量过多，使用、摆放方式基本一致，故在正文中不再赘述，相关墓号见附表标注。详西安市文物保护考古所《西安东汉墓》（上下册），北京：文物出版社，2009年。
[2] 广西贵港市马鞍岭东汉墓M3、贵县北郊东汉墓二七三M1均在墓前室及中室设置1座砖砌祭台，上摆放陶器、铜器等随葬品，与陶案的功能相同。详韦江、林强《广西贵港市马鞍岭东汉墓》，《考古》2002年第3期，页34—45、99—100；黄启善《广西贵县北郊汉墓》，《考古》1985年第3期，页197—215、290—291。
[3] 广州市文物管理委员会《广州东郊沙河汉墓发掘简报》，《文物》1961年第2期，页54—57。

2件圆形铜案分置两侧，上设1双铜箸、6件铜耳杯，其中1件圆案出土时还伴有鸡与少许猪肋骨（图2-21）。发掘者推测当为实用器物，或曾在祭堂内（前堂）举行过致奠的丧葬礼习。

川渝云贵地域范围内，在新莽时期仍见使用漆木案的情形[1]。进入东汉以后，多使用陶制几案，附足与平底同时可见，并无分别，以长方形附四足陶案或铜案为首推，案足多以曲尺或兽头状表现；虽然在总体出土数量上不及关中地区，但也基本可成体系，相关情况见表2-7。至东汉中期，仍有部分铜饰漆木案出土[2]，可见西汉以来的传统影响。晚期的几例墓葬内还设置有石榻[3]，体现出新的文化因素。

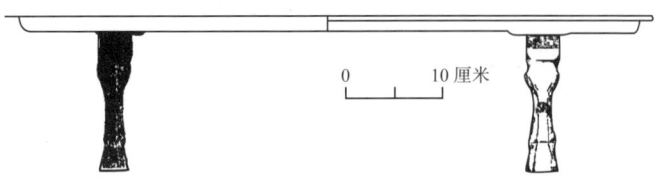

图2-21 广东广州东郊沙河东汉墓M2出土铜案

幽燕地区则较为特殊，西汉时期在这一区域内并未见到家居随葬组合的使用，东汉时期逐渐兴起，以平底陶案居多[4]，常置于砖台之上，也偶出漆木器[5]（表2-8）。发展至

---

[1] 四川成都市石人坝小区汉墓96CSM10出土1件长方形平底漆木案，已残损，仅存一角，与耳杯、陶盆等同出。详李明斌《四川成都市石人坝小区汉墓清理简报》，《考古》2000年第1期，页45—53。

[2] 重庆巫山土城坡墓地2004ⅡM50出土4件铜制鎏金案扣，正面为曲尺形，应是铜饰漆木案的残迹；年代基本属东汉中期或稍早。详武汉市文物考古研究所、巫山县文物管理所《重庆巫山土城坡墓地2004年发掘简报》，《江汉考古》2009年第2期，页24—55、153—156。

[3] 以东汉晚期重庆云阳洪家包墓地M1为例，墓葬形制为前中后三室，墓室出土1件石榻，现已残。详成都市文物考古研究所、绵阳博物馆、云阳县文物管理所《云阳洪家包墓地发掘报告》，载重庆市文物局、重庆市移民局编《重庆库区考古报告集2002卷》，北京：科学出版社，2010年，页427—466。

[4] 辽阳唐户屯一带的汉墓，时代从西汉末一直延续至东汉末；其中，石椁单室墓多在靠后壁处设一土石建造的明器台，或直接在中段搁放石板，上置随葬器物，常有长方形陶案、俎等；多室墓也有采用上述这一做法者。辽宁大连普兰店姜屯墓地的东汉中晚期墓中则流行圆形陶案，每墓出土1—2件，多以附三尖状足为主。详沈欣《辽阳唐户屯一带的汉墓》，《考古通讯》1955年第4期，页7、35—39；徐秉琨《辽阳唐户屯一带的汉墓》，载辽宁省博物馆编《辽宁省博物馆学术论文集（1999—2008）》第1册，沈阳：辽海出版社，2009年，页363—367；辽宁省文物考古研究所《姜屯汉墓》，北京：文物出版社，2013年。

[5] 辽宁大连前牧城驿东汉墓M802出土1件圆形漆案，具体形制不清，上置成套的耳杯，列于墓室一角。详旅顺博物馆《辽宁大连前牧城驿东汉墓》，《考古》1986年第5期，页397—403。

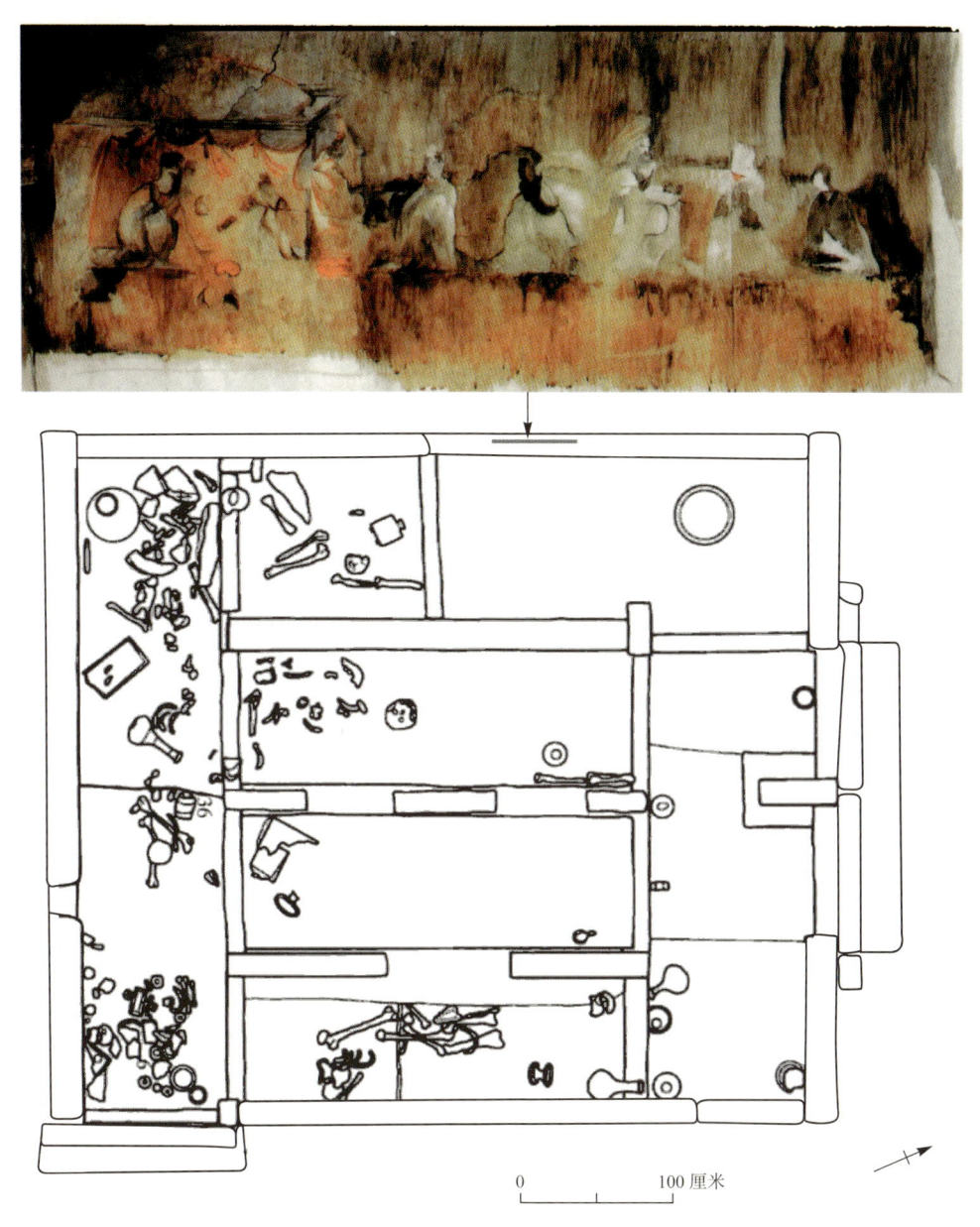

图 2-22　辽宁辽阳南郊街东汉壁画墓 M1 墓主画像及位置示意图[1]

---

[1] 箭头指向对应壁画的绘制位置，后各图皆同。

贰｜墓室空间中的"飨"与"宴"

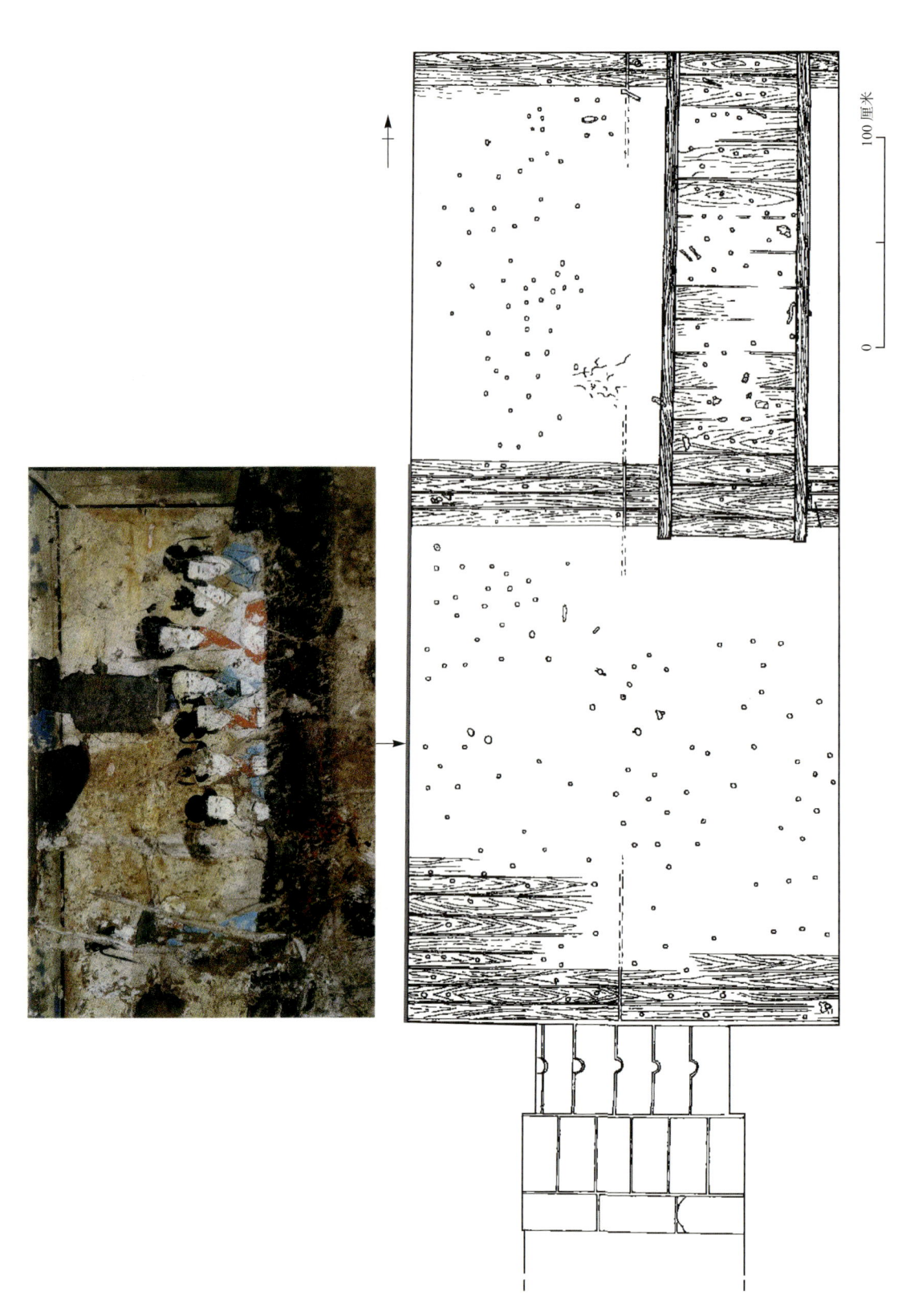

图 2-23 陕西西安理工大学西汉壁画墓 M1 墓主画像及位置示意图

70　从飨宴到丧祭：两汉至宋元墓葬家居随葬组合研究

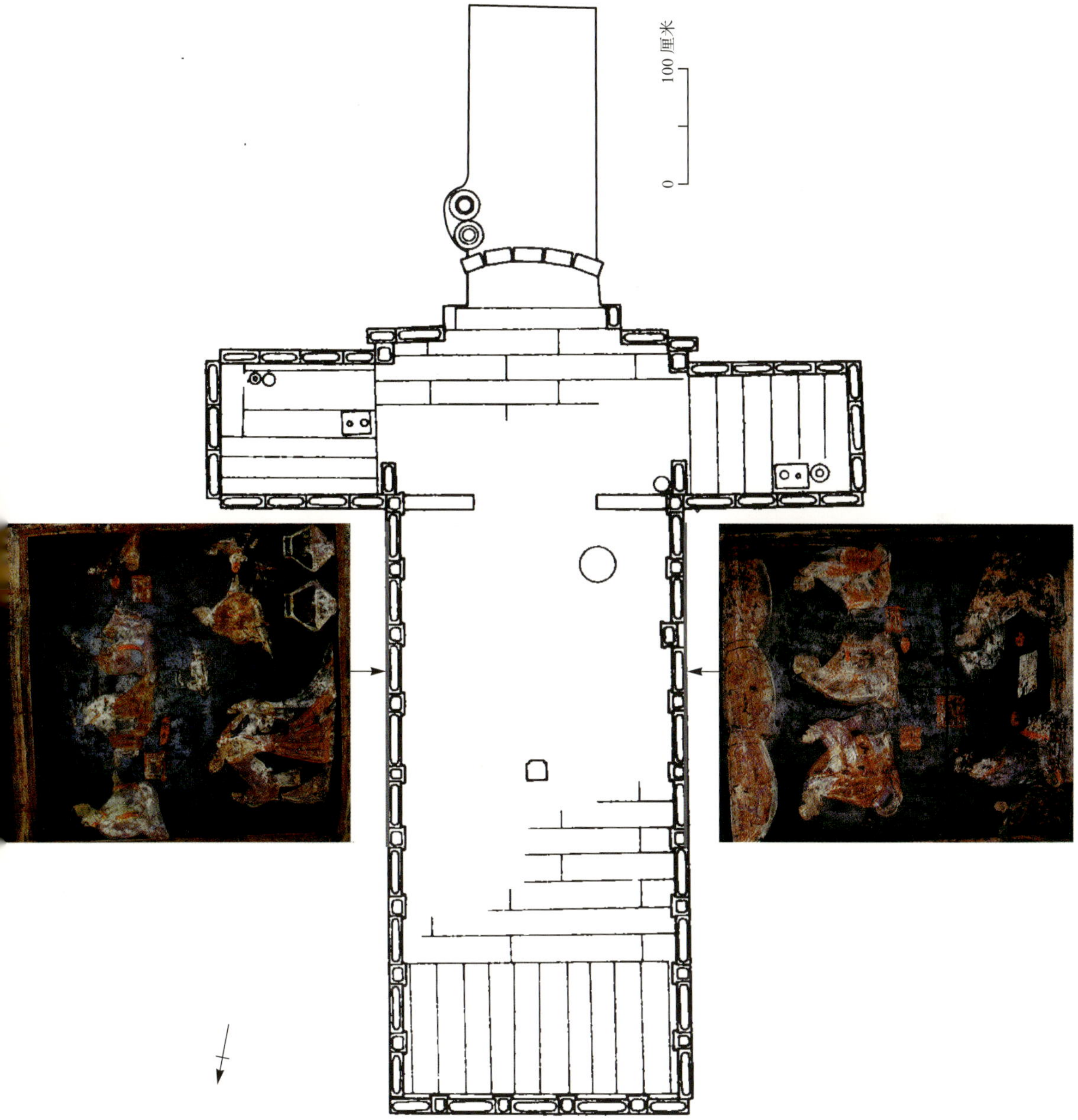

图 2-24 河南洛阳偃师辛莽壁画墓墓主画像及位置示意图

贰 | 墓室空间中的"飨"与"宴"

图 2-25 陕西定边县郝滩东汉壁画墓 M1 墓主夫妇画像

图 2-26 陕西靖边县杨桥畔东汉壁画墓 M1 墓主画像及位置示意图

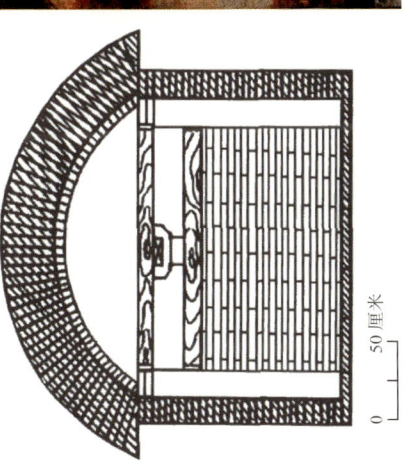

贰｜墓室空间中的"飨"与"宴" 73

图 2-27　陕西神木大保当 96SDM20 墓主画像及位置示意图

东汉末年、魏晋始降，仍使用模制的陶案、模型陶俎等器类[1]；并开始出现墓主画像的图像题材，以对坐宴饮配合家居组合建构画面，且或使用"飨宴"组合的器物，共同营建墓室空间，与中原地区的做法如出一辙。以辽宁辽阳南郊街东汉壁画墓 M1[2] 为例，北耳室西壁南侧绘制墓主夫妇画像，二人坐于帷幄之中，帐架青色，幄帐红色，幄中榻上

---

[1] 辽宁青年大街 M8，沈阳小东汉墓葬群 M14，2005 年发掘的沈阳下伯官屯汉墓 M1，2007 年发掘的沈阳热闹路天主教修女院古代墓群 M1，2013 年发掘的沈阳青桩子汉魏墓群 M8，以及沈阳市五爱墓群 M2、M9、M12、M20、M24 等，均属此类，至晚可到公孙氏割据时期。详王来柱《辽阳青年大街发现的两座汉墓》，载辽宁省文物考古研究所编《辽宁考古文集》（一），沈阳：辽宁民族出版社，2003 年，页 51—57；刘焕民《沈阳小东汉墓葬群勘探调查与发掘》，载辽宁省文物考古研究所编《辽宁考古文集》（二），北京：科学出版社，2010 年，页 173—192；沈阳市文物考古研究所《沈阳下伯官屯汉墓 2007 年发掘报告》《沈阳热闹路天主教修女院古代墓群 2007 年考古发掘报告》，载其所编《沈阳考古文集》（第 2 集），北京：科学出版社，2009 年，页 75—81、页 92—120；沈阳市文物考古研究所《沈阳市五爱墓群发掘报告》《沈阳青桩子汉魏墓群 2013 年发掘简报》，载姜万里编《沈阳考古文集》（第 5 集），北京：科学出版社，2015 年，页 19—102、109—140。

[2] 田立坤、穆启文、梁振晶《辽宁辽阳南郊街东汉壁画墓》，《文物》2008 年第 10 期，页 1、34—59。

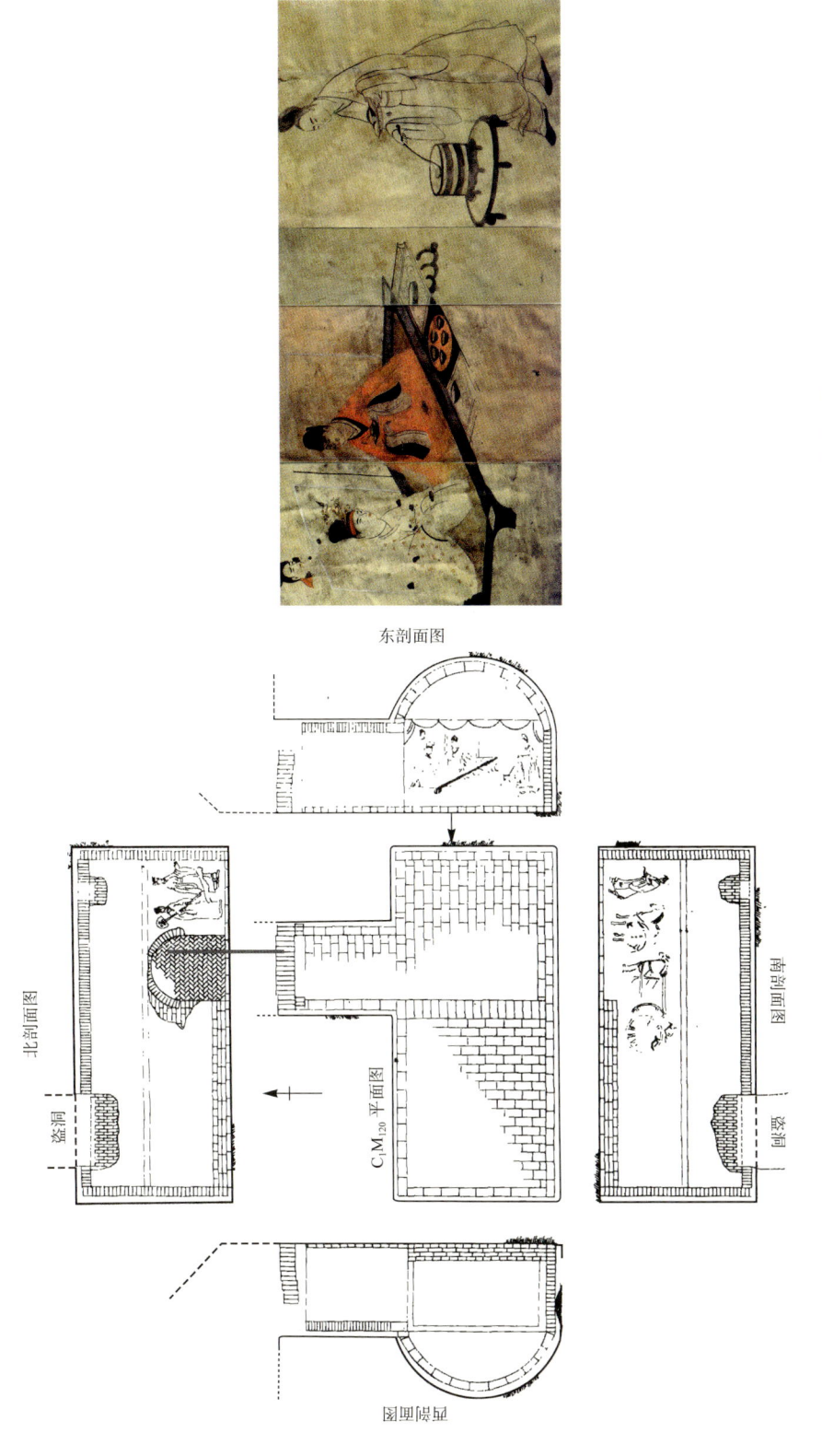

图 2-28　河南洛阳西工东汉壁画墓 C1M120 墓主画像及位置示意图

贰｜墓室空间中的"飨"与"宴"　75

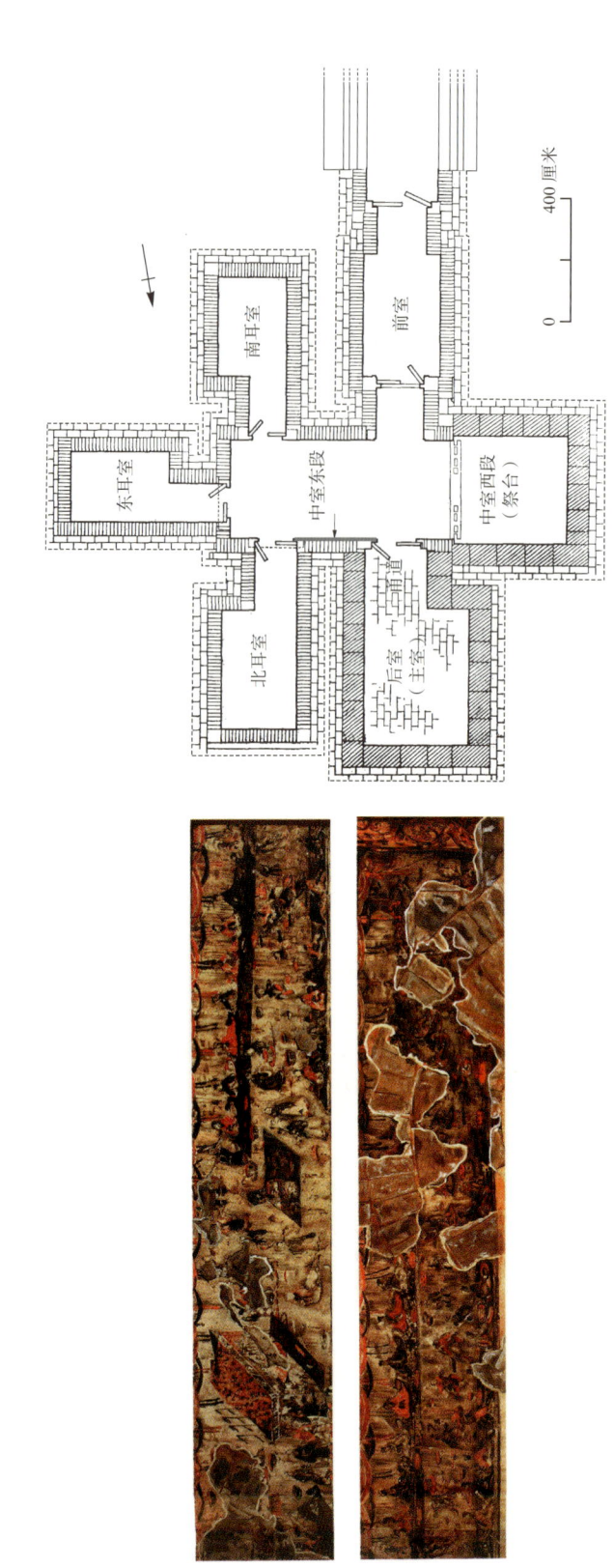

图 2-29 河南密县打虎亭汉画像石墓 M2 墓主画像及位置示意图

76　从飨宴到丧祭：两汉至宋元墓葬家居随葬组合研究

有一红色圆案，外有侍者。旁置 1 件圆形平底陶案；另还出土 1 件陶制条案、1 件半浮雕"鱼形"俎（图 2-22）。由于墓葬盗扰严重，其余情况不清，但原应有其他相关器物组合。

余下汉帝国的疆域体系内，以家居随葬器物为中心的"飨宴"组合成零星分布之态，江汉、湘赣等地区均可见相关出土情况（表 2-9），以陶制器类为主，偶见石料制品[1]；东南沿海地区和东北地区则几乎不见，未有流行。

与西汉时期相比，新莽至东汉以来，家居随葬器物组合的发展日渐成熟，成为墓葬体系中的重要组成部分，表现形式也呈现多样化，分布范围不断扩大，且各显地域特征。在性质与功能上，由原本略显单调的墓内礼祭组合，演变为兼有"飨""宴"意涵的特殊墓葬空间，并逐步占据墓葬的中心位置，这亦是魏晋以降该组合进一步完善、正式形成的基础和前提。

三、壁画与画像石中的"飨宴"主题

"飨宴"主题的图像题材在墓室内往往以墓主画像的形式进行表现，在西汉晚期已经开始初见雏形，但未成风气。西安理工大学西汉壁画墓 M1[2]，坐北向南，在墓室西壁南侧绘有宴乐场景，墓主人与宾客并排跽坐于围屏前的木榻上，面前有圆案，案上有樽、耳杯等（图 2-23）。可以看到此时的墓主画像并非置于墓室的中心位置，北壁为乘龙羽人、蛇兽等升仙图案，间加云气纹，这符合西汉时期壁画注重展现天堂仙界的神秘景象[3]，对现世生活的关注相对较少，又或者说，对墓主生前情境的描绘并不是墓葬的中心。

新莽时期，仍可见前期文化传统的影响，在墓室两侧壁面以分栏、分层的方式连贯画面，表现墓主画像的题材，或加以狩猎、出行、拜谒等主题，共同组成壁面图像。至此，墓主画像依然未从统一、联合的图像主题中分离出来，未构成单列的画面，也未发展为墓葬空间体系中独立的一部分。河南洛阳偃师新莽壁画墓[4]中室西壁北幅为六博宴

---

[1] 湖南耒阳市东汉墓 M135、M151、M161、M238 均见长方形或圆形石案，足部呈横条形，时代约在东汉中期至晚期。详衡阳市博物馆《湖南耒阳市东汉墓发掘报告》，载刘庆柱主编《考古学集刊》（第 13 辑），北京：中国大百科全书出版社，2000 年，页 100—166。
[2] 西安市文物保护考古所《西安理工大学西汉壁画墓发掘简报》，《文物》2006 年第 5 期，页 1、7—44。
[3] 孙福喜、程林泉、张翔宇《西安理工大学西汉壁画墓初探》，《西北大学学报（哲学社会科学版）》2005 年第 3 期，页 46—49。
[4] 史家珍、樊有升、王万杰《洛阳偃师县新莽壁画墓清理简报》，《文物》1992 年第 12 期，页 1—8、97、99。

饮图，东壁南幅为宴饮对舞图，两幅画面内均有墓主夫妇形象，应是表现墓主的现世生活场景（图2-24）。2015年发掘的陕西靖边县杨桥畔渠树壕东汉壁画墓M1[1]亦是采用这一做法。

后发展自东汉以降，上述情况开始改变，关中、中原地区的地下墓葬空间中墓主画像开始成为一个相对固定的主题，以壁画或画像石作为载体进行排布，并与家居随葬器类配套使用，建立起独立的墓葬空间。

陕西关中地区的墓主画像多见于墓室正壁上方。陕西定边县郝滩东汉壁画墓M1[2]在墓室后壁上部绘制墓主夫妇并坐图（图2-25）；下部则置庭院图、农作图、狩猎图等；延伸的东壁为车马出行图。靖边县杨桥畔东汉壁画墓M1[3]（2005年发掘）也将墓主夫妇凭栏而坐的画面排列在墓后室北壁上层，并绘出立柱及围栏，西侧立一侍从（图2-26）。

陕西神木大保当96SDM20[4]墓门为画像石，门楣下栏中部刻绘一庑殿式建筑，屋内端坐三人于榻上，前设围栏（图2-27）。发掘者将其作为祠堂，认为左右二人是墓主夫妇，中间"小人"则是其先祖之像，这一论述仍待佐证，并未确定。画面处于墓葬的中心轴线上，与陕西地区墓主题材的空间设置基本一致，也处于正壁上部，当是墓主壁画主题的一种变形或替代。

中原地区的墓主画像题材，基本见于河南、山西及河北等省域。单室墓多设于墓室后（正）壁，多室墓则在耳室、侧室或其他墓室内绘制。河南洛阳新安县铁塔山汉墓M4[5]，墓室后壁中间一人拱手倚靠凭几，盘腿坐于黑色圆垫上，左右各一侍从。洛阳西工东汉壁画墓C1M120[6]在横列式墓室的东壁以整面描绘墓主夫妇画像，上端朱红横栏，下高悬朱色帷幕，夫妇二人侧身坐于榻上，前有案几，上摆漆盘、置耳杯等，后环绕围屏（图2-28）。

山西夏县王村东汉壁画墓[7]，横前室东壁的中段，即面对甬道的一侧，绘制墓主夫妇对坐图像，上垂饰绛色帷帐，依稀可见墓主夫妇坐于榻上，前后有几案等（图2-30）。

---

[1] 陕西省考古研究院、靖边县文物管理办《陕西靖边县杨桥畔渠树壕东汉壁画墓发掘简报》，《考古与文物》2017年第1期，页2—28、131。
[2] 吕智荣、张鹏程《陕西定边县郝滩发现东汉壁画墓》，《考古与文物》2004年第5期，页20—21、97。徐光冀《中国出土壁画全集（06陕西上）》，北京：科学出版社，2012年，页58—59。
[3] 陕西省考古研究院、榆林市文物研究所、靖边县文物管理办公室《陕西靖边东汉壁画墓》，《文物》2009年第2期，页32—43。徐光冀《中国出土壁画全集（06陕西上）》，页103。
[4] 陕西省考古研究所、榆林市文物管理委员会办公室《神木大保当：汉代城址与墓葬考古报告》，北京：科学出版社，2001年，页92—98，彩版二一。
[5] 黄吉博、王炬、余扶危《洛阳新安县铁塔山汉墓发掘报告》，《文物》2002年第5期，页33—38。徐光冀《中国出土壁画全集（05河南）》，北京：科学出版社，2012年，页61。
[6] 洛阳市文物工作队《洛阳西工东汉壁画墓》，《中原文物》1982年第3期，页18—24。洛阳博物馆《洛阳汉代彩画》，郑州：河南美术出版社，1986年，页58—59。
[7] 高彤流、刘永生《山西夏县王村东汉壁画墓》，《文物》1994年第8期，页34—46。

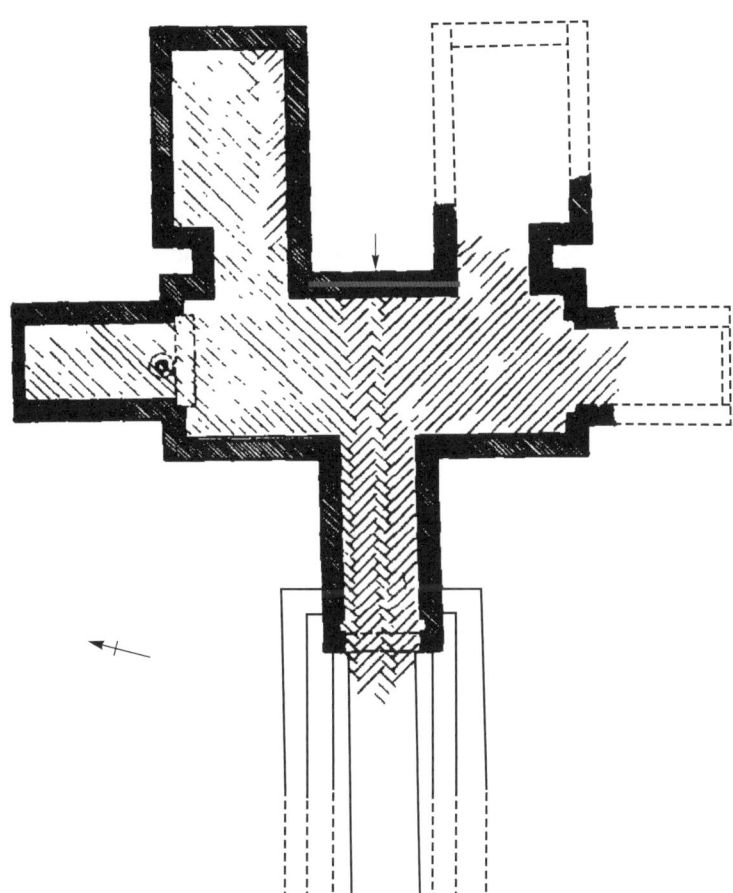

图 2-30　山西夏县王村东汉壁画墓墓主画像及位置示意图

贰 | 墓室空间中的"飨"与"宴"　79

人物旁有榜题墨书"安定大守裴将军",当为墓主画像无疑。墓室内还出土1件长方形陶案,底附四蹄状足,这应与前述中原、青齐地区配合使用图像与器物来营建"飨宴"空间的方式相同。东汉晚期的河南密县打虎亭M2[1]也在中室东段北壁上部,描绘墓主宴饮乐舞的画面,以幄幕中所坐主人主持宴客为中心(图2-29)。此外,河南密县打虎亭、后士郭汉墓出土的画像石中也多有表现墓主家居宴乐、宾客拜谒的题材,且基本呈条带状的连贯画面进行表现,或可认为是当时画像石的一种定制形式,常被用于墓葬装饰。相比于壁画,画像石更显现社会的流行风尚,而壁画则更多体现出丧主及营建者对墓室规划的个人意志与选择。

西南地区东汉晚期的墓葬之中也出现了墓主宴饮的图像题材。四川中江塔梁子崖墓M3[2]三室左侧室顶部有高浮雕藻井图案,并以中心方框向四周放射状伸出仿木椽结构;右壁及后壁由浅浮雕壁柱及壁穿分割为八个区域,分别绘制八幅墓主宴饮图,并配以墨书榜题,点明墓主身份、家世等。八幅宴饮图的构图方式基本相同,上方绘有帷幔垂叠,人物占据画面正中,坐于席或榻上,前置案几,上有豆、盘等饮食器。就空间位置而言,这一侧室位于整个墓葬的中心区域(图2-31);从墓葬装饰来看,也呈现出不同于其他墓室的复杂、繁缛。据此推测,该墓室当是作为墓主"飨宴"空间而被营建的,为"汉太鸿胪文君子宾"孙子荆子安及其家族成员共同使用而在墓葬之中被单独划分。

综合上述墓葬材料,我们可以看到墓主画像在两汉时期的发展趋势:墓主画像逐渐在墓室内成为独立的图像主题,甚至成为整个墓室空间的中心;并受到墓葬形制的影响,在多室墓中,配合家居随葬器类组合,构建起区别于墓葬其他空间的"飨宴"空间。

至此,西汉时期以礼祭功能为主导的家居随葬组合,正式转变为以"飨宴"为根本特征的墓内空间设施,成了墓葬体系中不可或缺的重要构成元素,也为魏晋南北朝时期这一组合的持续发展奠定了基础、提供了可能。在曹魏时期官方葬制改革的背景下,墓葬的形制被进一步规范下来,实现了从多室墓向单双室墓的转变,这为家居随葬组合成为整个墓葬的营建中心创造了现实条件。

---

[1] 河南省文物研究所《密县打虎亭汉墓》,页297—302。
[2] 四川省文物考古研究院、德阳市文物考古研究所、中江县文物保护管理所《中江塔梁子崖墓》,北京:文物出版社,2008年。

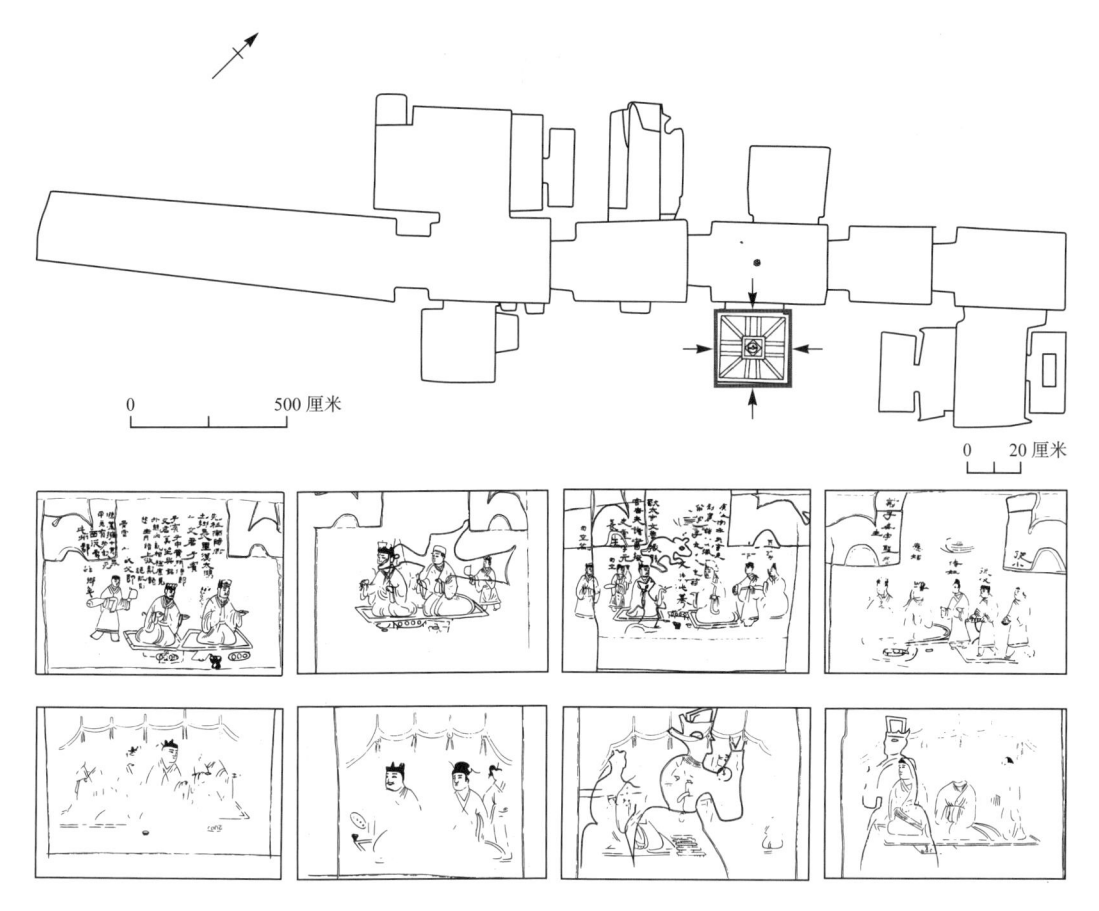

图 2-31　四川中江塔梁子崖墓 M3 墓主画像及位置示意图

四、丧葬组合的成熟与定型

墓葬家居随葬组合最早由代表礼制等级的祭器发展而来，于西汉末东汉初，逐渐成为以"飨宴"为根本特征的丧葬组合。《后汉书·礼仪志下》中有针对随葬明器的如下记述：

> 东园武士执事下明器。笥八盛，容三升，黍一，稷一，麦一，梁一，稻一，麻一，菽一，小豆一。瓮三，容三升，醢一，醯一，屑一。黍饴。载以木桁，覆以疏布。甀二，容三升，醴一，酒一。载以木桁，覆以功布……瓦案九。瓦大杯十六，容三升；瓦小杯二十，容二升。[1]

---

[1]《后汉书》志第六《礼仪下》，北京：中华书局，1965 年，页 3146。

其中所言的"木桁"则应是承担墓内祭祀功能的漆木案，上置饮食器、酒器等；另有明器，称"瓦案"，或与东汉时期各地墓葬中最为常见的圆形或长方形陶案相互对应。由此可见，至晚在东汉时期，墓内设置家居随葬组合的做法就已被纳入丧葬礼俗体系，成为墓葬中正式受到官方认可而被使用的随葬组合之一。

梳理这一丧葬组合的整体变化过程，我们能够简单勾勒其从源流兴起到基本成熟的发展脉络：

自西汉时期开始，便逐渐有使用家居类随葬相关器物的墓葬出现，多为案与盘、勺、耳杯等酒食具的漆木、玉石器组合，分布地域呈现一定的集中性。使用这一组合的多为中高等级的椁墓，尤以诸侯王、列侯墓居多。这一时期的家居随葬组合，就根本性质而言，应当是一种礼祭组合，是墓内设奠的一种形式，亦是身份等级、丧葬礼制的一种象征。

新莽时期，墓葬形制开始发生转变，椁墓与砖室墓并行而存。家居类随葬器物的出现明显增多，不再仅仅局限于高等级墓葬，且开始出现相对多样化的形制组合与表现方式。

直至东汉时期，家居类随葬器物的使用则更加流行，地域的分布越显广泛，在各个地区均可见；组合器类的形制、材质也与新莽以前不同，多使用陶质器物；并配合墓主画像题材，构筑起独立的墓葬空间，在墓内体现"飨"与"宴"的复合型功能，为墓主灵魂提供可栖的象征之位，以供行祭祀之礼。

在中原与青齐地区的部分墓葬内，还开始逐步出现石案、石榻与石凭几的组合，虽然在规格上未成定制，数量也始终较少，仅见于部分固定的使用人群之中，但这或许是南方地区六朝墓葬内围屏石榻出现的历史源流。

魏晋以降，这一组合持续发展，并形成具有创新性的表现形式，南北两大地区呈现对立与统一的局面，各个边缘地区的表达则呈现出滞后性、差异化。虽然家居随葬组合在后续的时间推进中持续改变，体现的面貌与特征也并不相同，但其渊源应出于两汉时期当无疑，文化核心相对一致。从以礼祭为取向的墓内设施，逐步发展为东汉时期的"飨宴"组合，再到魏晋南北朝时期占据墓室中心的家居随葬组合，这一过程是连续、渐进的。

叁 地方传统与区域差异

东晋南朝家居随葬组合的成熟定制

北魏至北朝的复归与全新发展

非核心区域的「两汉」传统

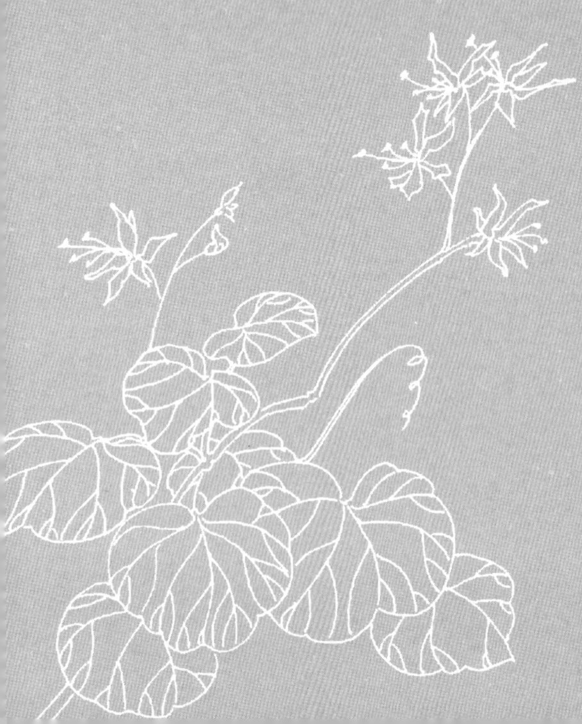

魏晋南北朝时期，家居随葬组合又出现了新的发展，以不同的方式在墓葬内表现，并逐渐演变为成熟的礼制组合。通过这一时期各个地区考古学材料的整理，大致能够将墓葬中所出土的家居随葬组合分为以下几个较大的区域范围。出土材料的差异性与不平衡性，能够大致体现出家居随葬组合在各个不同地区的分布特点与组合特征；并在充足的时空背景下，反映出各个不同地区家居随葬组合的发展与演变。

一、东晋南朝家居随葬组合的成熟定制

南方地区作为魏晋南北朝时期得到极大发展的地区，在西晋覆灭、东晋南迁之后，直接继承了东汉以来在墓内设置"飨宴"空间的传统，并在此基础上不断发展与演变；同时在不同区域内呈现出差异性的特征，或可被认为是简约化的适意性表达。

由于本文所研究的对象材料在发掘之前多数已遭盗扰，在出土器物及其位置等信息方面均有所损失。经过材料的整理与对比，笔者认为，家居随葬组合中体积较小的凭几、帷帐座、及部分案等器物可能会因盗扰而遗失不见，但砖台、床榻等一类的大型器物应较少被破坏，至少仍应留有部分痕迹。基于此，对相关材料进行如下整理分期、概括总结（相关墓葬的具体情况见附表）。

（一）三国孙吴（东吴）时期

这一时期所发现的墓葬材料并不多，具有明确纪年的更是凤毛麟角。从现有的考古材料来看，砖台应是家居随葬组合设置的中心[1]，多以木制凭几与案、或凭几与砖台的组合出现；亦有单独出现，独立构成这一组合的，如只出现砖台或单类的木制器物；另有使用屏风者。且地区之间的差异并不明显，长江中游与下游周边地区基本呈现一致的特点，并未形成较为完整的家居随葬组合的定制（表3-1）。

木制凭几或案在墓中的设置，应与墓主身份等级有关。南京市大光路薛秋墓未遭盗扰[2]，其随葬组合及位置较为明确，墓中出土1座砖台，位于墓室前部，将墓室分为两部分；而出土的1件木胎凭几则与其他随葬物品，放置于砖台与墓门之间。安徽马鞍山宋

---

[1] 此处的砖台并不仅仅指砖砌高台，而是代指此类墓内设施，并不拘泥于材质。部分墓葬发掘报告中提及的石质祭台，也属于文中所称的砖台。
[2] 南京市博物馆《南京大光路孙吴薛秋墓发掘简报》，《文物》2008年第3期，页1—2、4—15。

山墓[1]与朱然墓[2]均出土有木制凭几,后者还出土有1件木案,虽不见其具体位置与摆放方式,但这一组合的出现,可以被认定为家居随葬组合的雏形。

其余多数墓葬仅仅选择在墓中设置砖台,上部可能会放置部分随葬器物。多数墓葬的发掘报告中,常称此类墓内设施为祭台,但能够看到的是,墓内高起的砖台常与凭几共出,凭几置于其上的墓例亦不在少数,与两汉时期以"案、杯、勺"为代表的墓内祭祀设施并不全然相同,或更接近于榻的象征功能,是高等级墓葬内家居礼制组合的一种平民化模仿与转换。部分墓葬还在墓中不同的位置设有多座砖台,例如江苏宜兴1号墓[3],墓中就出土3座砖台;但由于墓葬的保存情况较差,暂时并不能就其砖台与墓主之间的对应关系进行说明与研究。

较为特殊的是浙江湖州市白龙山汉六朝墓M24[4],该墓为长方形双室砖墓,在前室设置1件石质屏风(图3-1),屏风后以砖砌支脚,上摆放1块石板,发掘报告称其为石榻,应存疑。它与东晋南朝时所出的陶榻或石榻在形制上存在较大的差异,更类似于砖台,或者可以看作是榻的前身。石屏风由方形石板和一对带凹槽的屏座组成,整体呈素面,未见图案,与石板构成组合,可能是围屏石榻的初见,以在前室构建出一个不同于后室棺床的空间。

江苏苏州虎丘黑松林孙吴墓群的部分墓葬之内也见石案、石供桌及陶案等,M4出土1件石屏风,下有石座与石插。屏风画面以阴刻线条描绘人物与纹饰,与东汉时期画像石上的图像主题同属一类风格,用帷幔分隔上中下三部分,表现的是仙境人物故事场景[5]。

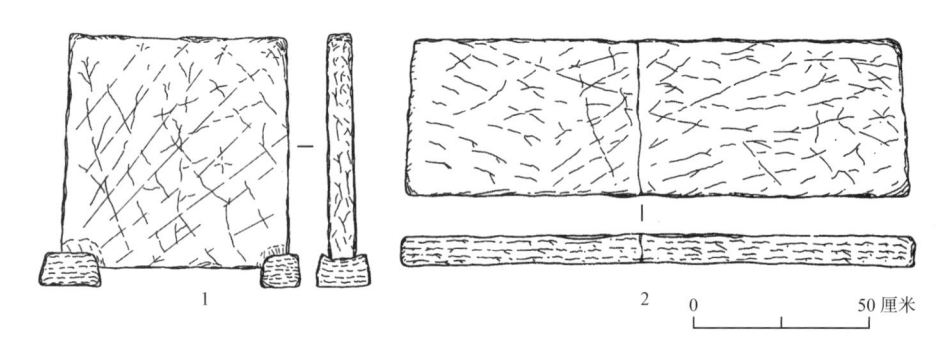

图3-1 浙江湖州市白龙山六朝墓M24出土器物
1.石屏风(M24∶1) 2.石榻(M24∶2)

---

[1] 安徽省文物考古研究所、马鞍山市文物管理所《安徽马鞍山宋山东吴墓发掘简报》,《江汉考古》2007年第4期,页29—37。
[2] 丁邦钧《安徽马鞍山东吴朱然墓发掘简报》,《文物》1986年第3期,页1—15、97—104。
[3] 罗宗真《江苏宜兴晋墓发掘报告——兼论出土的青瓷器》,《考古学报》1957年第4期,页83—106、143—151。
[4] 浙江省文物考古研究所、湖州市博物馆《湖州市白龙山汉六朝墓葬发掘报告》,载浙江省文物考古研究所编《浙江汉六朝墓报告集》,北京:科学出版社,2012年,页175—178。
[5] 姚晨辰《苏州黑松林出土三国时期石屏风》,《中国文物报》2020年1月17日第6版。

虽然具体的出土情况及使用方式暂不清楚，但在整体上应该与白龙山 M24 相似，已可见基本的家居随葬组合形制，仍属初级阶段。

（二）西晋至东晋时期

这一时期，是南方地区家居随葬组合在墓葬中发展与成熟的时段。根据目前所发现的考古学材料，大致又可分为两段：西晋时期与东晋时期。前者出土的材料并不多，也未见具体组合；后者相对而言资料更为丰富，呈现出一定的规格等制。

1. 西晋时期

西晋时期，南方地区各个区域内发现的墓葬并不多，墓内基本都只设砖台，极为常见，未见其他家居随葬组合器物（表3-2）。一般一墓只设 1 座，亦有特殊者在墓中设置多座，以放置各类用品，如南京西岗西晋墓[1]内设置有 7 座砖台。砖台上所置器物，与东汉时期也并无二致，仍应为沿袭传统而致。山东邹城西晋刘宝墓[2]，发掘报告指出其墓内出土 1 件石案，并在前室发现 4 件陶质帷帐座，但并未说明其具体形制及所处位置，也未提到周围配合出土的器物。根据墓中出土墓志，可知墓主为刘宝及其妻室。刘宝为西晋时期大将，先后任侍中、使持节、安北大将军，并领护乌丸校尉，都督幽、并州诸军事，被封关内侯，官至三品[3]，地位极其显赫。因此，其使用石制几案，并在前室设帷帐座，也实属符合礼制。据此，出土的石案或与帷帐座作为家居随葬的组合出现于高等级墓葬之中，在西晋时期已初见端倪。

同样，处于两晋之间，即西晋晚期至东晋早期的墓葬，也开始出现较为固定的家居随葬组合，一些中型墓葬就出土有砖台与凭几的组合，如南昌火车站墓群 M5[4]。

2. 东晋时期

家居随葬组合似乎在东晋时期开始出现较为成熟的定制。由于墓葬材料的不完整性，具体的组合形式与墓葬的形制尺寸之间的对应关系并不十分明显，只有形制较大的墓葬（即 8 米以上或近 8 米者）能够确定基本的出土组合（表3-3）。但是根据相关的出土情况，暂可将墓葬中的家居随葬组合分为以下几类：

A. 第一类墓葬规模较大，一般多在 7 米以上，且出土有较为完整的家居随葬组合。

---

[1] 南波《南京西岗西晋墓》，《文物》1976年第3期，页 55—60、82。
[2] 胡新立《山东邹城西晋刘宝墓》，《文物》2005年第1期，页 1、4—26。
[3] 《宋书》卷四〇《百官志下》，北京：中华书局，1974年，页 1260—1265。
[4] 赵德林、李国利《南昌火车站东晋墓葬群发掘简报》，《文物》2001年第2期，页 1、12—41、97。

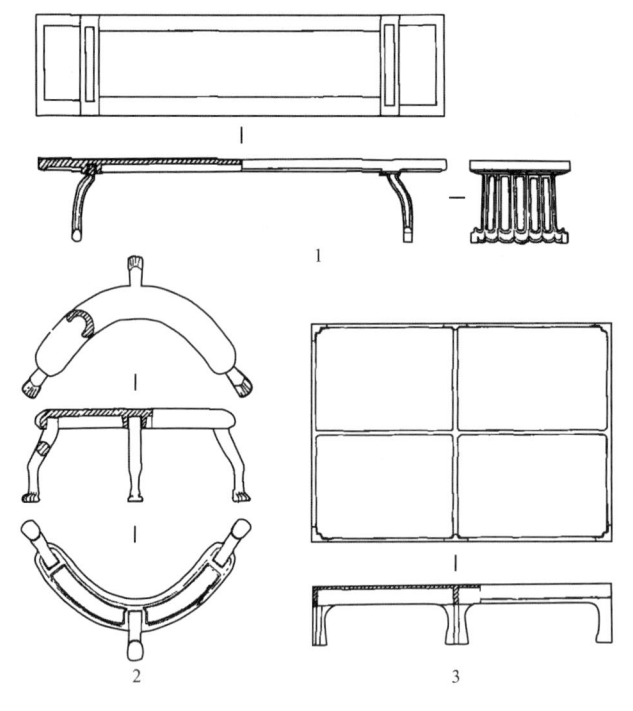

图3-2 江苏南京市郭家山东晋温氏家族墓出土器物
1.陶案（M10∶6） 2.陶凭几（M13∶20） 3.陶榻（M13∶18）

其类别下又可分为两种不同的表现形式：

a. 第一种以陶榻为组合中心，墓葬尺寸在7—8米之间，配合以凭几、案、帷帐座等其他家居类随葬器物。例如南京农业大学东晋墓[1]、南京大学北园东晋墓[2]及南京市郭家山M13温嵩之墓[3]（图3-2）均出现这一组合，其中后两者还分别出土有龙形陶灯座、虎形陶灯座各1件。

b. 第二种以砖台为中心，墓葬尺寸均在9米以上，同样与凭几、案、帷帐座等器类同出。以南京市郭家山M10温峤墓[4]、南京北郊东晋墓[5]和江苏镇江新区丁卯桥路与谷阳路交会处"江南世家"工地六朝墓M8[6]为代表。另外，温峤墓中还另出有4件龙虎步障座。

与此同时，这一类中有较为特殊的一种，出土器物组合与以上两种相似，但是并不完整；而墓葬形制较前两者而言相对更小，约在5—6米。如南京市迈皋桥M7合葬墓[7]，即南京象山7号墓便是如此，保存状况较好，未遭盗扰，只出1件陶榻、2件陶质凭几（其中1件置于牛车之上，尺寸较小），未见其他家居随葬器物。南京幕府山M3出土灰陶凭几、陶案各1件，同时还出有4件龙虎形陶帷帐座，与M4相同[8]。

这一类墓葬的家居随葬组合，基本应为以榻（砖台）为中心，设凭几、案与帷帐座以

---

[1] 南京博物院《南京农业大学东晋墓》，《东南文化》1997年第1期，页68—71。
[2] 南京大学历史系考古组《南京大学北园东晋墓》，《文物》1973年第4期，页36—50。
[3] 岳涌、张九文《南京市郭家山东晋温氏家族墓》，《考古》2008年第6期，页2—25、97—101。
[4] 针对南京郭家山温氏墓地各墓的归属问题，曾存在争议。华国荣、张九文曾在2002年《南京北郊东晋温峤墓》一文中指出M9应为温峤墓，后又在2008年《南京市郭家山东晋温氏家族墓》的发掘报告中更正：就随葬品的出土状况而言，M9应为始安夫人墓，M10则为温峤墓，墓志的出土位置或与温峤死后迁葬有关。详岳涌、张九文《南京市郭家山东晋温氏家族墓》，页2—25、87—101；华国荣、张九文《南京北郊东晋温峤墓》，《文物》2002年第7期，页1、19—33。
[5] 朱兰霞《南京北郊东晋墓发掘简报》，《考古》1983年第4期，页315—322、388。
[6] 李永军、张晓军《镇江丁卯"江南世家"工地六朝墓》，《东南文化》2008年第4期，页17—27、98—99。
[7] 袁俊卿《南京象山5号、6号、7号墓清理简报》，《文物》1972年第11期，页23—41、74—75。
[8] 易家胜、阮国林《南京幕府山东晋墓》，《文物》1990年第8期，页41—48。

为组合，组合中的几类器物并非全部出现，部分墓葬选择凭几、帷帐座等，案似乎并非必需之物，又或者可将其理解为一定等级的墓葬方能使用案。墓葬的营建者仿若想要通过家居随葬组合的设置，来营造这样的墓中情境：墓主人坐于榻上，倚靠凭几，前设案置果食，后悬挂帷帐以遮蔽；甚至在前侧的甬道内，还放置有代表出行的马、牛车等俑类明器，构筑起完整的生前仪制（图3-3）。

B. 第二类为仅设凭几与案的组合，由于目前发现的墓葬并不多，具体情况仍待进一步研究。如南京赵史岗M1[1]与南京甘家巷M24[2]均属此类。其中，甘家巷M24中所出案并未见实际形制，仍存疑。

C. 第三类为较为常见的一类，一般出凭几与砖台的组合，砖台多为砖砌。

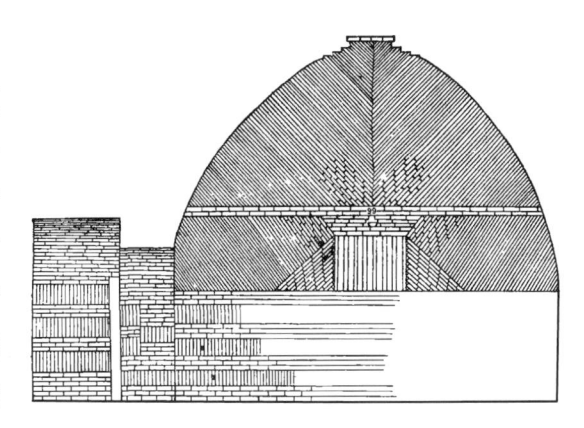

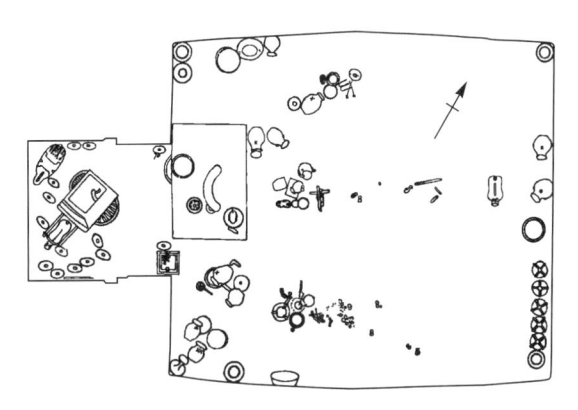

图3-3 江苏南京象山M7墓葬平、剖面图

多数为砖台、凭几各一，也有砖台一、凭几二的组合，相对应的墓葬形制也较为统一，几乎均为带有甬道的长方形单室砖墓。其中墓主身份明确的墓葬有：南京市石子岗M1孙寔墓[3]，镇江M21刘庚之墓[4]、M26刘硕之妻徐氏墓[5]，南京老虎山M4颜镇之墓[6]和南京迈皋桥象山M6夏金虎墓[7]等。除明确刘庚之时任司吾县令外，其余人均不见传，不知官位品级。南京老虎山颜镇之虽不知其辈分、身份，但应为颜氏族人，当无疑；而镇江徐氏、南京象山夏金虎虽均不清具体品级，但均应在士族之列。由此可知，这一类组合所使用者，或为官宦士族，有一定的身份或地位，却未进入中央上层。

---

[1] 江苏省文物管理委员会《南京近郊六朝墓的清理》，《考古学报》1957年第1期，页187—191、264—265。
[2] 南京博物院、南京市文物保管委员会《南京栖霞山甘家巷六朝墓群》，《考古》1976年第5期，页316—325、351—356。
[3] 王志高、张九文《南京市石子岗东晋墓的发掘》，《考古》2005年第2期，页35—40。
[4] 肖梦龙《江苏镇江谏壁砖瓦厂东晋墓》，《考古》1988年第7期，页621—635、676—678。
[5] 肖梦龙《江苏镇江谏壁砖瓦厂东晋墓》，页621—635、676—678。
[6] 南京市文物保管委员会《南京老虎山晋墓》，《考古》1959年第6期，页288—295、327。
[7] 袁俊卿《南京象山5号、6号、7号墓清理简报》，页23—41、74—75。

D. 这一类组合是最为简单与多见的，基本单独出凭几或砖台，未见其他家居随葬器物相伴出土。由于出土这一类随葬组合的墓葬较多，其中能够确定墓主身份等级的墓葬数量也较为可观。例如：安徽马鞍山M3谢沈墓[1]、江苏南京老虎山M1颜氏墓[2]、江苏南京市郭家山M12温式之墓[3]、江苏溧阳谢琰墓[4]、安徽马鞍山孟府君墓[5]、江苏南京司家山谢氏家族墓M4[6]及M5谢温墓[7]等。由此能够看到，使用这一类组合的多数为中下层官吏，部分任虚职者或各士族后人等。

综上可知，东晋时期对于家居随葬组合的使用有一定的礼制规格。第一类组合的使用者明显在身份、等级上更显尊贵，墓葬形制也相对较大。就目前墓主身份已明确者而言，温氏家族的温嵩之与温峤均官至一品，封"始安郡公"，两者墓中均出龙虎形陶座。前者墓中以陶榻为中心，以凭几、案等相辅，而后者以砖台为中心，也辅以凭几、案，应当能够被认为是同一种组合形式。以龙首及虎首作装饰的帷帐座被认为可能是东晋皇族才能使用的随葬秘器，虽贵如王氏和谢氏等大族亦不得使用[8]。但是温氏家族中的位高者却使用了这一种所谓的"秘器"，此举究竟是贵族越矩、所享特权的表现，还是龙虎形座并非帝室专用，朝中重臣获特许也可使用？这一点仍值得讨论。但是这一类组合的使用者应当均为重臣贵族，甚至帝室也可能采用了这一组合，以南京北郊东晋墓为例，学者通过历史文献与考古材料的考订，认为其应为晋穆帝司马聃帝陵者，即出4件龙虎步障座。

另外，第一类组合中，采用以陶榻为中心的组合墓葬，其规模尺寸虽远超其他类别，但与以砖台中心的墓葬相比，其形制相对较小。这样的对应关系是材料局限性所造成的，还是确实存在一定的补充关系，也需要更多材料的论证。

第二类由于材料过于稀少，目前对其认识仍存疑。而第三类与第四类虽在组合上存在一定的差异，但是根据对墓主身份的整理、墓葬形制的概括，目前并未发现两类之间的具体差异，或可认为仅与个人选择有关，未受礼制等级的制约。

（三）南朝：宋、齐、梁、陈时期

这一时期，南方地区开始逐渐表现出较小区域范围内的地域分化，以南京地区为中

---

[1] 邓雁、费小路《马鞍山市马钢二钢厂东晋谢沈家族墓群发掘简报》，《江汉考古》2012年第1期，页31—39、134—136。
[2] 南京市文物保管委员会《南京老虎山晋墓》，页288—295、327。
[3] 岳涌、张九文《南京市郭家山东晋温氏家族墓》，页2—25、97—101。
[4] 南京博物院《江苏溧阳果园东晋墓》，《考古》1973年第4期，页227—231。
[5] 安徽省文物工作队《安徽马鞍山东晋墓清理》，《考古》1980年第6期，页569—570、576。
[6] 阮国林、李毅《南京司家山东晋、南朝谢氏家族墓》，《文物》2000年第7期，页1、36—49。
[7] 阮国林、李毅《南京司家山东晋、南朝谢氏家族墓》，页1、36—49。
[8] 蒋赞初《南京东晋帝陵考》，《东南文化》1992年第3、4期，页98—106。

心的周边地区继承了东晋以来的传统，而其他区域包括长江中游的湖北地区、偏南的岭南地区以及南北方交界地带则呈现出不同的发展趋势。

1. 南京及其周边地区

南朝初期，南京及其周边地区仍使用东晋以来的规制，未见新的文化因素，如南京幕府山 M1[1]，仍采用陶质凭几与陶案的组合，辅以龙虎形陶座；后逐渐发展成熟，形成这一时期的特点，最为显著的则是开始使用石质的随葬组合，尤以石榻、石质凭几为代表。由此，南朝时期南京及其周边家居随葬组合暂可分为以下几类（表3-4）。

A. 第一类为以石榻为中心，以陶质或石质凭几、石案、帷帐座为组合的墓葬，墓葬全长基本在9米或以上。且除南京隐龙山 M1、M3[2]以外，所出石榻多有围屏。南京市尧化门萧氏墓[3]、南京市桂阳王萧象墓[4]和南京市白龙山墓[5]均以围屏石榻为组合中心，加以凭几（图3-4，1）；只有尧化门萧氏墓另出石案、石质帷帐座。此类墓葬中的组合大致能够概括为以石榻为中心，兼以凭几、案与帷帐座，应与东晋时期陶质随葬组合相对应，但案的使用大大减少。

另有部分墓葬破坏极为严重，但根据其所留痕迹，笔者认为可推定为同一类组合，包括南京市胜太路 M1[6]、南京市花神庙 M1[7]、南京市仙鹤门墓[8]以及南京市石子岗 M5[9]等。这几座墓葬的全长基本都在8—9米之间，均见凭几以及部分石质残迹，如胜太路M1（图3-4，2）与花神庙 M1 均在墓室之中发现有石器足，经过对比，与榻足较为相似。仙鹤门墓出土4件石板，均为一端有榫的长方形石板，可能为围屏石榻的屏面。而石子岗 M5，发掘报告中指出墓中设石（祭）台，但未指明其形制，经整理，其平面形制可能与石板类似。结合该墓下葬过于仓促的总体情况，仅以石板表现石榻的可能性较大。

B. 第二类墓葬的形制尺寸不似前者，相对偏小一些，墓葬全长均在8米以下，出土家居随葬组合与第一类基本相同。以南京市东杨坊 M1[10]、南京市西善桥第二砖厂墓[11]、南

---

[1] 易家胜、阮国林《南京幕府山东晋墓》，页41—48。
[2] 南京市博物馆、江宁区博物馆《南京隐龙山南朝墓》，《文物》2002年第7期，页41—58。
[3] 霍华《南京尧化门南朝梁墓发掘简报》，《文物》1981年第12期，页14—23。
[4] 陆建方、王根富《梁朝桂阳王萧象墓》，《文物》1990年第8期，页29、33—40。
[5] 王志高、贾维勇《江苏南京市白龙山南朝墓》，《考古》1998年第12期，页46—52。
[6] 南京市博物馆、南京市江宁区博物馆《南京江宁胜太路南朝墓》，《文物》2012年第3期，页18—21。
[7] 祁海宁、张金喜《江苏南京市花神庙南朝墓发掘简报》，《考古》1998年第8期，页53—59、101。
[8] 易家胜《南京郊区两座南朝墓》，《考古》1983年第4期，页328—333、390。
[9] 南京市博物馆、南京市雨花台区文化局《南京雨花台石子岗南朝砖印壁画墓（M5）发掘简报》，《文物》2014年第5期，页20—38。
[10] 祁海宁、张金喜《南京市栖霞区东杨坊南朝墓》，《考古》2008年第6期，页2、36—42。
[11] 南京博物院《南京西善桥南朝墓》，《东南文化》1997年第1期，页61—65。

叁｜地方传统与区域差异

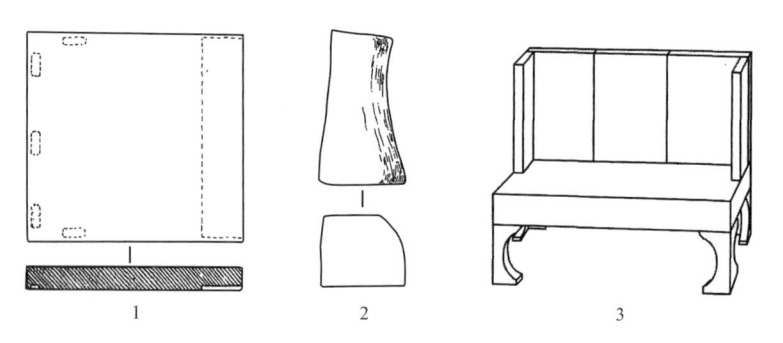

图 3-4　南朝时期南京及其周边地区墓葬出土石榻及构件
1.梁桂阳王萧象墓石榻榻面（发掘报告称石祭台）　2.胜太路南朝墓石榻足（M1∶12）
3.南京地区南朝墓葬围屏石榻复原图

京市西善桥黄法氍墓[1]以及南京市铁心桥马家店村墓[2]为代表,不包括东杨坊 M1 在内,其余所出均为围屏石榻。以上墓葬中,唯一能够确定身份的是黄法氍墓,其为武将出身,曾任陈侍中、中权大将军,官至三品,应为高级贵族,却未能进入帝室或宗亲之列。这一身份等级,或能解释为何这一类墓葬在组合上倾向于第一类,而墓葬形制大小上有所不足。

C. 江苏丹阳县胡桥吴家村墓[3]和建山金家村墓[4]形制组合较为特殊,两座墓的尺寸极大,墓葬全长在 15 米以上,远超目前所发现的同一时期同一地域的其他墓葬。发掘报告中将墓中所出的石质家居类随葬器物描述为石祭台,但根据细节可知其整体呈长方形,有四足,因此,笔者推测应为高级墓葬中常出的石榻。与此同时,两墓都出土漆案,似放置在石榻之上,疑为定制。由于两墓均未出土任何关于墓主的身份信息,发掘者根据其形制特征,将其推断为文献上失载的和帝萧（萧）宝融恭安陵、废帝萧（萧）宝卷之墓,但对于其具体组合形式仍不清楚。

D. 这一类是最为常见的一种组合形式,墓葬的形制也基本相同,与东晋时期较为相似,应为直接沿袭而来;一般单独出凭几或砖台,或凭几与砖台同出。以其中墓主身份等级明确的墓葬为例:南京西善桥 M19 钟济之夫妇合葬墓[5]与南京灵山 M2 吴郡太守墓[6]。前者保存情况较好,未遭盗扰;钟济之时任豫章永修令;而灵山 M2 的墓志铭指明

---

[1] 姜林海《南京西善桥南朝墓》,《文物》1993 年第 11 期,页 19—23。
[2] 南京市博物馆、南京市雨花区文化局《南京铁心桥镇马家店村南朝墓清理简报》,载南京市博物馆编《南京文物考古新发现:南京历史文化新探二》,南京:江苏人民出版社,2006 年,页 105—111;后载南京市博物馆编《南京考古资料汇编三》,南京:凤凰出版社,2013 年,页 1780—1786。
[3] 南京博物院《江苏丹阳胡桥南朝大墓及砖刻壁画》,《文物》1974 年第 2 期,页 44—56。
[4] 尤振克《江苏丹阳县胡桥、建山两座南朝墓葬》,《文物》1980 年第 2 期,页 1—17、98—101。
[5] 周保华、祁海宁《南京市雨花台区西善桥南朝刘宋墓》,《考古》2013 年第 4 期,页 2、33—42。
[6] 邵磊《南京市灵山南朝墓发掘简报》,《考古》2012 年第 11 期,页 52—61、112。

墓主为吴郡太守，且根据其籍贯为齐梁故里，不排除其为南朝齐梁萧姓宗室或成员的可能。能够确定的是，其均为中下层官吏，均未能进入政治话语权的中心。与此同时，或许能够判断这一类的家居随葬组合的使用范围极为广泛，应当有大量的政治群体被允许使用这一组合。

E. 至南朝中晚期，开始出现一类新的不同于前几类的家居随葬组合。墓葬之中设石台，置石质凭几、帷帐座等；墓葬形制也相对较大，多在 6.5—7.5 米之间，包括南京东善桥砖瓦一厂南朝墓[1]、常州南郊田舍村画像砖墓[2]和常州南郊戚家村画像砖墓[3]等。这一类组合目前发现得并不多，且保存情况也不尽完善，仍值得进一步研究。

综上，南京及其周边地区家居随葬组合在南朝时期，较东晋时期，产生了一定的变化。较为明显的是，东晋时期部分墓葬中较多出土的龙虎形陶座，在南朝时期不再多见，似乎不再成为身份标志的一类象征。另外，墓中所出土的榻，也由原来的陶质变为石质，其他随葬器物也有类似的变化，如凭几等。不得不指出的是，榻的形制也产生了较大的变化，开始出现围屏石榻；就已知材料而言，围屏石榻出现的时间基本可以认定为南朝中期前后，即齐、梁之际，中期之前的石榻未见围屏，如南京隐龙山墓中所出；中期萧梁时期及以后，则基本为围屏石榻。

2. 长江中游地区

这一地区目前所发现的材料基本以湖北地区为主，与南京地区具有类似的组合，但发现较少，一般较为简单，与第四类（即 D 类）较为相似，单出凭几或出凭几、砖台的组合[4]。湖北鄂州郭家细湾 M8[5]虽在墓葬形制上与南京及其周边区域较为不同，为并列的双室砖墓；但在墓中设置 1 座砖台，另置 2 件泥质灰陶凭几，这一组合形式却与南京地区基本相同，湖北襄阳贾家冲画像砖墓[6]也同样出土 2 件陶质凭几，均应是受到政治中心区域的辐射与影响形成的。

---

[1] 陈兆善《江宁东善桥砖瓦一厂南朝墓发掘简报》，《东南文化》1987 年第 3 期，页 24、60—63。
[2] 常州市博物馆、武进县博物馆《江苏常州南郊画像、花纹砖墓》，《考古》1994 年第 12 期，页 1097—1103。
[3] 骆振华、陈晶《常州南郊戚家村画像砖墓》，《文物》1979 年第 3 期，页 32—41、97。
[4] 湖北武昌周家大塆 M193、M206 及 M207，洪山 M3 和江陵纪南区的刘氏墓均属此类。详王善才《武汉地区四座南朝纪年墓》，《考古》1965 年第 4 期，页 5—7、176—184、214；湖北省博物馆《武昌石牌岭南朝墓清理简报》，《江汉考古》1989 年第 1 期，页 27—31、84；陈燕萍、罗忠武《江陵黄山南朝墓》，《江汉考古》1986 年第 2 期，页 50—55、92。
[5] 黄义军、徐劲松、何建萍《湖北鄂州郭家细湾六朝墓》，《文物》2005 年第 10 期，页 35—47。
[6] 崔新社、潘杰夫《襄阳贾家冲画像砖墓》，《江汉考古》1986 年第 1 期，页 16—33、101。

3. 岭南地区

岭南地区目前已知属于这一时期的材料较为稀少，但基本能够推定其形制。该地区的墓葬形制与南京中心地区差异较大，一般只设砖台，不置其他器物。福建地区以建瓯木墩梁墓[1]、南安丰州南朝墓M9[2]为代表，在墓葬形制上仍见一定的滞后性，如前者多室墓带耳室的形制更像是东汉以来的传统；两者均只在墓中设砖台，不见其他家居随葬的组合。广东地区也呈现出相同的特征，墓葬形制不同于南京地区，墓室中只简单设砖台，无组合[3]，从东晋以来的墓葬便可见这一传统[4]。

4. 南北方交界地带

地理、文化交界地带的物质遗存，往往呈现出过渡性的风格特征。以江苏淮安财富广场南北朝墓群M1[5]为例，只在墓室之中设置两块石板，呈横铺状，上置瓷碗，且形制相对较小。这一做法能否被认定为砖台，仍存疑。或只以简单的石板、垫砖示意所谓的祭祀空间（即砖台），而非正式的规制或礼俗所致。

从整个南方地区来看，家居随葬组合以南京及其周边地区为中心向外辐射，并随时间的发展逐渐形成不同的区域性特点（图3-5）。中心区域从东晋时期开始，在墓葬中以榻（或砖台）来构筑完整的墓葬空间，形成成熟的家居随葬组合（表3-5）。由榻与砖台之上均多置凭几，可知两者当属同一功能的器类，用以象征墓主的灵魂处所。榻的使用人群等级比砖台更为严格，应受到礼制限制，为世家大族多用；而砖台则较为常见，主要适用于一般的士族阶层。据此可见，此时再将砖台称作"祭台"，与东汉时期的"祭台"并列，已不符合其本身的功能与性质。

东晋时期，以陶榻为中心，加以凭几、案、帷帐座为组合，所形成的家居随葬组合出现于形制规格较高的墓葬之中；其中有一类以龙虎作为陶座装饰的墓葬，根据目前明确身份等级的墓葬的大致情况，可知其使用者或为帝室或为重臣，如深受皇帝倚重的一品士族；而普通帷帐座所形成的家居随葬组合应为朝中士族及高级官吏所使用。

---

[1] 许清泉《福建建瓯木墩梁墓》，《考古》1959年第1期，页44—46。
[2] 许清泉、黄炳元《福建南安丰州东晋、南朝、唐墓清理简报》，《考古通讯》1958年第6期，页9—10、18—28。
[3] 广东地区墓葬的相关形制、随葬组合可参看广东揭阳市南朝墓M3、广州市先烈南路晋南朝墓M10、M11等。详杨耀林、陈瑞和《广东揭阳东晋、南朝、唐墓发掘简报》，《考古》1984年第10期，页895—903；广州市文物考古研究所《广州先烈南路晋南朝墓发掘简报》，载其所编《广州文物考古集》，北京：文物出版社，1998年，页174—187。
[4] 广东梅县大墓岌第1号晋墓、高要东晋墓等均在墓室前中部设置1座砖台，台上摆放随葬器物等。详杨豪《广东梅县大墓岌晋、唐墓清理简报》，《考古通讯》1956年5期，页11—12、27—31；广东省博物馆《广东高要晋墓和博罗唐墓》，《考古》1961年第9期，页488—490。
[5] 淮安市博物馆《江苏淮安财富广场南北朝墓群发掘报告》，《东南文化》2007年第4期，页29—38、98—99。

西晋时期　　　　　　　　　　　　　　三国东吴时期

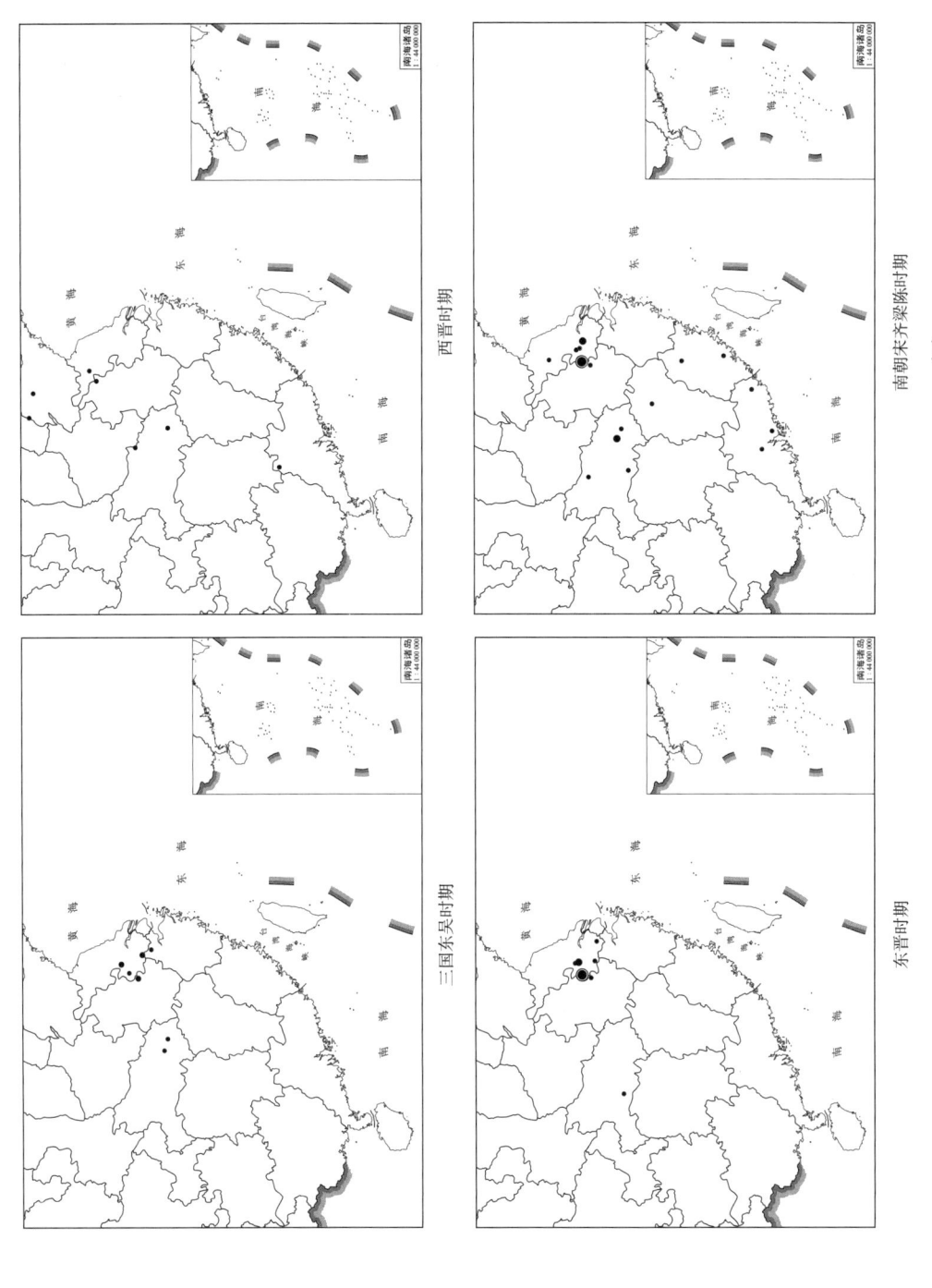

南朝宋齐梁陈时期　　　　　　　　　　东晋时期

图3-5　南方地区各个时期家居随葬组合地域分布变迁图[1]

[1] 图中黑色圆点的大小表示各个区域所发现的家居随葬组合的数量，面积越大，则发现墓葬数量越多；黑白色圆点表示该区域内发现有以榻为中心的家居随葬组合。

叁 | 地方传统与区域差异　95

对于简单的组合形式,如仅仅为砖台、凭几等,所对应的应是普通官吏及文人,因而也较为常见。

南朝以来,家居随葬组合的制作材料开始发生改变,最为显著的则是对于石料的重用,即石质随葬器物数量增多、占比增加;与此同时,榻也开始逐渐发生改变,增加了围屏,似乎将屏风纳入组合的表现形式之中。龙虎形陶座不再多见,似乎失去了原本的地位象征意义;整体的组合仍与东晋时期相似,但显得更为简单。采用凭几、砖台或其组合的墓葬仍为主体,应延续了西晋以来的风格。除南京及其周边区域以外,各个不同地区逐渐开始显现自身的特征,较中心地区而言,更显简略性、滞后性,以及文化上的过渡性。

二、北魏至北朝的复归与全新发展

魏晋南北朝时期,北方地区历经战乱、入侵,到最后趋向统一,其整体的文化面貌,相较于南方而言,变化发展得更为明显、多元,也表现出与南方地区截然不同的呈现形式。通过对魏晋至北朝时期墓葬资料的整合与归纳,大致可将这一地区家居随葬组合分为以下几个发展时期,下文分别概述不同时期范围内的组合特征及表现形式。

(一)曹魏至西晋时期

曹魏至西晋时期,北方地区墓葬中发现家居随葬器物的并不多,基本只见陶案,分布区域较为广泛,形制大多相似。

曹魏时期所发现的墓葬之中,陕西西安三国曹魏纪年墓M14[1],河南偃师杏园村墓M6[2]、M34[3]及山东东阿县曹植墓[4]等均出土陶案,河南安阳市西高穴村的曹操高陵[5]更是出有多达7件陶案,兼有方案与圆案。以上所提及的陶案(图3-6),其形制基本相同,分圆案与方案两种,其下又均设有足与无足两类,无足之案更类似于东汉时期墓中常出的食案。另外,相较于南方地区而言,陶案的尺寸普遍偏小,基本都在0.5米以下,

---

[1] 西安市文物保护考古所《西安三国曹魏纪年墓清理简报》,《考古与文物》2007年第2期,页21—29。
[2] 赵芝荃、徐殿魁《河南偃师杏园村的两座魏晋墓》,《考古》1985年第8期,页721—735、773—774。
[3] 赵芝荃、徐殿魁《河南偃师杏园村的两座魏晋墓》,页721—735、773—774。
[4] 刘玉新《山东省东阿县曹植墓的发掘》,《华夏考古》1999年第1期,页7—17。
[5] 潘伟斌、朱树奎《河南安阳市西高穴曹操高陵》,《考古》2010年第8期,页35—45、106—107、115。刘庆柱《曹操高陵的考古发现与研究》,《中原文物》2010年第4期,页8—12、55。河南省文物考古研究所《曹魏高陵考古发现与研究》,北京:文物出版社,2010年。

图 3-6 曹魏至西晋时期北方地区墓葬出土陶案
1. 河南偃师杏园村墓（M34∶7） 2. 河南安阳西高穴村曹操高陵 A 型（M2∶377）
3. 河南安阳西高穴村曹操高陵 B 型（M2∶376） 4. 河南偃师首阳山西晋帝陵陪葬墓（M5∶42）

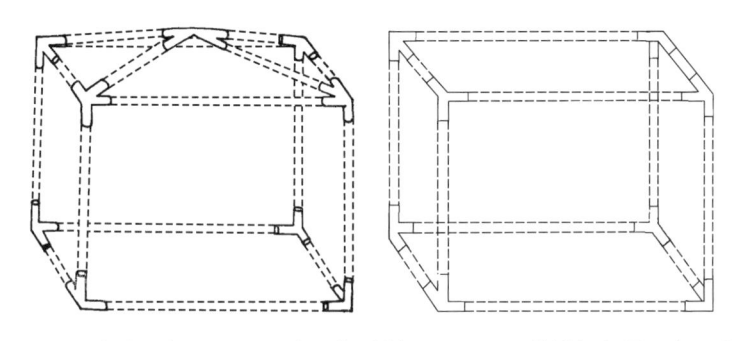

图 3-7 河南洛阳涧西 M2035（左）、新安 C12M262 帷帐架复原示意图（右）

应为摆放果食之用。而其只是与普通的随葬器物一同置于墓室一角或墓室前部，并未像南方地区一样，能够看到明显的摆放规制。

河南洛阳涧西曹魏墓 M2035[1]除出土长方形陶案与圆形陶案各 1 件外，前室中部堆放有铁制帷帐架，呈各种样式的圆柱形管状，器表刻有"正始八年八月……"等铭文，内有朽木痕迹，可复原其具体形制（图 3-7）。与帐架伴出的是铜博炉、陶灯碗、玉杯等，据此推测，前室入葬时原或有家居随葬组合设施。这一做法并非孤例，河南新安魏晋墓 C12M262[2]墓室内也见铜制帷帐架，形制类似前者，每个帐架上都刻有表示位置的文字和序号，以便组装（图 3-7）。根据残存痕迹和棺钉距离等分析，帷帐架原本应架设

---

[1] 李宗道、赵国璧《洛阳 16 工区曹魏墓清理》，《考古》1958 年第 7 期，页 51—53。张剑、余扶危《洛阳曹魏正始八年墓发掘报告》，《考古》1989 年第 4 期，页 313—318、387—388。
[2] 安亚伟、范新生《河南新安西晋墓（C12M262）发掘简报》，《文物》2004 年第 12 期，页 13—25。

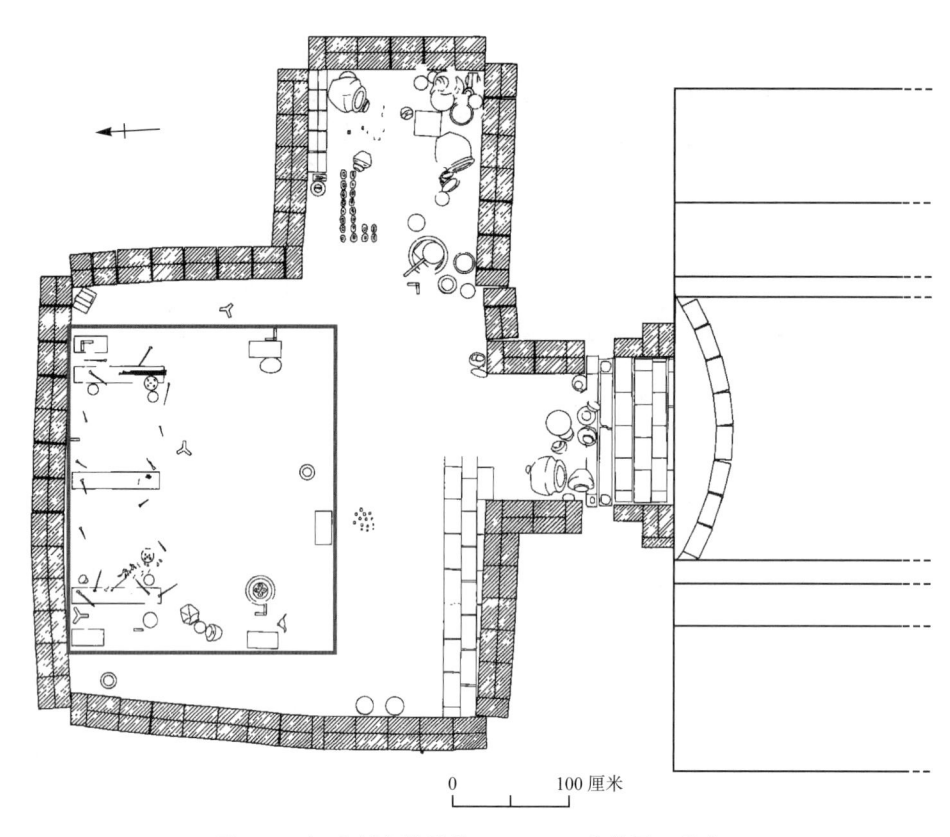

图 3-8　河南新安魏晋墓 C12M262 墓葬平面分布图

在棺木之外、依附在四角的条砖上（图 3-8）。两者在墓内设置帷帐座的意涵应当是相同的，前者为双室墓，故置于前室；后者是单室墓，则直接与棺木配合使用，均为墓主之"位"的象征，与墓上设奠时"以帐施灵座"[1]的做法相对应。M262 墓主棺木内还随葬有铜鸠杖，与两汉时期墓内出土几杖的情形相似。

西晋墓葬中所见的家居随葬器物与曹魏时期基本一致[2]，以陶案为主，偶有以陶质凭

---

[1]《南齐书·吴达之传》载："河南辛普明侨居会稽，自少与兄共处一帐，兄亡，以帐施灵座，夏月多蚊，普明不以露寝见色。"详《南齐书》卷五五《吴达之传》，北京：中华书局，1972 年，页 961。司马温公《书仪》曰："魂帛，结白绢为之，设椸于尸南，覆以帕，置倚卓其前，置魂帛于倚上，设香炉、杯注、酒果于卓子上，是为灵座。倚铭旌于倚左，侍者朝夕设栉颒奉养之具，皆如平生。"此处所指的"灵座"当与墓内帷帐所设的墓主之"位"同义。〔北宋〕司马光《司马氏书仪》卷五《丧仪一》，北京：中华书局，1985 年，页 54。
[2] 这一时期，北方地区墓葬的家居随葬器物可以河南偃师首阳山西晋帝陵陪葬墓六和饲料厂 M5、河南洛阳孟津大汉冢西晋围沟墓 M56、M57 为代表。详洛阳市第二文物工作队、偃师市文物局《河南偃师市首阳山西晋帝陵陪葬墓》，《考古》2010 年第 2 期，页 47—62、104—108、111；洛阳市第二文物工作队《洛阳孟津大汉冢西晋围沟墓发掘简报》，《文物》2011 年第 9 期，页 48—57。

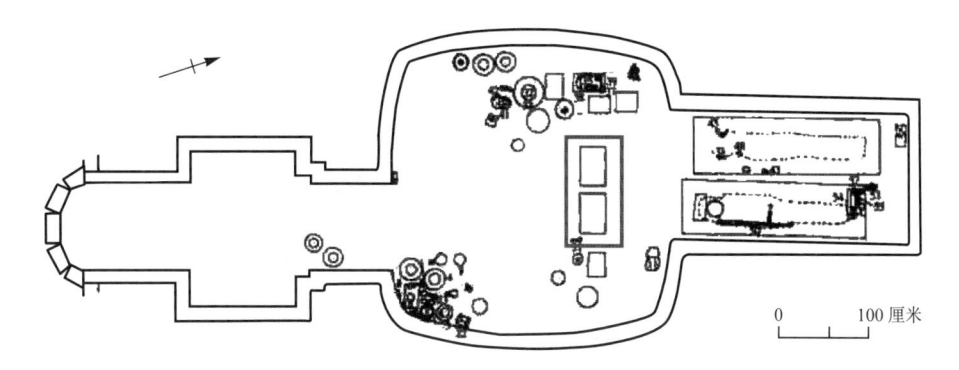

图3-9　河南巩义站街晋墓M1墓葬平面分布图

几入葬者，多与其他随葬器物一同摆置。例如：河南洛阳北岸邙山南坡西晋墓M1[1]，出土1件陶质凭几，位于墓室中部略偏东侧，与棺床的相对位置已不清。漆案较少见，仍以承袭自两汉时期、正对墓主棺木摆放的做法为主。河南巩义站街晋墓M1前室则并排摆放2件长方形漆案，正对后室双棺[2]（图3-9）。

这一时期的北方地区，家居随葬组合在墓葬之中的使用极为简单，相对于南方地区较为精心的构建与营造，北方地区则更像是一种粗糙的模仿，似乎只是为了继承前制而不得不设的礼制性随葬器物之一。

（二）五胡十六国时期

北方地区的中原文化在五胡十六国时期曾遭受重大冲击，且延续时间较短，目前发现的相关墓葬材料较少，故暂且不进行讨论。

（三）北魏至北朝时期

这一阶段，北方地区开始逐渐形成自身的文化传统，以随葬器物与墓内壁画作为表现家居随葬组合的两大系统，并逐步发展成熟。

就随葬器物而言，北魏时期较前一阶段未有较大变化，仍以案为主要器物，多见漆案、陶案等，形制依然倾向于东汉时期的食案，多数无足；并在一些地区形成传统，例如山西大同南郊北魏墓群[3]几乎绝大多数墓葬均出漆案，一墓一件，呈长方形，案上置有动物肢骨，旁置陶壶、陶罐等器物。发展到北魏后期，直至北朝时期，墓葬之中不再出现案一类器物，而多出陶盘一类的器物，内置食物，具有类似食案的功能，尺寸也与

---

[1] 蒋若是、郭文轩《洛阳晋墓的发掘》，《考古学报》1957年第1期，页169—185、260—263。
[2] 张文霞、王彦民《河南巩义站街晋墓》，《文物》2004年第11期，页39—53。
[3] 山西大学历史文化学院、山西省考古研究所、大同市博物馆《大同南郊北魏墓群》，北京：科学出版社，2006年。

叁 | 地方传统与区域差异　99

案基本相似[1]。

北魏时期，以墓主画像为题材的壁画重新见于中原地区的墓葬之中，配合以家居随葬组合的图绘（图3-10）。具体的组合形制与南方地区的随葬器物较为相似，暂可分为三种：其一为墓主人坐于榻上，或倚靠凭几，或端坐，后设屏风[2]，山西大同地区所见屏风多为与床榻组合的围屏[3]；其二为墓主人坐于榻上，前设案，案上置果食、酒器等，其后亦设置屏风[4]；其三则不置榻，坐于毯上或屋内，其余与前两者相似，均不绘于墓室正壁[5]。除此之外，大同智家堡石椁壁画墓[6]所出的石椁之上，也绘有相似的家居随葬组合，墓主夫妇坐于榻上，前沿下端饰波浪纹，两侧为直脚矮足；身前置三兽足红色凭几；背后设围屏，置帷帐；构图元素与壁画并无二致。

与此同时，北魏时期部分墓葬之中开始出现石质床榻（图3-11），形制装饰倾向于榻，尺寸相对更大，上可置尸身，可为卧具，可称为"床"。这一阶段，所出土或发现的石棺床基本在山西大同地区，且不设围屏，多呈倒立"山"字形，足部线刻浮雕，加以忍冬、水波等纹饰[7]。山西大同宋绍祖墓[8]将石棺床置于殿堂式石椁之中，石椁四壁绘壁

---

[1] 陶盘在北魏后期至北朝时期似乎十分流行，较多墓葬中均有出土。例如：北魏时期陕西华阴北魏杨舒墓、西魏时期陕西咸阳市胡家沟西魏侯义墓、北齐山西太原库狄业墓以及陕西长安县南里王村北周M13。详崔汉林、夏振英《陕西华阴北魏杨舒墓发掘简报》，《文博》1985年第2期，页4—11、97—98；孙德润、时瑞宝《咸阳市胡家沟西魏侯义墓清理简报》，《文物》1987年第12期，页57—68；常一民、渠传福、阎跃进《太原北齐库狄业墓》，《文物》2003年第3期，页1、26—36；负安志《北周珍贵文物》，西安：陕西人民美术出版社，1993年，页137—139。

[2] 韩孔乐、韩兆民《宁夏固原北魏墓清理简报》，《文物》1984年第6期，页46—56、104—105。

[3] 山西大同云波里路北魏壁画墓，在墓室东壁（即正壁）绘制墓主夫妇画像。墓主夫妇坐于方榻之上，榻立面饰水波纹，榻后设曲尺形围屏，背板由两块围屏组成，饰黑色垂鳞纹，以红色点染；侧板则饰红色菱形网格纹。山西大同南郊壁画墓、全家湾北魏墓M9等，也同样于墓室正壁正中绘墓主人像，墓主坐于围榻之上。详大同市考古研究所《山西大同云波里路北魏壁画墓发掘简报》，《文物》2011年第12期，页1、13—25；张庆捷《大同南郊北魏墓考古新发现》，载国家文物局编《2009中国重要考古发现》，北京：文物出版社，2010年，页106—111；山西省考古研究所、大同市考古研究所《山西大同南郊全家湾北魏墓（M7、M9）发掘简报》，《文物》2015年第12期，页4—22、97—98。

[4] 山西大同沙岭壁画墓M7属第二种，墓主夫妇坐于榻上，身前置长方形曲足案，案上置食具等。详大同市考古研究所《山西大同沙岭北魏壁画墓发掘简报》，《文物》2006年第10期，页1、4—24。

[5] 洛阳孟津北陈村壁画墓及山西大同迎宾大道壁画墓M16均属此类，前者墓主坐于四坡顶轿形帷屋之中，屋内设置于身后，弯曲屏风；后者为宴饮图，前设方曲足案，案右侧还铺红色毡毯，上面左侧跪坐六人。详朱亮、李德方《洛阳孟津北陈村北魏壁画墓》，《文物》1995年第8期，页1、26—35、97；古顺芳《大同北魏墓葬图像资料研究》，山西大学硕士学位论文，2006年6月，页3—4；大同市考古研究所《山西大同迎宾大道北魏墓群》，《文物》2006年第10期，页50—71。

[6] 王银田、刘俊喜《大同智家堡北魏墓石椁壁画》，《文物》2001年第7期，页1、40—51。刘俊喜、高峰《大同智家堡北魏墓棺板画》，《文物》2004年第12期，页1、35—47。

[7] 以山西大同阳高尉迟定州墓、山西大同南郊墓群M112为代表，均出倒立"山"字形石棺床；且在M112石棺床之上放置陶壶等随葬器物。详大同市考古研究所《山西大同阳高北魏尉迟定州墓发掘简报》，《文物》2011年第12期，页4—12、51；山西省考古研究所、大同市博物馆《大同南郊北魏墓群发掘简报》，《文物》1992年第8期，页1—11、97—98；山西大学历史文化学院、山西省考古研究所、大同市博物馆《大同南郊北魏墓群》，页350—351。

[8] 大同市考古研究所《大同雁北师院北魏墓群》，北京：文物出版社，2008年，页71—162。刘俊喜、张志忠、左雁《大同市北魏宋绍祖墓发掘简报》，《文物》2001年第7期，页1—2、19—39。

图 3-10 北魏时期墓葬墓主画像题材壁画
1. 宁夏固原北魏墓棺板前档漆画　2. 山西大同云波里路北魏壁画墓墓室东壁壁画
3. 山西大同南郊仝家湾北魏墓 M9 墓室北壁壁画
4. 山西大同沙岭北魏壁画墓彩绘漆皮　5. 山西大同智家堡北魏墓石椁北壁壁画

叁 | 地方传统与区域差异

图 3-11　北魏时期北方地区墓葬出土石质床榻
1. 山西大同阳高北魏尉迟定州墓石棺床　2. 山西大同北魏宋绍祖墓石棺床

画；石椁内置侍女俑，棺床之上设漆盘等随葬器物；与同一时期南方地区在墓内设置以榻或砖台为中心的家居随葬组合的做法不谋而合。

山西大同石家寨北魏司马金龙墓[1]，除石棺床外，还出土1座漆绘屏风，原应设于棺床四周，具有明显地规划墓内空间的意味，将棺床围列，成为墓室的中心。相较于同一时期的其他墓葬而言，司马金龙墓的组合形式略显不同：从墓葬形制来看，采用的是双室墓附带耳室的结构，更倾向于西晋早期的特征；棺床后置漆绘屏风的组合，也与东晋时期南方多用的围屏石榻有异曲同工之处。究墓主之身份，或能解释特殊形制之缘由：司马金龙于史书无传，但其父司马楚之则多见载史料之中，"司马楚之，字德秀，晋宣帝弟太常馗之八世孙"，其族本应为东晋宗室后裔，后"值刘裕诛夷司马戚属"，而北奔附魏。入魏之后，屡立战功，南破刘宋，北伐蠕蠕，"和平五年薨，时年七十五。高宗悼惜之，赠都督梁益秦宁四州诸军事、征南大将军、领护西戎校尉，扬州刺史，谥贞王。陪葬金陵"。其子司马金龙后袭爵，"太和八年薨。赠大将军、司空公、冀州刺史、谥康王"[2]。由此，司马金龙墓中所出的家居随葬器物，仍采用倾向于南方地区东晋时期制度的组合形式，以此种形式来表达自身的情感诉求，并不足为奇。

北魏晚期，逐渐开始出现一类具有围屏的石质棺床，可称"石床屏风"。北魏孝昌三年（527）的田阿敕墓，即可见围屏石棺床[3]，上置石板屏风与双阙，正中间似乎浅浮雕刻绘墓主坐于榻上的图像主题（图3-12）。

相较于西魏北周，东魏北齐似乎更完整地继承了以墓主画像为题材的壁画以及与其配

---

[1] 山西省大同市博物馆、山西省文物工作委员会《山西大同石家寨北魏司马金龙墓》，《文物》1972年第3期，页20—33、64、89—92。古顺芳《大同北魏墓葬图像资料研究》，页19。
[2] 《魏书》卷三七《司马楚之传》，北京：中华书局，1974年，页854—860。
[3] 滕磊《一件海外回流石棺床之我见》，《故宫博物院院刊》2009年第4期，页22—32、158—159。

图 3-12　北魏孝昌三年田阿赦墓出土石棺床（现见于中国台湾私人收藏）[1]

合的家居随葬组合（图 3-13）。就目前发现的材料而言[2]，壁画基本绘于墓室正壁正中间，墓主坐于榻上，后设屏风，身前或设几案置食物器皿，或抱手端坐，顶部帷帐高悬。无论是皇族，抑或重臣，均采用这样的形式在墓室之中进行表达，例如河北磁县东魏皇族元祜墓[3]与北齐高润墓[4]，前者为"世祖太武皇帝之曾孙"，后者则是北齐宗室重臣，封冯翊郡王，拜侍中、开府仪同三司。

另外，还有单独绘制屏风者，其上再绘花草景物、人物情景等，题材多取自南朝画像砖墓中常用的"竹林七贤"，构图上也极尽模仿[5]，似是要对墓葬空间进行规划与分隔。

---

[1] 方框对应浮雕壁画的绘制位置。
[2] 山西太原东安王娄叡墓、山西太原北齐徐显秀墓、山西太原南郊北齐壁画墓、山西朔州水泉梁北齐壁画墓、山东益都北齐石室墓以及山东济南马家庄北齐墓均是如此，无一例外。详山西省考古研究所、太原市文物管理委员会《太原市北齐娄叡墓发掘简报》，《文物》1983 年第 10 期，页 1—23、97—104；山西省考古研究所、太原市文物考古研究所《北齐东安王娄睿墓》，北京：文物出版社，2006 年；常一民、裴静蓉、王普军《太原北齐徐显秀墓发掘简报》，《文物》2003 年第 10 期，页 4—40；太原市文物考古研究所《北齐徐显秀墓》，北京：文物出版社，2005 年；渠川福《太原南郊北齐壁画墓》，《文物》1990 年第 12 期，页 1—10、98—101；山西省考古研究所、山西博物院、朔州市文物局、崇福寺文物管理所《山西朔州水泉梁北齐壁画墓发掘简报》，《文物》2010 年第 12 期，页 1、26—42；夏名采《益都北齐石室墓线刻画像》，《文物》1985 年第 10 期，页 49—54；韩明祥、赵镇平、仓小义《济南市马家庄北齐墓》，《文物》1985 年第 10 期，页 42—48、66、105。
[3] 朱岩石、何利群、沈丽华《河北磁县北朝墓群发现东魏皇族元祜墓》，《考古》2007 年第 11 期，页 3—6。河北省文物研究所《河北考古重要发现（1949—2009）》，北京：科学出版社，2009 年，页 22—233。
[4] 磁县文化馆《河北磁县北齐高润墓》，《考古》1979 年第 3 期，页 235—243。
[5] 山东地区的北朝壁画墓葬尤见这类南方物质文化对北方的影响，其背后或有清河崔氏的作用，也表明当时的山东可能确为一处重要的交往通道。详杨泓、孙机《寻常的精致》，沈阳：辽宁教育出版社，1996 年，页 118—122。

叁 | 地方传统与区域差异

图 3-13 东魏北齐时期北方地区墓葬墓主画像题材壁画
1. 山西太原北齐徐显秀墓墓室壁画　2. 山西太原南郊北齐壁画墓墓室西、北壁壁画
3. 山西朔州水泉梁北齐壁画墓墓室北壁壁画　4. 山东济南市马家庄北齐墓墓室壁画

图 3-15 北周时期

1.陕西西安北周安伽墓石棺床 2.陕西

北方地区墓葬出土石棺床
西安北周康业墓石棺床（下为正壁线刻拓印）

如，山东济南东八里洼壁画墓[1]与山东临朐北齐崔芬壁画墓[2]，均从正壁延伸出屏风至墓室四壁，以单独、连续的画面构筑整个墓室空间，并确定墓主之"位"（图3-14）。后者墓室内西部还设置由数块石板拼接的棺床。与之相反，西魏北周的考古学墓葬材料中暂不见类似题材组合。

不过，两者似乎在这一时期石棺床的使用上达成了一致，只是在形制上有所不同。北周使用石棺床的墓主多为来华的粟特人，即昭武九姓之人；且均使用围屏石床，与南朝时期南方地区的围屏石榻除尺寸上有所不同外，形制基本一致。围屏上浮雕、线刻或绘制图像，正中间或略偏的位置多设有类似于墓主人家居宴饮的主题，与壁画的组合形式极为相似：墓主坐于榻上，前设几案，后置围屏，帷帐垂落，但与其他画面相互连续、贯通，更显情境化。

陕西西安北郊北周安伽墓[3]、北周康业墓[4]均出土类似石棺床（图3-15），在墓室中陈列的位置也基本相同。有所不同的是，前者墓主尸身经火焚后被放置在甬道内墓志旁，而后者则直接置于石棺床之上，不设其他葬具。凉州萨保史君墓[5]则略有不同（图3-16），其于石堂内再设石棺床，高度极低；石棺床本身不设围屏，但石堂四周的壁面起到了围屏的作用，并在略偏中部的位置同样绘制家居宴饮图，与前两者极为相似。

东魏北齐墓葬所出的石棺床与北周所出者在形制上有一定的差异，河南安阳固岸东魏墓 M57[6]、河南安阳1922年出土石棺床[7]基本相同，均为围屏石榻，只是前侧立双阙与矮墙（图3-17）。M57的墓主为东魏谢氏冯僧晖，逝于武定六年，即公元548年。所出石棺床围屏北壁中间两幅为墓主夫妇画像；两边则是孝子图（西侧"郭巨埋儿"、东侧"丁兰刻亲"）；东西两壁为仪仗出行图；南壁石墙，中部有一对子母阙门。相比于北周石床围屏之上多见的带有粟特色彩的图像，东魏北齐的石棺床无疑更具中原特色，尤其是其上绘制的孝子图，更是符合青齐地区世家大族所提倡之礼。

---

[1] 邱玉鼎、佟佩华《济南市东八里洼北朝壁画墓》，《文物》1989年第4期，页67—78、101—103。
[2] 山东省文物考古研究所、临朐县博物馆《山东临朐北齐崔芬壁画墓》，《文物》2002年第4期，页1、4—20、22—26。临朐县博物馆《北齐崔芬壁画墓》，北京：文物出版社，2002年。
[3] 陕西省考古研究所《西安北郊北周安伽墓发掘简报》，《考古与文物》2000年第6期，页28—35。尹申平、邢福来、李明《西安发现的北周安伽墓》，《文物》2001年第1期，页1—2、4—26、110。韩伟《北周安伽墓围屏石榻之相关问题浅见》，《文物》2001年第1期，页90—101。陕西省考古研究所《西安北周安伽墓》，北京：文物出版社，2003年。
[4] 西安市文物保护考古所《西安北周康业墓发掘简报》，《文物》2008年第6期，页1、14—35。
[5] 西安市文物保护考古所《西安北周凉州萨保史君墓发掘简报》，《文物》2005年第3期，页1、4—33、97。杨军凯、孙福喜《西安市北周史君椁墓》，《考古》2004年第7期，页2、38—49、103—105。西安市文物保护考古研究院《北周史君墓》，北京：文物出版社，2014年。
[6] 潘伟斌、聂凡《河南安阳固岸墓地考古发掘收获》，《华夏考古》2009年第3期，页19—23、167—172。潘伟斌、聂凡、裴涛《河南安阳固岸墓地北朝墓地考古发掘的重要收获及认识》，《中国文物报》2007年12月7日第5版。滕磊《一件海外回流石棺床之我见》，页22—32、158—159。
[7] 滕磊《一件海外回流石棺床之我见》，页22—32、158—159。

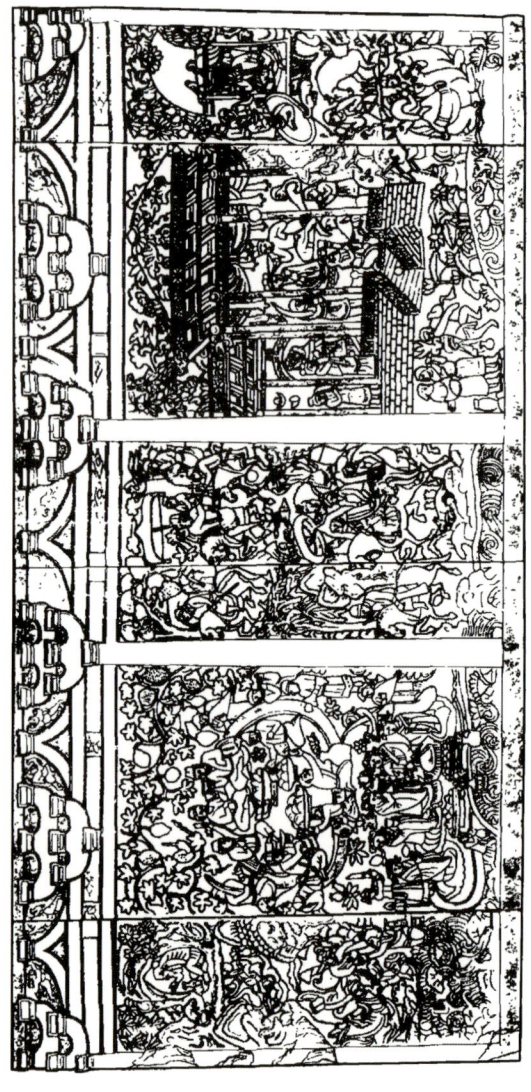

图 3-16 陕西西安北周凉州萨保史君墓石堂（右、下图均为石堂北壁）

106　从飨宴到丧祭：两汉至宋元墓葬家居随葬组合研究

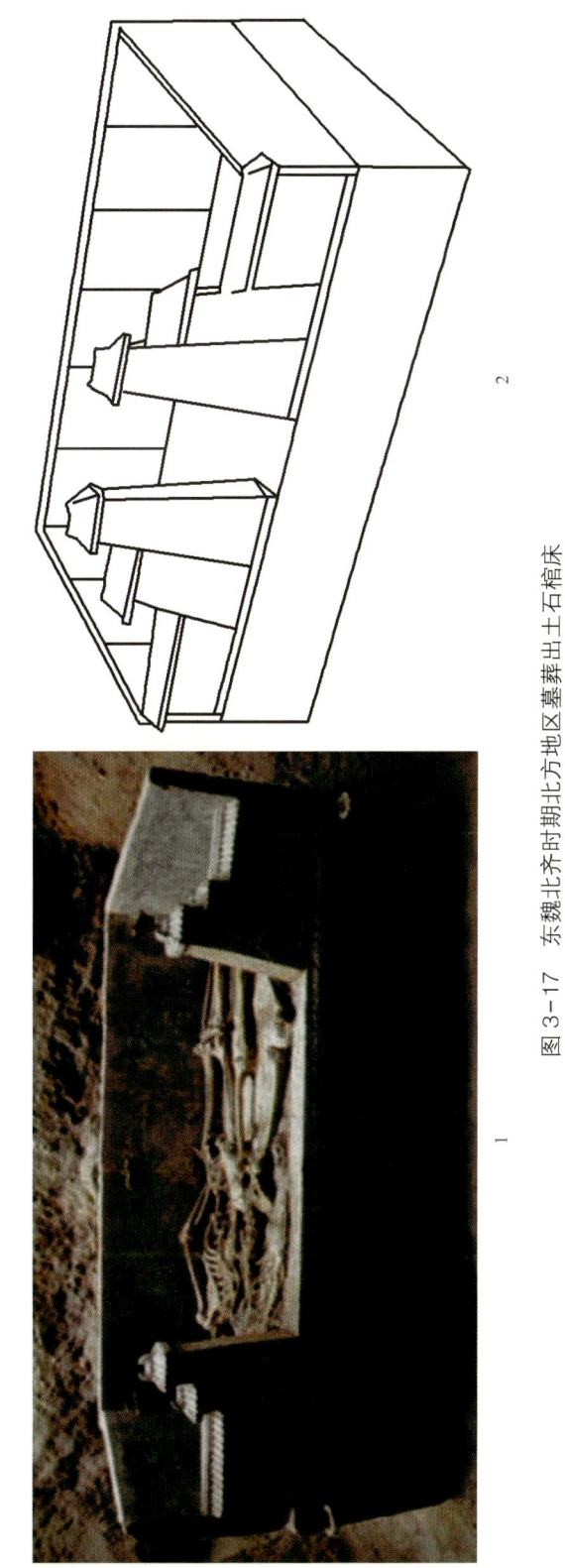

图 3-17 东魏北齐时期北方地区墓葬出土石棺床
1. 河南安阳固岸东魏墓 M57 石棺床 2. 河南安阳 1922 年出土石棺床

叁 | 地方传统与区域差异　107

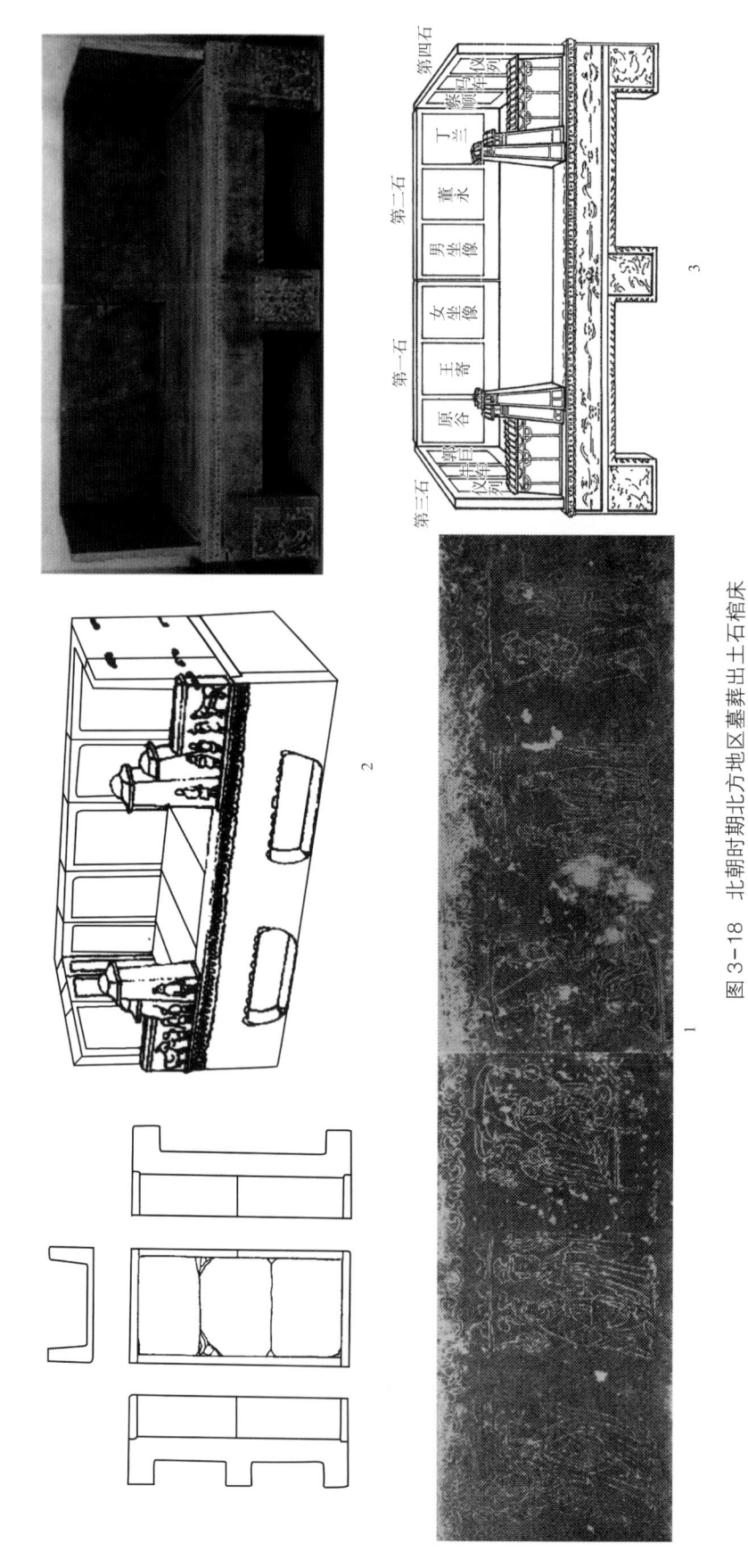

图3-18 北朝时期北方地区墓葬出土石棺床

1. 1972年河南沁阳县西向粮管所北朝墓石棺床（下为正壁线刻拓印局部）
2. 弥贺博物馆藏石棺床 3. 河南洛阳古代艺术馆藏石棺床（下为邹清泉补绘示意图）

1972年河南沁阳县西向粮管所北朝墓所出的石棺床[1]（图3-18，1），靠墓室北壁放置，正对墓门方向。在形制上并不似东魏北齐常见的双阙屏风，而与西魏北周出土的三面围屏相同；技法上则承自汉晋以来北魏的线刻传统；图像主题不见以往的四神、儒家孝子故事等，而以维摩经变、顶礼膜拜、供养，以及车、马出行等画面构成，极其特殊，或出于墓主的个性化选择。

除上述提及的石棺床外，另有多件或见于私人收藏，或为后期征集、公开展览的石棺床（图3-18，2-3），具体的出土信息已不清。例如：中国首都博物馆藏石棺床、日本弥贺博物馆藏石棺床及中国洛阳古代艺术馆藏石棺床[2]等，均呈现出安阳地区的特点，带有双门阙，绘制孝子图。

值得注意的是，这一时期也并非没有其他形式的家居随葬组合或特殊空间的建构。陕西咸阳机场北周若干云墓[3]，在墓室前室中部设置砖台，上摆放陶瓶等；砖台前部墓志之前、两侧各置镇墓兽和武士俑。在墓中设置砖台的做法，在北方地区似乎并不常见，尤其是在高等级墓葬之中几乎不见，若干云为周武帝婿，官至骠骑大将军、上开府仪同三司，爵封任城郡公，位加"九命"之列，足见其身份之尊贵。其墓中用此制，或属个人的选择。

对比南方地区，北方地区墓葬之中的家居随葬组合，表现形式更是呈现出多样性与复杂性。从曹魏西晋时期所出的陶案，形制相对较小，更接近于食案，似乎只是对南方地区的示意性模仿；再到五胡十六国时期，在墓葬中几乎不见相关的家居随葬组合。北方地区在北魏之前并不重视对于家居随葬组合的使用，并未形成较为成熟的定制。北魏时期，这一现状发生改变，开始以壁画形式表达家居随葬，墓主画像成为主要的呈现方式；并开始出现较为低矮、不设屏风的石棺床；至北魏晚期，开始发展形成围屏石床。其后，东魏北齐较为完整地沿袭了北魏墓葬中绘制墓主画像、加以家居随葬组合的传统，西魏北周则几乎不再采用。与此同时，东魏北齐和西魏北周均在墓葬中开始大量使用围屏石床，且习惯于在围屏正中或偏中部的位置，绘制或线刻墓主家居宴饮图，并分别形成各自不同的文化系统：东魏北齐在围屏石床前壁置双阙、绘孝子图，更多体现出中原，或者说青齐地区的色彩；而西魏北周则设置围屏（前壁未设），形制上与南方地区的围屏石榻更为接近，且使用人群似乎多为中原地区的粟特人，壁面图像也更显外来因素的影响。

---

[1] 邓宏里、蔡全法《沁阳县西向发现北朝墓及画像石棺床》，《中原文物》1983年第1期，页4—13、79。周到《中国画像石全集·石刻线画》，郑州：河南美术出版社、济南：山东美术出版社，2000年，页52—68，图六八至八七。
[2] 邹清泉《图像重组与主题再造——"宁懋"石室再研究》，《故宫博物院院刊》2014年第2期，页97—113、160。滕磊《一件海外回流石棺床之我见》，页22—32、158—159。
[3] 负安志《北周珍贵文物》，页60—76。

叁 | 地方传统与区域差异

三、非核心区域的"两汉"传统

除位于中心区域的南北方地区,位于文化交错地带的边缘地区,亦有在墓葬之中设置家居随葬组合的做法。据对现有考古资料的搜集与梳理,暂且可将非属核心地带的区域,分为东北辽阳地区、西北甘肃地区与西南云贵地区。前两者均地处文化多元交流、激烈碰撞的地理范围之内,表现出各自独特的组合特征与表现方式。而西南云贵地区承袭了东汉以来的文化传统,也体现出不同于核心地区的滞后性。但由于已发现的墓葬材料体量较少,未能归纳出可成体系的呈现形式。

(一)东北辽阳地区

东汉末年至魏晋初期,东北地区大量吸收来自中原地区的文化传统,墓主画像加以家居随葬的组合,便是其中的重要组成部分。这一传统在当地不断发展,形成地域性的特征。综合现有材料,大致可将魏晋北朝时期这一地区的家居随葬组合分为三类。

第一类为单独使用家居随葬器物。目前已见的材料并不多,汉末至魏晋较少,主要集中于北朝时期。例如:辽宁辽阳县南雪梅村汉魏之际石室墓 M2[1],在后右小室见 1 件圆形陶案,具体形制不清。内蒙古乌审旗滚梁北朝墓 M7[2] 与辽宁朝阳八宝村北燕墓 M1[3],在墓室之中皆出 1 座砖台,上置各种随葬器皿,如陶罐、漆器等,甚至摆放牛腿骨等果食。

辽宁北票西官营子北燕冯素弗墓[4]出土 1 件圆木案,尺寸较小,装饰简单,属东汉传统风格。据《晋书·冯跋载记》所载:"署弟素弗为侍中、车骑大将军、录尚书事……署素弗为大司马,改封辽西公。"[5]由此可见,冯素弗身份等级极高,作为宗室皇族,官至一品,加封爵位。而墓中所出的漆案也应当是其地位的象征,或受到了中原地区的影响。

第二类为在墓葬中绘制墓主画像题材的壁画,加以家居随葬组合[6](图 3-19)。东汉

---

[1] 王增新《辽宁辽阳县南雪梅村壁画墓及石墓》,《考古》1960 年第 1 期,页 16—19。
[2] 内蒙古自治区博物馆、鄂尔多斯博物馆《乌审旗滚梁北朝墓葬发掘简报》,载内蒙古文物考古研究所编《内蒙古文物考古文集》(第二辑),北京:中国大百科全书出版社,页 478—483。
[3] 徐基、孙国平《辽宁朝阳发现北燕、北魏墓》,《考古》1985 年第 10 期,页 915—929、968。
[4] 黎瑶渤《辽宁北票县西官营子北燕冯素弗墓》,《文物》1973 年第 3 期,页 2—28、65—69。辽宁省博物馆《北燕冯素弗墓》,北京:文物出版社,2015 年。
[5] 《晋书》卷一二五《载记第二十五》,北京:中华书局,1974 年,页 3128—3129。
[6] 辽宁辽阳棒台子 1 号与 2 号壁画墓,三道壕 1、2、3 号壁画墓,上王家村晋代壁画墓等墓葬,均呈现出第二类特征。详李文信《辽阳发现的三座壁画古墓》,《文物参考资料》1955 年第 5 期,页 3、15—25、28—42;王增新《辽阳市棒台子二号壁画墓》,《考古》1960 年第 1 期,页 20—23;徐光冀《中国出土壁画全集·东北卷(辽宁·吉林·黑龙江)》,北京:科学出版社,2011 年,页 8—9、14—16;沈新《辽阳市北郊新发现两座壁画古墓》,《文物参考资料》1955 年第 7 期,页 152—154;东北博物馆《辽阳三道壕两座壁画墓的清理工作简报》,《文物参考资料》1955 年第 12 期,页 49—58;邹宝库《辽阳发现三座壁画墓》,《考古》1980 年第 1 期,页 56—58、65、103;李庆发《辽阳上王家村晋代壁画墓清理简报》,《文物》1959 年第 7 期,页 60—62。

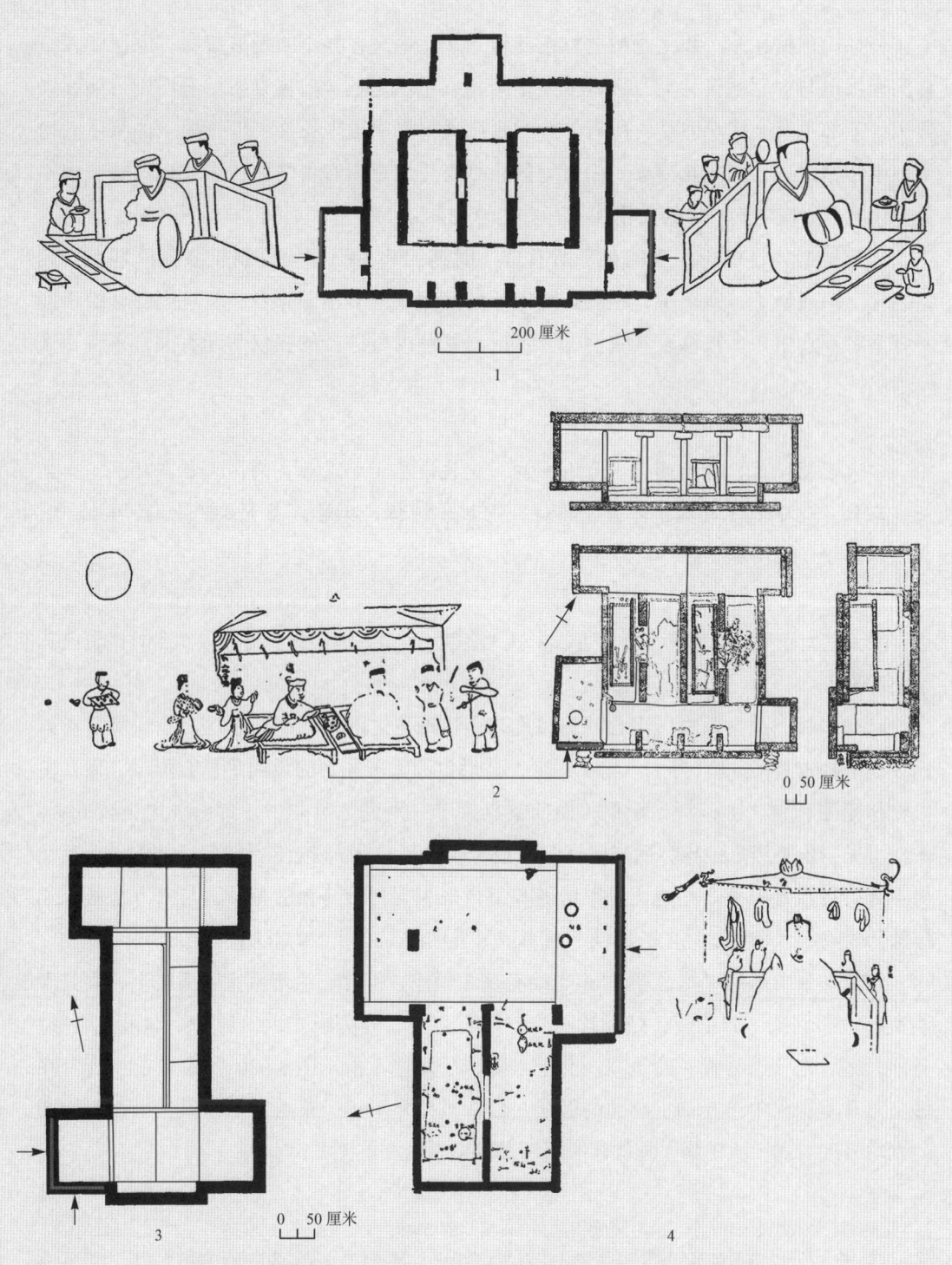

图3-19 魏晋北朝时期东北辽阳地区壁画墓墓主画像及位置示意图
1.辽宁辽阳棒台子1号壁画墓 2.辽宁辽阳棒台子2号壁画墓
3.辽宁辽阳三道壕3号壁画墓 4.辽宁辽阳上王家村晋代壁画墓

末年公孙氏割据辽东，墓主画像题材由此传入东北地区，并不断发展成熟。家居随葬组合的运用也与中原地区并无二致，墓主坐于榻或毡毯之上，前置食案，身后则可能设置屏风，顶部垂落帷帐。但是，所有的墓主画像之中均未出现凭几，坐于榻上的墓主人均呈双手相抱之态，无凭几倚靠。南方地区几乎将凭几视为必备之物，东北地区却基本不见凭几图像，或与其本身的文化传统有一定的关系。

与此同时，目前所发现的几乎所有这一时期的墓主画像均绘制于墓葬的耳室或偏室之中，一般绘于耳室正中，也有在耳室不同壁面绘制多幅壁画者；若有男女分绘于同一耳室者，女主人多被移至耳室侧壁。这或与墓室内所进行的丧仪活动有关，东晋贺循《葬礼》记：

> 至墓之位，男子西向，妇人东向。先施幔屋于埏道北，南向。柩车既至，当坐而住。遂下衣几及奠祭。哭毕柩进，即圹中神位。既窆，乃下器圹中。荐棺以席，缘以绀缯。植翣于墙，左右挟柩，如在道仪。[1]

也有绘于墓室正壁者，但多为单室墓，并无耳室[2]，受墓葬本身形制的限制，时代较前者也相对晚出。

除此以外，也会以家居组合的完整度来表达地位之隔，如在辽宁辽阳三道壕窑业第四现场壁画古墓[3]中，男主人坐于榻上，背后设高大屏风，前设曲足长方形案，而女主人则似坐于毡毯之上，不见床榻，面前器具置于一平底圆盘之中，背后屏风也较低矮，由此可见身份等级之差异。而辽宁辽阳三道壕张氏墓[4]则表现出更加明显的差异，只在男主人背后设置屏风。此地通过家居随葬组合来表现身份等级的差异，与南方地区以家居随葬器物组合来显示地位的不同，两者或显异曲同工之妙，为礼制之异。

北京石景山八角村魏晋墓[5]中也绘有墓主画像，但并非绘于墓室壁面之上，而是于墓室前室靠北壁（非正壁）处设置一长方形石龛。石龛庑殿式顶，后壁绘制墓主画像，身前设案，东壁则另置一曲足案，其上人物也已漫漶不清（图3-20）。这与前文言及在多室墓耳室壁面中绘制墓主画像的做法一致，虽然并不绘于墓壁之上，但其画面的构图元素与表现方式，比于墓主画像与家居随葬的组合，相差无几。

---

[1]《通典》卷八六《凶礼八》，北京：中华书局，1988年，页2346。
[2] 辽宁朝阳沟门子北庙村M1与大平房村M1中的墓主画像均绘制于墓室正壁。详徐基、孙国平《辽宁朝阳发现北燕、北魏墓》，页915—929、968。
[3] 李文信《辽阳发现的三座壁画古墓》，页3、15—25、28—42。
[4] 李文信《辽阳发现的三座壁画古墓》，页3、15—25、28—42。
[5] 吕品生、段忠谦、贾卫平《北京市石景山区八角村魏晋墓》，《文物》2001年第4期，页54—59、97。

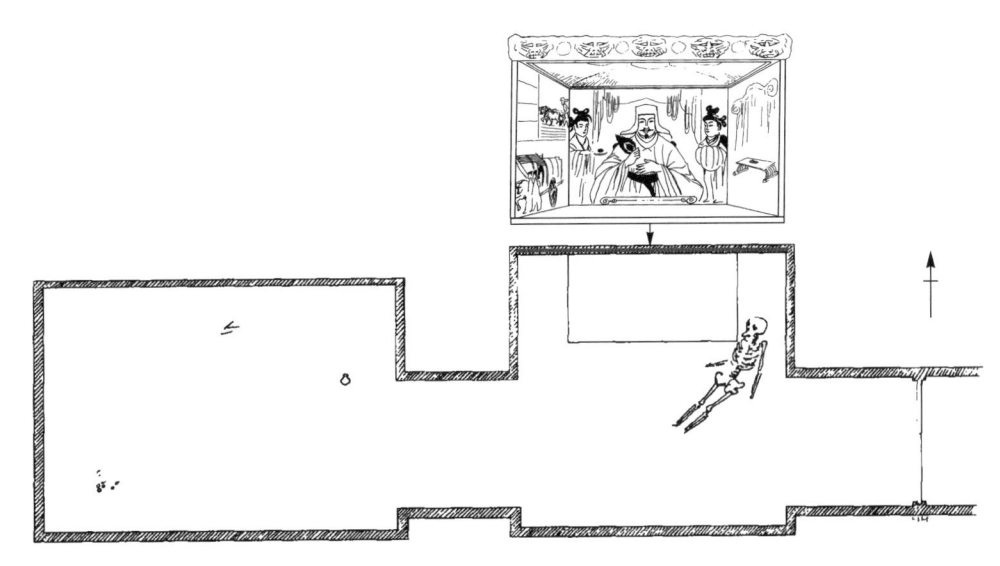

图 3-20　北京石景山八角村魏晋墓石龛平面分布及壁画复原示意图

  据此可推测，龛内东壁中部画面原来或为本应葬入该墓的女墓主画像，但出于某些原因，女墓主可能最终并未一同入葬，墓室内也只见一具男性骨殖，故壁面画像也并未绘制，只见初始与男墓主像一同完成的凭几与帷帐，未见二次补绘。由此，时人在墓葬内设置这一组合或空间，当与举行的丧仪活动关系密切。

  另外，一些墓葬之中还采用了以墓室壁画与随葬器物共同表现家居随葬组合、构筑"飨宴"空间的方式。辽宁朝阳袁台子东晋壁画墓[1]（图 3-21），出土 1 件漆案，置于主墓室前部墓主画像龛前，上面摆放瓷碗、钵、漆盒、勺等食具。墓主画像位于前室的右龛之内，画面中墓主坐于帐下方榻之上，后设围屏，顶部帷幕高悬，帷帐挽结，下垂朱带。辽宁辽阳南环街壁画墓[2]（图 3-22）中亦是如此，圆形陶案置于左耳室外，左耳室内右壁绘制墓主画像，墓主夫妇坐于红帷幕下的方榻之上，男主人面前设长方形案，上置耳杯。以墓主画像象征其身后灵魂藏匿之处，暗含地下世界墓主之"位"所在；以家居随葬器物置于画面之前，代表生者供飨于上的深意，显祭祀之感。将两组画面相融合，共同构成墓中之景，或许才是营建者真正希望为墓主构筑的身后世界。辽宁辽阳北园 2 号墓[3]中出土 1 件陶榻，墓室右壁还绘有墓主宴饮图，虽已模糊不清，但应与这一地区其他的墓葬较为相似。由于墓葬本身的保存情况，目前并不知晓陶榻与墓主画像之间的关系，据推测，或许是将陶榻置于壁画之前，以共同构筑墓室空间。

---

[1] 李庆发《朝阳袁台子东晋壁画墓》，《文物》1984 年第 6 期，页 29—45、101—103。
[2] 李新全《辽宁辽阳南环街壁画墓》，《北方文物》1998 年第 3 期，页 22—25。
[3] 邹宝库《辽阳发现三座壁画墓》，页 56—58、65、103。

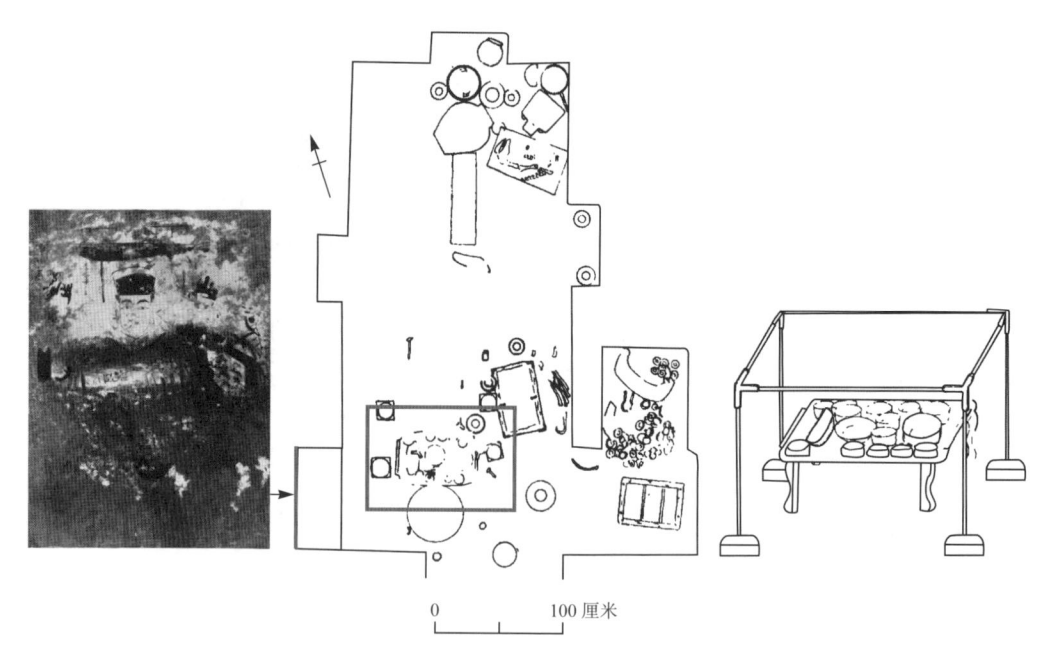

图 3-21 辽宁朝阳袁台子东晋壁画墓墓葬平面分布图
（左为墓主画像、右为帐架及漆案复原图）

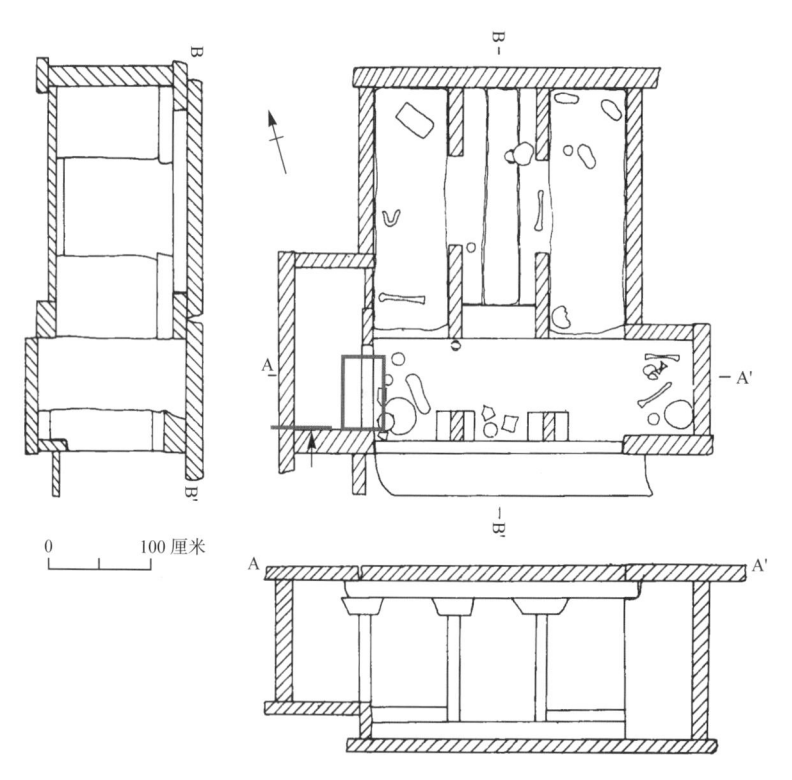

图 3-22 辽宁辽阳南环街壁画墓墓葬平、剖面图

114 从飨宴到丧祭：两汉至宋元墓葬家居随葬组合研究

辽宁辽阳县南雪梅村壁画墓M1[1]，也在左方棺室后壁绘制墓主画像，上悬朱色帷幕，边垂结帷朱带，两侧立侍者，前置案、几等。前室出土1件圆形陶案，应是受到扰动后，从左耳室或左侧墓室中漂冲下来的，原或组合使用。

在墓葬之中表现墓主人与家居随葬组合的做法，不仅在东北地区风靡流行，更是传入朝鲜地区，表现在这一时期的朝鲜壁画墓之中（图3-23）。东晋时期朝鲜黄海北道安岳冬寿墓[2]、十六国时期朝鲜德兴里壁画墓[3]均绘有墓主画像，墓主坐于榻上，后设屏风，顶部帷帐下垂。后者除了绘制墓主画像外，在墓葬中以壁画的形式构筑完整的场景空间，以墓主画像为中心，旁有侍从、牛车；两侧壁面绘制仪仗出行、外使来朝图像；后室绘有骑射、游乐图；顶部则设天象星宿。由此不难看到，以墓主画像佐以家居随葬组合的壁画题材，在朝鲜地区也大量流行，并成为这一地区墓葬营建的中心，沿袭了中原地区的传统。

东北地区相比于地处中心区域的南北方地区，家居随葬组合的表达更显多样。除南方地区常出现的随葬器物及北方地区以墓主壁画题材表现的方式外，东北地区更有将两者合一以营建墓室的做法，表现出一定的地域色彩，甚至与东汉时期墓内"飨宴"空间的设置更有共通之处。

（二）西北甘肃地区

西北甘肃地区，甚至更远的新疆地区，均出土有部分表现家居随葬的组合。但由于这一区域考古资料的缺乏，目前并不能构建出整个地域范围内使用家居随葬组合的具体情况或特征，但该区域体现出以下两个特征，应无异议：其一，相对于中心地区而言，表现出一定的滞后性与封闭性；其二，在同一区域范围或墓群的主体内，呈现出统一的特征，且持续时间较长。

在这一时期，甘肃地区墓葬中所出的家居随葬组合很一致，均为案，只有少数几座墓葬使用砖台（发掘报告多称供台），并且多配合壁画或画像砖，共同构筑墓葬空间（图3-24）。甘肃敦煌佛爷庙湾西晋画像砖墓M37与M39[4]属后者。M37出土1座砖台，南北向置于墓室东壁（即正壁）中部，呈长方形。墓室东壁正中涂垩彩绘帷幔及垂幛，上部呈房顶状，砖台的宽与彩绘帷幔相同，正好构成一立体画面；根据残留痕迹，砖台之上原应设素纱帷幔。而

---

[1] 王增新《辽宁辽阳县南雪梅村壁画墓及石墓》，页16—19。
[2] 宿白《朝鲜安岳所发现的冬寿墓》，《文物参考资料》1952年第1期，页91—104。洪晴玉《关于冬寿墓的发现和研究》，《考古》1959年第1期，页27—35。杨泓《冬寿墓再研究——为祝贺宿白先生九十华诞而作》，载中国考古学会编《中国考古学会第十四次年会论文集（2011）》，北京：文物出版社，2012年，页421—437。
[3] 全虎兑、潘博星《德兴里壁画墓》，《地域文化研究》2017年第2期，页139—152、156。安志敏《德兴里壁画墓》，载《中国大百科全书·考古学》，北京：中国大百科全书出版社，1986年，页89。
[4] 戴春阳《敦煌佛爷庙湾西晋画像砖墓》，北京：文物出版社，1998年，页11—28。

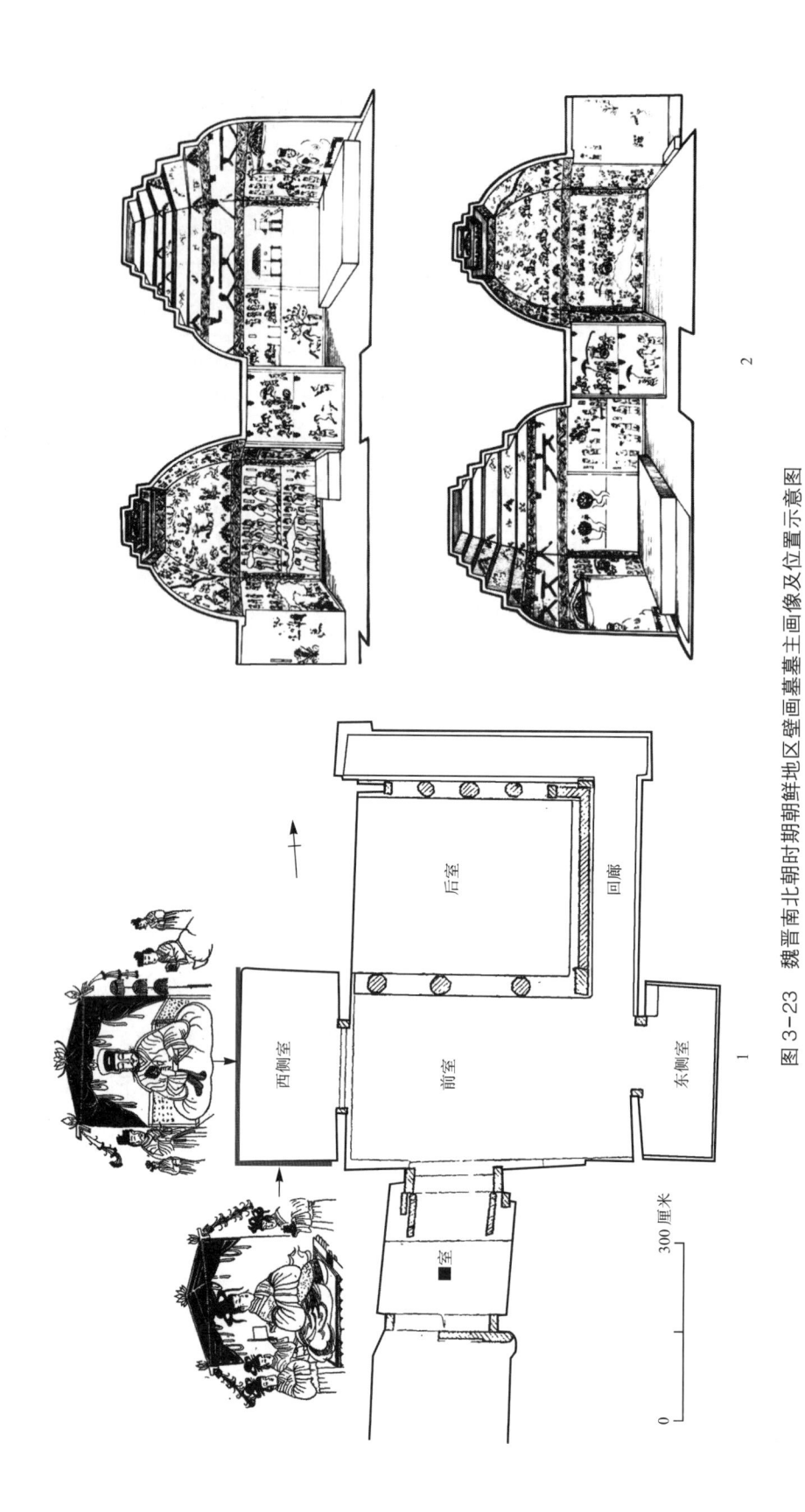

图 3-23 魏晋南北朝时期朝鲜地区壁画墓墓主画像及位置示意图
1. 东晋时期朝鲜黄海北道安岳冬寿墓 2. 十六国时期朝鲜德兴里壁画墓

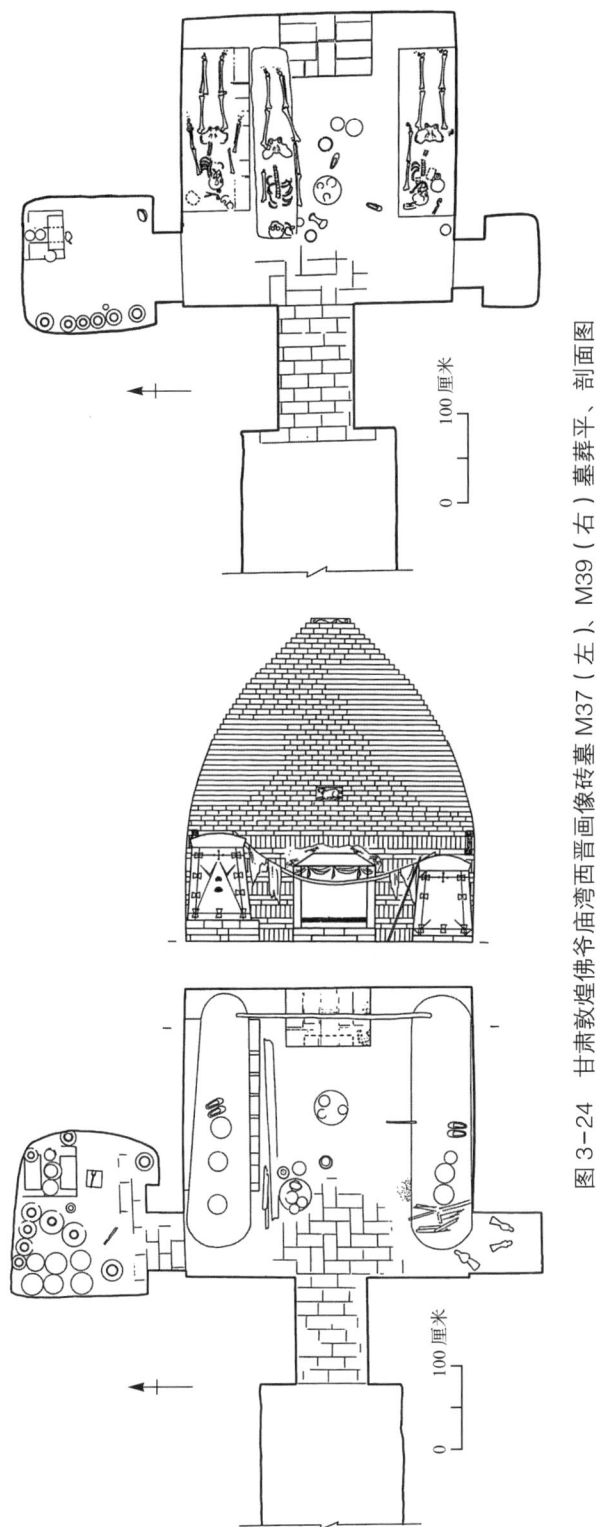

图 3-24　甘肃敦煌佛爷庙湾西晋画像砖墓 M37（左）、M39（右）墓葬平、剖面图

叁 | 地方传统与区域差异

正对墓室西壁处,一画像砖绘有"进食图",左侧为一老者坐于榻上,右侧侍仆奉上。由此可见,该墓以砖台与壁画相组合营建特殊空间,与在墓葬中绘制墓主画像题材的壁画有异曲同工之处,只是该墓未将墓主形象具体勾勒出来,但其所处之位、所营之景均未缺少。

出土案的墓葬在这一地区较为多见,但材质各显不同。部分墓葬中出土陶案,一般平面呈圆形,下部置尖状三足[1]。西晋早期的甘肃敦煌祁家湾M210、M320[2],酒泉孙家石滩M2[3]则见木案,呈长方形,设四足。祁家湾M320所出的木案,虽已朽,但据朽痕推测,原案上应放置有陶罐、陶灯、铜刀与铜叉等器物,似在构筑某种画面或场景。

除此之外,甘肃敦煌佛爷庙湾—新店台曹魏墓群[4]、祁家湾西晋十六国墓群[5]中大量流行砖案,基本以条砖案或方砖案为主,兼有土坯案;在砖案之上放置猪、羊等动物骨骼,木炭等,与砖台的功能基本一致;同时还在墓室中正对墓主棺木处摆放大型平底陶盘,内置耳杯、陶碟与陶钵等随葬器物。采用这一做法的墓葬占比极高,似已成定制;从西晋早中期一直延续至晚期,甚至到十六国早期,均呈现出这一特点。另甘肃武威雷台西晋墓[6]出土5件铜案,由于断代仍存在争议,且未发现同一时期出土类似器物的其他墓葬,故暂不将其列入讨论范围。

十六国时期,即高昌郡时期,新疆阿斯塔那、哈拉和卓古墓群[7]中流行一种形制与

---

[1] 甘肃武威南滩魏晋墓M1、M2,嘉峪关壁画墓M2以及新城公社观蒲大队晋墓(即观M11)均出土陶案,一般多为一墓1—2件。详钟长发《甘肃武威南滩魏晋墓》,《文物》1987年第9期,页87—93;甘肃省文物队、甘肃省博物馆、嘉峪关市文物管理所《嘉峪关壁画墓发掘报告》,北京:文物出版社,1985年;吴礽骧《酒泉、嘉峪关晋墓的发掘》,《文物》1979年第6期,页1—17、97—99。
[2] 戴春阳、张珑《敦煌祁家湾——西晋十六国墓葬发掘报告》,北京:文物出版社,1994年,页33—34、139、183—188。
[3] 赵吴成、周广济《甘肃酒泉孙家石滩魏晋墓发掘简报》,《考古与文物》2005年第5期,页29—35、98—101。
[4] 甘肃敦煌佛爷庙湾—新店台曹魏墓群ⅠM30耳室内沿北壁有砖砌条案,上置动物骨骼等。详甘肃省文物考古研究所《甘肃敦煌佛爷庙湾—新店台墓群曹魏、隋唐墓2015年发掘简报》,《文物》2019年第9期,页25—43;甘肃省文物考古研究所《甘肃敦煌佛爷庙湾墓群2014年发掘简报》,《文物》2019年第9期,页4—24。
[5] 甘肃敦煌祁家湾西晋十六国墓群中出土有砖案的墓葬如下:西晋早中期有M214、M219、M304、M306、M309、M321、M330、M360及M363;西晋晚期包括M208、M209B、M319、M329及M337。详戴春阳、张珑《敦煌祁家湾——西晋十六国墓葬发掘报告》,页183—199。
[6] 甘肃省博物馆《武威雷台汉墓》,《考古学报》1974年第2期,页87—109、174—191。吴荣曾《"五朱"和汉晋墓葬断代》,《中国历史文物》2002年第6期,页46—49。
[7] 新疆吐鲁番阿斯塔那、哈拉和卓墓群中,这一类木案的出土比例非常高,发掘报告多作木案或木盘,但两者形制类似,功能也基本一致,当属同一类器物,案上放置陶碗等随葬器物,也有直接置食物者。详柳洪亮《1986年新疆吐鲁番阿斯塔那古墓群发掘简报》,《考古》1992年第2期,页143—156、197—199;新疆文物考古研究所《阿斯塔那古墓群第十次发掘简报(1972—1973年)》,《新疆文物》2000年第3、4期合刊,页84—167;新疆文物考古研究所《阿斯塔那古墓群第十一次发掘简报(1973年)》,《新疆文物》2000年第3、4期合刊,页168—214;鲁礼鹏《吐鲁番阿斯塔那古墓群墓葬登记表》,《新疆文物》2000年第3、4期合刊,页215—243;张永兵、陈新勇、舍秀红《新疆吐鲁番阿斯塔那墓地西区2004年发掘简报》,《文物》2014年第7期,页1、31—53;新疆文物考古研究所《吐鲁番阿斯塔那—哈拉和卓墓地(哈拉和卓卷)》,北京:文物出版社,2018年。

山西大同南郊北魏墓群M180[1]所出木案极为相似的漆案,与东汉时期的附足漆案类似。一般出于墓室棺木较长的一壁前,或墓主人头部周围;方向正对或稍偏;内置其他随葬器物。并且,除在高昌郡时期多见外,在这一地区的麹氏高昌、唐西州时段内也较常出土,形制无较大的变化,以随葬冥器为主[2]。

就壁画形式的家居随葬组合而言,此地基本以壁画或画像砖这两种形式来表达。甘肃嘉峪关壁画墓群和敦煌祁家湾墓群多出土画像砖,在庖厨、宴饮一类的砖画图像中有上置饮食器的案、几等题材,进食图中则常有人物坐于榻上的图像。甘肃酒泉丁家闸壁画墓M5[3](图3-25)的墓室前室西壁(即正壁)绘制墓主人燕居行乐图,墓主人跪坐于廊内榻上,倚靠三蹄状足凭几,前设一方案,案上置樽。但燕居行乐图并不在墓室的中轴线上,只是作为整体画面的一部分,该壁画更加倾向于情境化的表达,还不具有单独构筑墓葬组合或空间的意义。

新疆吐鲁番地区的古墓群中也有绘制墓主画像与家居随葬组合题材的墓葬。例如:阿斯塔那古墓群西区M408[4]墓室后壁见有壁画,几乎占据了整个壁面的空间,并在四角绘有黑色四角形,以此象征画布的挂索,是一幅仿布壁画,这或许与这一地区常以壁挂丝绸织品为装饰的传统有关。画面从左至右依次表现庄园田地、墓主家族、庄园日常生活和男主人的戎马生涯(图3-26)。正中心位置顶部绘帷帐,下绘墓主人坐于案前,旁置三足案,上置樽,当为墓主画像与家居随葬器物的壁画组合。哈拉和卓墓群中,北凉时期的五座壁画墓75TKM94—M98[5],除M94的画面比较单一外,其余均在墓室壁面以线条成框、多幅画面连续组合的方式表现墓主生前庄园生活的场景,其中包括墓主画像,墓主侧坐席地,设曲足案,上置陶器等,男女侍从立于旁(图3-27)。这一壁画主题应与中原或辽宁地区汉晋时期的墓主画像相一致,但在绘画技法上稍显粗糙、随意,壁面构图上略有不同,多用分栏形式表现。

西北地区作为文化的边缘地带,同样未像地处中心的南北方地区一样,形成较为完整的家居随葬组合。相较于东北地区,其所采用的器物与壁画都显得过于简单,除几座形制规模较大的中高等级墓葬外,家居类随葬器物几乎不见组合,而壁画或画像砖也在

---

[1] 山西大学历史文化学院、山西考古研究所、大同市博物馆《大同南郊北魏墓群》,页276—279。
[2] 曾有学者专门对吐鲁番阿斯塔那墓地出土的木案进行类型学研究,将其分为单体成型与拼接组合两大类,共分五型十二式;时代上则归为三期,分别为公元3世纪中期至公元6世纪初、公元6世纪初至公元7世纪中期、公元7世纪中期至公元8世纪中后期,从晋、南北朝一直延续至唐西州时期均有使用。详鲁礼鹏《吐鲁番阿斯塔那墓地出土木案类型学研究》,《吐鲁番学研究》2014年第1期,页91—102。
[3] 对于该墓的断代,学界内目前仍存有争议:发掘者认为该墓的年代应在后凉至北凉之间,而韦正则认为其年代应在前凉,故其年代在东晋十六国时期当无疑。详甘肃省文物考古研究所《酒泉十六国壁画》,北京:文物出版社,1989年;韦正《试谈酒泉丁家闸5号壁画墓的时代》,《文物》2011年第4期,页41—48、74;吴礽骧《酒泉、嘉峪关晋墓的发掘》,页1—17、97—99。
[4] 李肖、张永兵《新疆吐鲁番地区阿斯塔那古墓群西区408、409号墓》,《考古》2006年第12期,页2—11。
[5] 穆舜英《吐鲁番哈喇和卓古墓群发掘简报》,《文物》1978年第6期,页1—15。

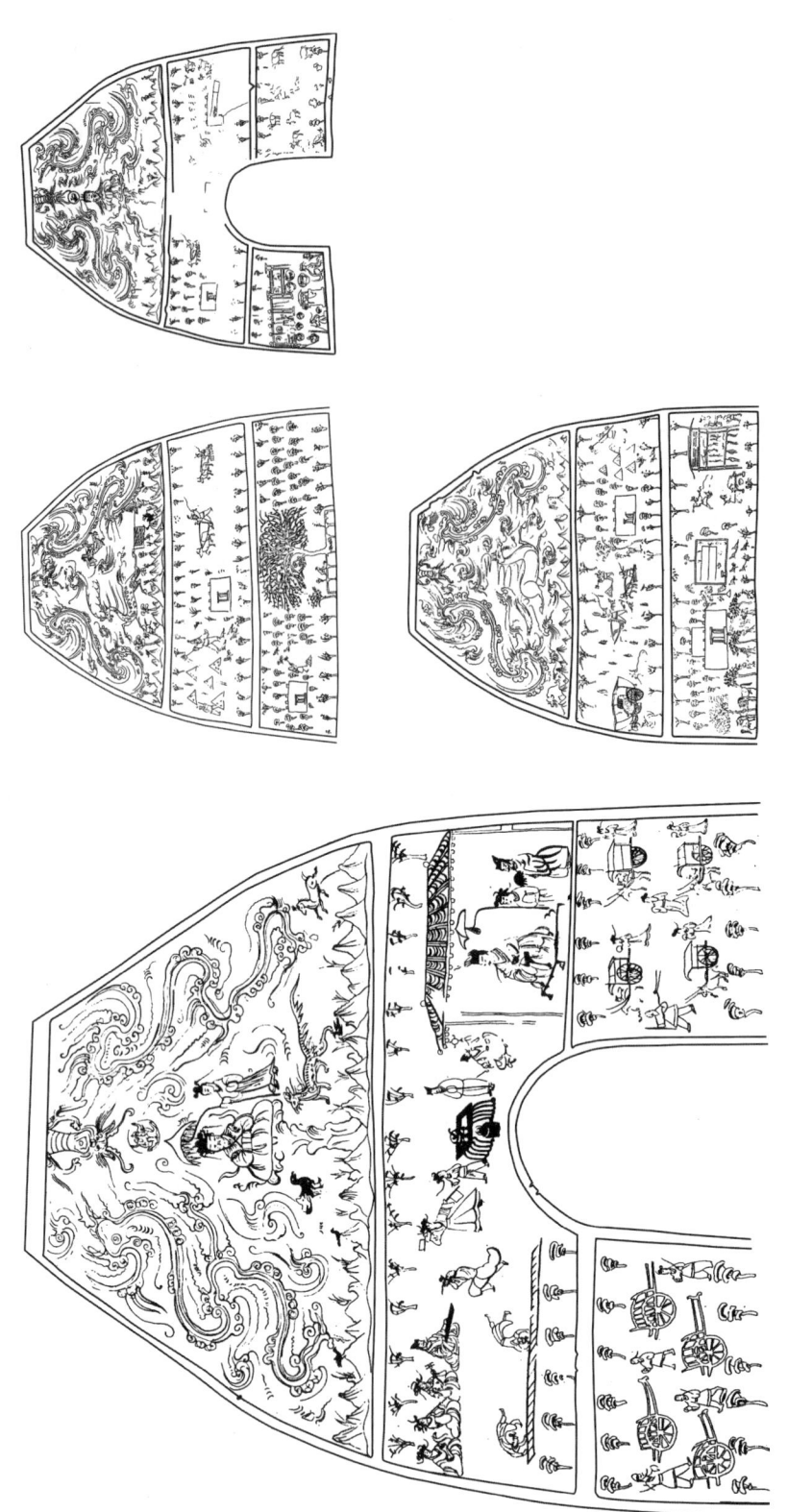

图 3-25 甘肃酒泉丁家闸壁画墓 M5 前室壁画（左为西壁）

120 从飧宴到丧祭：两汉至宋元墓葬家居随葬组合研究

图 3-26　新疆吐鲁番地区阿斯塔那古墓群西区 M408 出土"庄园生活图"壁画

图 3-27　新疆吐鲁番地区哈拉和卓古墓群 75TKM98 墓室壁画

墓葬中多起点缀、叠加的作用,并不占主导。器物的形制与绘画的风格也更倾向于东汉时期的传统,表现出边缘区域文化的滞后性。

(三) 西南云贵地区

南方地区除核心区域外,长江上游地区也有类似家居随葬组合的表达。云南昭通后海子东晋霍承嗣墓[1](图 3-28)北壁绘有墓主人坐于榻上的正面画像。虽然其笔法与画面构成较为简单,床榻的具体形制也不尽完全,但是能够看到家居随葬组合在偏远地区不同于核心区域的表现与地方分化。相较于以上两个边缘地区,这一区域的发现更少,呈现出更为明显的滞后性,似为东汉文化因素影响下的产物,也具有与边缘地区本土文化交融的特征。

图 3-28　云南昭通后海子东晋霍承嗣墓墓室北壁壁画

---

[1] 云南省文物工作队《云南省昭通后海子东晋壁画墓清理简报》,《文物》1963 年第 12 期,页 1—6、49—52。

叁｜地方传统与区域差异　121

肆

继承、对立和统一

长江中下游与闽晋流域的辐射性

中原北方的改制、妥协与创新

南北方地区的异同与流变

边缘地区的差异化表达

墓葬空间体系中的礼制内涵

墓葬家居随葬组合在魏晋南北朝时期逐步发展，并日渐完善、成熟，为时人广泛使用，成为墓葬制度中被确立下来的一部分，其中受到多方面因素的影响。究之根本，丧葬制度本身为"礼"的表现，家居随葬组合的历史根源或是其被长期青睐的缘由。墓葬本身的营建，也一向是死者自身在生前极为重视或生者需要着重规划的内容，是研究中国古代丧葬礼制不容忽视的核心内容，而家居随葬组合即是构建并表达这一主体的重要载体与手法。

再者，这一时期社会政局动荡，文化传统更迭，使用者试图借助对于这一制度组合的归置，以表现某种政治取向或观念认同。墓葬空间建制的被迫改变，也促使家居随葬组合在墓室之内进一步承担起营建墓主之"位"与构筑祭祀空间的重要功能，来体现时人的生死观念与精神诉求。

前文对相关墓葬材料的梳理与整合，可大致展现出家居随葬组合在不同地区内的使用方式与表现形式；但各个区域内发展变化的趋势，以及地区之间一致性与差异性背后的原因，仍有待进一步深入探讨与研究。

一、长江中下游与闽晋流域的辐射性

南方地区自司马政权南渡，偏安南方，定都建邺之后，逐步形成一套较为成熟完善的家居随葬组合制度。这一组合的使用者，知其姓名、氏族者，多为世家大族至王公贵族，尤以王、温、谢等侨姓士族[1]居多，而原本江左地界之上的吴姓士族则极少使用。在墓葬中使用家居随葬组合的做法，并非这一时期首创，汉末即已出现，应非南方地区所特有，也非其标志，究其兴起的时期与使用人群，不难注意，东晋时期这一组合在前期简单未成体系的基础上，以较快的进程形成并成熟，成为世家大族丧葬制度下的首选，其背后应不无政治原因。

东晋建立之初，侨姓士族仰赖江东世族，双方在政治、经济、军事等多个方面相互合作，而这一合作是具有倾向性的，南渡的侨姓士族需在很大程度上做出妥协，以便快速融入江东、渗透势力并稳定时局[2]。其后，随着政权逐步稳固，统治者对于世家大族的态度也有所改变，尤其是对于南渡与江左两大集团，虽有以王导为主的力量在中调和，却依然不免偏向侨姓一方，而排斥吴姓士族；南来之北人也亦不满于"东晋初年江

---

[1] 侨姓士族一般指永嘉之乱后以琅琊王氏、陈郡谢氏为首的，自北方南渡而来的士族。后文吴姓士族则指原江东地界所存世家大族，尤以顾、陆、朱、张为首。
[2] 李娟娟《东晋侨姓士族与江东世族的关系》，《嘉应学院学报》2017年第35卷第12期，页30—35。

左吴人士族在社会婚姻上其对北人态度之骄傲"[1],试图冲破这一困境。甚至到后期,造成"居政而有实权者只限于侨姓士族,吴姓士族只不过是陪衬"[2]的政治局面。由此,家居随葬组合的规范性使用,便成为侨姓士族用以巩固自身文化系统的筹码,通过构筑这样一套区别于地方文化系统的制度,摆脱江左吴人士族的文化传统,从而确立自身的政治及社会地位。而这一点与政权统治者不谋而合。东晋虽困守南方,却不止一次出兵北上征伐,无奈均未果。统治者亟须通过某种政治手段确立自身的正统地位,由汉制发展而来的家居随葬组合无疑是中原核心汉文化的代表之一,继承与发展这一制度正是符合其政治取向的取舍举措,也是其实现自我身份标识的一种心理暗示与必要手段。

东晋灭亡后的南朝,经历了与北方地区政权的对峙阶段,确立其政治与文化的正统地位更为迫切与重要,因此,其后的统治者也始终未放弃这一家居随葬组合,甚至在某些方面,有过之而无不及。其中最为明显的就是家居随葬器物材质的变化,由东晋时期多用陶质转变为南朝时期以石质为主。石制品的出现,或与这一时期与高句丽文化交流的社会背景有关,是受到其直接影响的结果,北朝墓葬中也同样出现大量的石制随葬品,呈现出南北朝并行竞争的局面[3]。石质被运用于丧葬文化也非这一时期独有,汉代大量的石刻、石柱或也对这一时期的流行存在一定影响。

与此同时,这一家居随葬组合也并非只存在于政治中心的长江下游地区,长江中游地区也较为常见。基于上文论述,暂时能够确定的是家居随葬组合的使用与南渡而来的北人具有极为密切的联系,应属其文化传统,而当时北人南来避难的路线分二,其一则为长江上游,襄阳、江陵均为其所居之地,社会阶层亦与南来北人之迁居长江下游者约略相似[4]。因此,将这一文化传统带入这一地区亦是全然有可能的。

另外值得注意的一点是,南方地区家居随葬组合的分布随时间的发展不断扩散,尤其到南朝时期,包括长江中游的湖北地区,偏南部的晋闽江流域、岭南地区以及南北方交界地带等,均有这一组合的分布,相比于东晋时期,其传播与发展似乎更加深远。由于考古材料的特殊性,不排除可能存在早期材料发现稀少的可能,但也应与东晋晚期至南朝时期,中原士族的迁入与交流存在一定联系[5],表现出对于中原核心文化的吸收与继承。

---

[1] 陈寅恪《述东晋王导之功业》,《中山大学学报(社会版)》1956年第1期,页163—175,后载所撰《金明馆丛稿初编》,北京:生活·读书·新知三联书店,2001年,页55—77。
[2] 田余庆《东晋门阀政治》,北京大学出版社,1989年,页32。
[3] 倪润安《南北朝墓葬文化的正统争夺》,《考古》2013年第12期,页71—83。
[4] 陈寅恪《述东晋王导之功业》,页55—77。
[5] 刘中伟《晋江流域东晋南朝墓葬与社会结构和经济形态》,《泉州师范学院学报》2014年第3期,页31—37。

二、中原北方的改制、妥协与创新

中原北方地区在北魏之前的长时段内，始终未形成较为完整的形如南方地区的家居随葬组合体系。只是在曹魏至西晋的短时间内，出现过简单地复刻西汉墓内祭祀的做法，即于墓室内置大量陶案，且陶案规制装饰较为统一。这或与曹魏时期新兴的"薄葬"模式的推行有关，是有意对于汉制丧葬礼俗的简化。但是这种上层统治者的致意改变，似乎并没有将家居随葬组合类器物从葬制中革除，而是对于金银珍宝一类随葬品的数量与种类进行了规定[1]，家居随葬组合仍被使用且不可替代。汉末晋初重臣王祥便曾留有遗令：

> 吾生值季末，登庸历试，无毗佐之勋，没无以报。气绝但洗手足，不须沐浴，勿缠尸，皆浣故衣，随时所服。所赐山玄玉佩、卫氏玉玦、绶、笥，皆勿以敛。西芒上土自坚贞，勿用砻石，勿起坟陇，穿深二丈，椁取容棺，勿作前堂、布几筵、置书箱镜奁之具，棺前但可施床榻而已，糒脯各一盘、玄酒一杯，为朝夕奠。[2]

由此也就不难理解这一时期为何仍有大量陶案出现，却在规格形态上趋于统一，尺寸较小、装饰简单。不同于他者，曹操高陵墓室之中出土有7件陶案之多，与一般一墓只出1—2件全然不同。这一原因或许有多方面的考量：其一这一时期虽推行新政，在礼制上却未形成与汉制相抗衡的成熟形制，仍多以前者为尊；也未明确较为完善的家居随葬器物的使用制度，故在具体使用规范上出现不合理性，是完全有可能的。其二，必须明确，曹操对于汉代"厚葬"之风的变革，简单来说是对汉墓的简化，但这种简化并不意味着简陋，墓葬仍需体现帝王之尊，遵循一定的礼制，从而区别于他者[3]；在墓室内设多件陶案的做法，当与两汉时期诸侯王、列侯墓中以大量漆案叠放堆置以示祭礼繁复、飨食丰沛之意同理。由此，既无法以其他象征奢靡的金银器物来再现自身之尊贵，那么以家居随葬组合这一类器物的数量来表现，或也不失为一种弥补之策。

之后的中原北方，由于少数民族政权的交替更迭，基本放弃墓葬中的这一组合，不

---

[1]《三国志·魏书·武帝纪》载："庚子，王崩于洛阳，年六十六。遗令曰：'天下尚未安定，未得遵古也。葬毕，皆除服。其将兵屯戍者，皆不得离屯部。有司各率乃职。敛以时服，无藏金玉珍宝。'谥曰武王。二月丁卯，葬高陵。"详《三国志》卷一《武帝纪》，北京：中华书局，1982年，页53。
[2]《晋书》卷三三《王祥传》，北京：中华书局，1974年，页989。
[3] 李梅田《曹魏薄葬考》，《中原文物》2010年第4期，页17—20、69。

再使用。随后由于南北对峙格局的形成,对政权合法性与正统性的阐释成为统治者维护其政治统治的重要筹码。因此,自北魏起始,以家居随葬组合与墓主画像相结合的壁画题材的重新出现,正是对于中原传统汉制的一种复归,与南方地区形成的器物化的家居随葬组合体系相对应。这一题材不断发展完善,并逐渐与葬具相融合,产生了新的表现形式。

三、南北方地区的异同与流变

在魏晋南北朝长时段的时代背景下,由于政权、地望等原因,南北方地区在墓葬的家居随葬组合方面,表现出截然不同的呈现方式与发展趋势。但在华夏民族所处的两大中心区域中,家居随葬组合方面所表达的差异化取向中,还体现出了相对的表现手法,它们不仅有共同的文化来源,甚至有相互交流、吸收与融合后的共通之处。

南方地区墓葬中的家居随葬组合,基本已形成较为完善、成熟的系统,并不断发展,在东晋南朝时期达到顶峰。其中的变化多与政权更替或社会风潮有一定的关系。

孙吴时期所发现的墓葬基本集中于长江中下游的武汉与南京地区,与当时政治中心所在区域较为契合,家居随葬组合较为简单,基本仍遵循东汉时期的传统,应直接承袭了上一阶段的特征。之后短暂的西晋大一统时期,其政权都城在洛阳,此时南方地区的家居随葬组合仍未成体系,但在部分墓葬中可见固定的组合形式。

东晋时期,南北分立,政权中心转移至建康,即今南京及其周边地区,并开始以家居随葬组合来表现墓主的身份地位,形成较为严格、区分度明显的等级制度。通过上文对墓葬资料的梳理与整合,虽然大部分墓葬无法确定墓主的身份及等级,但根据现有的材料,并与相同类型墓葬进行对比分析,仍可以大致区分等级礼制。大型墓葬中(即墓葬全长在8米或以上者),一般采用以陶榻或祭台为中心,包括案、凭几等器物,较为完整的家居随葬组合,具体使用何种,似乎与墓葬形制有关,使用陶榻的墓葬,形制规模多不及用祭台者。其使用者暂可确定为皇室外戚或重臣贵族,其中部分墓葬中还出有龙虎形帷帐座,应为皇族或特赦享有皇室特权的重臣所使用。未出龙虎形帷帐座,但使用陶榻者,则以三品以上重臣居多。一般官吏或世家大族多使用祭台与凭几的组合来象征家居随葬。中下层官吏、部分任虚职者,或士族的后人,或当世的文人学者,则多采用单独的凭几或祭台来表现。由此可见,东晋时期,以家居随葬组合来划分表现墓主身份等级的丧葬礼制,已较为完善。

之后进入政权更迭较为频繁的南朝时期,政治中心仍未发生较大的改变,仍在长江下游地带的南京及周边地区。透过相关的考古资料，可以发现，东晋时期这一家居随葬组合制度在不断发展、成熟，并摒弃其中部分旧的文化因素，产生新的文化分野。与此同时，还出现了地区性的分异，在非政权中心的各个区域内发展出较为简单的类似或模仿性表达。

而北方地区的家居随葬组合，则在整个发展过程中呈现出间断性。在西晋末的五胡乱华时期之前，北方象征性地继承了东汉家居随葬组合的传统。之后北魏则重新启用汉化的礼制，并逐步吸收各地的文化，形成自身的文化系统。从整体发展的角度来看，北方地区多采用壁画的形式，来表达与南方地区相对应的家居随葬体系，亦有将南方地区通过家居随葬组合营建的特殊空间与本地区自身传统的墓葬空间相结合的做法。

曹魏至西晋时期，北方地区与南方地区基本相同，仍以继承东汉制度为主，但是更为简单，基本为示意性的表现，且家居随葬组合的形制均较小。北魏时期，统治者上层实行"汉化"改革，其制度主要汲取两个源头：一则为北魏初期即太武时代，中原汉族文化的主要源头——陇右、河西之文化；二则是北魏孝文帝、宣武帝时期，汉族文化的主要源头——南朝宋齐之文物制度[1]。由此，也可解释为何这一时期的墓葬之中开始重新出现家居随葬组合的表达，北魏统治者或间接采用了东晋南朝时期的家居随葬组合，并加以自主化的表达，最为明显的是以壁画的形式描绘在墓室或棺椁壁面之上，与墓主形象共同呈现出来。而墓主画像的题材，则与东汉之后流转至河陇地区的汉制有关，也是对东汉文化传统的沿袭，是对东汉时期墓主人像题材的继承。因此，北魏所使用的平面绘制方式，即在墓葬之中以壁画形式集中表现家居随葬组合与墓主空间，或是受到多种文化因素影响下的产物。

同时，这一时期还开始出现石质葬具，即石棺床一类，应也是直接模仿或引进南方地区的石榻的结果。石质葬具基本无围屏，亦有单独置屏风者。至于屏风的设置，应与个人相关，或属北方地区围屏石榻的过渡，前文已有讨论。棺床外置石椁、形成类似围屏的包围结构的做法，也应当归入这一类。

值得注意的是，北方地区对于榻，是将其直接当作棺床来使用的，而非置于棺床之前，与南方地区并不相同，或许是因为使用者并不清楚这一葬具在墓葬之中的真实意涵。这也与使用这一类葬具的墓主身份相对应，他们多受过其他文化的影响[2]。

---

[1] 陈寅恪《陈寅恪集·隋唐制度渊源略论稿·唐代政治史述论稿》，北京：生活·读书·新知三联书店，2001年，页13—23。
[2] 沈睿文认为北魏时期石葬具的拥有者既有帝王贵族，又有品级较低的官员；既有汉人，又有鲜卑人和入华侨民。其中大部分使用者都曾接受鲜卑文化和西域文化的影响。这一类葬具应是鲜卑石室传统与汉地石葬具传统相结合的产物，后者源自《周礼》之制，而石室墓、石质葬具及随葬品因与胡人的种族文化相契，便也逐渐沉淀为中古中国部分胡裔墓葬的重要特点。详沈睿文《拓跋—北魏考古概观》，《上海书评》2017年3月9日。

肆 | 继承、对立和统一　129

北魏分东、西魏后，东魏北齐直接继承北魏的礼制，仍以北魏时期的两种做法为主，或壁画或石棺床，但在石棺床的形制与装饰上逐渐演化出自身的特点，带有传统汉文化的特色。山东地区北朝墓葬在壁画主题上更是显露出与南朝绘画艺术关系密切的特征，特别是"七贤"画屏中主像侧后加女侍的构图，当属来自南朝的文化影响[1]。

西魏北周则基本放弃了北魏的传统，只有部分来华的粟特人或胡人仍以围屏石床而葬，但在特征上也融合了自身的特色，与东魏北齐相对峙。两地在石棺床围屏图案的绘制上具有绝对的差异性，前者直接将墓主画像绘制于围屏的中间，似有某种空间上的意味；而后者多在围屏之上表现连续的画面，且绘制的是日常生活之景，应不具有其他意义。

综上，南北方地区在墓葬之中使用家居随葬组合的做法，均应承袭东汉时期文化传统而来，在不同时期与地域内各自发展，形成较为成熟的系统。南方地区从东晋时期开始逐渐形成较为完善的礼制等级，始终以随葬器物在墓中构筑相关的组合，并与墓主的政治等级一一对应。而北方地区则受到南方的影响，直接以绘画的形式将其表现在墓室平面之中；同时，不仅仅是家居随葬组合，南方地区墓葬之中随葬的侍吏俑、车马出行俑等，也被以壁画的形式表现于北方墓葬的壁画之中，与南方相互对应。另外，由于文化、地域的差异，在模仿与借鉴的过程中，也出现了误读或改变的现象。

不过，地处中心区域的南北方，在家居随葬组合的使用上出于同源，各成系统，互有借鉴与影响，最终形成同一主题背景下的差异化表达。从现有的考古资料来看，这一结论应当是无疑的。

四、边缘地区的差异化表达

边缘地区由于政治与地域的因素，具有一定的滞后性，在家居随葬组合的使用上也还未形成一定的规制或礼制。与此同时，在墓葬空间的建构上也不似中心地区严格或成体系。

东北辽阳地区，在墓主画像前置案，或以类似的壁画与器物相组合，较为常见，大量墓主画像也被绘制于多室墓的偏室、侧室之中，这一做法与东汉时期的墓内祭祀具有一定的联系，也体现了其直接承袭自东汉传统的文化源流。这与东汉末公孙氏割据辽东地区有密切的联系，《后汉书》记：

---

[1] 杨泓、孙机《寻常的精致》，沈阳：辽宁教育出版社，1996年，页118—122。

（公孙度）自立为辽东侯、平州牧，追封父延为建义侯。立汉二祖庙。承制设坛
墠于襄平城南，郊祀天地，藉田理兵，乘鸾辂九旒旌头羽骑。[1]

众多中原人士由于政局动荡而多避难于辽东，如太史慈[2]等，使得东汉的文化传统
能够传入辽东，并被继承下来。但不容忽视的是，相较于东汉传统，东北辽阳地区
在家居随葬组合的设置上也具有自身独特的风格特征，尤其是在家居随葬组合与墓
葬空间营建等方面，进一步体现出汉文化进入过程中本地固有因素的延续面貌与结
合转变[3]。

另外，朝鲜半岛地域内所见类似的墓主画像及家居随葬组合，也应是受到辽东地区
的影响后，融合自身传统，进一步发展而形成的产物。

西北地区则相对更为简单，基本以较小的区域单位而形成大量成熟、完善的定制。
多直接以东汉时期墓内祭祀的形式表现，较为完整地体现东汉的传统，表现生者对于墓
主的供飨祭祀。在一些等级较高的墓葬之中，则会进一步尝试以不同的葬具、壁画等形
式来构建墓内不同的空间。

这一区域内出现的部分画像砖墓，均在墓室或墓道之内绘制或贴制墓主画像与家
居随葬的组合。与其将其定义为墓葬之中的家居随葬组合，不如说其本身更像是一种
可以直接购买的葬器，仅仅是墓中应有的一种普通随葬图像，是同一母题下的统一表
现，而无空间营建或个人意志的体现，与东汉时期画像砖墓中的一些固定主题有异曲
同工之处。

西南地区墓葬中发现家居随葬组合的极少，壁画笔法极为简单，寥寥几笔便绘制完
成，与西北地区的表现手法较为一致。据此，整体画面的布局与建构应也不具有特殊的
空间建构或设置意涵，只是作为一种固定主题而出现。

相比于中心区域家居随葬组合的自成体系，边缘地区则更多体现的是对于传统渊源
的继承沿袭及与不同文化的相互影响。不同于南北方地区体系化、多样化的表达，边缘
地区由于自身政治、地域的因素，体现出滞后性与传统性，其中更有对于中心区域家居
随葬组合的简单模仿与直接引入。

---

[1]《后汉书》卷七四下《袁绍刘表传》，北京：中华书局，1965年，页2419。
[2]《三国志·吴书·太史慈传》载："由是知名，而为州家所疾。恐受其祸，乃避之辽东。"详《三国志》卷四九《太史慈传》，页1186—1187。
[3] 李林《"图像铭记"与祭奠空间——以辽阳壁画墓墓主画像与明器台（室）为中心》，《艺术探索》2013年第4期，页4、29—36。

五、墓葬空间体系中的礼制内涵

　　家居随葬组合器类在两汉时期的墓葬内已可见，从墓内祭祀设施发展而来，至东汉时期，逐渐成为墓室"飨宴"空间的组成部分，并作为丧葬传统中的礼制性组合而为时人使用。在西汉上层贵族的椁墓中，家居类随葬器物多随葬于墓内头箱或边箱之内，堆叠摆放，并无固定的位置空间，当为以象征身份等级为主的礼祭组合，兼有祭祀之意；亦常以墓主生前之物入葬，而非为身后世界专门制作的丧葬用品。西汉晚期至新莽以来，墓葬形制的转变，促使这一组合自上而下地在社会群体中广泛使用，"飨宴"空间的构筑将家居随葬组合正式纳入墓葬体系之中，以安置墓主灵魂，设祭祀之位；其表现形式多样，等级差异略显。这为魏晋以后家居随葬组合的发展奠定了基础，提供了模本。

　　诚如上文所说，魏晋南北朝时期是中国古代墓葬制度的一个巨大转型期，由政治因素主导，从"汉制"转向"晋制"，墓室本身的空间开始发生改变，最明显的是由多室墓形制逐步向单室或双室墓过渡，墓室数量急剧减少。丧葬制度的转变是统治者对于社会的改革，在变革的同时，一方面需要强调"变"的可能；同时也需要继承"不变"的因素，保留制度的内核，以维持自身统治的文化传统。因此，直接承袭两汉墓葬中的家居随葬组合，便是协调这一变革最好的诠释。

　　家居组合在生前居住空间中具有重要的作用，是规划房屋空间、构建不同区域的主要承担者。墓葬规模逐渐缩小，空间不断减少，家居随葬组合的使用能够弥补这一遗憾。通过对于榻、案、凭几及帷帐这一类器物的使用，在单独的墓室中也能够开辟出新的空间，以代替由墓葬规制改变而造成的空间压缩；与此同时，汉墓空间中"飨宴"的文化传统也被进一步保留下来。

　　墓葬的空间划分由原本的多墓室并列结构，转变为单室墓空间的直接分割。东汉以来在耳室或偏室中设置"飨宴"空间的做法，不再能够被新兴的墓室形制所接受，而家居随葬组合本身所具有的空间作用，在这一背景下被进一步放大，用以补充因实际条件不足而造成的空间缺失，以便在墓中构筑所谓的墓主之"位"。

　　除边缘地区由于地域阻隔可能存在的滞后性，表现出与两汉传统的一致性外，处于中心区域的南北方地区呈现出家居随葬组合使用的全新发展阶段。

　　南方地区对于墓葬空间的重新构筑，主要借助于家居组合的随葬器物来表现，直至东晋南朝时期，这一组合或形制才被真正确定下来。对于上层统治者而言，在墓内设置家居随葬组合，其意义不仅仅在于构筑墓主灵魂所栖之所或祭祀空间，而更是一种政治性的体现。如何能够在墓葬中表现其政治倾向性或许更为重要，能够使用这一组合也是其自身合法性的一种肯定。凭几的使用是六朝时期出现的全新特征，也是确定墓主之"位"的核心器类。使用砖台与凭几组合的大多数墓葬，砖台多设置于墓室中心或位于中轴线上，凭几则摆放在砖台之上，以此象征墓主灵魂所在，也成为整个地下墓葬空间的主体与核心，其余随葬品都围绕其展开，如同南京象山 M7，镇江丁卯"江南世家"工地 M1、M2 等墓葬所见；而不像东汉时期，还需专门设置在偏室或耳室，形成相对隔绝的独立空间。

北方地区从南方地区继承了这一套礼制之后，以壁画形式来表现榻、案、凭几一类随葬组合，以象征墓主灵魂之所在，以平面构筑立体空间，将其置于墓室空间中央，以显示墓主之"位"。这种模仿是显而易见的，北魏至东魏北齐时期所流行的于中部绘制墓主人端坐图，两侧出行仪仗、侍从等的图像，是对南方地区以随葬器物（即实物）表现的另一种表达。这与东汉时期多绘制于侧室或偏室的墓主人图像在空间意义上发生了改变，不再作为墓葬中的单独空间而出现或设置，而是直接成为墓葬的中心，影响了整个墓室空间的营建。由此可见，北方地区墓主人加以家居随葬组合的图像，无疑是南方地区以榻为主导构建墓主之"位"的另一种表现形式，两者实则同义，文化同源。

在历经曹魏的短暂统一与"五胡乱华"的长期战乱之后，中原北方传统的丧葬规制已基本不存，只在辽东割据地区仍依稀可见踪影，或仅见简单的示意性表达。因此，在北魏一统北方、决心汉化的背景下，上层统治者试图寻求礼制的根本来源，以固正统。在吸收河西地区传统汉文化的同时（主要包括部分画像砖墓的图像母题），亦主要从南方地区借鉴其表现形式，并将这一套制度引入北方地区，在吸收融合各方文化后，形成以葬具、壁画为中心的一套体系，即以石棺床与围屏（或壁画屏风）的组合来构筑墓葬中的墓主之"位"。

《周礼·天官·掌次》曰：

> 王大旅上帝，则张毡案，设皇邸。朝日，祀五帝，则张大次小次，设重帟重案。

郑司农云：

> "皇，羽覆上。邸，后版也。"玄谓后版，屏风与？染羽象凤皇羽色以为之。"

贾公彦疏：

> "则张毡案"者，案谓床也。床上着毡即谓之毡案。"设皇邸"者，邸谓以版为

肆｜继承、对立和统一　133

屏风，又以凤皇羽饰之，此谓王坐所置也。"[1]

据上可见，两周以来，"设床置屏风"的做法即为传统礼制，以此为祀。由此，魏晋南北朝时期在墓葬内设置这一家居随葬组合的做法，从根本上看，也是斟酌礼制、继承汉法的一种核心体现。

在魏晋南北朝时期推行墓制改革的情形下，如何传承原有的文化传统并进行创新，是具有极大的挑战性的，因此，家居随葬组合的出现正逢其时。从汉墓中继承下来的这一类器物被赋予了更多的内涵，其功能从原来简单的礼祭组合，发展到兼具"飨宴"功能的墓内设施，再到重新划分墓葬空间的载体，最后转变为地下墓室的中心。但更为重要的是，家居随葬组合所代表的中原文化传统与核心，是使用者用以证明自身政权合法性的重要标志。

另外，在家居随葬组合中，屏风的兴起也是一个值得思考的问题。屏风在日常生活中极为常见，并具有极高的观赏性，但是其在墓葬中被构筑，作为营建墓葬空间的重要载体，据现有考古资料而言，在东汉或更早的时期已经出现。由于东汉时期基本只在墓室壁画中出现屏风，与墓主人像题材相结合，因而应不具有空间作用。甚至在南方地区的东晋时期，屏风也并不常见，原因可能是多方面的，其中漆木不易保存或为主要原因。

直到南北朝时期，大量围屏被运用在床榻之上，司马金龙墓中所出的木制屏风，更是直接被用以构筑墓葬空间。屏风在墓葬中所承担的重要作用在这一时期才被真正揭示出来。而后，屏风以各种形式出现于墓葬之中，无论是围屏还是壁画，抑或是实物，其上的装饰越来越繁杂，从一开始简单描绘生活场景，构筑墓葬空间，到后来发展为表现各种主题，以及墓主的心志或追求。

因此，引进屏风这一器物或图像来营建墓葬空间、构筑墓主之"位"，或许是人们在不适应葬制改革过程中所造成的墓葬空间缩小而做出的选择；后随着丧葬传统的逐步发展，改革后的墓葬形制逐渐被适应，屏风所绘制的内容亦成为关注的重点，成为表达情感意志的方式。

墓葬研究始终是中国考古学极为重要的中心话题之一，随着研究的深入发展，仅仅着眼于墓葬物质性的话语权逐渐被礼制观念所取代，如何突破物质文化现象解释其背后的真实动因，成为研究的重点。在对现有材料进行充分解读之后，不难发现，魏

---

[1]〔清〕阮元校刻《十三经注疏（清嘉庆刊本）》卷六，北京：中华书局，2009年，页1456。

晋南北朝时期作为中国古代墓葬制度改革与转型的重要时段，家居随葬组合的出现有其传统文化来源，亦有其为适应制度改革而出现的新变化。南方地区由于自身政治的需求、现实的要求，并受地域的限制，产生了一套较为成熟完整的家居随葬组合等级制度，以实物来进行身份标识，体现出一定的政治倾向，并逐渐适应墓葬改制下对于墓葬空间进行的重新划分。北方地区从早期直接继承汉制，至北魏时期出于政治、文化要求，开始重新确立起一套以壁画为中心的家居随葬组合的表现方式，并配合石质棺床，形成与南方地区相对应的礼制。而地处偏远的边缘地区，则或由于政治原因，或出于地域滞后性，直接继承了两汉时期的传统，亦产生了自身的特点，家居随葬组合更显简易化与落后性。

　　家居随葬组合本身所代表的文化核心直接承袭自汉制，而其所拥有的营建分割功能又与墓葬空间有直接而密切的联系，因此，它的进一步发展与成熟，是这一时期葬制改革要求下的产物，同时体现了承袭与创新。采用这一组合，无疑是政权统治者为证明自身政治合法性与文化正统性而做出的妥协，与此同时，其功能也能够满足丧葬制度改革下对于重新划分墓葬空间的要求。魏晋南北朝时期的政权对峙与社会混乱，使统治者对于文化正统性有着迫切的追求，这从根本上促进了家居随葬组合的完善与成熟。而政治主导下的丧葬制度的改革，则进一步促使墓葬形制与空间发生改变，成为这一组合发展的现实推力。

伍

家居组合的消匿与墓主画像的重现

隋末唐初以来家居随葬传统的继承与流变

「棺床与屏风」的全新组合

从「一桌二椅」到「夫妇共坐」

元明时期「神座居中」的礼制延续

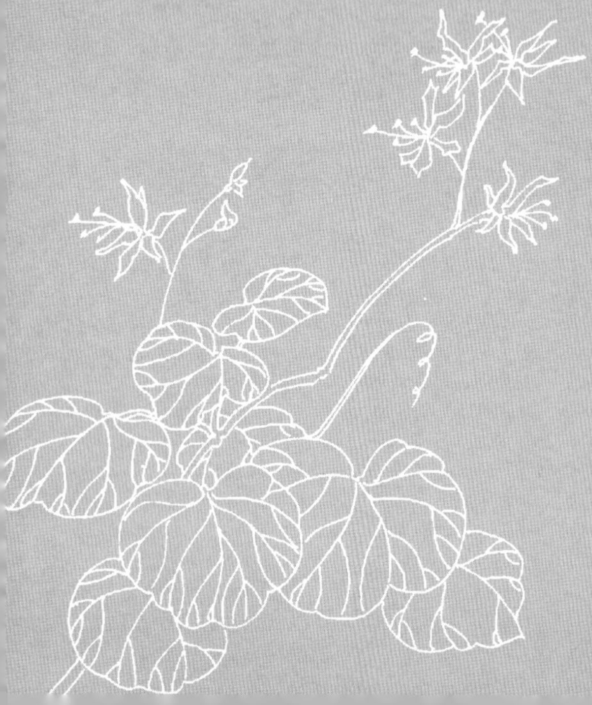

一、隋末唐初以来家居随葬传统的继承与流变

南北朝时期,北方地区以墓主画像配合家居随葬组合的围屏或壁画,并与葬具相结合的使用形式,在隋制下仍然被允许使用。但需要注意的是,文帝代周灭陈后立隋,其时不过数十年,王朝命数前后更不足四十载。因此,目前考古发掘所见的隋墓数量并不多,墓中设置有这一组合的亦是凤毛麟角,墓主身份、等级明确,且多为前朝旧臣,历任齐、周而至隋者。

山东嘉祥英山1号隋墓[1],墓主为隋驾部侍郎徐敏行夫妇,由于墓室盗扰严重,葬具形式与具体位置已不清。墓室正壁(北)描绘墓主夫妇画像,为宴饮场景,画上绛帐开启,悬垂于两旁,人物男左女右,正襟端坐木榻之上,手中各执一高足透明杯,面前置果蔬食具,背后设一山水屏风(图5-1)。东、西两壁分别绘制女性墓主牛车、男性墓主鞍马出行的情境,构成北朝以来完整的壁画表现传统。

图5-1 山东嘉祥英山1号隋墓《徐侍郎夫妇宴享行乐图》(局部)

---

[1] 山东省博物馆《山东嘉祥英山一号隋墓清理简报——隋代墓室壁画的首次发现》,《文物》1981年第4期,页28—33、97—98。

甘肃天水石马坪一隋唐墓内见屏风石棺床[1]，发掘报告将其年代定为隋、初唐时期，后有学者不断对其年代进行讨论[2]，大多认为从墓葬形制、棺床工艺以及出土文物年代等方面来看，或可早至北周，下界在隋。石马坪石棺床置于墓室正中靠内侧，围屏整幅画面以背屏 6（夫妇对坐宴饮）为中心，夫妇二人均坐于亭中坐榻上，持杯待饮。背屏 7、4 为对称的鞍马出行与犊车出行[3]（图 5-2）。正面床座上层壸门内雕刻男性伎乐 6 人，棺床前部墓室地面右二左三两列分置 5 件坐部伎乐俑（面朝墓道），共同构成宴乐场景。

河南安阳新发现的麹庆及其夫人韩氏墓，在墓室中间偏北的位置摆放 1 具围屏石棺床，围屏图案共分十二单元，刻有墓主日常生活场景与宗教典故[4]。棺床前侧立有 1 面石屏风（图 5-3），前后均为阴线雕刻，正面上方刻有题记：

> 苏太子者，献公之太子也，行至灵台，蛇绕左轮，御仆曰："太子下拜，吾闻国君之子，蛇绕左轮，必速得其国。"太子泣曰："若得国，是吾君岂可以生。"遂伏刃而死。

画面右下为驷驾出行图，车左轮缠绕一蛇，车前车后均有仪仗，左侧为花草树木及楼台。以上可与刘向《新序·第一·节士》所记载内容相契合[5]。

这一做法明显是北朝遗风的体现，石榻上的围屏与墓室壁面绘制的屏风，表现形式各不相同，但在图像主题与排布分列上呈现出一致性，即将二维的平面画像与葬具结合，营建地下墓主空间，继承家居随葬组合在墓内的设置传统。除上文所谈及的组合外，西安郭家滩隋姬威墓可见石棺床[6]；太原隋虞弘墓也出土房形石椁[7]，虽不见完

---

[1] 张卉英《天水市发现隋唐屏风石棺床墓》，《考古》1992 年第 1 期，页 46—54、103—104。
[2] 姜伯勤指出该墓年代应该为隋；邢福来认为当在北周至隋初；高世华在其最新研究中也同意邢福来的观点；沈睿文进一步将天水石马坪石棺床墓的年代定在隋大业年间。详见姜伯勤《天水隋石屏风墓胡人"酒如绳"袄祭画像石图像研究》，《敦煌研究》2003 年第 1 期，页 13；邢福来《北朝至隋初入华粟特贵族墓葬用围屏石榻研究》，《考古与文物》2006 年增刊《汉唐考古》，页 239；高世华《天水棺床墓、墓主人及石棺床屏风画相关问题新论》，《敦煌研究》2021 年第 1 期，页 47—56；沈睿文《中古中国祆教信仰与丧葬》，上海：上海古籍出版社，2019 年，页 144。
[3] 沈睿文《中古中国祆教信仰与丧葬》，页 105—106。
[4] 该墓由河南省安阳市文物考古研究所在 2020 年 4 月 9 日至 5 月 20 日发掘清理，目前发掘简报和报告均未刊布。据与发掘人员交流，得知围屏共分十二扇，北壁并列六扇，东西两侧各三扇，其中墓主夫妇画像绘制于围屏正壁中部，刻绘图案朝向墓门一侧。
[5] 孔德铭、周伟、胡玉君《河南安阳发现隋代汉白玉石棺床墓》，《中国文物报》2021 年 1 月 15 日第 8 版。
[6] 田醒农《西安郭家滩隋姬威墓清理简报》，《文物》1959 年第 8 期，页 4—7、81。
[7] 张庆捷、畅红霞、张兴民、李爱国《太原隋代虞弘墓清理简报》，《文物》2001 年第 1 期，页 1、27—52。山西省考古研究所、太原市文物考古研究所、太原市晋源区文物旅游局《太原隋虞弘墓》，北京：文物出版社，2005 年。

图 5-2 甘肃天水石马坪屏风石棺床正视图

伍 | 家居组合的消匿与墓主画像的重现 141

图 5-3 河南安阳隋开皇十年麹庆墓航拍照片及墓室石棺床

整石棺床形制的葬具,但石椁底座里面刻绘有壸门,应是"床榻"的另一种表现形式,四壁的图像主题也是中原模式的某种变形,其中可见墓主画像配合家居类随葬器物的组合。

在唐初的边疆地域内,亦出现了对这一礼制组合的"回溯性"使用,即以木制家居随葬器物入葬,更加倾向于两汉时期的做法。甘肃天祝岔山村唐慕容智墓[1],墓内出土有大型彩绘木质帷帐床榻、胡床等。青海都兰热水1号墓[2],出土多件彩绘木质构件,素面,通体髹黑漆,发掘报告将其推测为帐篷顶部的构件,下葬时或为完整的一套木质帷帐架,并覆以帷幕垂叠。

由此可以看到,隋末唐初使用家居随葬组合的传统多延续自前朝,基本与北朝的做法相似,以棺床、墓主画像加配家居类随葬器物的组合为主。在边缘地带,唐初中高等级王墓之中依然设置这一组合,且在表现方式和风格特征上更倾向于两汉时期,这无疑与礼制有关。

二、"棺床与屏风"的全新组合

经历魏晋南北朝时期的成熟发展,家居随葬组合的传统在初唐以后的墓葬内逐渐消失不见[3],取而代之的是"棺床与屏风"的全新组合,即墓室内设置棺床承载墓主尸身,以棺床为中心,在壁面围绕绘制多扇屏风,并不再见墓主画像,而以不同系列的图像主题进行表达。

目前学界将这一组合中的"屏风"多称为"屏风式壁画",并已有大量相关研究。根据已知的考古材料,可将唐墓壁画中绘屏风图像的墓葬分为京畿(西安)、并州(山西太原)、原州(宁夏固原)、西州(新疆吐鲁番)、幽州(北京)、均州(湖北)、相州(河南安阳)等几个地区,流行区域较广,其中又以京畿(西安)及其周边区域居多[4]。

屏风图像主要呈现出多样化和通俗化的趋势,所绘内容涵盖人物、花鸟、云鹤、山

---

[1] 刘兵兵《甘肃天祝岔山村唐慕容智墓》,《大众考古》2019年第11期,页12—15。陈国科、刘兵兵、沙琛乔、张奋强《甘肃武威市唐代吐谷浑王族墓葬群》,《考古》2022年第10期,页2、29—47。
[2] 北京大学考古文博学院、青海省文物考古研究所《都兰吐蕃墓》,北京:科学出版社,2006年。
[3] 河南偃师唐恭陵哀皇后墓被盗追回的文物中,见3件陶几,几面呈鞋底状,残留朱色,口沿微敞,底附四长足;尺寸较小,当为模型明器,或为盛器。由于未见其他家居随葬器物组合,同类型墓葬中也极少见,故对其性质判定仍存疑;但因其所属墓主社会身份、等级较为特殊,可能与礼制相关。详郭洪涛《唐恭陵哀皇后墓部分出土文物》,《考古与文物》2002年第4期,页9—18。
[4] 马晓玲《北朝至隋唐时期墓室屏风式壁画的初步研究》,西北大学硕士学位论文,2009年6月,页29。

水、乐舞、十二生肖等主题，大致可分为以下三个发展阶段[1]：第一阶段，高祖至玄宗初年（618—712），在这一阶段的京畿以外地区，壁画内容出现了较多的树下人物图，京畿地区则以鉴诫的列女图像为主，或与政治意蕴有关；第二阶段，玄宗初年至玄宗末期（712—756），地方仍被敕以政治训诫，中央则受盛唐气息影响而趋于生活化，屏风图像题材日益丰富；第三阶段，肃宗至唐末（757—907），制度化逐渐模糊，出现新的人群使用屏风图像，花鸟、云鹤等题材新见[2]；五代时期亦有[3]。

京畿地区可见二十座屏风式壁画墓[4]，其中五座在墓中设置石质棺床，分别是唐节愍太子李重俊墓[5]（710）、富平县朱家道村李道坚墓[6]（738）、唐嗣虢王李邕墓[7]（747）、高力士

---

[1] 唐代屏风式壁画墓由于材料发现较为丰富而得到学界内学者的广泛关注，针对其分期分区的研究蔚为大观，尤其是关中地区。宿白在早年考察西安地区唐墓壁画时，便将其分为五个阶段，对壁画布局和内容进行过讨论。张建林根据壁画的布局与内容将关中地区屏风式壁画分成四个阶段，并认为第三阶段（玄宗天宝年间）是发展的繁荣期，题材多元。杨效俊则依据题材将屏风式壁画划分为前后两期，前期流行单一的历史故事人物画，后期表现出多样性，主题丰富。马晓玲在前人学者的研究上，将唐代屏风式壁画墓进一步详细分为三期四段，分别为初唐时期第一阶段太宗至武周时期；初唐时期第二阶段武周死后，中宗、睿宗先后复位时期；盛唐时期至中唐初期；以及中晚唐时期。认为屏风式壁画作为唐墓墓室壁画的主要内容之一，在第一、二阶段屏风图往往与作为主流的影作木构加侍从人物图并行，还表现出屏风图和影作木构图融于一室的过渡特征；从第三阶段开始，屏风图增多，题材丰富，成为墓室壁画的重要内容；到第四阶段几乎完全取代影作木构。详宿白《西安地区唐墓壁画的布局与内容》，《考古学报》1982年第2期，页137—153；张建林《唐墓壁画中的屏风画》，载周天游编《唐墓壁画研究文集》，西安：三秦出版社，2001年，页237—238；杨效俊《影作木构间的树石——懿德太子与章怀太子墓壁画的比较研究》，载周天游编《唐墓壁画研究文集》，西安：三秦出版社，2001年，页343—344；马晓玲《北朝至隋唐时期墓室屏风式壁画的初步研究》，页47—49。

[2] 郭美玲在《西安地区中晚唐壁画墓研究》中专门对云鹤、花鸟盆池等题材在墓葬中的具体表现形式、产生与发展以及所具有的等级分野的政治意涵等问题进行论述和阐释。但由于笔者主要着眼于家居随葬组合本身的发展沿革，故暂不对壁画图像进行深入的探讨。详郭美玲《西安地区中晚唐壁画墓研究》，载北京大学考古文博学院、北京大学中国考古学研究中心编《考古学研究》，北京：科学出版社，2019年，页434—473。

[3] 何康对唐代屏风式壁画进行了分期，指出唐代屏风式壁画具有稳定的结构，在各个阶段主要是布局和图像内容占比的演变，尤其是在第二阶段成了墓室西壁的固定画面，所占比例逐渐变大，但在玄宗以后，制度化的特征在其上的表现逐渐淡化。详何康《汉唐墓葬屏风随葬样式之变》，北京大学硕士学位论文，2018年6月，页27—30。

[4] 据马晓玲在《北朝至隋唐时期墓室屏风式壁画的初步研究》一文中的梳理勘补，另见西安南郊唐贞观十七年王怜夫妇合葬墓（643）、郭庄唐代韩休墓（749）和曲江唐博陵郡夫人崔氏墓（879）三座。详陕西省考古研究院《西安南郊唐贞观十七年王怜夫妇合葬墓发掘简报》，《文博》2012年第3期，页3—12；杨军凯、郑旭东、辛龙、赵占锐《西安曲江唐博陵郡夫人崔氏墓发掘简报》，《文物》2018年第8期，页4—22；郑旭东《西安曲江唐故博陵郡夫人崔氏墓相关问题略论》，《文博》2017年第3期，页27—32；陕西省考古研究院、陕西历史博物馆、西安市长安区旅游民族宗教文物局《西安郭庄唐代韩休墓发掘简报》，《文物》2019年第1期，页4—43。

[5] 王小蒙、刘呆运《唐节愍太子墓发掘简报》，《考古与文物》2004年第4期，页13—25；陕西省考古研究所、富平县文物管理委员会《唐节愍太子墓发掘报告》，北京：科学出版社，2004年。

[6] 井增利、王小蒙《富平县新发现的唐墓壁画》，《考古与文物》1997年第4期，页8—11。李坤《唐嗣鲁王李道坚墓志铭释读》，《考古与文物》2019年第6期，页87—95。

[7] 陕西省考古研究院《唐嗣虢王李邕墓发掘简报》，《考古与文物》2012年第3期，页22—25、67、120—121。陕西省考古研究院《唐嗣虢王李邕墓发掘报告》，北京：科学出版社，2012年。

墓[1]（762）以及唐安公主墓[2]（784）。其余均为砖砌或生土棺床。屏风式壁画多以棺床所在的西壁一侧为中心，向两侧展开，与日常家居生活中的布局基本一致；也有在对壁也设置或延伸至四壁者，当以此作为墓室空间的延伸[3]。

组合中置于墓室西侧的棺床，应是家居随葬组合中"榻"的替代。从保存较为完整、清晰的石质棺床来看，可见其确有在模仿"榻"的形制与装饰。唐节愍太子墓后室见石质棺床，由9块青石石条拼成（图5-4）；据复原，棺床底部可见均匀排布的壶门，壶门内一般装饰有一狮形或鹿形翼兽与飞鸟，加以卷云纹，两组壶门间阴刻宝相花束及卷草纹（图5-5），这与两汉时期墓内常见的足部雕刻壶门的石榻极为相似，或出于有意识的模仿。

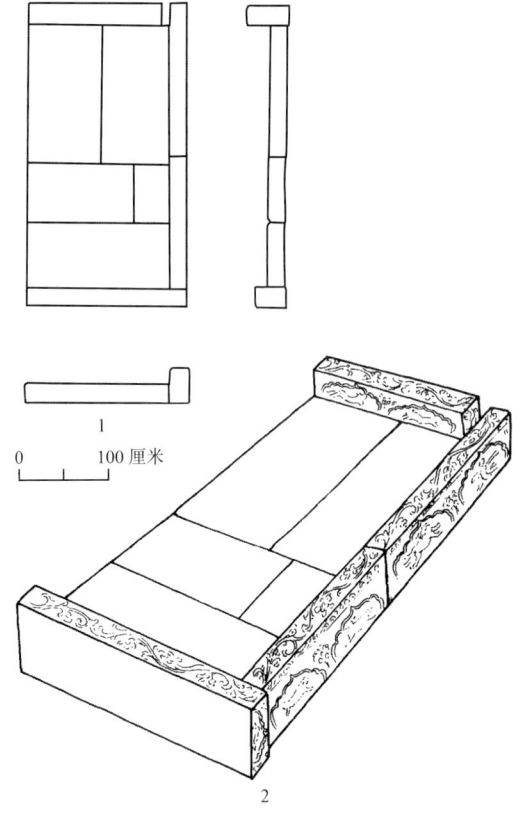

图5-4 唐节愍太子墓复原棺床示意图
1. 棺床平、剖面图
2. 复原示意图

唐嗣虢王李邕墓后室西侧设一石质棺床，又在其东部筑一砖砌棺床，应是其王妃入葬时补置。背部壁面绘六扇屏风，都以上部团花图案、下部侍女图案为构图元素（图5-6）；对向的东壁绘有歌舞伎乐、贵妇童子图，为现世生活的表现，遵循了京畿地区玄宗时代墓室壁画的传统布局，即在墓室东壁、正对棺床绘制乐舞图[4]（图5-7）；北壁则用影作木构缀连，呈现出户外生活之景。

南壁西部（靠近棺床一侧）绘制有一大幅方障，周边围以红色框栏，障面绘白鹤戏花图（图5-8）。发掘报告称，方障在已发掘的唐代壁画墓中较为罕见，从出土位置推测，卧榻两端多设障，后边多置屏。在皇家贵族的偌大卧室中，以障和屏将卧榻所在隔

---

[1] 邢福来、李明《唐高力士墓发掘简报》，《考古与文物》2002年第6期，页21—32。
[2] 陈安利、马咏钟《西安王家坟唐代唐安公主墓》，《文物》1991年第9期，页15—27、98。
[3] 针对屏风式壁画的具体布局，多数学者在梳理考古材料后进行过总结概括，此处笔者不再赘述。马晓玲在讨论时，对陕西西安及山西等地区墓葬内屏风式壁画的布局进行了详细的分类，以"一""匚"或"冂""匸"等形状加以概括。详马晓玲《北朝至隋唐时期墓室屏风式壁画的初步研究》，页33—34。
[4] 郭美玲《西安地区玄宗时代墓室壁画经营与布局》，《西部考古》2017年第2期，页230—248。

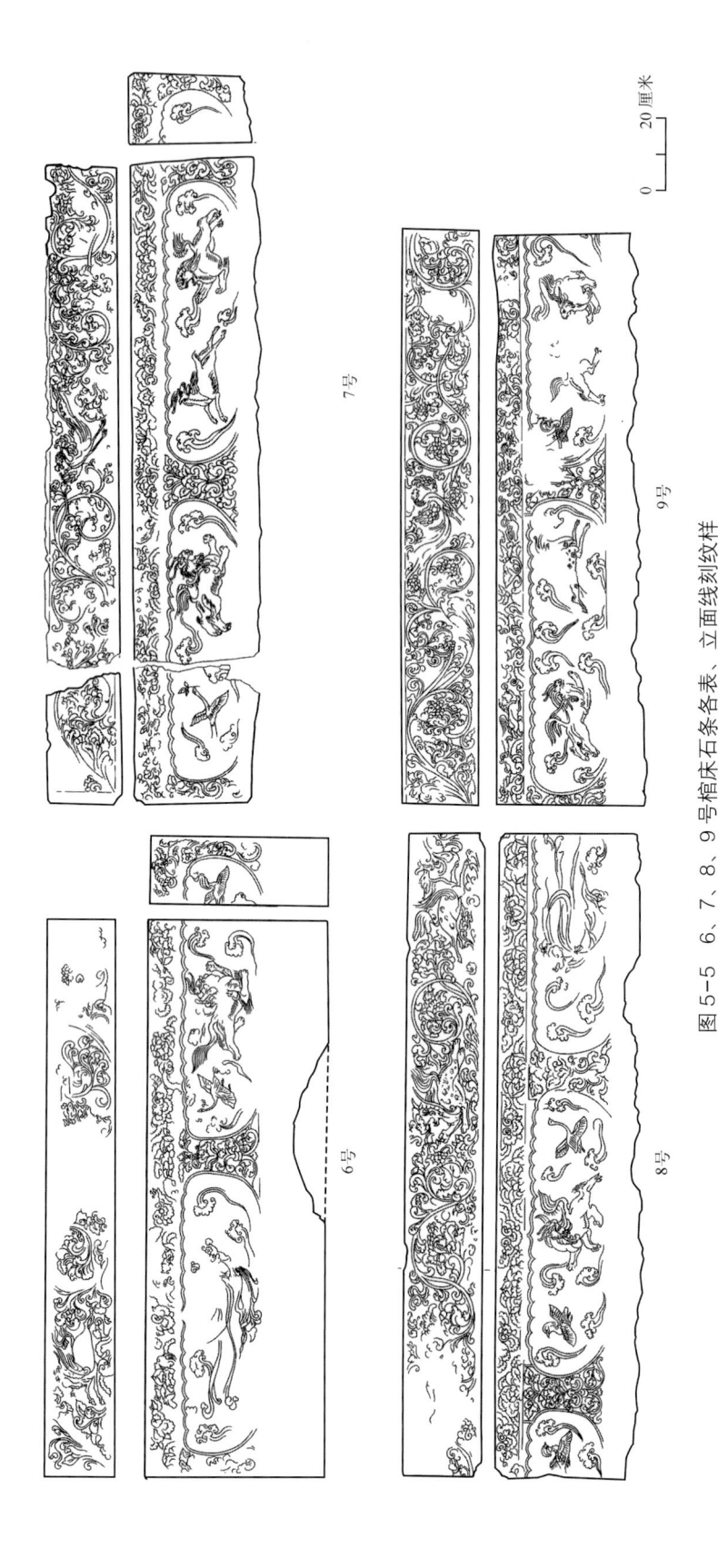

图 5-5　6、7、8、9 号棺床石条各表、立面线刻纹样

146　从飨宴到丧祭：两汉至宋元墓葬家居随葬组合研究

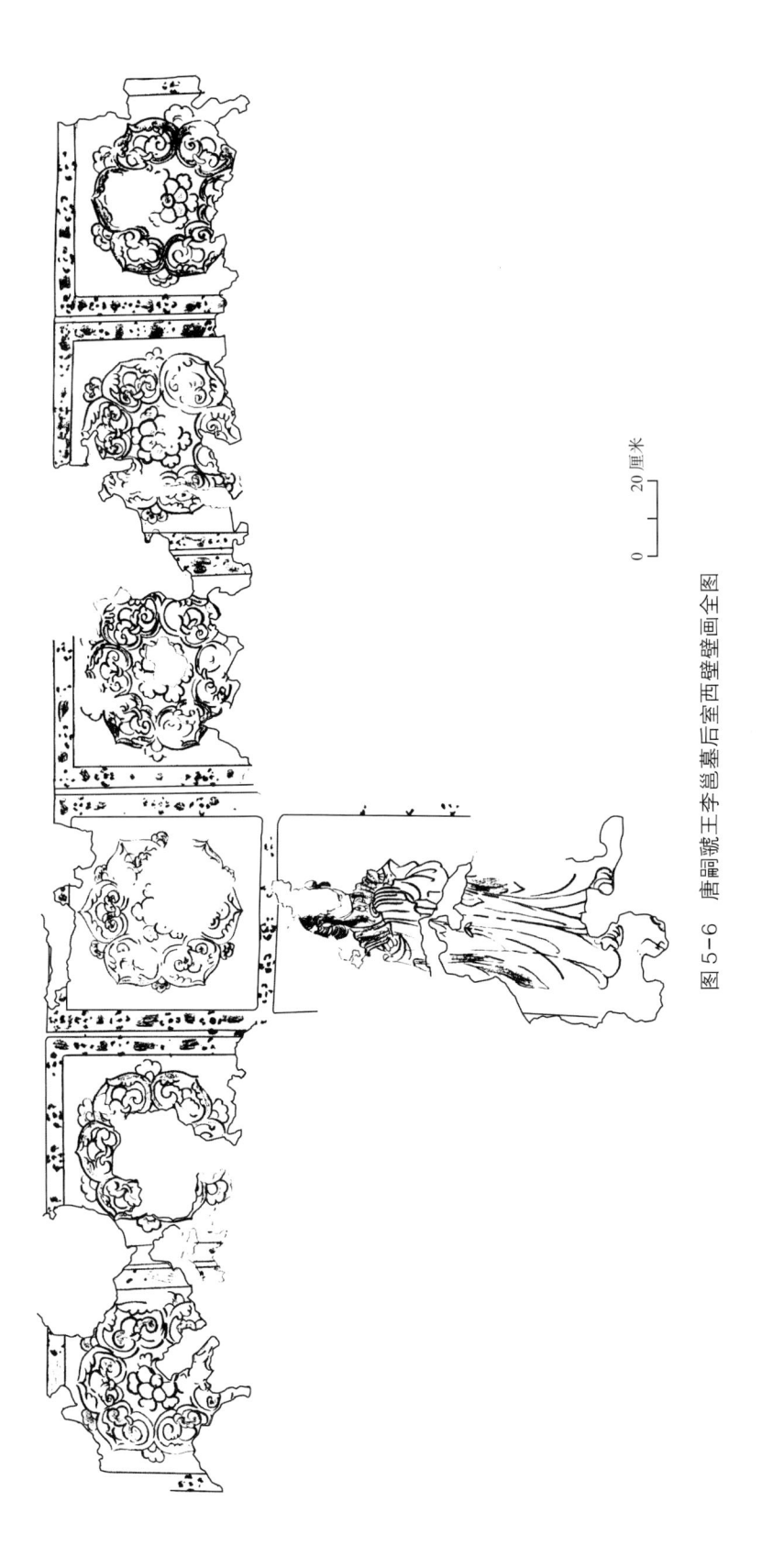

图 5-6　唐嗣虢王李邕墓后室西壁壁画全图

伍 | 家居组合的消匿与墓主画像的重现　147

成相对独立的空间,更便于安寝休息[1]。从前文所言的新发掘的隋麴庆墓的相关情况来看,石棺床前摆置大幅方障,与李邕墓在南壁绘制方障应出于同义,当为时人传统。

墓葬前室也绘有屏风图,应为模仿厅堂式建筑而设,南、北壁下部正中分别开设,以便沟通前、后甬道,拱形门洞;并将室内壁面划为两个区域,南壁西侧、西壁及北壁西侧壁面相连为一整体,画六扇屏图案;南壁东侧、东壁、北壁东侧壁面连为一体,绘人物图[2]。

由此,唐代墓室或未被看作是生人居室的象征;而其本身应该代表着包括正室的主庭院,与墓道、天井、过洞、甬道等,以及壁画表示的两侧虚拟建筑群,共同模拟了完整的一组宫殿或宅院建筑[3]。代表墓主所处的后室中,棺床与屏风的组合就应当是身前居室生活的

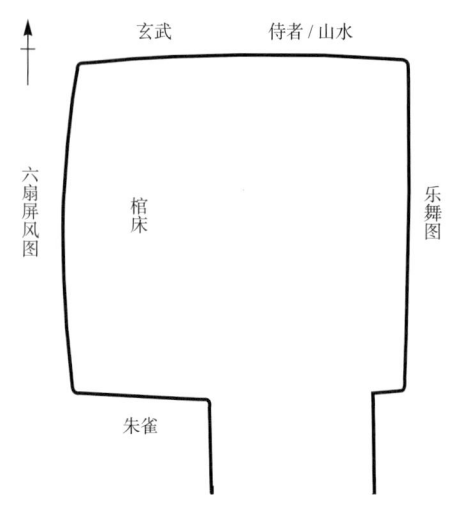

图5-7 京畿地区玄宗时代墓室壁画布局图
（郭美玲绘）

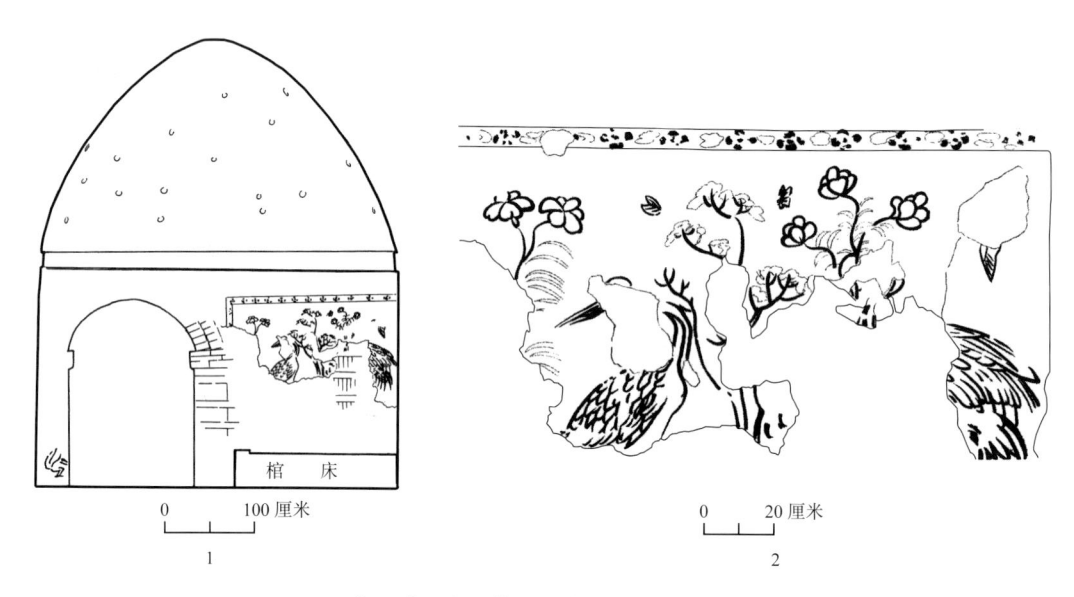

图5-8 唐嗣虢王李邕墓后室南壁正视图及西侧方障图
1.李邕墓后室南壁正视图 2.李邕墓后室南壁西侧方障图

---

[1] 陕西省考古研究院《唐嗣虢王李邕墓发掘报告》,页85—90。
[2] 陕西省考古研究院《唐嗣虢王李邕墓发掘报告》,页69—75。
[3] 赵超《从太原金胜村唐墓看唐代的屏风式壁画墓》,载陕西历史博物馆编《唐墓壁画国际学术研讨会论文集》,西安:三秦出版社,2006年,页199—208。

148 从飨宴到丧祭:两汉至宋元墓葬家居随葬组合研究

替代表现。棺床象征坐榻,屏风绘制于棺床所靠的墓壁上方,似树立于榻上。墓中屏风画的装饰手法,亦可能来源于日常生活中的实用屏风装饰[1]。

据上,棺床与屏风的随葬组合,无疑是家居随葬组合在这一时期的全新呈现方式,是魏晋南北朝以来这一组合逐渐发展成熟而产生的新变化;就其文化核心与礼制意涵而言,它位于墓葬空间体系的中心位置,当较前朝并无异议。

高力士墓在墓室西半部设置石棺床,由石板拼砌,下为曲尺形足,原应有装饰,已损毁不清。东、西两壁各绘六扇屏风,内绘兽首人身的十二生肖图像,以东壁北端为子时起,向南顺序排列,再以西壁南端为午时,向北顺序排列。据《开元礼》及旧例规定:

> 三品以上,明器九十事,四神十二时,园宅方五尺,下帐高方三尺。置五十舁。挽歌三十六人,幰竿末流苏四。披六,铎左右各八,蠢竿九尺。[2]

高力士职事任内侍监,列正三品,本阶至从一品的开府仪同三司,又加齐国公为从一品爵。墓内以屏风式壁画的表现形式替代陶、瓷俑一类的生肖组合[3],或是出于时局动荡下的被迫选择,也可见此时屏风作为家居随葬组合的重要组成部分,其图像题材是可以视具体要求与需要被改变的,以补充墓葬所缺失的内容。

陕西富平县朱家道村墓以及唐安公主墓内的石棺床也均置于西侧,背靠西壁,壁面描绘多扇屏风,分别以山水、花鸟为主题图案,共同构成"棺床与屏风"的"家居"组合,成为整个墓葬的中心。

---

[1] 赵超《从太原金胜村唐墓看唐代的屏风式壁画墓》,页199—208。
[2] [日]仁井田陞著,栗劲、霍存福、王占通、郭延德编译《唐令拾遗》卷一八《仪制令》,长春:长春出版社,1989年,页441。
[3] 盛唐至中晚唐时期的陕西、河南两京地区,兽首人身生肖俑十分盛行。目前可见的考古资料有:开元二十四年(736)陕西西安孙承嗣夫妇墓、开元二十六年(738)河南偃师杏园唐墓M2603、开元二十八年(740)陕西长安城郊杨思勖墓、天宝初年前后陕西西安西郊陕棉厂壁画墓、天宝年间陕西西安硫酸厂唐墓、天宝九载(750)河南偃师杏园唐墓M2731郑琇墓、贞元十一年(795)陕西西安西昌县令夫人史氏墓、中唐时期河南洛阳北郊唐颍川陈氏墓等。帝陵也见相关的发现,宝应二年(763)陕西礼泉唐肃宗建陵在陵内城门外放置有生肖俑。详唐静《考古材料中十二生肖形象的类型及演变》,吉林大学硕士学位论文,2007年4月,页18—19;陕西省考古研究所、西安市文物保护考古所《唐孙承嗣夫妇墓发掘简报》,《考古与文物》2005年第2期,页18—28;中国社会科学院考古研究所《偃师杏园唐墓》,北京:科学出版社,2001年,页115—118、145—146;中国社科院考古研究所《唐长安城郊隋唐墓》,北京:文物出版社,1980年,页65—86;马志军、张建林《西安西郊陕棉十厂壁画墓清理简报》,《考古与文物》2002年第1期,页16—37、98;孙铁山、张海云《西安硫酸厂唐墓发掘简报》,《文博》2001年第5期,页9—23、82;陈安利、马骥《西安西郊陕西昌县令夫人史氏墓》,《考古与文物》1988年第3期,页35—37;廖子中《洛阳北郊唐颍川陈氏墓发掘简报》,《文物》1999年第2期,页41—51、100;李浪涛《唐肃宗建陵出土石生肖俑》,《文物》2003年第1期,页95—96。

山西太原地区是隋唐时期屏风式壁画集中出现的另一个地域中心,且墓葬的时代基本处于武周时期,或可晚至开元年间,使用者多非政治核心成员,主要包括武周时期的金胜村4、5[1]、6号墓[2]、337号墓[3]、焦化厂墓[4],以及万岁登封元年新董茹村的赵澄墓[5](696)、开元九年万荣皇甫乡的薛儆墓[6](721)、开元十八年晋源镇果树场的温神智墓[7](730)。

　　沈睿文在对太原金胜村这批唐代屏风式壁画墓进行整体梳理与考证的基础上,指出其应为信仰祆教的粟特胡墓地;且墓主人的品位多在从五品以下,于隋唐嬗代之际,追随李渊起事,建立功勋;选择"树下老人"屏风画,意在表示对新生唐政府的忠诚和功成身退、无意政治(归隐)之意[8]。

　　西安地区屏风式壁画多为列女题材,墓主身份以皇亲贵戚为主[9](图5-9);"树下人物"的主题一般较为少见,使用者多为权臣,如苏思勖[10](745)等。相较于太原地区壁画以"树下人物"为主推的取向,西安地区屏风式壁画应存在源流上的差异。"树下人物"的壁画主题应该是一个已成定制的社会流行绘画题材,原型是以表现孝子、贤人为主的这类"忠孝图",而不是墓主人像或者道教人物故事,其文化内涵来源于中原儒家的文化传统;且树下人物的构图形式与南朝砖室墓中"竹林七贤"的拼镶壁画及其原始范

---

[1] 代尊德《太原南郊金胜村唐墓》,《考古》1959年第9期,页473—476、508—509。

[2] 李奉山、沈振中《太原市金胜村第六号唐代壁画墓》,《文物》1959年第8期,页2、19—22。

[3] 侯毅、孟耀虎《太原金胜村337号唐代壁画墓》,《文物》1990年第12期,页11—15、97、102。

[4] 山西省考古研究所《太原市南郊唐代壁画墓清理简报》,《文物》1988年第12期,页50—59、65、98、103—106。

[5] 山西省人民政府文物管理委员会《山西文物介绍》,太原:山西人民出版社,1955年,十五《太原市西南郊新董茹村唐墓》图版一至图版六。

[6] 张童心《唐薛儆墓发掘简报》,《文物季刊》1997年第3期,页4—14。山西省考古研究所《唐代薛儆墓发掘报告》,北京:科学出版社,2000年。

[7] 常一民、陈庆轩、裴静蓉《山西太原晋源镇三座唐壁画墓》,《文物》2010年第7期,页1、33—45。

[8] 沈睿文《太原金胜村唐墓再研究》,载陕西师范大学历史文化学院、陕西历史博物馆编《丝绸之路研究集刊》,北京:商务印书馆,2018年,页7—32。

[9] 唐昭陵李勣夫妇墓(670)、燕妃墓(671)均在墓室围绕棺床三壁绘制列女屏风式壁画,其中李勣夫妇墓仅有六屏,残毁较甚;燕妃墓十二屏完整。究其使用,当是多方因素共同作用的结果:或为死者遗愿,或为家属诉求,或为武后授命,其中包含个人操守、家族亲情、君臣关系、集团利益、政治倾向等。可能是墓主、家属、武后三方,或至少是家属与武后两方默契之结果。这一壁画主题以道德再现的形式,展现了墓主人的道德情怀,寄托了家属的敬意。且均出现于武后当政之际,表达立场的政治象征意义更不言而喻。尤其是燕妃墓,在使用石椁作为葬具的同时,仍在墓室四壁设置屏风,形成"石椁与屏风"看似存在空间矛盾的组合,这或许能够说明屏风式壁画的图像题材是上层人群在营建墓葬时相对更为重要的考虑元素。详昭陵博物馆《唐昭陵李勣(徐懋功)墓清理简报》,《考古与文物》2000年第3期,页3—14;昭陵博物馆编《昭陵唐墓壁画》,北京:文物出版社,2006年,页145—184;贺西林《道德再现与政治表达——唐燕妃墓、李勣夫妇墓屏风壁画相关问题的讨论》,《故宫博物院院刊》2019年第12期,页70—88。

[10] 陕西考古所唐墓工作组《西安东郊唐苏思勖墓清理简报》,《考古》1960年第1期,页6、11、30—36。

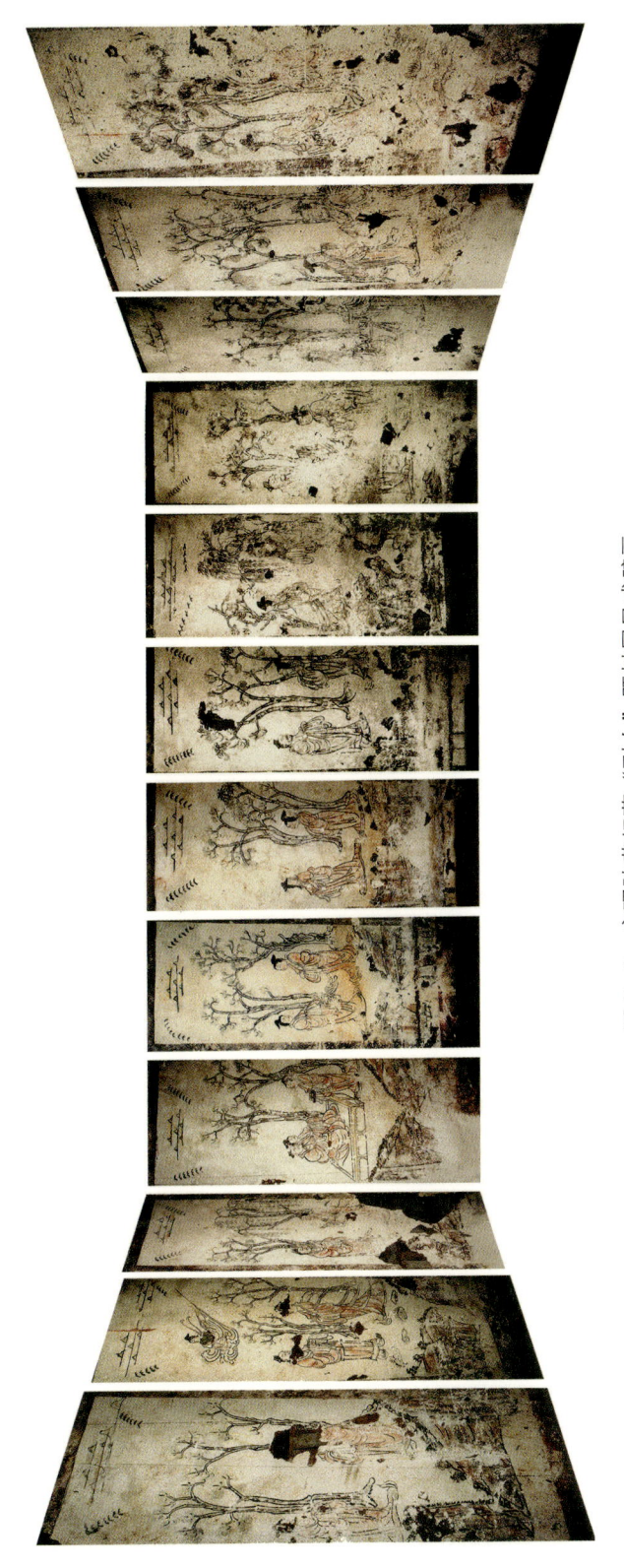

图 5-9　唐昭陵燕妃墓 "列女" 题材屏风式壁画
（贺西林根据《昭陵唐墓壁画》收录图片拼接制成）

伍 | 家居组合的消匿与墓主画像的重现　151

本"七贤图""高士图"等或存在密切联系。这与西安地区源于北齐宫廷画家创造、符合朝野奢华淫乱、又由隋唐中央继承的图像主题截然不同，出于两源[1]。

棺床的选择较为统一，以砖砌为主，基本设于墓室正北一侧，与两京地区不同[2]；屏风式壁画的绘制方位也相应改变，仍以棺床为中心展开。唯薛儆墓较为特殊，葬以房形石椁，并置墓室西侧，不过与其外戚身份相符。据墓志，薛儆封银青光禄大夫（散）、驸马都尉（官）、上柱国（勋）、汾阴郡开国公（爵），追赠兖州都督，爵列从一品，故用石椁。开元初年（713）以坐事被贬汾州别驾，十八年（730）薨于安业里。

一般而言，使用石椁而葬者，石椁已见居室建筑之意，墓室壁画中多不见屏风，而以影作木构表现庭院建筑，甚至展现更大的虚拟空间[3]。以章怀太子墓为例，其墓室壁画最具特色的是环境处理的模糊性。影作木构没有表现纵深的宫室封闭空间，而是在影作木构之间布局了山石、花鸟，造成观者的视线可以透过影作木构而瞭望户外园苑的错觉[4]。薛儆墓在墓葬形制、随葬器物等层面，均应属此类，墓室壁画也应见影作木构的建筑表现，但却选择了中下层人群所使用的屏风式壁画，且以"树下人物"这一具有特殊意涵的壁画题材为主，或与其政治经历有关（被贬而出于京师），以此表现对朝廷、政权的忠诚。

新疆吐鲁番地区在北朝中期至初唐属于麴氏割据的高昌王国时期，贞观十四年（640）唐灭高昌以置西州。这一区域内可见的棺床屏风组合约莫分为三种，即木框绢画屏风、屏风式壁画以及纸本屏风画[5]。阿斯塔那墓地M188、M230、M187[6]均在棺台附近出土木框联屏绢画，前者为八屏，后两者为六屏。M188出土屏风以人物鞍马仪仗出行为图像题材[7]，M230以描绘歌舞伎乐为主，M187则表现对弈仕女的场景。从木框绢画屏风出土的位置来看，应与棺床互成组合，较屏风式壁画在功能上同属一类，只是以实物形

---

[1] 赵超《"树下老人"与唐代的屏风式墓中壁画》，《文物》2003年第2期，页69—81。商彤流《太原唐墓壁画之"树下老人"》，《上海文博论丛》2006年第3期，页20—23。
[2] 王源、郭丽云《唐朝墓葬棺床位置变化原因初探》，《山西广播电视大学学报》2016年第4期，页92—96。
[3] 赵超《从太原金胜村唐墓看唐代的屏风式壁画墓》，页199—208。
[4] 杨效俊《影作木构间的树石——懿德太子墓与章怀太子墓壁画的比较研究》，载周天游、申秦雁编《唐墓壁画研究文集》，西安：三秦出版社，2001年，页333—347。
[5] 刘文锁《唐代西州的屏风画》，《新疆艺术（汉文）》2018年第5期，页113—125。
[6] 阿斯塔那墓地M188墓主为张氏夫妇（张礼臣兄弟或从兄弟），开元三年（715）入葬；M230墓主为张氏夫妇（张怀寂子张雄孙），长安三年（703）入葬，其妻开元九年（721）后入葬；M187墓主为张氏夫妇（张礼臣兄弟或从兄弟），约长安四年（704）入葬，其妻天宝四载（745）后入葬。详李征《新疆阿斯塔那三座唐墓出土珍贵绢画及文书等文物》，《文物》1975年第10期，页89—90、95—98；新疆文物考古研究所《吐鲁番阿斯塔那第十次发掘简报（1972—1973年）》，《新疆文物》2000年第3、4期合刊，页84—167；刘文锁《唐代西州的屏风画》，页113—125。
[7] 发掘报告首作牧马图，郭婧通过将其与同一时期西安地区唐墓对比，以及对墓主身份等级进行考证，指出这一图像应该是中原鞍马出行题材的变形，是对墓葬规格的一种选择性表达，这一结论当无异。详郭婧《原州梁元珍墓研究》，北京大学硕士学位论文，2021年6月，页23—27。

式进行表达。

墓室壁面见屏风式壁画者,为阿斯塔那墓地 M38[1]、M216 以及 M217[2],均绘于墓室后(正)壁,并列六幅,一体布局。题材大体上与中原地区并无二致,以树下人物[3](图 5-10)与花鸟风景为主。M216 墓室壁面所绘制的六扇屏风画在内容上较为特别,当与"鉴诫"题材有关[4],且不见于其他同一时期、地域之内(图 5-11)。

纸本屏风画受限于本身材质特性,保存情况较差,多损毁。目前仅有三组,系早年由斯坦因和橘瑞超从阿斯塔那墓地掘获[5]以及 1969 年哈拉和卓墓地考古出土[6]。虽然此类屏风画在出土形制及位置上均已不清,但无疑当为此区域在这一时期内"棺床与屏风"组合的另一种差异性呈现。

其他地区唐代墓葬内也可见"棺床与屏风"组合,具体考古发现如下:甘肃合水咸亨元年(670)魏哲墓[7],湖北郧县圣嗣元年(684)李徽墓[8],宁夏固原圣历二年(699)梁元珍墓[9],河南安阳刘家庄北地唐墓 M68、大和二年(828)郭燧夫妇墓 M126[10]、大和三年(829)赵逸公墓[11],以及北京海淀八里庄开成三年(838)王公淑墓[12]。

---

[1] 李征《吐鲁番县阿斯塔那——哈拉和卓古墓群发掘简报(1963—1965)》,《文物》1973 年第 10 期,页 7—27、82。
[2] 宿白编《中国美术全集·绘画编 12·墓室壁画》,北京:文物出版社,1989 年,图版一三三、一三四,图版说明页 49—50。
[3] 发掘报告将阿斯塔那墓地 M38 屏风主题推定为可能描绘墓主人生前生活的场景。但据具体图像来看,画面布局似有一定程式:六幅画面均以缠绕藤萝之树为背景,树下表现人物,应属"树下人物图"。
[4] 张勋燎对该墓出土的六扇屏风式壁画进行了考证,并逐一论述阐述,指出此列壁画应在彰显"鉴诫"之意。左起上第一图为"欹器图",左起上第二图为"周陛玉人图",左起上第三图为"缄口金人图",左起下第一图为"张口石人图",左起下第三图则为"生刍素丝扑满图"。就以上壁画内容而言,各幅壁画产生的时代先后不一,所代表的哲学思想体系亦不相同,既有儒家所指,也含道、刑名家之意,或与时局相关,也受所处地域政治、文化交融多元的环境影响。详张勋燎《吐鲁番阿斯塔那 216 号唐墓壁画考释》,《中国史研究》1980 年第 4 期,页 131—140。
[5] Stein, M. A., *Innermost Asia, Detailed Report of Explorations in Central Asia*, Kan-su and Eastern Īrān, Oxford at the Clarendon Press, 1928, Vol. II, pp. 693-694; Vol. III, Pl. CV, CVI. [日]香川默识编《西域考古谱》,东京:国华社,大正四年(1915),图 51。[日]田边胜美、前田耕作编《世界美术大全集·东洋编》第 15 卷《中央アジア》,东京:小学馆,1999 年,页 272,图 294—295。金维诺编《中国美术全集·绘画编 2·隋唐五代绘画》,北京:人民美术出版社,1997 年,图版十二。刘文锁《唐代西州的屏风画》,页 113—125。
[6] 中国古代书画鉴定组编《中国绘画全集》第 1 卷《战国—唐》,北京:文物出版社,1997 年,图版七十,图版说明页 11。刘文锁《唐代西州的屏风画》,页 113—125。
[7] 甘肃省文物考古研究所、甘肃陇东古石刻艺术博物馆《甘肃合水唐魏哲墓发掘简报》,《考古与文物》2012 年第 4 期,页 48—54。
[8] 全锦云《湖北郧县唐李徽、阎婉墓发掘简报》,《文物》1987 年第 8 期,页 30—42、51。
[9] 罗丰《宁夏固原唐梁元珍墓》,《文物》1993 年第 6 期,页 1—9、97—100。
[10] 中国社会科学院考古研究所安阳工作队《河南安阳刘家庄北地唐宋墓发掘报告》,《考古学报》2015 年第 1 期,页 101—146。
[11] 郑汉池、刘彦军、申明清《河南安阳市北关唐代壁画墓发掘简报》,《考古》2013 年第 1 期,页 2、59—68。张道森、吴伟强《安阳唐代墓室壁画初探》,《美术研究》2001 年第 2 期,页 26—28。
[12] 杨桂梅《北京市海淀区八里庄唐墓》,《文物》1995 年第 11 期,页 45—53、98—99。

图 5-10　新疆阿斯塔那墓地唐墓 M38 墓室后壁"树下人物"壁画

图 5-11　新疆阿斯塔那墓地唐墓 M216 墓室后壁"鉴诫"壁画

除魏哲墓与梁元珍墓使用"树下人物"的图像题材外,其他墓葬多绘制"花鸟"主题,尤其在中晚唐以后,花草湖石、虫鸟蜂蝶成为棺床屏风较为固定的主题图像之一。棺床多以砖砌为主,置墓室西壁或北(正)壁,与壁面屏风相互配合。值得注意的是,中晚唐时期的墓已经开始出现新的墓室配置,墓葬形制、壁面图像与中唐之前大不同,墓室壁画以家居侍奉为主:北壁雕刻假门窗,东壁绘制木箱、侍女、灯擎等,南壁东侧描绘备茶、侍奉图,西侧置更衣图;棺床背靠的屏风式壁画则以大幅花鸟为装饰[1]。这一图像组合的布局似乎已成定制,营建者在实际需求的基础上对构图进行了调整。

在墓室内设置家居式门窗、桌椅砖雕的做法,也在晚唐至五代时期开始流行,延续至宋元时期。山西大同浑源晚唐墓[2]、河北阳原金家庄晚唐五代墓[3]均在墓室四壁以砖砌筑门窗、桌椅。河北曲阳五代王处直墓[4]极为特殊,墓后室北部以青石砌筑棺床,且在东、西、北三壁锲入铁环,垂挂幔帐;北壁则绘制一幅通景式壁画,画面上部为团窠花纹及红、白色垂幔,两侧为深褐色边框,中央是贴湖石生长的牡丹,旁加以蜂蝶、鸟兽(图5-12)。这与墓主画像中墓主对坐宴饮、上垂帷幔、后置屏风的场景一致,可见两者在墓室内所描绘的情境相同,具有相同的象征之意。东、西两壁以砖雕分别表现侍奉、散乐场景(图5-13),是墓主夫妇日常生活情境的再现,与唐墓壁画中的对壁乐舞图相对应。

东、西耳室正壁均绘有壁画:东耳室东壁下部绘一床榻,上置墓主人生前所用之物,自北向南依次设盒、帽架、瓷碗、三足镜架、箱、扫帚等,上部以墨线勾勒山水,苍木浩水;西耳室西壁下部也绘一床榻,南部依次绘制盒、镜架、箱、枕、细颈瓶、衣等,上部绘制牡丹蜂蝶及绶带鸟图案(图5-14)。从画面主题来看,东耳室所绘应象征男性墓主生前所居之所,西耳室则代表女性墓主居室,与两汉时期在侧室设置石榻、石案的做法有相似之处,但不见祭祀之意,多表现墓主之"位"。在绘画技法上,采用"重屏"的独特制法;图像内容则继续承袭晚唐以来的传统,与生活中屏风的使用愈加等同[5],显示出强烈的世俗气息。

综上,自隋唐以来,家居随葬组合在墓葬内的使用逐渐呈现出简单化的趋势,主要表现为两大特征:一是家居类随葬器物不再在墓室之内直接表现,只有屏风例外,这可

---

[1] 中国社会科学院研究所安阳工作队《河南安阳刘家庄北地唐宋墓发掘报告》,页101—146。
[2] 李晔《山西大同浑源唐墓发掘简报》,《文物世界》2011年第5期,页11—15。
[3] 贺勇《河北阳原金家庄唐墓》,《考古》1992年第8期,页745—750。
[4] 李恩佳、李文龙《河北曲阳五代壁画墓发掘简报》,《文物》1996年第9期,页1—2、4—13。河北省文物研究所、保定市文物管理处《五代王处直墓》,北京:文物出版社,1998年。
[5] 何康指出这种将多类屏风画混合的做法,是对屏风制度、用途的一种错误认识,反映了墓主长期远离、未理解屏风式图像的境况。详何康《汉唐墓葬屏风随葬样式之变》,页29。

图 5-12 河北曲阳五代王处直墓后室北（正）壁壁画全景图

图 5-13 河北曲阳五代王处直墓后室东（上）、西（下）两壁砖雕全景图

图 5-14 河北曲阳五代王处直墓东（左）、西（右）耳室正壁壁画全景图

伍 | 家居组合的消匿与墓主画像的重现 157

能与屏风特有的空间规划作用、图像元素属性以及礼法制度意涵有关[1];二是墓主画像配合家居组合相关图像题材基本隐匿,取而代之的是,"棺床与屏风"这一全新家居组合得以兴起并流行,其上同时附加墓主灵魂与尸身,正式成为墓葬的中心之"位"。

自两汉至魏晋六朝,家居类随葬器物始终是墓内随葬组合中极其重要的组成部分,隋唐时期几乎不再常见,尤其是三足凭几。北朝伊始,除了传统的跽坐或盘坐在席榻类坐具之上外,随着各族文化的交融,新的元素开始加入,高足坐具和垂足而坐的方式逐渐发展兴盛,如桌、椅等。以敦煌莫高窟壁画为例,早在西魏第285窟顶部北披下部僧人禅修壁画中即可见与"椅子"相关的图像,至唐五代时期则更为常见;传世图、文中亦皆有之[2]。居室生活方式的变化或许是传统家居随葬器类消匿的原因之一。

此外,曹魏以降,南北分立,东晋南朝较为完整地继承了以案、几等为中心的家居器物入葬的汉地传统;北方地区则直至北朝才在墓葬中逐步恢复使用以墓主画像与家居组合为代表的图像,并配之以葬具。这一做法将"榻"的形制附加于棺床上,而并不重新营建空间;围屏或壁画中的墓主画像,更将墓主尸身所置之所与灵魂所栖之地直接置于同一体系之中,合二为一,试图直接构筑墓主之"位"。

隋唐立国后,在墓葬制度的选择上,基本仍以北朝传统为基础,尤其是在以上层贵族为代表的核心圈,或非绝对中心政治人物圈之内。因此,以器物来表现家居随葬组合的做法亦绝于此,其后几乎不再见。

墓主画像配合家居组合的相关图像主题,在隋唐之际一度沉寂,似乎彻底消失在地下墓葬体系之中。直至中唐时期,才见有两例,分别为陕西西安天宝十五载(756)高元珪墓[3]和北京宣武区燕史思明顺天元年(759)何府君墓[4]。

高元珪墓墓室北壁绘坐于椅上的墓主画像,旁有侍女(图5-15);东壁为乐舞图,西壁为花卉图。石椁设于墓室西部[5],正对北壁绘玄武,南壁绘朱雀。这一墓室壁画、葬具的经营及布局方式与同一时期其他唐墓相比极为特殊,尤其是该墓墓主画像再现的原

---

[1] 李清泉指出屏风在墓葬中具有极其重要的意义:不仅意味着灵魂的所在,同时也象征着死者的身份;作为一种艺术载体和死者生前的爱物,折射出不同时代、不同民族的人文气息和文化风尚,寄托着死者个人生前的情操、趣味和死后的关怀;并在一定程度上打破了有限的墓葬空间。详李清泉《埋在地下的三维屏风》,载〔美〕巫鸿编《物绘同源:中国古代的屏与画》,上海:上海书画出版社,2021年,页37—66。
[2] 郭婧《高元珪墓主坐像》,北京大学学士学位论文,2019年6月,页29—32。
[3] 陕西省文物清理工作队《陕西省文物清理工作队发现唐代石棺等》,《文物参考资料》1955年第3期,页158。贺梓城《唐墓壁画》,《文物》1959年第8期,页31—33。
[4] 王策、程利《燕京汽车厂出土唐墓》,《北京文博》1999年第1期,封二、彩插一。高小龙《北京清理唐代砖墓》,《中国文物报》1998年12月20日第1版。
[5] 孙秉根《西安隋唐墓葬的形制》,载徐元邦编《中国考古学研究——夏鼐先生考古五十年纪念论文集(二集)》,北京:科学出版社,1986年,页161。

因，以及"椅子"形象进入墓葬的流变问题[1]，是学界内重点关注的议题。从目前可见的考古材料来看，唐墓棺床多与屏风相配合，即多以棺床一侧为墓室壁画构图中的正壁，壁画围绕其展开，但高元珪墓则不同，墓主画像并非绘于西壁石椁一处，而被安排在北壁（以往多绘制侍者），西壁则以常见的屏风画图像题材花卉进行描绘，其余壁面布局又与他者无异。

图5-15 陕西西安天宝十五载高元珪墓墓室北壁墓主画像[2]

高元珪及其祖、父三代，两《唐书》中均无载。墓志追叙其为冯盎之后，出身名门望族，其曾祖、祖、父三代都是朝廷命官。十六国时，冯氏先祖居于辽宁西南部和河北东北部一带，后又投于高丽国，再入东晋南朝，终归唐[3]。魏晋以来辽东地区常见墓主画像题材在墓室中的营建，前章已论述，当与东汉末年公孙氏的政权割据有关。十六国以来朝鲜地区也可见这一壁画题材，且有绘于墓室北壁者[4]。北朝以来，墓室北（正）壁或石床屏风中部刻绘墓主夫妇画像，两侧分置鞍马、牛车出行，配合技奏、乐舞的图像组合，成为墓室营建中的标准配置。因此，高元珪墓北壁绘制"墓主人像"的做法取法于北朝或高句丽传统[5]，是极有可能的。究其根本，或仍出于汉地文化体系。

这样做法既借鉴传统墓主画像题材元素，又试图符合当时墓室壁画布局构筑，看似矛盾，或许能够反映墓主及墓葬营建者的政治心态与情感取向，

图5-16 北京宣武区燕史思明顺天元年何府君墓墓室西壁墓主画像

即在保留家族传统的基础上，尽可能满足当世统治者的礼法倡导。

何府君墓的墓主画像则置于西壁，构图方式与前者相同（图5-16），但与砖砌棺床

---

[1] 郭婧《高元珪墓主坐像》，页1—2。
[2] 陕西历史博物馆编《唐墓壁画集锦》，西安：陕西人民美术出版社，1991年，页153。
[3] 贺华《读〈唐高元珪墓志〉》，载西安碑林博物馆编《碑林集刊》（第三辑），西安：三秦出版社，1995年，页87—89。
[4] 见本书第三章"地方传统与区域差异"中"东北辽阳地区"所列举的十六国时期朝鲜德兴里壁画墓等。
[5] 郭美玲《西安地区玄宗时代墓室壁画经营与布局》，页242。

伍｜家居组合的消匿与墓主画像的重现　159

相邻，棺床下部装饰壸门与彩画；北壁为马厩，内绘马夫和一骏马，应是对生前庭院建筑的模拟，为唐墓壁画中较为常见的主题。

除上文提及的两例外，唐墓材料中再难见到单独成幅的墓主题材[1]，只在部分乐舞、出行场景中似有表现，多为墓主神态闲适地坐于荃蹄或木凳上，身旁侍者站立，画面背景的花草树木皆显示出室外特点，以宫苑情境为主[2]。神龙二年章怀太子李贤墓[3]（706）墓道东壁出行图以四匹骏马由南向北为先导，中间为一圆脸微带胡须的男性形象，身着蓝色长袍，下骑一高大白马，被推测为墓主李贤[4]。后室东壁南侧的游憩图中，左侧以一女性形象为画面的中心，侍女、宦官围立，被认为是靖妃房氏。开元十五年嗣虢王李邕墓[5]（727）、天宝元年李宪墓[6]（742）墓室壁画中均绘有可能表现墓主形象的乐舞图，并以"场景式"的缩影手法进行描绘，意在呈现贵族的日常生活（图5-17）。这种以多人物、连续情境表现墓主形象的做法，或可上溯至两汉时期，在武周以后至玄宗时代的皇亲贵胄中重现，有其特殊的政治意涵，而与墓葬本身的营建存在矛盾之处。

>（神龙元年）二月甲寅，复国号，依旧为唐。社稷、宗庙、陵寝、郊祀、行军旗帜、服色、天地、日月、寺宇、台阁、官名，并依永淳已前故事。神都依旧为东都，北都为并州大都督府，老君依旧为玄元皇帝。[7]

以"两汉之法"重振高祖"斟酌汉魏，以为规矩"的旧仪，是李唐复兴时的选

---

[1] 唐代墓主画像隐匿的原因多被认为是此时墓葬的中心转变为墓主尸身，墓主画像的地位相对有所下降。郭婧指出唐前中期墓主画像题材未见单独出现，在居室空间营造方面，壁画围绕的中心也随之发生变化：即以棺床上的墓主真身为中心，此时壁画与墓主真正联结。于静芳也从唐人灵魂观的角度出发，认为墓室中的一切都是为墓主尸体与灵魂服务的，墓主尸体与灵魂才是墓室的中心。唐代陵墓的设计者可能是注意到了壁画出现墓主像使墓中出现了两个中心，因此多选择不画墓主像。笔者以为，就考古资料本身而言，由于材料的限制，所面对的群体应仍是社会中上层，难以窥探整个社会、时代层面的生死观念；其本身也呈现出一定的复杂性，恐无法作全面阐释。但思想史层面的叙述，能够提供一种多元的考察视野。详郭婧《高元珪墓主坐像》，页17—18；于静芳《唐墓壁画女性图像风格研究》，西安美术学院博士学位论文，2018年5月，页42—46。
[2] 郭婧《高元珪墓主坐像》，页19—23。
[3] 陕西省博物馆、乾县文教局唐墓发掘组《唐章怀太子墓发掘简报》，《文物》1972年第7期，页13—25、68—69。
[4] 申秦雁指出，此人所骑白马颈披长鬃，马尾垂散，一侧的前后蹄同时抬起，呈现出不同于一般马匹的走姿，在唐代文献中被称为"走马"。走马鞍背平稳，骑之无前颠后仰之苦，不易产生疲劳，是极少数身份尊贵者享用的。由此推测，骑马者可能为李贤本人。详申秦雁《谈谈唐代帝王的狩猎活动——兼谈章怀太子墓〈狩猎出行图〉》，载《陕西历史博物馆馆刊》编辑部编《陕西历史博物馆馆刊》（第5辑），西安：西北大学出版社，1998年，页272—276。
[5] 陕西省考古研究院《唐嗣虢王李邕墓发掘报告》，同上。
[6] 陕西省考古研究所《唐李宪墓发掘报告》，北京：科学出版社，2005年。
[7] 《旧唐书》卷七《玄宗本纪》，北京：中华书局，1975年，页136。

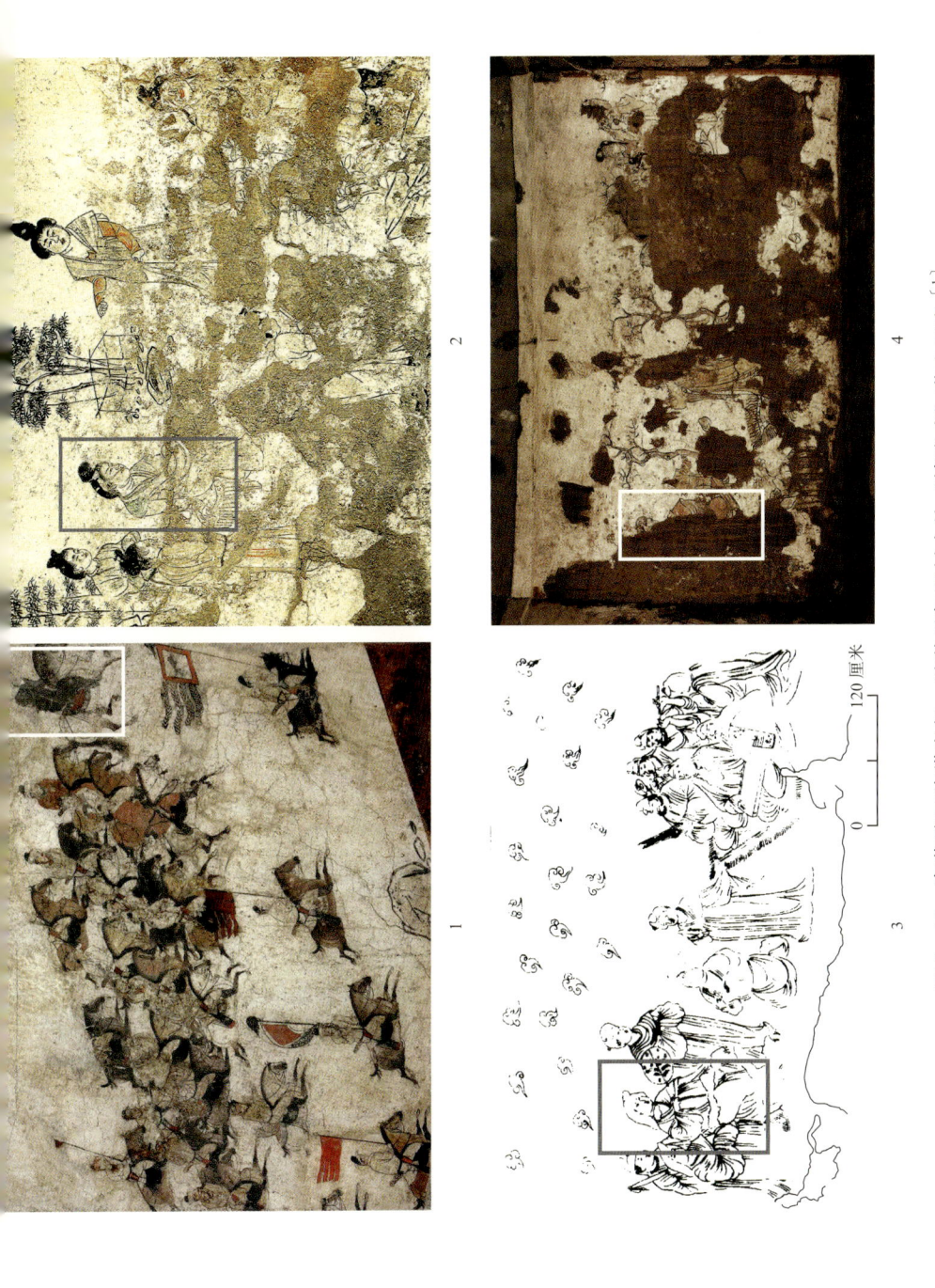

图5-17 唐墓壁画狩猎出行、游憩乐舞题材中的"情境式"墓主形象[1]
1. 唐章怀太子李贤墓道东壁中段狩猎出行图（局部）[2] 2. 唐章怀太子李贤墓后室乐舞壁南侧壁画
3. 唐李宪墓墓室乐舞壁画全图 4. 唐嗣虢王李邕墓后室李邕乐舞壁画全图[3]

―――――
[1] 方框对应墓主人物形象。
[2] 《中国墓室壁画全集》编辑委员会编《中国墓室壁画全集·隋唐五代》，石家庄：河北教育出版社，2011年，图七一，页66。
[3] 张铭洽《章怀太子墓壁画》，北京：文物出版社，2002年，页78。

伍 | 家居组合的消匿与墓主画像的重现　161

择,在上层墓葬中得到某种程度上的推行,但始终未被固定下来成为丧葬传统。这或许与唐人对墓室空间的理解与规划有关。就规格较高的唐代墓葬而言,由于墓室代表完整的宫殿或宅院建筑,其四壁便也不再适合绘制墓主画像,而多以影作木构表现虚拟空间,以起到延伸空间作用。与此同时,"棺床与屏风"的组合也使得原本被设计固定在某一处的墓主形象从二维平面中抽离出来,能够单独、自由地游离在整个墓室空间之中。

从表现方式上看,以"棺床与屏风"的组合来代替居室生活中的床榻,并象征墓主之"位",与西魏北周围屏石榻的建制同理;不直接描摹墓主画像的做法,就历史渊源而言,则与南方六朝的传统更为相似,当取南朝之礼[1]。而屏风式壁画的出现当也与盛行于南朝的拼镶砖画有关,这一点从"树下人物图"的母题来源便可推断。这也同《隋书》牛弘奏而治典时的礼学取向相合:

> 开皇初,高祖思定典礼……弘因奏征学者,撰《仪礼》百卷。悉用东齐《仪注》以为准,亦微采王俭礼。修毕,上之,诏遂班天下,咸使遵用焉。[2]

而后唐初立国,太宗修改旧礼,又取法于隋制陈仪。《旧唐书》曰:

> 神尧受禅,未遑制作,郊庙宴享,悉用隋代旧仪。太宗皇帝践祚之初,悉兴文教,乃诏中书令房玄龄、秘书监魏徵等礼官学士,修改旧礼,定著《吉礼》六十一篇,《宾礼》四篇,《军礼》二十篇,《嘉礼》四十二篇,《凶礼》六篇,《国恤》五篇,总一百三十八篇,分为一百卷。玄龄等始与礼官述议……余并准依古礼,旁求异代,择其善者而从之。太宗称善,颁于内外行焉。[3]

由此可见,"棺床与屏风"组合的出现及盛行、墓主画像的隐匿,与当时统治者对礼法的倡导不无关系。诚然,如果说东晋南朝在棺床前单独摆放围屏石榻,仍存有设置灵座以供祭祀的意涵,那么至晚于初唐以后,墓室内的祭祀空间似已全然不见,墓室成为完全意义上的身后死亡世界,成为模仿地面宫室而建的"安乐"之所。

---

[1] 陈寅恪《陈寅恪集·隋唐制度渊源略论稿·唐代政治史述论稿》,北京:生活·读书·新知三联书店,2001年,页65—67。
[2] 《隋书》卷八《礼仪三》,北京:中华书局,1973年,页156。
[3] 《旧唐书》卷二一《礼仪一》,页816—817。

但近年来,"下帐"现象逐渐引起学界研究者的关注[1],由此,帷帐这一考古资料也成为学界重点探讨的对象。以程义、程酩茜[2]、李梅田[3]等为代表的学者指出,"下帐"应当是"灵位"的替代,与东晋南朝墓内的凭几、榻案为同一性质的器用,承担起墓内祭祀的功能。具体而言,"下帐"是一个以竹木为骨架,布帛为帐幕,里面放有神座、食盘等祭器,置于棺柩之东的"送终之具"[4]。

从考古资料来看,目前唐墓中仅可见与帷帐有关的部分构件,数量极少,如陶座、石座、玻璃盒金属装饰构件等,可分为以下三种:1.位于棺木一侧四件一组的陶或石帐座,2.作为帷帐装饰的玻璃盒金属饰件,3.位于棺床四角的陶或石座。何月馨在梳理考古资料的基础上指出,根据文献,只有前两种属于"下帐"现象,情况较为清晰者只有西安南郊显庆二年唐殿中省侍御医蒋少卿墓[5](657)、唐咸亨元年右监门卫将军魏哲墓[6](670)两例,符合文献记载,与汉晋以来在墓内施帷帐设奠的传统一脉相承,蕴含"祭"的观念[7]。

家居随葬组合中凭几、床榻等一类器物,确实多被用作"灵座",上覆帷帐[8]。《通典》中亦多有记叙,但均为庙祭或凶祭时所用,并无墓圹之内使用的描述,也未见实物材料出土。《唐开元礼纂类·凶礼·墓中置器序》曰:

> 輴出四品以下无辂车,但有持翣者持翣者入,倚翣于圹内两厢,遂以下帐张于柩东,南向。米、酒、脯陈于下帐东北,食盘设于下帐前,苴牲置于四隅,醢醯陈于食盘之南,藉以版,明器设于圹内之左右。[9]

---

[1] 对于"下帐"现象的理解较为复杂,讨论众多,主要集中于两种:一则认为"下帐"是建在坟墓周围的建筑物,以武伯纶、秦建明等为代表;二则认为"下帐"是一种丧葬用具,宋司马光《书仪》、胡氏注《资治通鉴》中均有叙述,却略显宽泛。张蕴、秦造垣在考察西安唐代墓葬材料以及蓝田菜坊村法池寺出土银函的图像时也有推测,但并未形成定论。详程义《谈唐代丧葬文献中的"下帐"》,《中国文物报》2011年7月22日第6版;武伯纶《古城集》,西安:三秦出版社,1987年,页113;秦建明《乾陵考古获重要成果,航拍发现乾陵下宫遗址》,《华商报》2009年4月1日;张蕴、秦造垣《浅谈"下帐"》,《考古与文物》2009年第6期,页46—48。
[2] 程酩茜《汉唐墓葬中的施帐现象研究》,南京大学硕士学位论文,2018年5月。
[3] 李梅田、赵东《帷帐居神——墓室空间内的帷帐及其礼仪功能》,《江汉考古》2021年第3期,页58—65。
[4] 程义《谈唐代丧葬文献中的"下帐"》,同上。《宋墓壁画夫妻对坐图的再研究》,载西安曲江艺术博物馆编《色·物象·变与辩:首届曲江壁画论坛论文集》,北京:文物出版社,2013年,页181—205。
[5] 西安市文物保护考古研究院《西安唐殿中侍御医蒋少卿及夫人宝手墓发掘简报》,《文物》2012年第10期,页25—42。
[6] 甘肃省文物考古研究所、甘肃陇东古石刻艺术博物馆《甘肃合水唐魏哲墓发掘简报》,页48—54。
[7] 何月馨《隋唐墓葬出土帐构研究》,《中原文物》2016年第2期,页94—100。
[8] 《唐开元礼纂类·凶礼·设灵》载:"既敛,设灵于吉帷内幕下西厢,东向,施床帷、屏几、服饰。以时上膳羞及汤沐,皆如平常。"详《通典》卷一四〇《开元礼纂类三十四·凶礼七》,北京:中华书局,1988年,页3569。
[9] 《通典》卷一三九《开元礼纂类三十四·凶礼六》,页3543—3544。

"下帐"现象实则见于墓内,但据文献记载,并无明显设置"灵位"之意,只言将饮食、酒具等置于圹内,并施以帐。又《旧唐书》传,乾封二年(667)李勣临终前留有遗令,谓之:

> 又见人多埋金玉,亦不须尔。惟以布装露车,载我棺柩,棺中敛以常服,惟加朝服一副,死倘有知,望着此奉见先帝。明器惟作马五六匹,下帐用幔皂为顶,白纱为裙,其中著十个木人,示依古礼刍灵之义,此外一物不用。[1]

"下帐"内著木人、置"刍灵",依古礼传统。"刍灵"者,略似人形而以茅草束扎,多为孔圣称道[2]。其用当作殉葬之物,与"灵座"相异。退言之,若与后者同,则取一替代墓主即可,自不必有数十之多,故推测"下帐"应为归放明器葬物的用具。后"掩圹"条记:

> 掌事者以玄纁授主人,主人授祝,祝奉以入,奠于灵座,主人拜稽颡。施铭旌志石于圹门之内,置设讫,掩户,设关钥,遂复土三。主人以下稽颡哭,尽哀,退,俱就灵所哭。掌仪者设祭后土于墓左,如后仪。[3]

在墓内"以玄纁奠于灵座",此处的"灵座"或为墓主尸身所置的棺床,或为不留于墓室内的特定器位。据前、后丧仪,如大殓、反哭等礼,"设灵座于下室西间",置灵车之上而时时"入诣"设奠;后随棺木入圹,受奉,再出,由"祝奉神主升车,执事者彻灵座"[4],终"遂行"列于"寝室"或"灵所",每时而祭;当非前文所述之"下帐"而留于"圹内"者。"器行序"条再列:

> 彻遣奠,灵车动,从者如常,鼓吹振作而行。先灵车,后次方相车,次志石车,次大棺车,次輴车,次明器舆,次下帐舆,次米舆,次酒脯醢舆,次苞牲舆,次食舆,次铭旌,次蠢,次铎,次輴车。[5]

---

[1]《旧唐书》卷六七《李勣传》,页2489。
[2] 朱熹注仲尼"始作俑者,其无后乎"一言曰:"古之葬者,束草为人以为从卫,谓之刍灵,略似人形而已。中古易之以俑,则有面目机发,而大似人矣。故孔子恶其不仁,而言其必无后也。"详〔南宋〕朱熹《四书章句集注·孟子》卷一《梁惠王章句上》,北京:中华书局,1983年,页205。
[3]《通典》卷一三九《开元礼纂类三十四·凶礼六》,页3544。
[4]〔清〕李文炤撰,赵载光点校《家礼拾遗》卷四《丧礼》,长沙:岳麓书社,2012年,页659。
[5]《通典》卷一三九《开元礼纂类三十四·凶礼六》,页3539。

"灵座"有灵车,"下帐"则单独置"舆",与"明器""米""酒脯醢""苞牲"等同列,应为同一类器陈,在墓室内也一并放置[1],是丧仪活动中的重要载体。据《司马氏书仪》所补,或与案、几等明器有关[2],但已无明确在墓内构筑"位"的含义。

据此可见,唐代丧葬仪典中墓内的生者祭祀并不被强调[3],仅在初次入葬时进行简单的奠拜。所谓"灵座"祭神的做法,在下葬时应被看作丧仪活动的一部分而于墓室或墓道内进行;但应明确的是,"灵座"本身并不被主动而提前地设置在地下墓葬之中,未形成分离的独立空间,一般在仪式结束后便重新复归入"庙""寝"之内。相比而言,时人多倾向于庙祭,又或墓上祭祀;地下墓室当是墓主死后世界的居所,象征现世的日常生活;祭祀空间的构建意涵似较隐晦,与两汉、魏晋之法略有不同。

由于帝王身份与丧葬礼制的特殊性,帝陵在陵墓地宫中拥有进行空间规划的充足可能,因而存在"神座居中"的传统[4],这一点在后世已发掘的帝陵中可得证实。

至于墓主像的再次出现,若仅以高元珪墓与何府君墓进行讨论与阐释,其结论过于个体化,难以全然[5]。再者,两者出现的时间只隔三年,其前后均不见其他墓葬的相关出土,难以连成流变线索,无法审视其发展演进过程。基于墓主的出身及地域背景,能够预见的是,这一绘制墓主画像的做法,当与两汉魏晋之间辽东地区的汉地传统有关,应

---

[1]《家礼拾遗》卷四《丧礼》揭:"陈器……次明器下帐苞筲罂以床舁之,次铭旌,去跗执之,次灵车,以奉魂帛香火,次大舆,舆旁有翣,使人执之。"详《家礼拾遗》,页657。
[2]《司马氏书仪》记"下帐"者,注"为床帐茵席倚卓之类,皆象平生所用而小也"。或为后世添附,溯唐仪不如此,仅供参阅。详〔北宋〕司马光《司马氏书仪》卷七《丧仪三》,页81。
[3] 李梅田结合考古遗存和历史文献指出,帷帐作为汉唐时期宅地化墓室中必不可少的一项葬仪陈设,无论是以实物还是以画像形式出现,在墓室空间中都具有居神的意义,起到营造祭祀空间的作用,反映了墓内祭祀礼仪的情况,而与以棺床为中心的埋葬空间具有不同的礼仪含义。但其论证唐代墓葬时所引文献(除帝陵外),不见将"灵座"置于墓内者,也不见将帷帐直接替代"灵座"者。因此,隋唐之际帷帐与墓内祭祀之间的关系也难以被完全连接起来,其本身能否判定为居神之所也值得进一步讨论。详李梅田、赵东《帷帐居神——墓室空间内的帷帐及其礼仪功能》,页58—65。
[4]《元陵仪注》"葬仪"条记:"至玄宫。太尉奉宝绶入。跪奠于宝帐内神座之西。俛伏兴。礼仪使以谥册跪奠于宝绶之西。又以哀册跪奠于谥册之西。又奉玉币跪奠于神座之东。并退出复位。礼生引将作监少府监入陈明器。白幰弩素信幡翣等分树倚于墙。大旗置于户内。陈布亿。以下内官。并出羡道就位。""山陵日"指梓宫至墓地后、准备入葬之时,"奠献"在此是代表未参加的皇帝履行的仪式,故由太尉主持,是唐代皇帝丧葬礼仪的重要环节。详〔唐〕颜真卿《元陵仪注》,载〔清〕董诰等编《唐文拾遗》卷二〇,北京:中华书局,1982年,页10581—10595;吴丽娱《唐代的皇帝丧葬与山陵使》,载武汉大学中国三至九世纪研究所编《魏晋南北朝隋唐史资料》(第二十四辑),《武汉大学文科学报》编辑部编辑出版,2008年,页110—137。
[5] 郭婧认为高元珪墓主坐像的出现,一方面是当时的社会背景所致:唐代上层阶级流行着新的魂神观念,使得对墓主真身的侍奉和对魂神的祭祀得以同时进行,伴随着尸祭风气在唐《开元礼》以来渐渐不被提倡,庙祭中像和位则有所增多,高元珪墓的做法正是以上两点的体现;另一方面唐代写真风气兴盛,佛道塑绘也较多,为墓主像的绘制提供了可能条件。至于"坐椅"的描绘,一则与墓主的身份等级相关,二则与高(冯)氏家族的发展有关。这一结论是具有一定合理性的,但究竟是否能够通过个例来推断当时社会的丧葬礼俗与生死观念,并以此说明原因,仍值得进一步推敲。详郭婧《高元珪墓主坐像》,页38。

是沿袭其而来。由此，所谓"再现"，自五代十国算起也许更为合适，但此时的墓主形态已俨然不同，多以石雕、金铜等新的媒介表现，呈现出三维立体的特点。这与兴起于唐代的写真艺术、肖像传统，以及僧人影真、灰身塑像的激发有着很大程度上的联系；也和唐代晚期包括立像建祠在内的各种地上祭祀风气的盛行，由重"葬"到重"祭"观念的移动密不可分[1]。

三、从"一桌二椅"到"夫妇共坐"

家居随葬组合与墓主画像在经历唐代的消匿、转变为"棺床与屏风"的组合后，于五代十国沉滓泛起，多以塑像等全新的表现形式在墓葬之内出现。唐中晚期墓葬中依稀可见的"一桌二椅"的砖雕组合[2]也在北宋前期蔚然成风，至北宋中期在两京地区发展成"夫妇共（对）坐"的图像主题——即被考古学界普遍称为墓主夫妇"开芳宴"的表现形式[3]，并且成为墓葬装饰中最为核心的一个表现题材，直到其后的金元时期还流行不衰[4]。

自20世纪50年代起，有关"一桌二椅"与"夫妇共坐"的图像研究，便是致力于

---

[1] 李清泉对五代十国以来与墓主像相关的考古资料进行了极为翔实的梳理和整合，故笔者此处不再赘述。详李清泉《墓主像与唐宋墓葬风气之变——以五代十国时期的考古发现为中心》，《美术学报》2014年第4期，页4—20。

[2] 部分晚唐五代墓葬中已见"一桌二椅"的砖雕或壁画组合，主要集中在中原北方和京津冀的地区范围之内，青齐地区略有分布，具体列举如下：河南新乡南华小区2006XNM1、M2，荣军修养院2007XRM1，宝山西路2007XFBM1，洛阳龙盛小学五代壁画墓C7M5722，邙山镇营庄村北五代砖雕壁画墓C8M1548，安阳北关唐代壁画墓，登封市唐代砖室墓，山西大同浑源唐墓，河北宣化唐会昌四年（844）苏子矜墓，唐乾符四年（877）张庆宗墓、唐乾符六年（879）杨釗墓，阳原金家庄唐墓M1，山东临沂市药材站晚唐墓M1等。详新乡市文物考古研究所《河南新乡市仿木结构砖室墓发掘简报》，《华夏考古》2010年第2期，页44—55、155—164；洛阳市文物考古研究院《洛阳龙盛小学五代壁画墓发掘简报》，《洛阳考古》2013年第1期，页37—47；洛阳市文物考古研究院《洛阳邙山镇营庄村北五代壁画墓》，《洛阳考古》2013年第1期，页48—57；郑汉池、刘彦军、申明清《河南安阳市北关唐代壁画墓发掘简报》，《考古》2013年第1期，页59—68；张denote卿、耿建北《登封清理唐砖室墓》，《中国文物报》1998年6月10日第1版；李晔《山西大同浑源唐墓发掘简报》，《文物世界》2011年第5期，页11—15；张家口市宣化区文物保管所《河北宣化纪年唐墓发掘简报》，《文物》2008年第7期，页23—48；贺勇《河北阳原金家庄唐墓》，《考古》1992年第8期，页745—750；邱播、苏建军《山东临沂市药材站发现两座唐墓》，《考古》2003年第9期，页861—863。

[3] 宿白认为白沙1号宋墓中，西壁"墓主夫妇宴饮图"与东壁"伎乐图"的组合，即是文献中所记载的"开芳宴"。此后的考古报告和研究论著中，常将墓主宴饮的题材统称为"开芳宴"，由此定名。薛豫晓进一步甄别，在"开芳宴"不断发展的过程之中，省略墓主夫妇形象、伎乐图的情况，也可一并归入"开芳宴"这一图像主题，视为这一题材的简化表现。详宿白《白沙宋墓》，北京：生活·读书·新知三联书店，2017年，页65，注53；薛豫晓《宋辽金元墓葬中"开芳宴"图象研究》，四川大学硕士学位论文，2007年5月，页5—7。

[4] 李清泉《"一堂家庆"的新意象——宋金时期的墓主夫妇像与唐宋墓葬风气之变》，《美术学报》2013年第2期，页17—30。

宋辽金元考古与美术史研究的学者无法回避的热点问题。相关考古资料自晚唐五代逐渐出现，主要流行于北宋及金代，集中发现于中原地区中下层汉人墓葬之中[1]。目前学者多将两者列为同一母题的不同发展阶段，前后存在因袭关系，即"墓主夫妇共（对）坐"图像由"一桌二椅"发展而来，且这一继承关系至晚在北宋中期实现[2]；与此同时，这一主题也应当是魏晋南北朝以来家居随葬组合在墓葬中的传统继承与全新发展，受到现世居室生活家具形式演变的影响，更是沿袭了壁画题材中墓主画像的母题元素。

基于讨论与研究的逐渐深入，部分学者指出，以"开芳宴"专指墓主人对坐的宴饮题材并不恰当。首先，墓主夫妇像对壁并不只有伎乐场景，也见有备宴图或侍奉图等其他题材；其次，开芳宴也并非专指夫妇二人，而应描绘的是宴饮观看乐舞的情境[3]。但由于这一名称在学界讨论中已习惯使用，故仍称之，或以"墓主夫妇对（并）坐图"代指。

有关其功能与意义的探讨成为众多学者关注的重点，基本呈现出两种不同的观点取向。以宿白提出"开芳宴"命名之始，韩小囡、薛豫晓[4]、庄程恒[5]、王丽颖、刘亚玲以及樊睿等学者，均认为这一类砖雕或图像是宴饮与歌舞组合的表现形式，意在模拟墓主生前的日常生活，可与墓室之内的其他相关图像联结，共同再现世俗场景；它并无置"灵座"设奠的意味，宋墓本身的形制也不允许生者踏入墓室进行祭祀活动[6]。"备宴""庖厨"和"侍奉"等情景可统一划归于"宴饮图"的概念之内[7]，这一图像题材的设置彰显了墓主人的财富，表现了墓主夫妇恩爱和睦的家庭场景[8]；并巧妙地借助因家庆而群集的合乐情景，将长幼有别的亲人聚而绘之，寓亲情于常礼，将特定家庭的理想形态按照礼俗兼顾的标准，记录在墓葬这个闭合而永恒的空间中，进而希冀现世家族的长久与繁荣[9]。

秦大树、易晴、邓菲、袁泉等学者则由"墓主夫妇对（并）坐图"在实际墓例中并不均与"伎乐"题材组合，提出"对坐图"应是墓主"灵座"的象征，"开芳宴"并不能

---

[1] 张鹏《勉世与娱情——宋金墓葬壁画中的一桌二椅到夫妇共坐》，《美术研究》2010年第4期，页55—64。
[2] 秦大树《宋元明考古》，北京：文物出版社，2004年，页145—146。
[3] 白彬、丁曼玉《宋金时期北方地区墓主人像类型及表现含义——兼论"开芳宴"定名问题》，《美术学报》2020年第6期，页108—113。
[4] 薛豫晓《宋辽金元墓葬中的开芳宴图像研究》，页17—39。
[5] 庄程恒以"墓主人对坐像"为研究对象，指出宋代墓葬的地下空间应是地上世俗家庭生活空间的反映。详庄程恒《北宋两京地区墓主夫妇画像与唐宋世俗生活风尚之新变动》，载中山大学艺术史研究中心编《艺术史研究》（第12辑），广州：中山大学出版社，2010年，页83—122。
[6] 韩小囡《宋代墓葬装饰研究》，山东大学博士学位论文，2007年5月，页111—113。
[7] 王丽颖《中国北方地区宋金墓葬中宴饮图装饰研究》，山西大学硕士学位论文，2013年6月，页1—2。
[8] 刘亚玲《宋代富民阶层生活探究——以北方地区宋代墓葬的考古发掘为视角》，郑州大学硕士学位论文，2016年4月，页42。
[9] 樊睿《礼仪与情感：宋金墓葬中的共坐图像再探讨》，《民族艺术》2019年第4期，页136—145。

概括墓主夫妇像的所有类型[1]。这一图像题材的渊源是唐代家祭仪式中凶祭所使用的家用桌椅几筵,从中唐开始进入中原地区民间砖室墓葬的图像中,历经五代,逐渐成形为宋金中原地区仿木构砖室墓中普遍流行的砖砌桌椅,并逐步发展为宋金时期的"墓主人对(并)坐图"[2]。这种墓主夫妇像在基本形式上因袭8世纪中叶后作为"灵座"而出现的"一桌二椅"及其"供具"和"供品"的表现惯例,从而将墓主夫妇像转化为墓葬当中"永为供养"的对象,使墓葬兼有了享堂的功能[3]。墓主画像与围绕其展开的各种侍奉场面,作为具有祭祀内涵的题材,隐含了供养、奉赏的深层象征意义,在呈现礼仪空间的形式中承载了后人供祭墓主并求取先人荫庇的理念[4]。墓室空间由此附上了供奉与祭祀的色彩;不仅作为"收柩之所",也在营造"永为供养"的祭奠氛围,表现生者对死者的永久性祭奉[5]。

另有部分学者在最新的相关研究中指出,在阐述这一类"墓主"题材的意涵问题时,需注重其发展过程,尤其是桌椅上人物的出现、桌椅或墓主夫妇对(并)坐图在墓葬中位置的改变,以及金元时期画面中出现的"永为供养""祖父之位""宗祖之位"等标识,这种"层累"而成的变化脉络值得被进一步探讨[6]。白彬、丁曼玉将宋金北方地区墓葬中的"墓主人像"分为墓主夫妇像、一墓主人像、多墓主人像以及空缺墓主人像四类,并列A、B型,指出墓主夫妇像中A型,北宋末年多出现在河南地区,置墓室侧壁,为模仿地上生活的图景;金代以后,随着墓主人像逐渐被设在墓室正壁,且多为正向并坐,此时的表现意涵则转为供奉、祭祀[7]。袁胜文、刘未均持此观点,认为北宋至金初期的墓主题材,其内容以反映墓主日常生活的"开芳宴"、茶酒、伎乐、杂剧、出行、孝行等为主,尚无特别明显的供祀色彩,主要还是传统事死如事生丧葬观念的体现。金代中期开始,在墓室壁画或砖雕中标出墓主姓名、明示供养的做法,表明此时以"开芳宴"为核心的墓饰空间开始具有明确的供祀意味;之后,这些内容在蒙古统治时期逐步趋于程式

---

[1] 秦大树《宋元明考古》,页146。
[2] 易晴《宋金中原地区壁画墓"墓主人对(并)坐"图像探析》,《中原文物》2011年第2期,页73—80。
[3] 李清泉《"一堂家庆"的新意象——宋金时期的墓主夫妇像与唐宋墓葬风气之变》,页17—30。
[4] 邓菲《"香积厨"与"茶酒位"——谈宋金元砖雕壁画墓中的礼仪空间》,载中山大学艺术史研究中心编《艺术史研究》(第14辑),广州:中山大学出版社,2012年,页465—497。
[5] 袁泉《从墓葬中的茶酒题材看元代丧祭文化》,载吉林大学边疆考古研究中心编《边疆考古研究》(第六辑),北京:科学出版社,2007年,页329—349。袁泉《物与像:元墓壁面装饰与随葬品共同营造的墓室空间》,《故宫博物院院刊》2013年第2期,页54—71。袁泉《蒙元时期中原北方地区墓葬研究》,北京:文物出版社,2020年,页195—246。
[6] 丁雨《从"门窗"到"桌椅"——兼议宋金墓葬中"空的空间"》,载中国人民大学北方民族考古研究所、中国人民大学历史学院考古文博系编《北方民族考古》(第4辑),北京:科学出版社,2017年,页195—204。
[7] 白彬、丁曼玉《宋金时期北方地区墓主人像类型及表现含义——兼论"开芳宴"定名问题》,页108—113。

化，并不断盛行[1]；但不宜将其视为宋元时期通行观念的表达[2]。

从艺术史视角入手的学者，对"一桌二椅"及墓主画像这一主题给出了全新的阐释。洪知希从墓葬的时间性及其产生的仪式意义等方面切入，集中探究宋元时期墓葬中"肖像"与"日常生活场景"两种图案之间的联系，指出这两种集中表现墓葬仪式的图案有着截然不同的图画模式，但都来自墓外特定的时刻，强调生者世界的当时性，而并不代表永恒的仪式或日常生活的偶然场景，它们对应了宋元时期日益强烈的以"社会化"方式重构阴间世界的主导倾向[3]。这一观点的提出，为探讨此类图像的意涵与性质提供了多元的阐释方式，开拓了全新的研究视野，极具学术意义。结合相关考古学物质材料与历史文献学史料，也的确能够从中甄别出一系列区别于传统认知体系而使用的墓葬装饰主题，在整体考察、梳理的基础上，借助砖雕或壁画形式所表现的"一桌二椅"及"墓主夫妇并（对）坐"等相关图像母题，我们得以全面分析其中的情感诉求与礼俗传统。

宋金墓葬中常见的砖雕及壁画主题，大致可包括以下几类：一桌二椅（墓主夫妇并坐）；一桌一椅、砚台、笔架等；立柜、衣架、剪刀、尺及熨斗等；梳妆台、灯、箱等；高几、长案等；门、直棂窗等。其中砖雕多只表现器物；壁画则以可见的人物形象进行场景描绘，亦有以砖雕同壁画一并组合营建者。

"一桌二椅"被认为是砖雕组合中的核心题材，学者将其列为墓主夫妇形象出现的前身。至于其性质的判定当为"开芳宴"的社会生活场景还是代表祭祀意义的墓内灵位，需进行进一步的深入分析。河南登封市双庙小区宋代砖室墓在墓室西壁砖雕中间设一方桌，桌上两侧各置一碗，中置一酒壶；桌两侧正对摆放两靠椅[4]。河南郑州市北二七路砖雕宋墓M66、M88[5]墓室西壁均采用同样的做法，砖砌桌椅，上放置一曲柄短流注子，南侧为一葵口杯，底部有杯托，另有一八角盒，上饰云纹（图5-18）。郑州二里岗

---

[1] 袁胜文《宋元墓葬中的供祀——以壁饰和随葬品为中心》，《南开学报（哲学社会科学版）》2018年第2期，页153—160。
[2] 刘未《门窗、桌椅及其他——宋元砖雕壁画墓的模式与传统》，载〔美〕巫鸿、朱青生、郑岩编《古代墓葬美术研究》（第三辑），长沙：湖南美术出版社，2015年，页227—252。
[3] 〔美〕洪知希著，滕宇宁、朱美旋译"恒在"中的葬仪：宋元时期中原墓葬的仪礼时间，载〔美〕巫鸿、朱青生、郑岩编《古代墓葬美术研究》（第三辑），长沙：湖南美术出版社，2015年，页196—226。
[4] 该墓年代为北宋早中期，发掘报告作"桌上两边各置一带托茶碗，中置一茶壶"，但又指出"茶壶和西北壁的酒壶造型较为相似"，无法判断当为茶壶或酒壶。通过同一时期类似砖雕题材的类比，也可知桌面所置器物多为壶、碗或杯。详宋嵩瑞、耿建北、付得力《河南登封市双庙小区宋代砖室墓发掘简报》，《文物春秋》2007年第6期，页33—37。
[5] 两座墓的营建时间均为北宋早、中期，M66或稍早于郑州二里岗宋墓，M88则可能稍早于胡进墓。详郑州市文物考古研究院《郑州市北二七路两座砖雕宋墓发掘简报》，《中原文物》2012年第4期，页13—18、113。

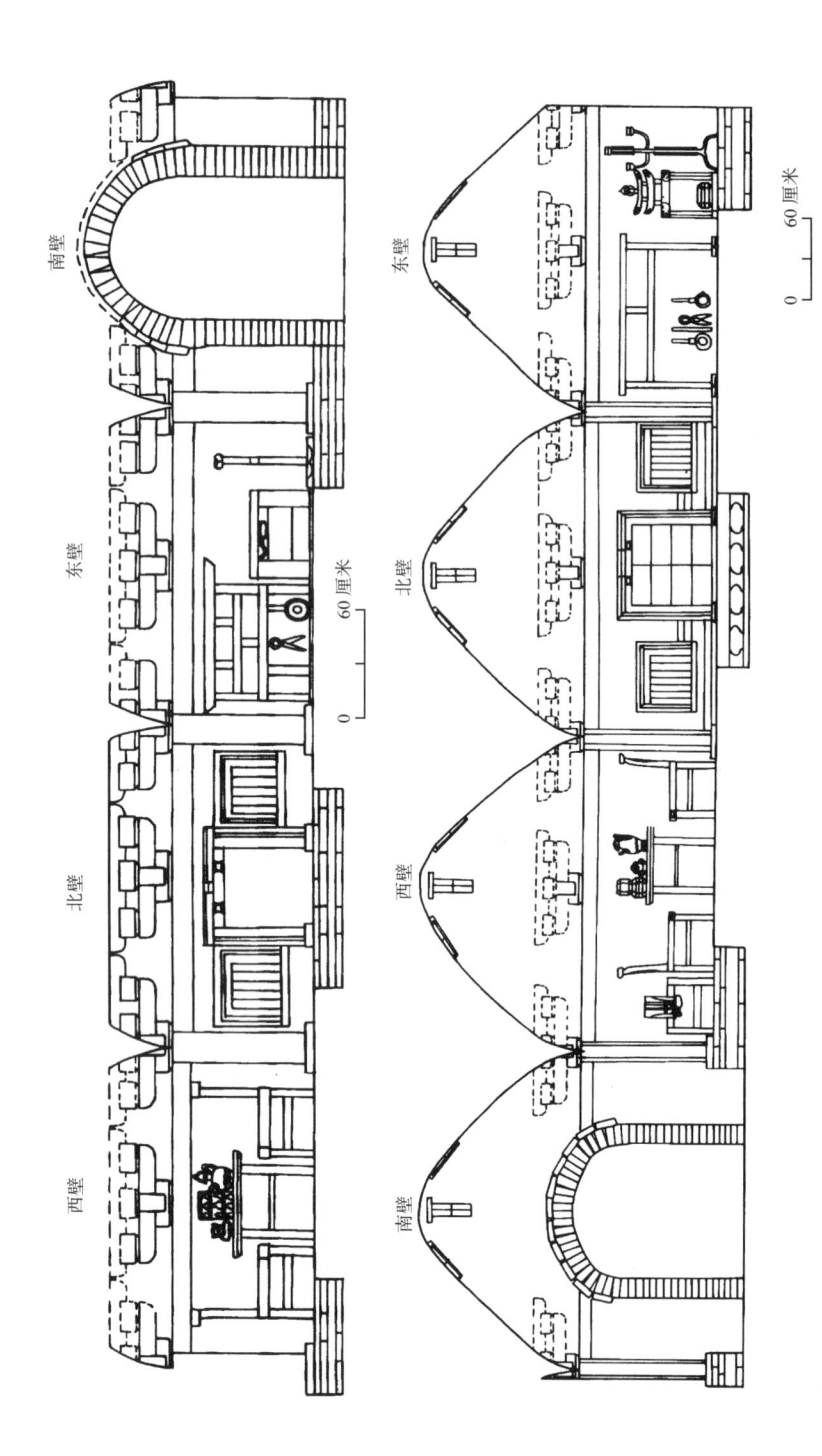

图 5-18 河南郑州市北二七路砖雕宋墓 M66（上）、M88（下）墓室四壁展开图

170　从飨宴到丧祭：两汉至宋元墓葬家居随葬组合研究

宋墓[1]则在墓室西壁北半部砖砌桌与椅，配合二杯、一壶、一盒。中原地区宋元墓葬中所使用的"一桌二椅"砖雕主题，其构图元素基本呈现出上述的特征（表5-1）。

朱熹《家礼》丧礼"灵座魂帛铭旌"条曰：

> 置灵座设魂帛。设椸于尸南，覆以帕。置倚卓其前，结白绢为魂帛，置倚上。设香炉、香合、玻杯、注、酒果于卓子上。侍者朝夕设栉颒奉养之具，皆如平生。[2]

其中"香合"即为"盒"，"注"则指"注子"、酒器等。灵座者，置桌椅于棺前，上设平生之器，与"一桌二椅"的图像组合相对应。陈于尸南的"椸"，是为"衣架"，在其他的砖雕元素中也可见。据此，"一桌二椅"组合当为墓葬之内丧礼"置灵座"的一种表现形式。但其是否能够被认定为墓室的"灵位"，并暗含祭祀之意，亟须结合其他题材进一步讨论。

与"一桌二椅"砖雕场景较为相似的是"一桌一椅"，且两者常出现于同一座墓葬之内，可见"桌"与"椅"并非灵座的代表，然则灵座的中心地位被消解。从桌上摆放的器类而言，"一桌一椅"可明确区别于前者，仍以河南登封市双庙小区宋代砖室墓为例，墓室东南壁左侧砖砌一高靠背椅子，中部为书桌，上置砚台、笔架各一，右侧立一落地高架烛台（图5-19）。《家礼》中亦有"题木主"一说，与"一桌一椅"的构图元素相合，言：

> 题主。执事者设卓子于灵座东南，西向。置砚笔墨，对卓置盥盆帨巾如前。主人立于其前，北向。祝盥手，出主，卧置卓上，使善书者盥手，西向立，先题陷中……题毕，祝奉置灵座而藏魂帛于箱中，以置其后。[3]

由此可知，"一桌一椅"组合所表现的场景应当为"题木主"这一丧礼仪式。据上，将"一桌二椅"理解为灵座，以象征墓葬中心、指向影堂的祭祀之意，并不十分准确；相较而言，作为墓内表现丧葬仪式活动中的某一重要环节或代表片段去阐释，或更符合其真实可能。因而再以其他组合主题加以论证如下。

立柜、衣架、剪刀、尺及熨斗、梳妆台、灯等元素多在同一或相邻的画面中组合出

---

[1] 该墓年代为北宋初年。裴明相《郑州二里岗宋墓发掘记》，《文物参考资料》1954年第6期，页44—48。郑州市文物考古研究所《郑州宋金壁画墓》，北京：科学出版社，2005年，页8—12。
[2]《家礼拾遗》卷四《丧礼》，页639。
[3]《家礼拾遗》卷四《丧礼》，页659。

伍｜家居组合的消匿与墓主画像的重现　171

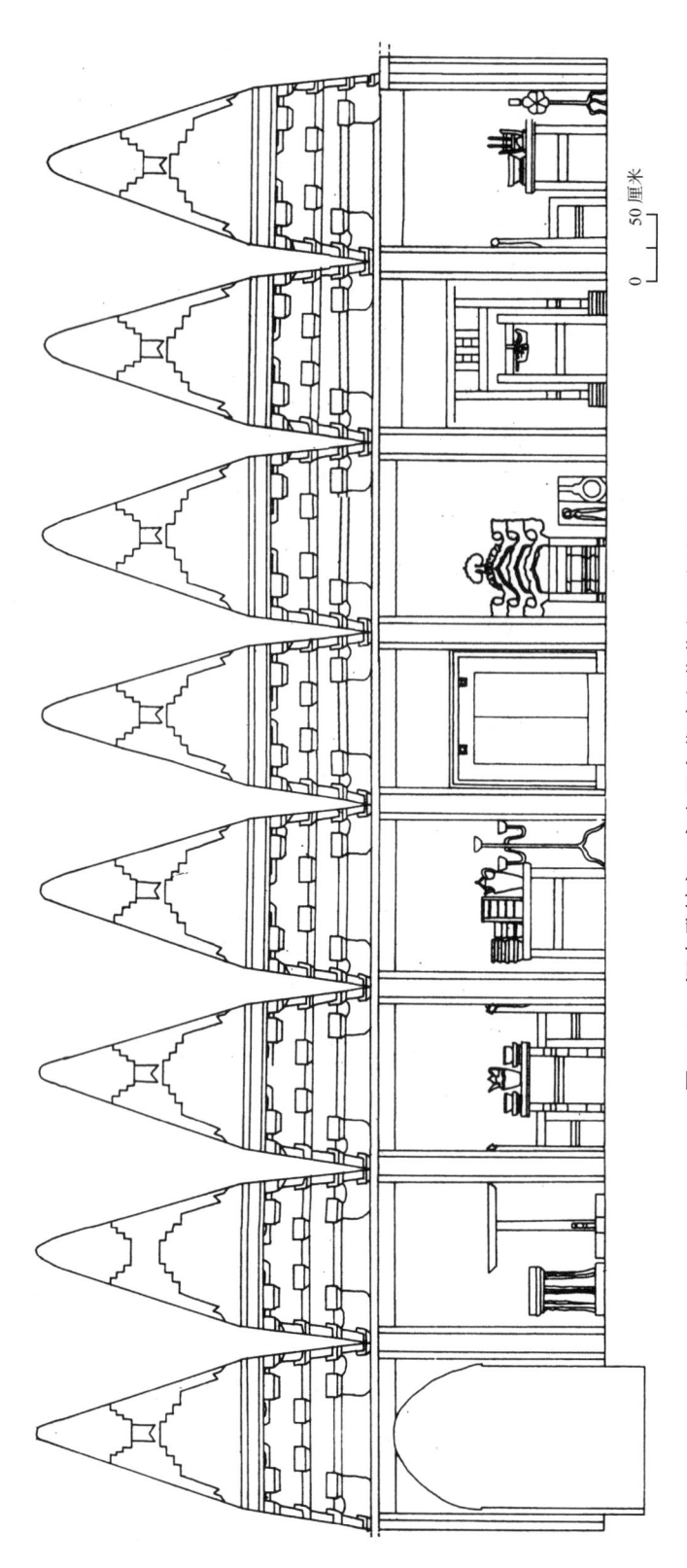

图 5-19 河南登封市双庙小区宋代砖室墓墓室四壁展开图

172 从飨宴到丧祭：两汉至宋元墓葬家居随葬组合研究

现，常被解释为墓主日常生活的再现，且具有强烈的性别指向意味[1]。河南登封城南庄宋代壁画墓[2]、河北井陉县柿庄宋墓群[3]、山东青州市仰天山路宋代砖室墓[4]等均见此类砖雕装饰（图5-20）。但值得注意的是，若将此类构图单位作为女性墓主的符号，墓中似乎并未出现对应的男性墓主的相关象征，以夫妇合葬墓而言，这显然并不合墓室空间建构的原则。因此，结合其他同类图像主题，这一类形象也应当是当时丧礼活动的某一特定仪式。《家礼》有"沐浴袭奠为位饭含"条，其中"袭"似指相类场景：

> 陈袭衣。以卓子陈于堂前东壁下，西领，南上。幅巾一，充耳二，用白纩如枣核大，所以塞耳者也。幎目帛方尺二寸，所以覆面者也。握手，用帛，长尺二寸，广五寸，所以裹手者也。深衣一，大带一，履二，袍袄、汗衫、袴、袜、勒帛、裹肚之类，随所用之多少。沐浴饭含之具。以卓子陈于堂前西壁下，南上。钱三实于小箱，米二升以新水渐，令精，实于碗。栉一，沐巾一，浴巾二，上下体各用其一也。乃沐浴，侍者以汤入，主人以下皆出帷外，北面。侍者沐发，栉之，晞以巾，撮为髻，抗衾而浴。拭以巾，剪爪。其沐浴余水、巾栉，弃于坎而埋之。袭。侍者设袭床于帷外，施荐席褥枕。先置大带、深衣、袍、袄、汗衫、袴、袜、勒帛、裹肚之类于其上，遂举以入。置浴床之西，迁尸其上。悉去病时衣及复衣，易以新衣，但未著幅巾、深衣、履。徙尸床置堂中间，卑幼则各于室中间，余言堂者放此。[5]

"衣架"垂放尸体沐浴后所用之衣物，"剪"用以"剪爪"，"尺"或为"握手"之帛用，量其尺寸，"熨斗"虽未提及，但作为为尸体更服时整肃仪装之凭也可解释。"梳妆台"与"镜""梳"等也应是从属于这一情境的元素，以为尸身清洁梳洗。此外，"柜"及"箱"的形象也在丧葬活动中屡次出现：

> 君子将营宫室，先立祠堂于正寝之东……若家贫地狭，则止为一间，不立厨库。而东西

---

[1] 邓菲通过分析相关的图像组合和墓葬空间，认为宋代仿木构砖室墓墓壁上的剪刀、熨斗等砖雕图案，虽然展现了生活场景的细节，与整个墓室装饰共同塑造出家居环境，但它们在墓中频繁出现，既代表了与裁衣、熨帛有关的生产内容，也是女性活动的象征符号，反映出该时期富民阶层对女性行为及家庭角色的期待与设定。详邓菲《"性别空间"的构建——宋代墓葬中的剪刀、熨斗图像》，《中国美术研究》2019年第1期，页16—25。
[2] 该墓年代在北宋仁宗1056—1097年之间，更靠近1056年。详宏伟、郝红星、李扬《河南登封城南庄宋代壁画墓》，《文物》2005年第8期，页62—70。
[3] 河北井陉县柿庄M1、M3至M5、M10均见，年代均在北宋徽宗大观年间到金初。详唐云明《河北井陉县柿庄宋墓发掘报告》，《考古学报》1962年第2期，页31—73、124—153。
[4] 庄明军、李宝垒、王岩《山东青州市仰天山路宋代砖室墓的清理》，《考古》2011年第10期，页94—96、107—108。
[5] 《家礼拾遗》卷四《丧礼》，页638。

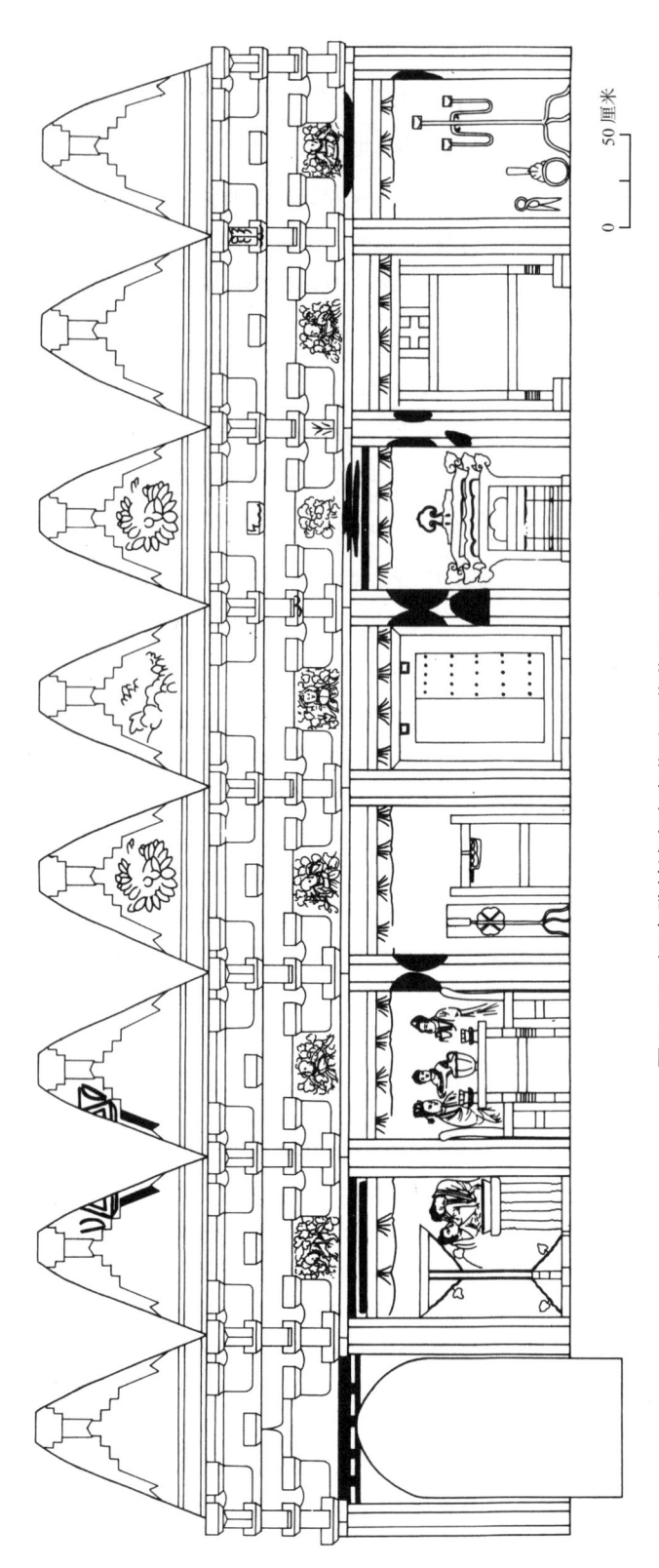

图 5-20 河南登封城南庄宋代壁画墓墓室四壁展开图

174　从飨宴到丧祭：两汉至宋元墓葬家居随葬组合研究

壁下置立两柜，西藏遗书、衣物，东藏祭器亦可。[1]

> 主人出左袒，自面前扱于腰之右，盥手洗盏，执箱以入。侍者一人，插匙于米碗，执以从，置于尸西。[2]

> 祝以箱奉魂帛在前。执事者奉奠及倚卓次之，铭旌次之，柩次之。[3]

可见"柜"与"箱"当属丧制仪礼中的用具，前者用于藏物，后者更有象征意涵，与"魂帛"共同构成组合。

综上，宋金墓葬中常见的砖雕组合，其图像主题当为表现墓主去世后所进行丧葬礼仪活动的某些重要环节，而非墓主生前的日常生活，这或许与唐代壁画中的部分题材可能有模拟象征性的陵墓祭祀礼仪之意相似[4]，从其发展而来。其中，"一桌二椅"组合应是"灵座"的象征，但未固定在墓室正壁，只是被作为整个仪式中的一部分而呈现，并不是地下墓室的中心，也不含墓内设灵祭祀的内涵。例如山西长治市北郊安昌村金墓ZAM2[5]，在墓室四壁的砖雕上直接可见丧葬仪式的部分重要环节：东壁上部砖雕"发丧图"，西壁中部则设"守灵图"（图5-21）。这一图像组合更多的是作为墓葬装饰在描绘丧祭仪典的一些场景，而非在墓内置以灵位，直接表达奉祀。

同时，由于墓室装饰的砖雕常为模制，并非专烧定制，流通于市场；受限于制砖技术，可供使用的整体画面也较小，故砖雕所表现的多为独立、不连续的几个场景单位，且在呈现方式的选择上，以单个器物元素进行替代，以简指繁。同一时期的壁画墓也采用相同的装饰题材，即表现墓主身后丧礼仪典的具体活动过程，并与砖雕一一对应；但壁画在绘制上的灵活度相对更高，因此在相近主题的表现上往往更为直接、清晰[6]。至此，宋金时期墓葬家居随葬组合的表现形式与象征意涵已截然不同于前代，显示出独特的下行性，

---

[1]《家礼拾遗》卷一《通礼》，页609。
[2]《司马氏书仪》卷五《丧仪一》，页53。
[3]《司马氏书仪》卷七《丧仪三》，页83。
[4] 于静芳在考察唐墓壁画女性图像的材料时曾指出，唐墓壁画展现"事死如生"的具体做法是模拟象征性的陵墓祭祀礼仪，将其变为恒常的祭祀供养，而不是直接模仿真实的墓主生前生活。女性图像在壁画中的位置，模仿的就是陵墓祭祀时环绕墓主站立的位置，所体现的功能是如进行永恒的祭礼一般事死如生地供养墓主。这一观点具有合理性，部分图像题材确实存在某些供养场景的元素，但似乎并未形成完整的组合体系。唐墓壁画是否全然体现了祭祀的意涵，仍需更多的材料加以论证。详于静芳《唐墓壁画女性图像风格研究》，页260。
[5] 商彤流、杨林中、李永杰《长治市北郊安昌村出土金代墓葬》，《文物世界》2003年第1期，页3—7。
[6] 洪知希已针对这一问题进行了具体探讨与论证，推定了宋元时期墓葬壁画中的部分主题，如丧葬仪礼中的"袭""发引""奏乐歌舞"等仪式，此处不再赘述。详洪知希著，滕宇宁、朱美旋译《"恒在"中的葬仪：宋元时期中原墓葬的仪礼时间》，页196—226。

图 5-21　山西长治市北郊安昌村金墓 ZAM2 "发丧图"（上）与"守灵图"（下）砖雕　　图 5-22　内蒙古赤峰宝山辽壁画墓 M1 石堂内北壁壁画[1]

世俗化与平民化并存，成为格式化的一种墓葬装饰。

同一时段内的辽代墓葬中也常见家居随葬组合，契丹与汉人墓葬并存，且多以实物木器的形式表达[2]。初创时期的契丹贵族墓葬继承了隋唐以来的礼制传统[3]，使用石堂作为葬具，在墓内表现日常居室生活的全貌。内蒙古赤峰宝山契丹天赞二年（923）壁画墓 M1[4] 在墓室中部放置石堂（发掘报告作石房），石堂内部北（正）壁主要表现厅堂的布置，其上绘制家居随葬组合，明显是在模仿墓主生前的日常生活，构筑起灵魂之"位"：画面左侧置红面黑腿几案，上有盘、筷、碗及高足盏，左上方为一对羊角挂钩，悬挂弓囊与箭筒；右斜放一靠背坐椅；椅后再绘一案，案面设弓一张、羽箭三支（图 5-22）。

---

[1]〔美〕巫鸿、李清泉《宝山辽墓：材料与释读》，上海：上海书画出版社，2013 年，页 180，图 23。
[2] 宋金墓葬中也偶见木制家居器，如山西左权宋代元祐四年（1089）双层墓，墓主为赵武，官至供备库副使、银青光禄大夫、检校太子宾客兼御史大夫上骑都尉、天水县开国伯。上层墓室正中央摆放一木制方桌，四周各设靠椅一把，后倚墙置屏风，上蒙盖丝织品；与装饰砖雕的主题、意涵类似。山西大同金"大定三十年"（1190）道士阎德源墓也在棺床南侧出土有木桌。详姜杉、冯耀武《山西左权发现宋代双层墓》，《文物世界》2005 年第 5 期，页 46—47；解廷琦《大同金代阎德源墓发掘简报》，《文物》1978 年第 4 期，页 1—13、97—98。
[3] 据《辽史》载："（大同元年）三月丙戌朔，以萧翰为宣武军节度使，赐将吏爵赏有差。壬寅，晋诸司僚吏、嫔御、宦寺、方技、百工、图籍、历象、石经、铜人、明堂刻漏、太常乐谱、诸宫县、卤簿、法物及铠仗，悉送上京。"后又言之："辽起松漠，太祖以兵经略方内，礼文之事固所未遑。及太宗入汴，取晋图书、礼器而北，然后制度渐以修举。"可见，辽初以中原后晋礼制为首推，承汉统、袭唐法，应当也有墓葬制度层面的取度。详《辽史》卷四《太宗下》、卷一〇三《文学上》，北京：中华书局，1974 年，页 59—60、1445。
[4] 齐晓光、盖志勇、丛艳双《内蒙古赤峰宝山辽壁画墓发掘简报》，《文物》1998 年第 1 期，页 73—95、97—103。

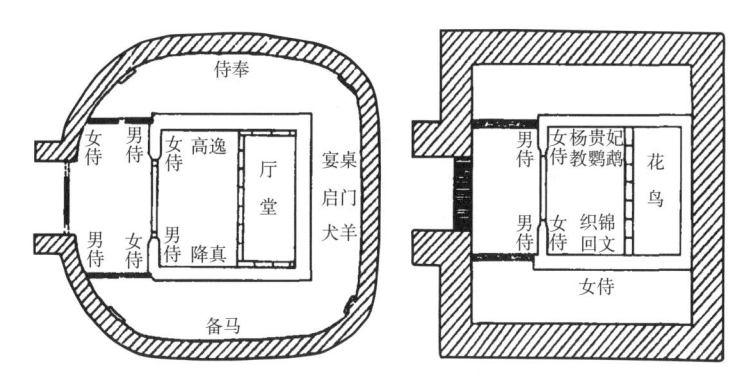

图 5-23　内蒙古赤峰宝山辽壁画墓 M1（左）、M2（右）壁画内容与布局示意图[1]

  石堂四壁与墓室四壁均绘制壁画，主题各不相同（图 5-23）；石堂内模仿的应是生人居室，而地下墓室本身应该代表着包括正室的主庭院，是一组完整的宅院建筑。这与唐代贵族在墓内葬以房形石椁的做法一致，当具有相同的象征意涵；形制又与北魏至北朝作为葬具而使用的石（木）堂相似[2]；在壁画题材的选择上，也基本延续晚唐五代以来的风格传统。M2 壁画中虽未见家居随葬组合，但据其他主题可推知。

  太宗后期始，契丹贵族墓葬中逐渐出现木制的家居随葬组合。以内蒙古代钦塔拉辽墓 M3[3] 为代表，该墓使用木帐与床作为葬具，并在帐内尸床前设置木桌，上置套饮食用具，床上摆放梳妆盥洗用具。辽宁法库叶茂台 M7[4]、内蒙古扎鲁特旗水泉沟辽墓 M2[5] 等，均在尸床前放置木桌；辽陈国公主墓[6] 则在正前方筑石台，与木桌意涵并无二致。

  其中较为特殊的是内蒙古解放营子辽墓[7]（图 5-24），为圆形石室墓，木制尸床紧贴北壁放置，前设一套木桌、椅（图 5-25）。墓室四周筑有八角形木椁，内侧八壁与券顶均布满彩绘。各个画面之间相互联系，且时因幅宽有限而转移，据题材可分为六部分：侍女

---

[1] 刘未《辽代契丹墓葬研究》，《考古学报》2009 年第 4 期，页 497—546，图二。
[2] 巫鸿在讨论辽墓石堂的渊源时，将其与北魏时期的墓内石堂相联系，认为在辽初建国时，契丹皇室中似乎存在有一种回归北魏礼仪的企图，将拓跋鲜卑墓葬文化中的某些因素吸取到自己的礼制建筑中去；并从历史学的视角，阐述鲜卑与契丹之间的历史关系，以及辽代契丹皇室对自己起源世系的构建，指出两者之间应有联系。详〔美〕巫鸿、李清泉《宝山辽墓：材料与释读》，页 14—19。
[3] 周汉信、哈斯《科右中旗出土辽代木椁室及尸床浅析》，兴安盟文物工作站《科右中旗代钦塔拉辽墓清理简报》，均载内蒙古文物考古研究所编《内蒙古文物考古文集》（第二辑），北京：中国大百科全书出版社，1997 年，页 567—579、651—667。
[4] 辽宁省博物馆、辽宁铁岭地区文物组发掘小组《法库叶茂台辽墓记略》，《文物》1975 年第 12 期，页 26—36；王秋华《惊世叶茂台》，天津：百花文艺出版社，2002 年。
[5] 辽金考古队《扎鲁特旗辽墓发现精美壁画》，《中国文物报》2000 年 10 月 29 日第 1 版。
[6] 孙建华、张郁《辽陈国公主驸马合葬墓发掘简报》，《文物》1987 年第 11 期，页 4—24、97—106。内蒙古自治区文物考古研究所、哲里木盟博物馆《辽陈国公主墓》，北京：文物出版社，1993 年。
[7] 项春松《内蒙古解放营子辽墓发掘简报》，《考古》1979 年第 4 期，页 330—334、390—391。

伍｜家居组合的消匿与墓主画像的重现　177

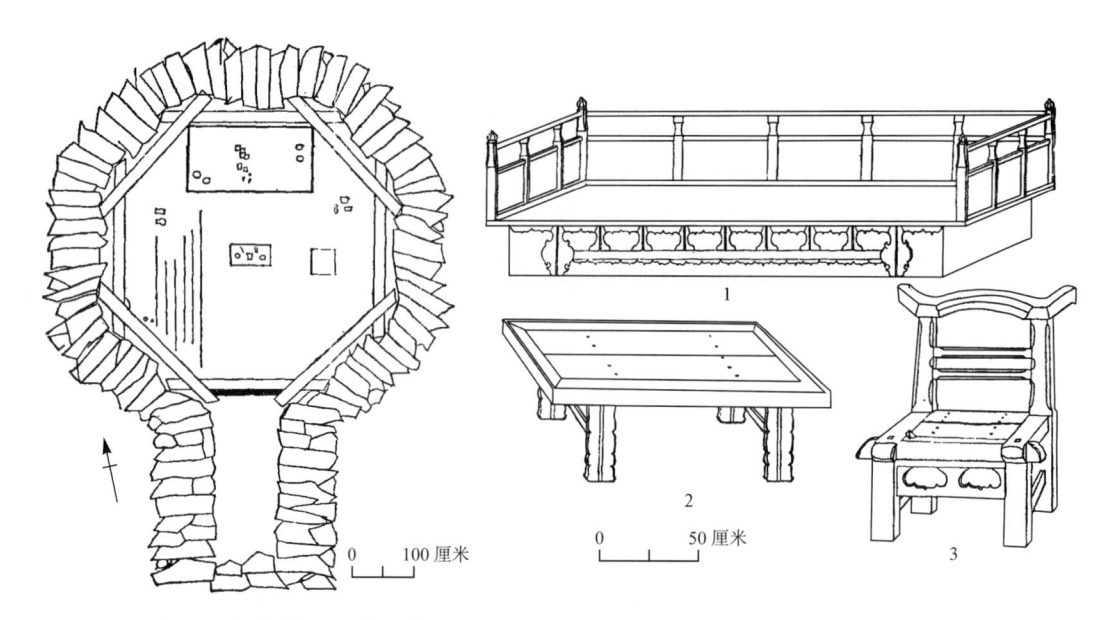

图 5-24　内蒙古解放营子辽墓墓葬平面分布图

图 5-25　内蒙古解放营子辽墓出土木器
1. 木床　2. 木桌　3. 木椅

图（东北向右侧）；宴饮图（东南向右侧）；毡车出行图，由毡车（东壁）、备马（西壁）、臂鹰（东北向左侧）、仪卫四部分组成；门神图（东南向、西南向）；花鸟蜂蝶图（北壁、西北壁）；券顶装饰[1]。其中宴饮图前后两桌纵排，前桌放炊具，后桌放置碗、盆、勺等饮食器。墓主正中席地而坐，旁有多位侍者；散乐八人列队；整体场景列于山野间（图5-26）。此墓由于使用的木制尸床并无围屏或围壁，故以室内木樟进行代替，并绘制图像。宴饮图是墓主日常家居生活的象征，两侧的出行、侍女图亦应是这一主题的延伸。门神图当为模仿身前宅院建筑而绘，花鸟蜂蝶图则是继承了晚唐花鸟题材而来。这一做法，与早期辽代契丹裔墓葬内设置石堂，并在石堂内部正壁绘制家居随葬组合的做法别无二致，目的在于构筑墓主之"位"，将地下墓室空间营造成现世家居生活的厅室。

中小型墓葬亦采用同样的做法，主要分为两类：一类无小帐，而是组合使用尸床、桌、椅、衣架，以辽宁建平西窑村辽墓[2]为例；另一类在小帐内安设尸床，床前一般置一套桌椅[3]。前者似是在模仿晚唐砖雕、壁画题材基础上产生的实物表现形式。

---

[1] 项春松《辽宁昭乌达地区发现的辽墓绘画资料》，《文物》1979年第6期，页22—32、100—101。
[2] 李庆发《建平西窑村辽墓》，《辽海文物学刊》1991年第1期，页120—123。
[3] 刘未通过梳理材料，将契丹中小型墓葬内木制家居随葬组合的使用分为上文两类，但第二类并无例证，存疑。另将喀喇沁旗上烧锅M4也归入第一类，但该墓墓主族属目前仍有争议，故暂不列入。详刘未《辽代契丹墓葬研究》，页497—546；项春松《上烧锅辽墓群》，《内蒙古文物考古》1982年第2期，页56—63；聂定《辽代墓葬出土木质器具研究》，《赤峰学院学报（汉文哲学社会科学版）》2017年第38卷第9期，页17—22。

178　从飨宴到丧祭：两汉至宋元墓葬家居随葬组合研究

汉人墓葬在辽代早期仍受到晚唐、北宋以来墓室砖雕装饰的影响，在墓内砖砌"一桌一椅"或"二椅"，但较少见其他相关组合，应是出于对中原传统的简单模仿，或是对汉地葬俗的沿袭，而不见墓室营建的空间意涵或象征作用，也不似情境的表达。河北涿鹿谭庄辽保宁元年（969）咸知进墓M1[1]、宣化辽统和十二年（994）姜承义墓M1[2]以及北京大兴区青云店辽墓M1、M2[3]均置上述家居随葬组合。

辽代中晚期后，中下层汉族官吏群体也开始使用木制家居随葬器物组合，其中尤以河北宣化辽墓群[4]为首推。其中，张匡正墓（M10）前室平面为长方形，后室呈圆形；砖砌棺床横置于后室中后部，底部绘有壶门，上有一具陀罗尼经咒木棺。棺床前摆放木桌、椅组合，配合盆架、镜架等其他木器；桌面上放有壶、盏、碗等饮食具，另有灯、匣及其他器用。棺床东侧还有熨斗、剪等家用工具（图5-27）。这与宋金墓葬中的砖雕题材可相互印证。前者使用三维实物的方式在墓室内表现家居随葬，是对家居随葬的差异化表达。据此也能够推测，自晚唐五代以来日渐成熟的以"一桌二椅"或"墓主夫妇共坐"为中心的系列构图场景，成为墓葬营建中必不可少的装饰传统，在象征内涵上逐渐格式化，并体现出多元化的表现方式。张文藻墓（M7）和张世本墓（M3）也均有家居组合木器出土，与张匡正墓的情形如出一辙。

以壁画形式表现家居随葬组合在这一时期的汉人墓葬中对应存在，多继承唐代以来的墓室屏风传统，又兼以晚唐北宋以来砖雕壁画题材。山西大同南郊十里铺村东M27、M28，新添堡村东北M29以及卧虎湾M1、M2[5]，均在墓室北（正）壁中间绘制花卉山水石围屏（图5-28），东西两侧为歌舞伎乐或车马出行，似在表现墓主日常生活，应是承

图5-26　内蒙古解放营子辽墓木椁壁画"宴饮图"（摹本）

---

[1] 贺勇《河北涿鹿谭庄辽咸知进墓》，《文物春秋》1990年第3期，页29—35。
[2] 陶宗冶、李维、孙鹏《河北宣化辽姜承义墓》，《北方文物》1991年第4期，页67—71、173—174。
[3] 两墓年代均在辽代早期，即1043年之前。北京市文物研究所《北京大兴区青云店辽墓》，《考古》2004年第2期，页18—25、99—101。
[4] 河北省文物研究所《宣化辽墓：1974～1993年考古发掘报告（上下册）》，北京：文物出版社，2001年。李清泉《宣化辽墓：墓葬艺术与辽代社会》，北京：文物出版社，2008年。
[5] 边成修《山西大同郊区五座辽壁画墓》，《考古》1960年第10期，页7—11、37—42。

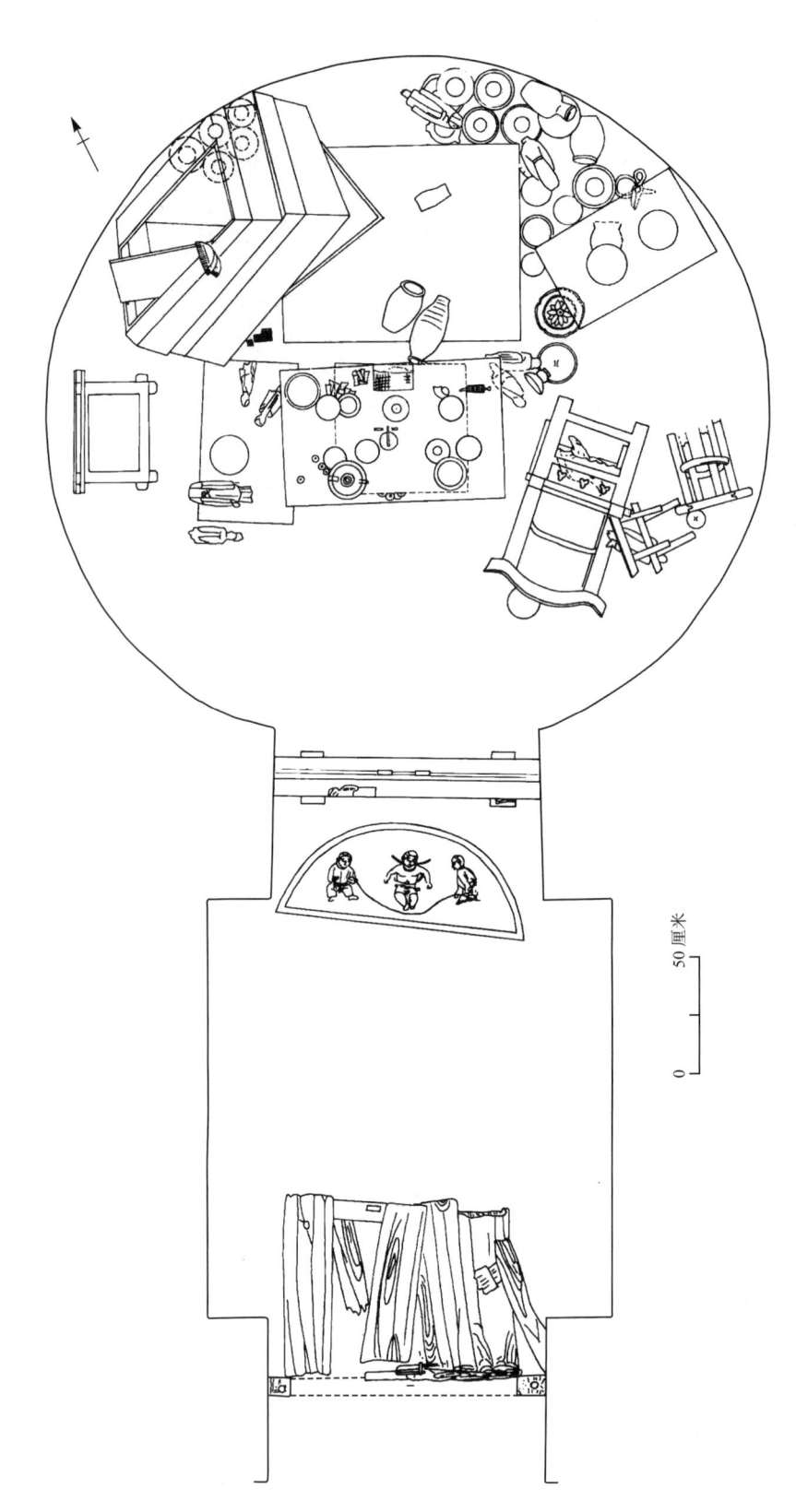

图 5-27 河北宣化辽墓群张匡正墓 M10 墓葬平面分布图

180　从飨宴到丧祭：两汉至宋元墓葬家居随葬组合研究

图 5-28　山西大同南郊十里铺村东 M27（左）、M28（右）墓室北（正）壁壁画

袭唐代"棺床与屏风"的组合而来。与此同时，壁面绘制有衣架、灯檠、熨斗、香炉等宋金时期墓葬中常见的丧葬仪式主题元素，当为晚唐五代以降这类新兴题材的变形。将两种情境共同融合在同一墓葬体系之中，导致发生了一定程度上的空间混乱，由此也体现了辽代晚期汉人墓葬营建时的矛盾。

家居随葬组合在两宋辽金时期重新以独立题材出现于墓葬之中。宋金墓葬多以砖雕、壁画形式表现，继承了晚唐以来墓内砖雕装饰的地方传统，分布地域也未突破前段的范围；墓主多为中下层士人官吏或具有一定经济实力的平民，不为上层所取，可见这一表现方法在此时应更归于葬俗传统，而少见礼制意涵；但在北宋早期咸平三年元德李皇后陵[1]（1000）中却有出现，可能是礼制未及勘定而导致的误用[2]，后以另种形式替代。

辽墓多选择实物木器，放置于棺床前，与木帐、石堂等葬具一并使用，是沿袭隋唐礼制并结合自身文化而产生的新发展。契丹贵族出于对礼制的复荣，以求巩固统治、确立正统而设家居随葬器物；而汉人墓葬则或是受到同一时期北宋丧葬礼俗的影响，或与历史渊源有关，仍显晚唐风格。

---

[1] 孙新民、傅永魁《宋太宗元德李后陵发掘报告》，《华夏考古》1988 年第 3 期，页 19—46。河南省文物考古研究所《北宋皇陵》，郑州：中州古籍出版社，1997 年，页 308—337。
[2] 《宋史》记："开宝中，四方渐平，民稍休息，乃命御史中丞刘温叟、中书舍人李昉、兵部员外郎知制诰卢多逊、左司员外郎知制诰扈蒙、太子詹事杨昭俭、左补阙贾黄中、司勋员外郎和岘、太子中舍陈鄂撰《开宝通礼》二百卷，本唐《开元礼》而损益之。既又定《通礼义纂》一百卷。"至"熙宁十年"，才"又命龙图直学士宋敏求同御史台、阁门、礼院详定《朝会仪注》，总四十六卷；……丧葬总百六十三卷：曰《葬式》，曰《宗室外臣葬敕令格式》，曰《孝赠式》。"详《宋史》卷九八《礼一》，北京：中华书局，1985 年，页 2421—2423。

两者在选择的单体元素上基本一致，以桌、椅为中心，包括衣架、灯檠、箱柜等其他家具器类，构成较为完整的系列场景；功能与意涵也趋于一致，发迹于晚唐时期的"一桌二椅"砖雕组合，逐渐成为一种全新的墓葬装饰主题。"一桌二椅"或"夫妇共坐"主题，在墓葬内是作为丧葬仪式的重要环节之一呈现的，表达的内容当为墓主灵座无疑，但其是否能够成为整个地下墓室的中心，作为营建者在墓室内模仿影堂而设立的祭祀灵位，仍待讨论。至少在这一主题被固定在墓室北（正）壁，并以墨书明确标识"供养"等题记和墓主身份姓名，以及出现牌位图像之前，这一内涵应被审慎推定。

四、元明时期"神座居中"的礼制延续

自豫西北、晋南地区金墓开始将墓主对坐砖雕画像移至北壁，并刻绘"供养"等题记，墓主画像便转变为整个地下空间的中心，其他场景题材均围绕其展开，墓室之内的供奉与祭奠之意彻底被揭示出来[1]。墓主画像还配合"奉茶进酒"的装饰题材，以"男酒女茶"分别对应，模拟丧祭场景，体现了墓室布局中的丧祭氛围和功用[2]。以山西侯马乔村墓群为例，M1北（正）壁刻有男性墓主的正面坐像，其前方置酒食器皿，左上方刻"香花供养"四字[3]（图5-29）。M4309在墓室北（正）壁砖雕墓主夫妇对坐画像，中间置方桌，设饮食酒具，上部阴刻"永为供养"（图5-30），南壁东部砖砌"一桌二椅"[4]。两墓均以文字直接表明墓主画像的功能与内涵，或作为供祀对象而存在。同时，"一桌二椅"的砖雕组合在此时应已转变为固定的墓葬装饰格式，失去了原有的"灵位"意义。

这一传统延续至蒙古统治时期仍方兴未艾。北壁绘墓主画像的做法不再仅仅局限于特定的地域，而是成为墓葬营建过程中的共同认知。具有更加强烈的祭祀性功能的"牌位"图像元素被纳入墓室空间体系之中，表现形式多样，与墓主画像、家居随葬组合相互配合，以构筑墓内"灵座"，至明清时期依然存在[5]。

---

[1] 邓菲《图像与仪式——宋金仿木构砖雕壁画墓图像题材探析》，载〔美〕巫鸿、郑岩编《古代墓葬美术研究》（第一辑），北京：文物出版社，2011年，页285—312。

[2] 袁泉《从墓葬中的茶酒题材看元代丧祭文化》，页329—349。

[3] 谢尧亭《侯马两座金代纪年墓发掘报告》，《文物季刊》1996年第3期，页67—80。

[4] 山西省考古研究所《侯马乔村墓地》，北京：科学出版社，2004年，页977—981。

[5] 贵州安顺旧州松林村M1，墓室北端后龛雕刻图像：两侧仿木格子门与方块花卉，中部左右上角设一帷幔垂下，正中为一供桌，上供奉神主牌位，书"故显考奉训大夫张公神主"十一字。详贵州省考古研究所《安顺旧州松林村一号墓清理简报》，载贵州省博物馆考古研究所编《贵州田野考古四十年》，贵阳：贵州民族出版社，1993年，页435—441。

图 5-29　山西侯马乔村墓群 M1 北壁 "香花供养" 题记

伍 | 家居组合的消匿与墓主画像的重现　183

图 5-30　山西侯马乔村墓群 M4309 北壁"永为供养"题记

图 5-31　山西兴县红峪村至大二年墓墓室北壁壁画

山西地区是使用"牌位"题材元素的核心区域，与墓主画像、家居组合一并构成整体[1]。山西兴县红峪村至大二年壁画墓[2]（1309）（图5-31）、文水北峪口元墓[3]（图5-32）、交城至正十六年裴资荣墓[4]（1356）以及阳泉东村元墓[5]（图5-33）中均见有"牌位"，对象包括墓主（或墓主夫妇），亦有延伸至先祖者，标识"墓主之位""先祖之位"等。山西新绛吴岭庄元墓[6]较为特殊，该墓在后室西北、西及东壁上以墨书分别注明祖孙三代家族成员的姓名，并在壁面下方安置三具人骨，与墨书姓名可基本对应，指向所属个体。屯留康庄工业园区至元十三年壁画墓M2[7]（1276）也以墨书题记代指：东壁右侧备茶图右上方记"此位□堂□□韩赟□五子□至元□"，字迹漫漶不清；西壁左侧备酒图左上部记"此

---

[1] 陕西蒲城洞耳村元墓墓室北壁绘制墓主夫妇对坐图像，两人分坐背椅，后设屏风，正上方墨书题记表明了墓主身份，并直接书写"祭主"二字，许是墓主或先祖"牌位"的发展前身，后演变为"牌位"。详陕西省考古研究所《陕西蒲城洞耳村元代壁画墓》，《考古与文物》2000年第1期，页16—21、48。
[2] 韩炳华、霍宝强《山西兴县红峪村元至大二年壁画墓》，《文物》2011年第2期，页40—46、98。
[3] 冯文海《山西文水北峪口的一座古墓》，《考古》1961年第3期，页136—138、141。
[4] 商彤流、解光启《山西交城县的一座元代石室墓》，《文物季刊》1996年第4期，页23—25、29。
[5] 韩利忠、郑海伟、郝楚婧、畅红霞《山西阳泉东村元墓发掘简报》，《文物》2016年第10期，页32—43。
[6] 山西省考古研究所《山西新绛南范庄、吴岭庄金元墓发掘简报》，《文物》1983年第1期，页64—72、103。
[7] 杨林中、王进先、李永杰《山西屯留县康庄工业园区元代壁画墓》，《考古》2009年第12期，页39—46、104—113。

图 5-32　山西文水北峪口元墓墓室北壁壁画

图 5-33　山西阳泉东村元墓墓室北壁壁画

位韩汝翼居中",右侧"郭巨埋儿"故事场景左上方列"此位韩□□□□韩庭□□是□堂主韩赟长孙";应也与墓内多具人骨对应。两墓虽都未用"牌位"图像样式,但内容与作用当一致无疑。

亦有在墓葬中使用实物"牌位"者,山西大同蒙古至元二年(1265)冯道真墓[1],墓主为全真教道官、龙翔万寿宫宗主,棺床南侧出土木质牌位,上阴刻楷书"清虚德政助国真人"。另出土1件木影屏、1件木桌(已残,仅存桌板);其他宋金墓内砖雕所刻绘的衣架、镜架等也见实物,多为木器。墓室西侧置一大型木屋,面宽三间,中间设朱绘大门,门两侧道人相对而立;木屋东侧、棺床南侧则散落牌位、木桌、木影屏等(图5-34)。据出土位置推测,牌位或立于木屋东,前置木桌、木影屏等,以此营造墓内供祀的氛围。

北京崇文区吕家窑村M2元翰脱赤墓[2],墓内未见木棺与人骨,为衣冠冢;仅在靠墓室北壁设一大理石质碑形牌位,碑面楷书"大元忠遂国公神道之位"字样,应是直接以此牌位代存墓主尸魄。

墓室正壁或棺床一侧壁面中央专辟壁龛放置或雕刻牌位的做法,也不在少数。山东临淄大武村元墓[3]在墓室东壁厅堂正中砖雕1个带座长方形供奉龛,龛内摆放梯形碑,碑上墨书题记三行:中间一行为"至正贰四年二月初吉日",右侧为"长男于洹",左侧为"于贤泣立□□□□"(图5-35)。墓内壁面砖雕长案、灯檠等,应继承自宋金砖雕壁画墓中的相关题材元素,以相对程式化的形式表现。湖北黄陂县周家田元墓[4]为砖石结构平顶并列三室墓(图5-36),三室后壁均开壁龛,东西两龛前各立1块长方形青石板,东室壁龛中部刻有神位图案,正中阴文楷书竖写"韩门萧氏淑真二小娘之墓"一行,下刻仰莲须

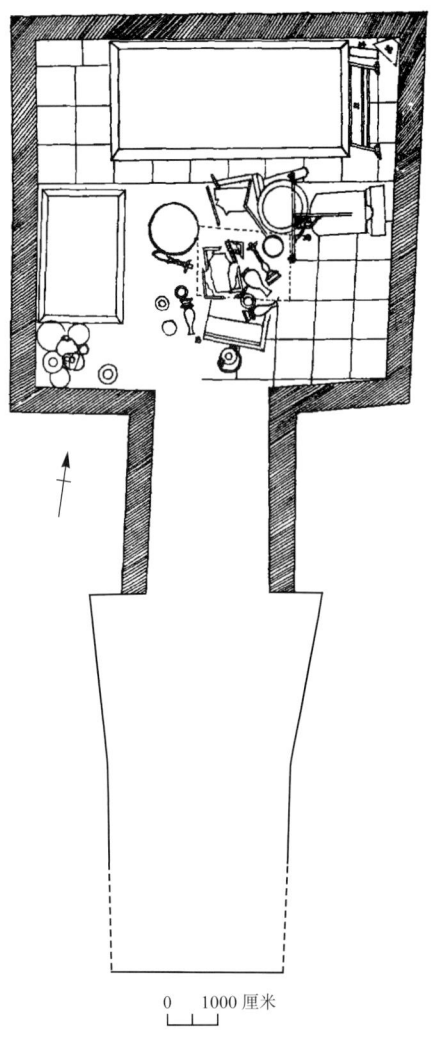

图5-34 山西大同至元二年冯道真墓墓葬平面分布图

---

[1] 大同市文物陈列馆、山西云冈文物管理所《山西省大同市元代冯道真、王青墓清理简报》,《文物》1962年第10期,页34—46、59。
[2] 北京市文物研究所《元铁可父子墓和张弘纲墓》,《考古学报》1986年第1期,页95—114、145—150。
[3] 秦大树、魏成敏《山东临淄大武村元墓发掘简报》,《文物》2005年第11期,页39—48、97—98。
[4] 李永康、姚晶华《黄陂县周家田元墓》,《文物》1989年第5期,页81—85、88。

图 5-35　山东临淄大武村元墓墓室东壁砖雕供龛

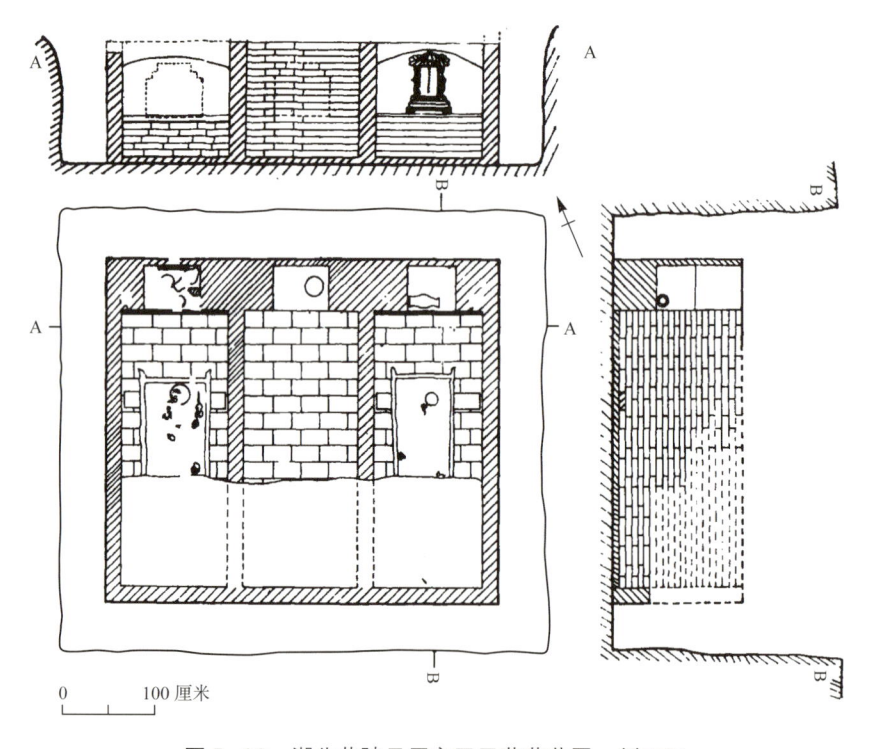

图 5-36　湖北黄陂县周家田元墓墓葬平、剖面图

弥座。龛前置陶罐、瓷碗等器类，以行祭祀之意。三室并建，本当备夫、妻、妾合葬，东室牌位应属韩姓妾室，但韩本人因故未葬入。

从某种意义来说，"牌位"应当被视为极度简化后的产物，是宋金以来墓室中墓主画像与家居随葬组合不断发展的新产物；其本身亦是"灵座"的替代品，是庙祭或家祭的对象；"牌位"在墓内的出现，或可认为是这一时期丧葬生死观念与家族祭祀礼俗发生新变化的旁证。墓主画像与"牌位"同时出现于墓室正壁或中心，当与丧祭体系中的地上影堂或享堂有关，元时帝妃多设影堂而祀，且奉神主与御容于其殿内：

> 六月甲寅，大都大圣寿万安寺灾……帝闻之泣下，亟命百官救护，唯东西二影堂神主及宝玩器物得免，余皆焚毁……成宗时，置世祖影堂于殿之西，裕宗影堂于殿之东，月遣大臣致祭。[1]

> 神御殿，旧称影堂。所奉祖宗御容，皆纹绮局织锦为之。影堂所在：世祖帝后大圣寿万安寺，裕宗帝后亦在焉；顺宗帝后大普庆寺，仁宗帝后亦在焉；成宗帝后大天寿万宁寺；武宗及二后大崇恩福元寺，为东西二殿；明宗帝后大天源延圣寺；英宗帝后大永福寺；也可皇后大护国仁王寺。世祖、武宗影堂，皆藏玉册十有二牒，玉宝一钮。仁宗影堂，藏皇太子玉册十有二牒，皇后玉册十有二牒，玉宝一钮。英宗影堂，藏皇帝玉册十有二牒，玉宝一钮，皇太子玉册十有二牒。凡帝后册宝，以匣匮金锁钥藏于太庙，此其分置者。[2]

这一做法在平民群体中也极为流行，司马光在《书仪》中曾特别提及在影堂内绘制墓主画像的弊端[3]，但亦未能制止，可见其风靡之态；这种传统应当也被搬入了地下墓室。需要说明的是，墓主画像与"牌位"所记时常未必能一一对应，"牌位"书祖考者亦见。学者对此多有讨论且颇有见解。袁泉在解释这一类"牌位"时指出，墓主夫妇在作为祭奉对象时，又有奉先的行为。"祖父之位"为祖考神主而非墓主神位。墓主夫妇可能既充当了祖考奉祀之仪的行为主体，同时又是丧葬空间中的供养对象。他们以主祭和配祀两种身份存在[4]。邓菲认为这一画面整体描绘奠奉场景，表明了墓葬作为礼仪性空间的意义，以此明确说明墓葬

---

[1]《元史》卷五一《志第三下》，北京：中华书局，1976年，页1101。
[2]《元史》卷七五《志第二十六》，页1875。
[3] 司马公曰："古者凿木为重，以主其神。今令式亦有之，然士民之家未尝识也。故用束帛依神，谓之魂帛，亦古礼之遗意也。世俗皆画影置于魂帛之后，男子生时有画像，用之犹无所谓。至于妇人，生时深居闺门，出则乘辎轩，拥蔽其面，既死，岂可使画工直入深室，揭掩面之帛，执笔訾相，画其容貌？此殊为非礼。又世俗或用冠帽衣履装饰如人状，此尤鄙俚不可从也。"详《家礼拾遗》卷四《丧礼》，页639。
[4] 袁泉《从墓葬中的茶酒题材看元代丧祭文化》，页329—349。

兼具祭祀性功能[1]。刘未则提出在目前已发现"牌位"图像元素的几座元代墓室图像布局中，墓主夫妇已经居于轴心位置，并不能兼具主祭与配祀的身份；他结合苏若思《乐善公墓碑》进一步表明元墓后壁墓主夫妇图像既已居主位，自然无法再兼具祭祀祖先的角色，墨书题记与"牌位"应当是元代新出现的以墓主夫妇并坐为轴心的图像布局模式的发展，在建碑刻谱已成为家族重建的首要任务之一、以祖先画像与族谱强调家族记忆承载的时代背景下，墓室壁画流行以墓主夫妇并坐图像为轴心的题材并标示祖先牌位的做法油然而生[2]。

地上影堂或家庙者用以祭祀，受财力限制，少有独立于庙堂者，多按宗、氏一族，以长幼谦卑为序，置牌位、奉尊容，共见于一室。因此，墓室之内为强调供祀之意、模仿地面影堂，将先祖、墓主同绘于正壁之上，也不失为合理之法；几者之间的相互祭奉关系若有矛盾及重合之处，也可理解。诚然，华北地区蒙古统治以来因战乱而导致的家族离散窜隐、社会秩序混乱的局面，促使竖立于祖坟的先茔碑多以石刻方式保留家族的谱牒[3]，祖先画像、族谱牌位也进一步作为凝聚家族与群体记忆、重构表达与书写系统的实物载体被强调，成为"牌位"图像发展的内部动因。

壁面屏风在这一时期以山水为主要题材，一般采用单幅或几幅并立的做法，后者则象征早期的多扇屏风，亦采用卷轴或挂画的形式，是对现实生活之中床榻围屏的呈现[4]，与唐代"棺床与屏风"组合相通，基本围绕棺床展开。山西大同元大德二年（1298）壁画墓[5]，墓室东、西、北三壁共绘制四幅壁画，均套以黑色长方形框边，幅间装饰折枝花和飞凤图案；棺床砖砌于墓室北部，东西横置（图5-37）。北京密云县疃里村元至大二年（1309）

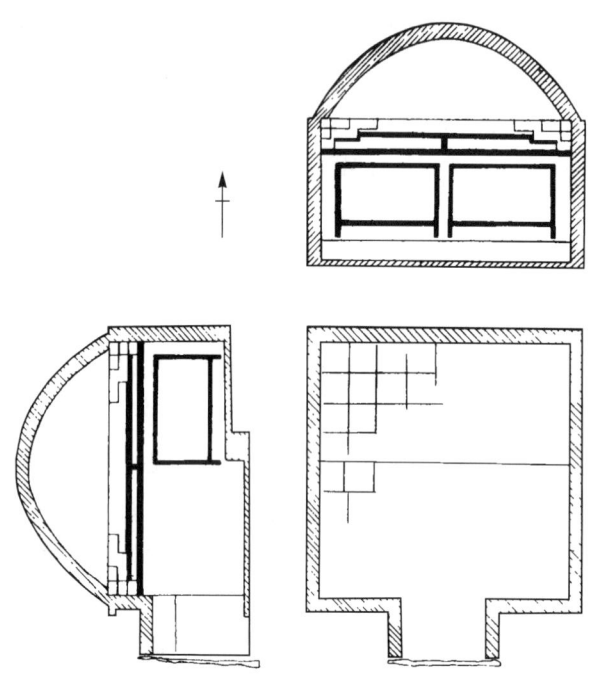

图5-37 山西大同元大德二年壁画墓平、剖面图

---

[1] 邓菲《图像与仪式——宋金仿木构砖雕壁画墓图像题材探析》，页285—312。
[2] 刘未《门窗、桌椅及其他——宋元砖雕壁画墓的模式与传统》，页227—252。
[3] 〔日〕饭山知保《金元时期北方社会演变与"先茔碑"的出现》，《中国史研究》2015年第4期，页117—139。
刘未《门窗、桌椅及其他——宋元砖雕壁画墓的模式与传统》，页227—252。
[4] 洪淑莹《北方地区蒙元壁画墓研究》，郑州大学硕士学位论文，2019年5月，页67。
[5] 焦强、李建中、周雪松《大同元代壁画墓》，《文物季刊》1993年第2期，页17—24、82—100。

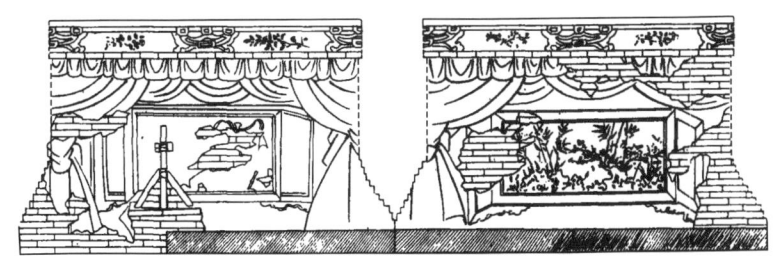

图 5-38 北京密云县太子务村元代早期壁画墓墓室四壁展开图

壁画墓[1]也在北部棺床正上方绘制四面山水屏风,并延伸至东、西两壁,画面由远山近石、枯枝林丛构成,水墨写意、皴染勾勒均有。北京密云县太子务村元代早期壁画墓[2]西、北两壁各绘三扇屏风,东壁绘单扇屏风(图5-38);河北涿州元至顺二年(1331)壁画墓[3]则在北、东北及西北三壁置一组水墨竹雀屏风画,以墨线勾勒出垂幔,主屏为一幅通壁大画——竹雀图,两侧各一幅侧屏竹枝图(图5-39)。

与此同时,以桌、椅等为主要代表的家居实物随葬组合,在蒙古统治时期墓葬中也较常见,材质不仅限于木器,陶、石器等也有,当为宋元时期一脉相承的丧葬礼俗传统,与"牌位"在墓内的意涵并无二致,只是后者更为简化。例如山西大同北郊孤山元大德年间王青墓[4],墓室木棺首侧放置4件长方形陶桌、1件方形陶桌、1件长方形小桌,桌面均放置陶瓶、陶盅、陶洗、陶碟、圆盒、带盏陶碗等;还有1件陶椅、1件陶影屏、1件陶巾架(图5-40),与宋辽以来墓内家居随葬组合的实物器型基本一致。

自金代中晚期始至元代,家居随葬组合与墓主画像在墓葬内的中心地位被确定下来,墨书"牌位"的出现,则直接点明这一组合在墓室内作为祭奉主体的功能意涵,并将其正式界定为墓内灵座,接受供祀、表现丧祭场景。此外,唐代"棺床与屏风"的组合传

---

[1] 祁庆国《密云县瞳里村元代壁画墓》,载中国考古学会编《中国考古学年鉴(1991)》,北京:文物出版社,1992年,页129。
[2] 张先得、袁进京《北京市密云县元代壁画墓》,《文物》1984年第6期,页57—60。
[3] 徐海峰、刘连强、李文龙、杨卫东《河北涿州元代壁画墓》,《文物》2004年第3期,页42—60。
[4] 大同市文物陈列馆、山西云冈文物管理所《山西省大同市元代冯道真、王青墓清理简报》,页34—46、59。

图 5-39 河北涿州元至顺二年壁画墓墓室屏风式壁画（自西向东）

192　从飨宴到丧祭：两汉至宋元墓葬家居随葬组合研究

图 5-40　山西大同北郊孤山元大德年间王青墓出土家居随葬组合器物
1. 陶椅　2. 陶巾架　3. 陶影屏

统略见于部分墓葬之中，似乎仍留有余波，只是原本的多扇围屏被通壁屏风、单幅挂画组合、卷轴取代，主题也转以山水为主，但其象征之意应未变。家居实物随葬组合自宋金以来方兴未艾，至元代而未减，应是壁画的另一种变形，异式而同意。

在既有墓内祭祀的内容之上，相比两汉时期，此时更显复杂，已形成了完整的供祀系统，不再是静态的单一行为，而转换为动态化、情境化的丧祭过程。宋元时期，墓室被看作对先祖永为供奉的场所，用以求得"神灵安而子孙盛"。供祀先祖，其根本目的是寻求荫庇；为先人营造一个幸福美满的长庆之堂，也是保佑后世子孙的重要手段[1]，墓穴设计宅第化的仿木构砖雕壁画墓流行。这种所谓的"宅第化"，为家居随葬组合与墓主画像在墓葬内表达丧祭主题提供了基础。

宋金时期，砖雕以单体元素、壁画墓以完整画面，分别选取丧葬仪式的部分重要环节进行呈现，桌、椅等家居组合成为主要的载体；到金中晚期，家居组合与墓主画像逐渐被转移至墓室正壁，其中心地位突出；至元代，"牌位"图像题材出现，凸显了墓内丧祭氛围，"灵座居中"的传统也进一步被承袭下来，并以家居随葬器类作为载体，延及明代，在帝陵与王墓中均得以体现。

以明定陵[2]为例，玄宫中殿西段有3座石神座（同灵座），形制类围屏石榻。万历皇帝神座在正中，左侧属于孝端皇后，右侧属于孝靖皇后。各神座前皆设有黄琉璃五供，计香炉一，烛台、香瓶各二；五供前又设长明灯（图 5-41）。

---

[1] 袁胜文《宋元墓葬中的供祀——以壁饰和随葬品为中心》，页 153—160。
[2] 长陵发掘委员会工作队《定陵试掘简报》，《考古》1958 年第 7 期，页 5—10、36—47。长陵发掘委员会工作队《定陵试掘简报（续）》，《考古》1959 年第 7 期，页 358—368、393—398。中国社会科学院考古研究所、定陵博物馆、北京市文物工作队《定陵》（上下册），北京：文物出版社，1990 年，页 19—20。

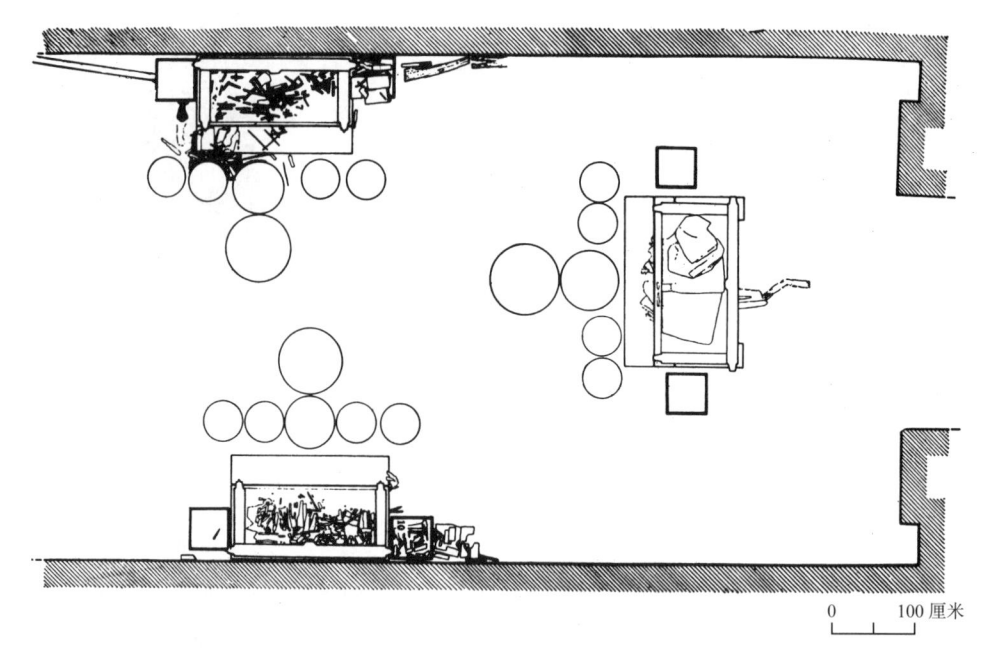

图 5-41　明定陵玄宫中殿神座分布图

　　山东邹城明鲁荒王墓[1]内前室也有类似的陈设：前部中央正对大门处放置1盏长明灯；后部中央摆放1张朱漆高翘头木桌；西侧为盛放"鲁王之宝"木印的三重宝匣，原或置于木桌之上；整体当为"神座"之象征。木桌前侧中部则堆叠大量木雕仪仗俑群、马、车等（图5-42）。此外，墓室内还散落有床榻、屏风、巾架等漆木明器，多涂朱。与定陵的石制用品不同，以漆木器具为主，可能受制于礼法等第。

　　所谓"神座"者，多建于祭庙之内，丧仪中亦有拜谒。《明史》载宗庙"时享"则祭于神座前：

　　　　洪武元年定宗庙之祭。每岁四孟及岁除，凡五享……九年新建太庙。凡时享，正殿中设德祖帝后神座，南向。左懿祖，右熙祖，东西向。仁祖次懿祖。凡神座俱不奉神主，止设衣冠。礼毕，藏之。孟春择上旬日，三孟用朔日，及岁除皆合享。自是五享皆罢特祭，而行合配之礼。二十一年定时享仪。更前制，迎神四拜，饮福四拜，礼毕四拜。二十五年定时享。若国有丧事，乐备而不作。[2]

---

[1]　山东博物馆、山东省文物考古研究所《鲁荒王墓》（上下册），北京：文物出版社，2014年，页18—19。
[2]　《明史》卷五一《礼五》，北京：中华书局，1974年，页1322—1323。

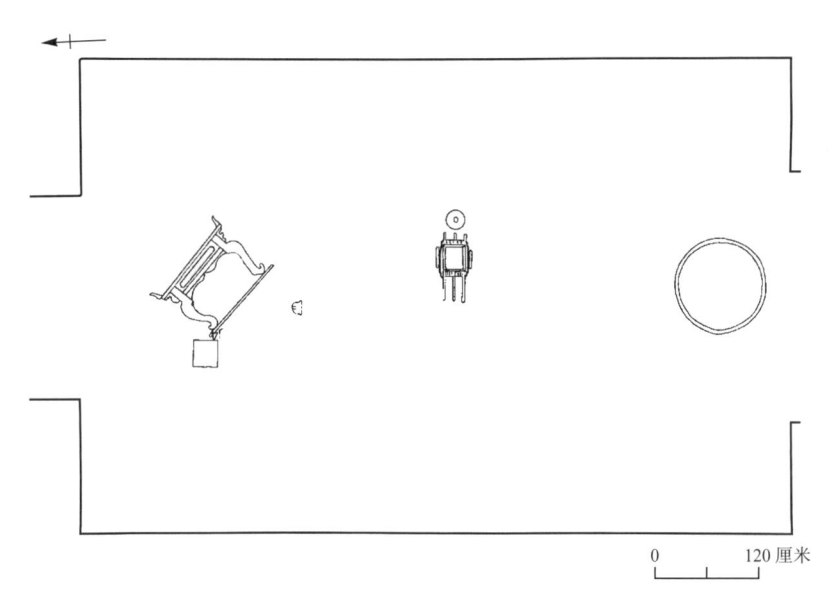

图 5-42　明鲁荒王墓前室出土器物平面分布示意图

但文献内未有于玄宫之内设"神座"的记述，只有在玄宫门外供祀的相关记载：

> 设香案玄宫门外，设题主案于前，西向。设皇太子拜位于前，北向。内侍盥手奉主置案上，题主官盥手西向题毕，内侍奉主安于神座，藏帛箱中。内侍奏请太宗文皇帝神灵上神主。赞四拜，兴，献酒，读祝。俯伏，兴，四拜，举哀。内侍启椟受主讫，请神主降座升舆。[1]

可与考古发掘情况相互印证。明定陵陵园祾恩殿后为棂星门，状如牌楼，门两侧为方形石柱，柱顶雕石兽。后为石几筵，上部为长方平案，下部为须弥座；案上中间置香炉一，两侧各放烛台、香瓶二[2]（图 5-43）；即为"掩玄宫"而"行飨礼"之奠仪。玄宫中殿"神座"之前亦陈列同样的供器，位居地下陵寝的中轴线上，应为礼制所致，表丧祭之仪典。

图 5-43　明定陵陵园石几筵

---

[1]《明史》卷五八《礼十二》，页 1449。
[2] 中国社会科学院考古研究所、定陵博物馆、北京市文物工作队《定陵》（上下册），页 9。

伍｜家居组合的消匿与墓主画像的重现　195

金元以来，以墓主画像与家居组合在地下墓葬空间中表现"灵座"、构筑"丧祭"体系的做法风靡一时，并逐渐占据整个墓室的中心，成为丧祭场景中的核心环节。这是对家庙影堂的借鉴模仿，以表达生者永恒的祭祀，以期求得祖先的庇佑。"神座居中"的传统在墓室中由模糊转向清晰，并贯穿于元明时期墓葬营建的范式之内。从明时帝王陵来看，这一等级群体多以家居随葬器物作为载体，而不绘制具象的人物画像，与司马光《书仪》所述贵胄士族之取舍相合；这应当属于凶礼葬仪中终始不渝、经久不衰、并经由官方认定使用的礼制组合，或可上溯至更早的历史阶段。

结语

中国传统文化绵延千年，始终保持独特的文化核心从未改变。这一文明的延续性体现在多个方面，对身后世界的想象、对地下住所的营建即是其中不可或缺的一部分。墓葬是中国考古学研究中极其重要又受到学者广泛关注的物质载体，是反映中国古代社会面貌的有力证据。埋藏的有意性也促使其能够较好地承载时人的灵魂观念与宗教思想，并在特定的群体范围内，表达礼制等级与传统倾向。

家居随葬组合与墓主画像自两汉时期起，便开始被纳入墓葬空间体系之中，直至元明之际仍波属云委，在墓葬中占据主体中心地位。在近一千五百年中，在各个历史阶段，这一组合以不同的表现形式活跃在地下墓葬之中，展现出具有差异性的分期特征、变化规律，器物组合与图像题材也多有改变与发展，由此能够在一定程度上印证中国古代社会生死观念、丧葬仪俗的承袭与变更，透视诸多礼法制度存在的可能性，进而窥探中国古代传统文化的核心与本质。

对于家居随葬组合与墓主画像整体的发展演变，大致可勾勒出以下几个历史阶段：西汉至东汉早期，"初创"阶段；东汉中晚期至魏晋初期，"发展"阶段；东晋晚期至南北朝时期，"成熟"阶段；隋唐至晚唐以前，"调整"阶段；晚唐至宋金时期，"变革"阶段；金中晚期至元明时期，"重组"阶段。其中需要特别指出的是，北魏至北朝时期，家居随葬组合与墓主画像在北方地区经历了一个特殊阶段，即五胡十六国时期，这一组合几乎不见使用，呈现出中断的局面，直至北魏孝文帝"汉化"改革时，才又重新回到研究视野，故暂称其为"复归"阶段。

1. 初创阶段

西汉至东汉早期是家居随葬组合和墓主画像的滥觞期。这一组合在西汉以前的战国墓葬中已初见雏形，多被认为是墓内的祭祀设施，但组合未成，使用器类较为粗滥、混乱。西汉时期，在各诸侯王、列侯墓中形成了以家居类随葬器物为中心、相对完整的组合形制，礼制意涵明确；中晚期以后，这一做法的覆盖范围逐渐扩大，下行性显著，不仅中上层官爵贵族墓葬中可见，部分等级相对较低、规模较小的空心砖石墓中也开始出现，以祭飨之意为主，无空间分化意义。

2. 发展阶段

家居随葬组合与墓主画像在东汉中晚期发展迅速，流行甚广，且出现了突破性的发展：一则在特定区域内，逐步出现石案、石榻与石凭几的组合；二则在墓葬内开辟出独立的空间，实现了"飨"与"宴"复合性功能的合并，为墓主灵魂提供了可栖的象征之位，以行祭祀之礼。这是该随葬组合实现飞跃性发展的重要历史时期，"飨宴"主题在墓葬中被正式确定下来，为下一阶段奠定了基础。

3. 成熟阶段

魏晋南北朝时期，家居随葬组合又出现了新的发展，以不同的方式在墓葬内表现，并逐渐演变为成熟的礼制组合，尤其是在东晋南朝形成了较为严格、区分度明显的等级制度，以此表现墓主人的身份地位。北方地区的家居随葬组合则呈现出间断性，直至北魏重新启用汉地礼法，实现"复归"，在吸收各地文化传统的背景下，采用棺床与壁画相结合的形式，来表达与南方地区相对应的礼制组合。

4. 调整阶段

经历魏晋南北朝时期的发展成熟，家居随葬组合与墓主画像的传统在初唐以后的墓葬内逐渐消失不见，取而代之的是"棺床与屏风"的全新组合，即墓室内设置棺床以承载墓主尸身，以棺床为中心，在墓室壁面绘制多扇屏风，描绘不同系列的图像主题。棺床是居室生活中"床榻"在墓室中的映射，墓主灵魂与尸身被同时附加在棺床之上，由此棺床正式成为墓葬的中心之"位"。墓内祭祀空间几乎不见，墓葬成为完全意义上的身后死亡世界，成为模仿地面宫室而建的"安乐"之所。

5. 变革阶段

晚唐五代至宋辽时期，以桌、椅为中心，包括衣架、灯檠、箱柜等其他家具器类的家居随葬传统重新出现。该家居随葬组合兼具实物与图像方式，或以单体元素，或以包括墓主画像的完整画面，构成系列场景组合，逐渐成为一种全新的墓葬装饰主题。其对丧祭仪式的主题表达，被纳入地下墓室营建的体系之中。

6. 重组阶段

金元以后，在地下墓葬空间中以墓主画像与家居组合表现"灵座"、构筑"丧祭"体系的做法风靡一时，并逐渐占据整个墓室的中心，成为丧祭场景的核心，以此表达生者永恒的祭祀，期求获得祖先庇佑。"牌位"图像元素的出现，进一步指明了墓葬空间对家庙影堂的借鉴与模仿。"神座居中"的传统在墓室中的概念由模糊转向清晰，并贯穿于元明时期墓葬营建的范式之中。

家居随葬组合与墓主画像作为中国古代墓葬中重要的从未缺失过的组合之一，在其不断演变的呈现方式背后，实质上有礼法与观念的支撑，也即绪言中所提及的"丧葬礼法制度的重构"与"生死灵魂观念的破立"。前者源于制度，是自上而下的强制性根植；而后者见于社会，是普遍性思想的内核驱动。就整体来看，这一组合在发展过程中存在一"下沉性"的趋势，即始于上层而不断向社会中下层群体蔓延；同时，该趋势并不"延续"发展，而有"同时"与"反复"。

两汉时期的诸侯王、列侯墓就极为清晰地体现了家居随葬组合的礼法意义，固定的组合形制，甚至是摆放方式，无不彰显出在墓内设置家居随葬器物组合是丧葬礼制把控下的产物，其礼祭内涵或远大于自身所具有的实际功能。东晋南迁江东，侨姓世族仍保留着代表中原汉地核心文化的这一组合，并形成了具有明显区分度、等级意味确然的使用制度，士族门阀皆受其礼法约束，不得逾矩。北魏孝文帝改革吸纳了家居随葬组合与墓主画像两种表达，并以石床屏风的形式重新组合葬具，其礼法意义更是不言而喻。

不论采用的是以实物方式表现的家居随葬组合，还是与墓主画像相结合的二维壁画，其丧葬礼制的核心意涵始终未改，非属中原人群的少数族裔借助这一组合来表达自身的政治倾向与身份等级，从根本上揭示了该随葬组合的礼法意图。固然，也必须注意到，所谓的"礼法"标志，在中晚唐以后逐渐失色；进一步转变为以仪式风习为主要象征的角色，群体特性指向平民化，墓室营建的目标氛围也大为改观，由此最终实现自"礼制"向"世俗"的全面推进。

与丧葬礼制对应的是处于思想层面的生死观念。不可否认，通过这一组合能够透视至少一部分人群对生死的理解、灵魂的感知以及对墓葬的定义等问题。但从物质材料连接精神文化极具误导性，由于墓葬规模、等级的差异分化，加之受限于使用对象的族属、信仰等特殊因素，在考察以上问题时更需反复斟酌，切忌以偏概全、以充分推必要。思想史本身并不能作为分析家居随葬组合及墓主画像发展变化的内部原因，只能为其提供一个相对宏大、广阔的历史背景与可能动因。

家居随葬组合最初的出现，被认为是墓内祭祀的产物，随着组合形制的复杂化，祭祀的对象、空间的性质成为学者们反复争论的焦点。以本章对该组合的阶段分期，其性质经历了如下发展：从单纯的"礼祭"组合逐渐发展为兼具祭祀与宴饮功能的"飨宴"组合；其后墓室成为家居庭院建筑的地下符号，家居随葬组合才真正在性质上转变为模仿日常生活的"家居"组合；之后，丧葬仪式成为墓内营建的系列场景，墓室氛围再次发生改变，"丧祭"文化作为墓葬装饰的重要主题而大量出现，组合性质也由此发生改变，故可称为"丧祭"组合。

但基于不同的墓葬在形制上互异，对墓室内空间的理解与设置也各不相同。以上所述仅为整体趋势，在个体墓葬实例中，存在或提前或滞后，甚至重复的可能，这也十分寻常，亦符合考古资料本身的特殊性及不确定性。

具体到某一阶段中家居随葬组合所反映的灵魂观念，例如墓内祭祀时所服务的对象究竟是为"魂"或为"尸"，这一讨论即使在同一时期也难以给出相对确定的结论。东汉时期，同时存在直接面向墓主棺木放置案几吃食以及正对墓主画像而设祭祀之器、分隔空间的情况，墓内设置多受到墓葬规模、墓主及其后人财力的影响，而非灵魂观念。换言之，或许时人自身对这一问题的认知便是混沌而模糊的，其认知限于世俗的直接影响更大，而不取决于独立的思想意识。再如，中晚唐时期所谓"河北"与"关中"地区存在对这一组合相异的使用方式，可能反映出魂魄观念与地方传统的不同，但从实际材料来看，这类情况只集中于少数墓葬内，难以推断出通识性的定论，言其有之，却难言其便如此。

从"飨宴"到"丧祭"，从"礼法"到"仪俗"，是家居随葬组合与墓主画像发展进程中折射出的两大本质特征。从始至终，这一组合未曾在中国古代墓葬体系中消失，而是沿着一条相对"曲折"的路线，直接或间接地表现其文化内涵。礼制标志意义的凸显与隐匿，世俗平民趋向的下行与强调，正是中国古代社会丧葬礼法制度重构与生死灵魂观念破立过程的体现，其中蕴含着中华传统文化中难以割裂的传承性与延续性，而家居随葬组合与墓主画像无疑是墓葬体系中的核心代表之一。

表 2-3　东汉时期中原地区（河北、河南、山西）出土"附足陶案"墓葬分表

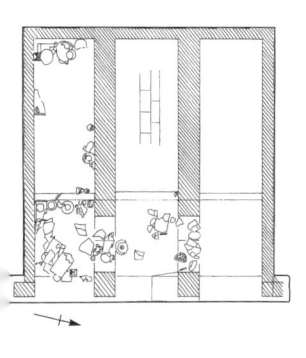

河南南阳中建七局机械厂汉画像石墓
- 新莽时期
- 砖石混合结构室墓，由墓道、墓门、前室、北主室、南侧室和中主室组成。
- 长方形附四足陶案1件（仅存案足，推测）。
- 夫妻合葬墓。

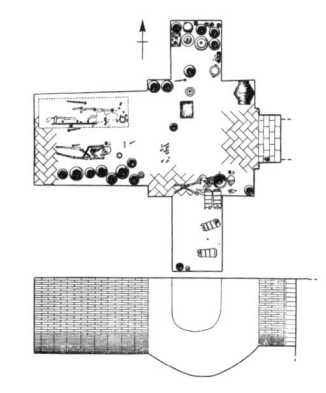

河南洛阳西郊汉墓 M9002
- 新莽时期或稍晚
- 多室砖墓，由墓道、前堂、耳室、甬道、后室组成。
- 长方形附四足陶案1件，正对墓主棺木摆放。
- 该墓群共出土长方形附四足陶案17件，圆形附三足陶案3件，其中M9013、M9014案上均置耳杯等。陶案形制多相同，故不赘述。

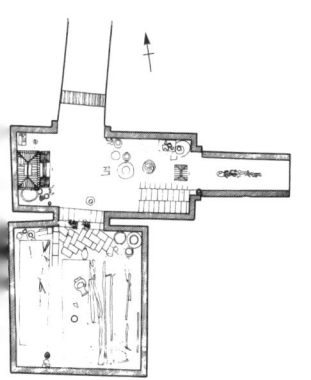

河南焦作白庄汉墓 M41
- 新莽至东汉早期
- 多室砖墓，由墓道、前室、耳室和后室组成。
- 长方形附四足陶案1件，出土于墓室中部。

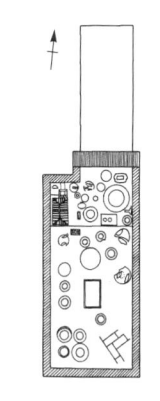

河南焦作白庄汉墓 M51
- 新莽时期或东汉早期
- 单室券顶砖室墓，由墓道、墓门、墓室组成。
- 长方形附四足陶案1件（足已残），出土于墓室正中部。

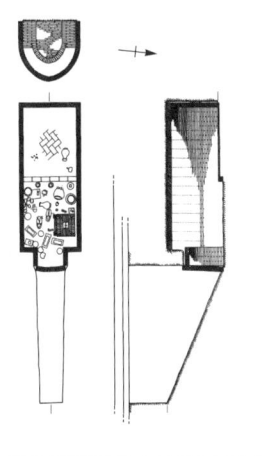

河南焦作店后村东汉墓 M1
- 东汉早期
- 单室券顶砖室墓，由墓道、封门砖、甬道和墓室组成。
- 长方形附四足陶案1件。

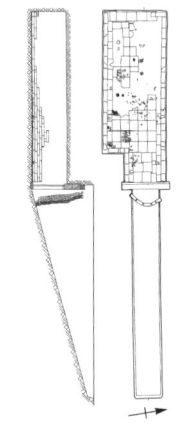

河南禹州新峰墓地 M127
- 东汉早期或中期
- 斜坡墓道砖券洞室画像石墓，由墓道、封门砖墙、墓门、甬道和墓室组成。
- 长方形附四足陶案1件（案面绘"鱼纹"）；长方形平底陶案1件。

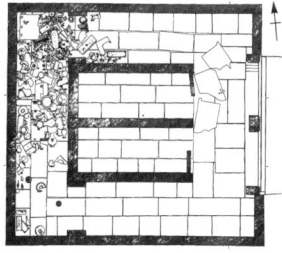

河南南阳杨官寺东汉画像石墓
- 东汉早期或中期
- 长方形石室墓。
- 长方形附四足陶案9件。

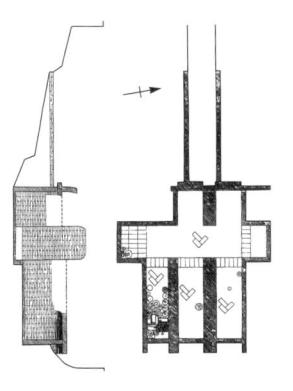

河南南阳市人民北路东汉墓 M1
- 东汉中期或略早
- "十"字形砖室墓，由墓道、两个甬道、前室、两个侧室和三个后室组成。
- 长方形附四足陶案1件（仅存案足，推测）。

河南蠡县东汉墓
- 东汉中期
- 多室砖墓,由墓道、前室(东西各附一耳室)、主室(东附一耳室)、后室等组成。
- 正方形玉案附四足1件,长方形平底陶案2件,圆形附三足陶案2件。
- 墓主着"铜缕玉柙",墓砖刻"贵人大寿",当为贵族,或与蠡吾侯家族有关。

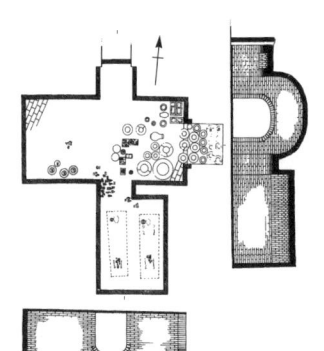

河南洛阳东北郊东汉墓C5M860
- 东汉中期
- 前堂横列砖券洞室墓,由墓道、甬道、前堂、耳室、后室组成。
- 长方形附四足陶案1件(仅存案足)。

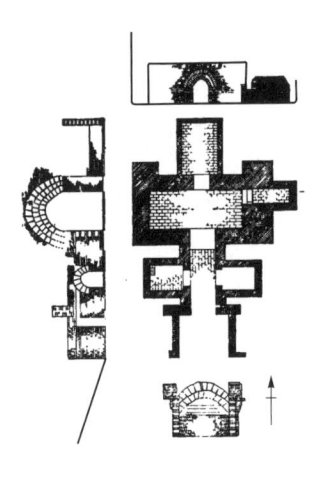

河南淅川全寨子墓地东汉墓M6
- 东汉中期或偏晚
- "甲"字形砖室墓,由墓道、甬道、墓室三部分组成。
- 长方形附四足陶案1件。

河南淅川全寨子墓地东汉墓M28
- 东汉中期或偏晚
- "甲"字形砖室墓,由墓道、甬道、墓室三部分组成。
- 长方形附四足陶案1件。

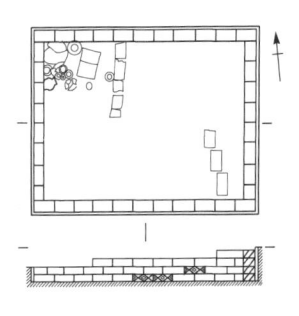

河南淅川全寨子墓地东汉墓M35
- 东汉中期或偏晚
- 长方形砖室墓。
- 长方形附四足陶案1件。

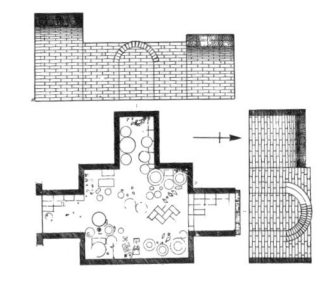

河南济源县承留东汉墓JCM1
- 东汉中期或稍晚
- 多室砖墓,由墓道、前甬道、前室、西耳室、后甬道和后室组成。
- 长方形附四足陶案1件(已残),圆形平底陶案2件;均出土于墓后室前部西侧。

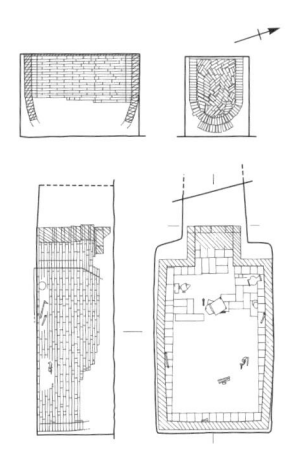

河南淅川大石桥东汉墓M2
- 东汉中晚期
- 长方形单室砖墓,由墓道、墓门、甬道和墓室组成。
- 长方形附四足陶案1件,出土于墓室中部。

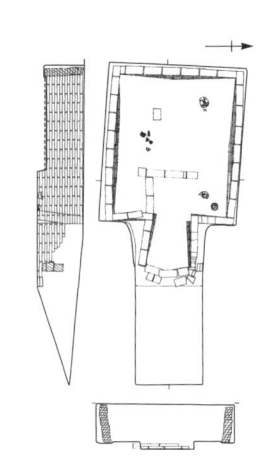

河南淅川王庄东汉墓M14
- 东汉中晚期
- 长方形单室砖墓,由墓道、甬道和墓室组成。
- 长方形附四足陶案1件(仅存案足)。

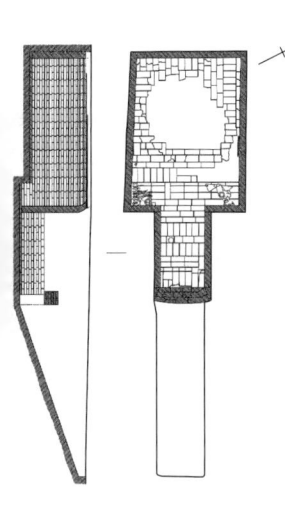

河南淅川县双河镇 M51

- 东汉晚期
- "甲"字形土坑竖穴砖室墓，由墓道、甬道、墓室组成。
- 长方形附四足陶案1件，出土于墓室前部偏北处。
- 上限不早于东汉桓帝延熹三年。

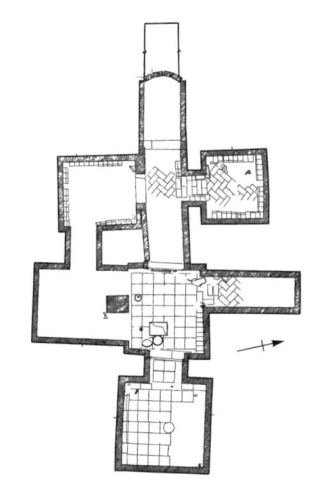

河南襄城茨沟汉画像石墓

- 东汉晚期
- 多室画像石小砖墓，由墓道、甬道和七个砖室组成。
- 长方形附四足陶案3件，圆形附三足陶案2件，主要集中出土于墓室中部。
- 东汉顺帝刘保永建七年三月改元阳嘉之前（132）。

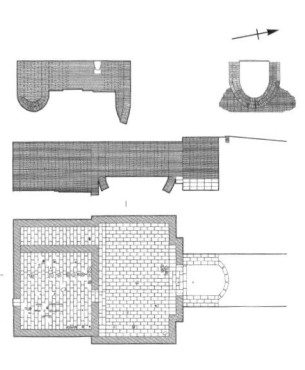

河南获嘉县嘉苑小区东汉墓 2010XHJM1

- 东汉晚期
- 斜坡墓道"甲"字形长方形券顶砖室墓，由墓道、墓门、甬道、前室、东后室和西后室等组成。
- 长方形附四足陶案1件。

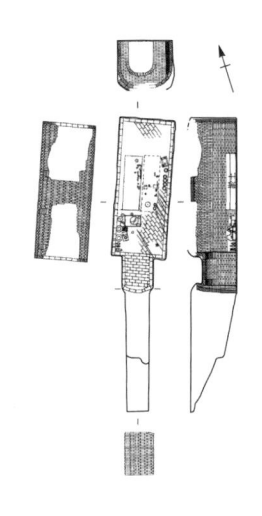

河南洛阳孟津朱仓东汉墓 2013MZM1

- 东汉末期
- 斜坡墓道单室砖墓，由墓道、甬道和墓室组成。
- 长方形附四足陶案1件，正对墓主摆放，上置耳杯等陶器。
- 墓主身份为一般贵族，可能为大型封土墓的陪葬家族墓。

河北涿鹿矾山五堡东汉墓 M1—M4

- 东汉时期（王莽以后至桓帝之间）
- 砖砌多室墓，由墓道、甬道、前室、中室、后室、耳室等组成。
- 该墓群共出土长方形附四足陶案8件，长方形平底陶案1件，圆形平底陶案2件。
- 仅见 M3、M4 平面图，且无器物具体分布，故暂且不列。

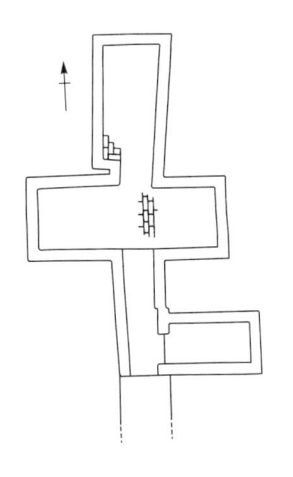

1964—1965 年河北燕下都墓葬 M30

- 东汉时期
- 斜坡墓道砖券多室墓，由主室（纵）、甬道、中室（横）、前室（横）、羡道组成。
- 圆形附三足陶案2件。

表 2-4 东汉时期中原地区（河北、河南、山西）出土"平底陶案"墓葬分表

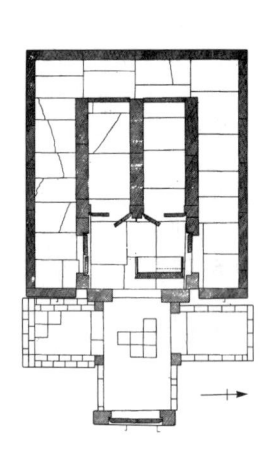

河南唐河汉郁平大尹冯君孺人画像石墓
- 新莽时期
- 砖石洞室墓，由墓道、前室、中室、后室组成。
- 长方形平底陶案 1 件。
- 新王莽天凤五年（18）；墓主冯君生前官职为郁平郡大尹。

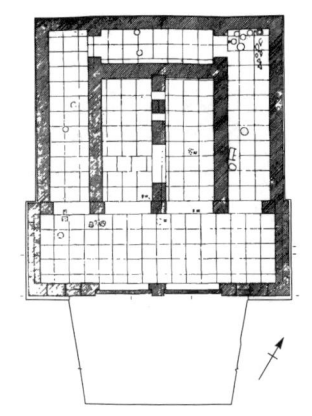

河南唐河县电厂汉画像石墓
- 新莽时期
- 砖石混合砌筑洞室墓，由墓道、墓门、墓室组成。
- 长方形平底陶案 1 件。
- 年代基本同冯君孺人墓。

河南安阳梯家口村汉墓 M45
- 新莽时期
- 单室砖墓，由墓道、墓门、墓室组成。
- 长方形平底陶案 1 件。
- 男女合葬墓。

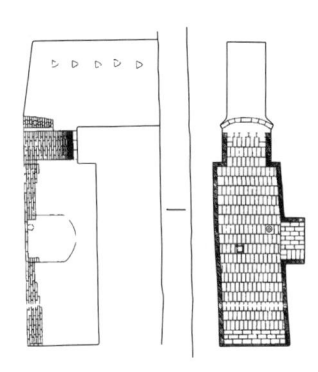

河南巩义万宝苑昱盈阁公寓汉墓群 M1
- 新莽时期
- 多室砖墓，由墓道、墓门、甬道、墓室、东耳室组成。
- 长方形平底陶案 1 件。

河南鹤壁市后营东汉古墓群
- 新莽时期至东汉初期
- 以土洞墓和砖室墓为主。
- 该墓群共出土长方形平底陶案 3 件，圆形平底陶案 1 件。

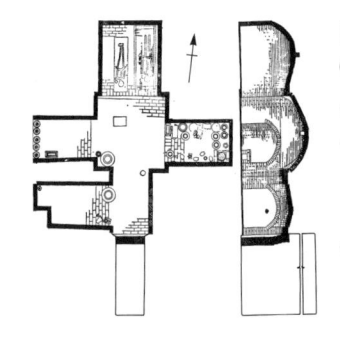

河南洛阳北郊东汉壁画墓 C1M689
- 东汉初期
- 小砖砌多洞室墓，由墓道前室与西耳室、中室与东西耳室、后室组成。
- 长方形平底陶案 1 件，置墓中室，正对墓主棺木摆放。

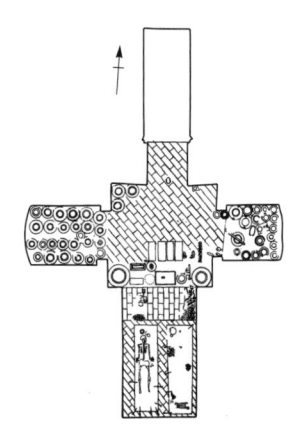

河南洛阳烧沟西 14 号东汉墓
- 东汉早期
- 小砖结构洞室墓，由墓道、甬道、前堂、后室、耳室组成。
- 长方形平底陶案 1 件，置于墓主棺木正前方中部。

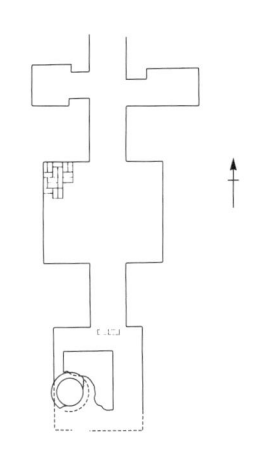

河北景县大代庄东汉壁画墓 86JDM1
- 东汉早中期
- 多室砖墓，由墓道、前甬道、东西耳室、前室、后甬道和后室组成。
- 长方形平底陶案 1 件。

206　从飨宴到丧祭：两汉至宋元墓葬家居随葬组合研究

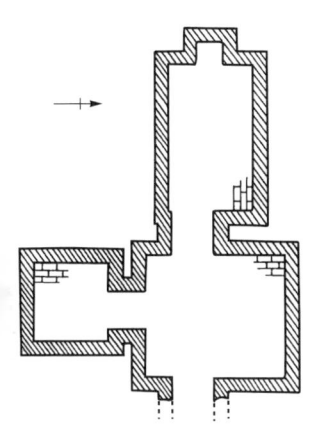

河北武邑青冢东汉墓

- 东汉早中期
- 多室砖墓，由甬道、前室、后室、南耳室、后室壁龛组成。
- 圆形平底陶案1件。
- 墓主可能为当时豪强地主。

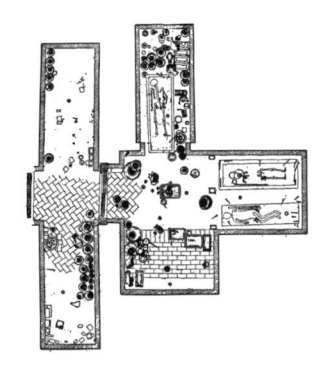

河南洛阳西北郊30.14号东汉墓

- 东汉中期偏早
- 多室砖墓，由墓道、墓门、前堂、主室等组成。
- 长方形平底陶案3件，2件置于墓室前堂西侧砖台，上存兽骨数段，1件置于前堂正中。
- 上限不早于光武年间（25—57）。

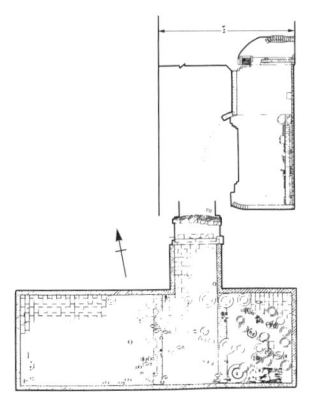

河南巩义市新华小区2号墓

- 东汉中期偏晚
- 单室砖券墓，由墓道、甬道、墓室组成。
- 长方形平底陶案2件，上置耳杯；圆形平底陶案1件（发掘报告作托盘）。
- 具体年代在公元120至140年，为家族墓地。

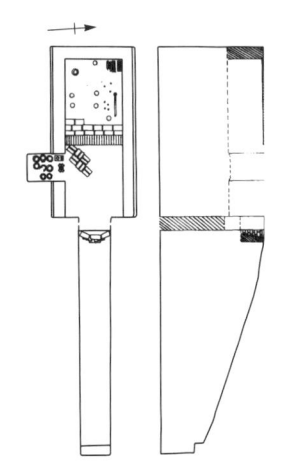

河南安阳梯家口村东汉墓M39

- 东汉中期
- 单室砖墓，由墓道、墓门、主室、侧室组成。
- 长方形平底陶案1件。

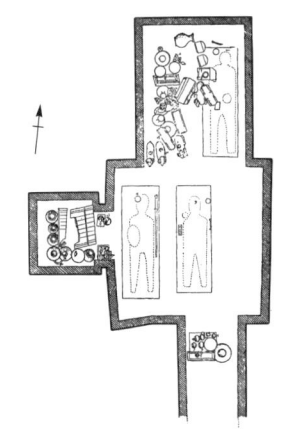

河南荥阳河王水库东汉墓CHM1

- 东汉中期
- 多室砖墓，由墓门、前室、后室、右耳室组成。
- 长方形平底陶案2件，其中1件置墓门北部，上陈列耳杯及陶盘，案南设有方盒。

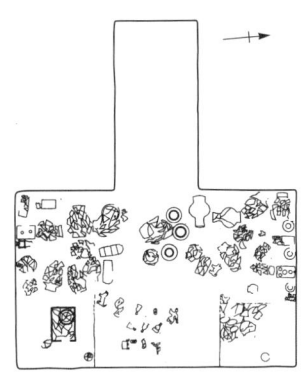

河南洛阳苗南新村528号东汉墓

- 东汉中期
- 竖井土洞墓，由墓道和土洞横室组成。
- 长方形平底陶案2件，分置于墓室南北两侧（东西向）。

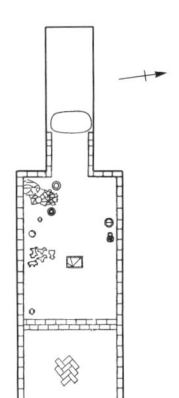

河南巩义市仓西东汉墓M41

- 东汉中期前后
- 双室砖墓，由墓道、甬道、墓室组成。
- 长方形平底陶案1件，出土于墓室正中部。

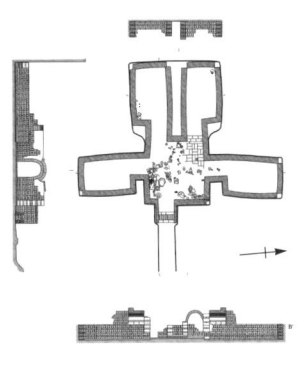

河北蔚县大德庄墓地M2

- 东汉中晚期
- 多室砖墓，由墓道、封门、甬道、前室、耳室、后室组成。
- 长方形平底陶案4件，圆形平底陶案1件，均出土于墓前中室。

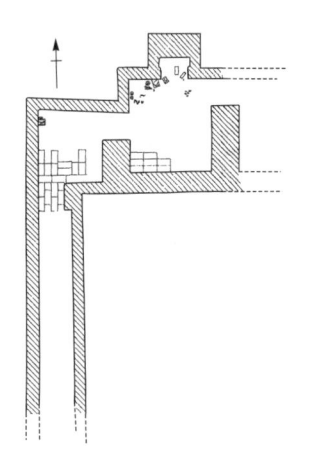

河北安平水泥管厂东汉墓 M2
- 东汉中晚期
- 多室砖墓，由墓道、甬道、前室、中室、后室组成。
- 长方形平底陶案2件。

河北满城荆山东汉墓 M8
- 东汉中晚期
- 单室砖墓，由墓道、墓室组成。
- 长方形平底陶案1件。
- 该墓群共出土长方形平底陶案2件，另1件使用情况不清。

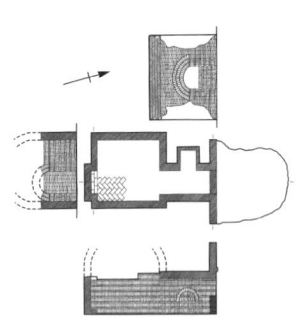

河北宣化东升路东汉墓 M1
- 东汉中晚期
- 多室砖墓，由墓道、墓门、甬道、耳室及主室组成。
- 长方形平底陶案1件；圆形平底陶案1件。

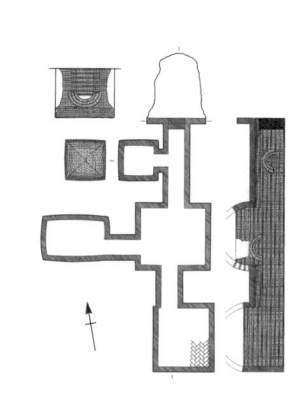

河北宣化东升路东汉墓 M2
- 东汉中晚期
- 多室砖墓，由墓道、墓门、甬道、侧室、前主室、耳室及后主室组成。
- 长方形平底陶案1件；圆形平底陶案1件。

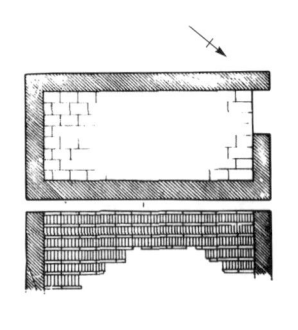

河北张家口下花园区东汉墓 M1
- 东汉中晚期
- 单室砖墓，由墓室、墓门组成。
- 长方形平底陶案1件。

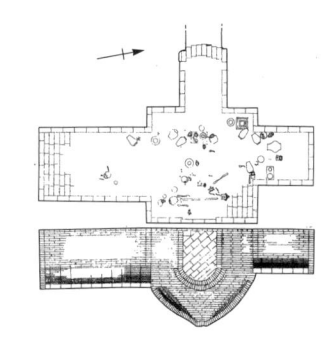

河南洛宁东汉墓 M4
- 东汉中晚期
- 多室砖墓，由墓道、甬道、主室以及左右耳室组成。
- 长方形陶案1件，具体形制不清。

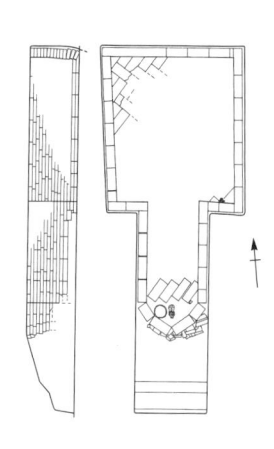

河南淅川县北王营墓地 M5
- 东汉中晚期
- 单室砖墓，由墓道、甬道、墓室组成。
- 圆形平底陶案1件，出土于封门砖处。

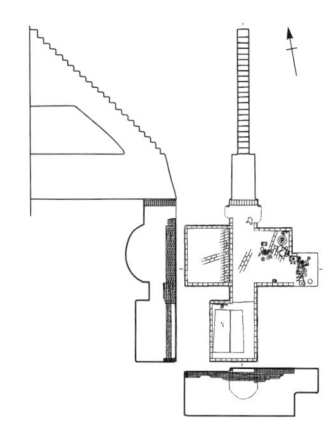

河南洛阳河拦沟村两座东汉墓 C3M1539
- 东汉中晚期
- 多室砖墓，由墓道、甬道、前室、后室和耳室组成。
- 长方形平底陶案1件。

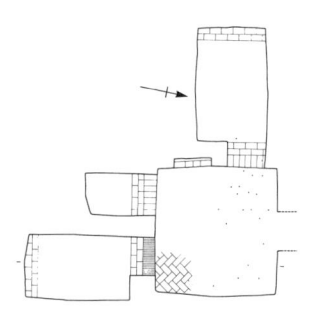

山西山阴新广武东汉墓 M1

- 东汉中晚期
- 多室砖墓,由墓道、前室、东后室、西后室、西耳室及假耳室组成。
- 长方形平底陶案1件。
- 墓主人应为当时的中小地主阶层,拥有一定社会财富。

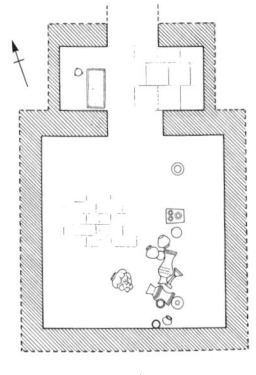

山西阳泉市马家坪东汉墓 M5

- 东汉中晚期
- "干"字形砖室墓,由前室、后室、甬道等部分组成。
- 长方形平底陶案1件,上置耳杯等,摆放于前室。

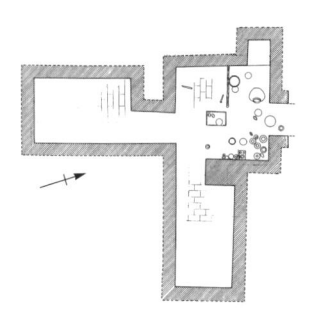

山西阳泉市马家坪东汉墓 M7

- 东汉中晚期
- "干"字形砖室墓,由前室、左耳室、甬道、后室组成。
- 长方形平底陶案1件,上置耳杯等,摆放于前室。

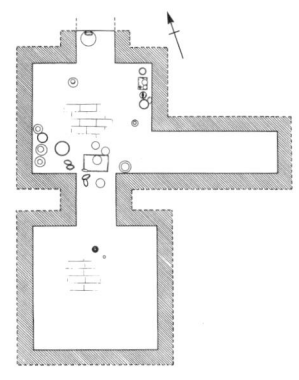

山西阳泉市马家坪东汉墓 M8

- 东汉中晚期
- "干"字形砖室墓,由墓道、前室、左耳室、甬道、后室组成。
- 长方形平底陶案1件,上置耳杯等,摆放于前室。

河北鹿泉西龙贵汉墓群

- 东汉中期至晚期
- 单室或多室砖墓。
- 该墓群出土长方形平底陶案6件,M15(1)、M50(2)、M52(1)、M56(1)、M65(1),形制基本相同。

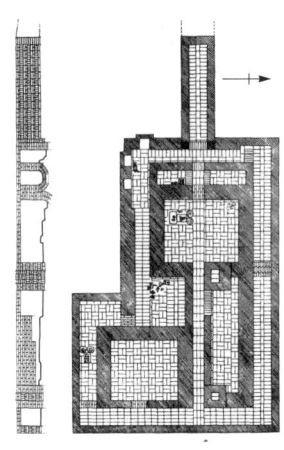

河北迁安于家村 M1

- 东汉晚期偏早
- 多室砖墓,由墓道、甬道、墓门、墓室主通道、四面回廊、左右前耳室、前堂、棺室、左右后室、左前侧室及左后侧室等组成。
- 长方形平底陶案3件;圆形平底陶案4件。
- 从墓葬规模、结构和大量仿漆器与釉陶器等来看,墓主生前应具有较高的地位。

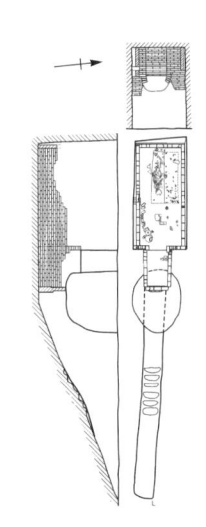

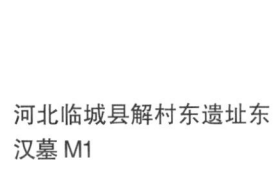

河北临城县解村东遗址东汉墓 M1

- 东汉晚期
- 长方形单室砖墓,由墓道、甬道、墓室组成。
- 长方形平底陶案1件,正对墓主棺木摆放。

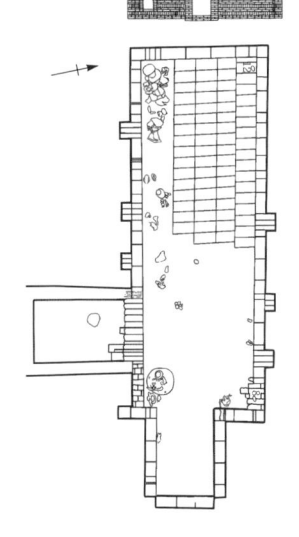

河北临城县解村东遗址东汉墓 M2

- 东汉晚期
- 长方形多室砖墓,由墓道、甬道、耳室和主室组成。
- 长方形平底陶案1件(已残,仅存案面一角)。

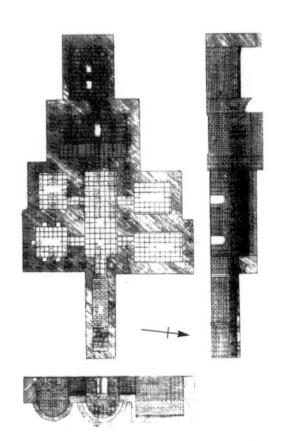

河北阜城桑庄东汉墓 HFSM1
- 东汉晚期
- 多室砖墓，墓道、甬道、墓门、前室、左前侧室、左后侧室、右前侧室、右后侧室、中室、后室及假耳室等组成。
- 长方形平底陶案6件；圆形平底陶案1件。

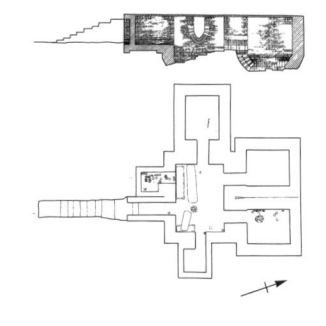

河北滦县新农村东汉墓 90LLXM1
- 东汉晚期
- 多室砖墓，由墓道、甬道、前室、双后室（东后室、西后室）、侧室、耳室等组成。
- 圆形平底陶案1件（发掘报告原作盘）。

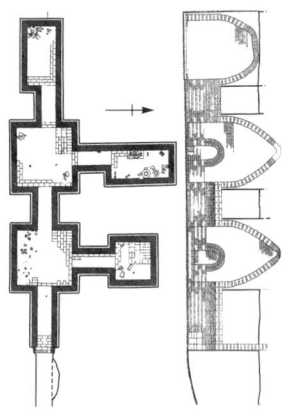

河北阳原西城南关东汉墓 M1
- 东汉晚期
- 多室砖墓，由墓道、甬道、前室、中室、后室及侧室组成。
- 长方形平底陶案1件。
- 墓主可能为一般地方官吏。

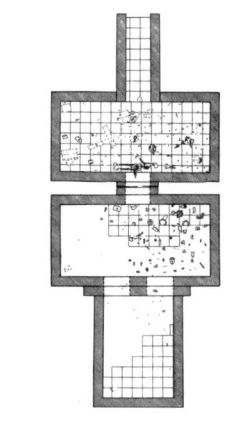

河北沙河兴固东汉墓
- 东汉晚期
- 砖石混合结构室墓，由甬道、前室、中室、后室组成。
- 长方形平底陶案1件；圆形平底陶案1件。
- 下限可能在中平年间或以前，至迟不晚于建安十年。

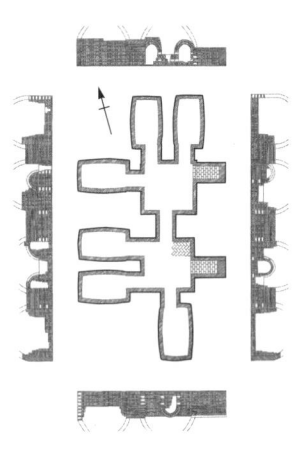

河北张家口宣化东升路东汉墓 M3
- 东汉晚期
- 双墓道八室砖室墓，由南主室、北主室、南侧耳室、西侧南耳室、西侧中耳室、西侧北耳室、北侧西耳室及北侧东耳室等组成。
- 长方形平底陶案1件。
- 汉桓帝至献帝年间；墓主可能为有一定职级的地方官吏或富庶士绅。

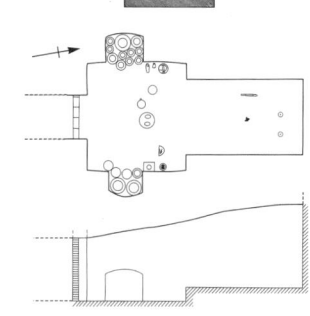

河南沁阳廉坡村东汉墓 QSLM1
- 东汉晚期
- 双室土洞墓，由墓道、墓门、前室和后室组成。
- 圆形平底陶案1件，置前室中部，正对墓主棺木。

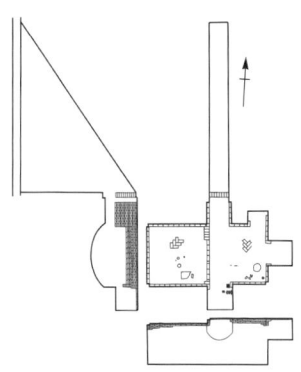

河南洛阳苗南村东汉墓 IM4162
- 东汉晚期
- 斜坡墓道多室砖墓，由墓道、甬道、墓室组成。
- 长方形平底陶案1件，置棺室内；圆形平底陶案1件，散落于前室。
- 侯氏家族墓。

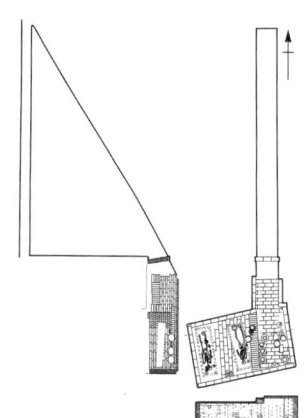

河南洛阳苗南村东汉墓 IM4070
- 东汉晚期
- 斜坡墓道单室砖墓，由墓道、甬道、墓室组成。
- 长方形平底陶案1件，置墓室东部，与墓主棺木并列。
- 夫妻合葬墓，出土"侯冈信印"，应为侯氏家族墓；年代略晚于IM4162。

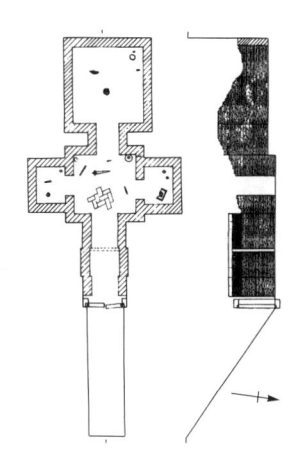

河南新乡市王门东汉画像石墓 XWM76

- 东汉晚期
- 画像石封门砖结构多室券顶墓，由墓道、墓门、甬道、中门、中甬道、前室（附南北耳室）、后甬道和后室组成。
- 长方形平底陶案1件，出土于前北耳室；圆形平底陶案1件，出土于后室。

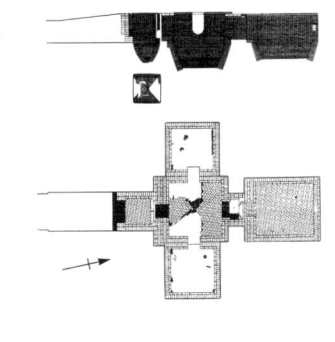

河南新乡西环路东汉封土墓 2010XQM1

- 东汉晚期
- 斜坡墓道"中"字形四角攒尖顶砖室墓，由墓道、甬道、封门、前室、东侧室、西侧室和后室等组成。
- 长方形平底陶案1件，圆形平底陶案1件。
- 墓主应为与获嘉县及冯石城有关的较高级别的官吏。

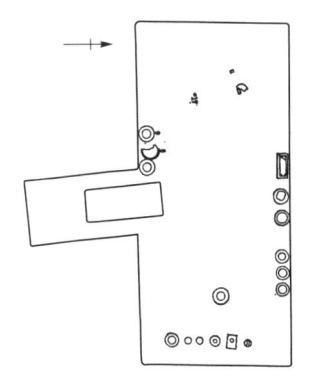

河南巩义市北窑湾 92GZBM11

- 东汉晚期
- 斜坡墓道土洞单室墓，由墓道、墓室组成。
- 圆形平底陶案1件。

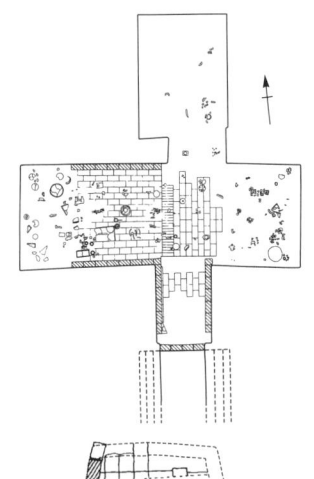

河南偃师市吴家湾东汉封土墓 2006ZXYM3

- 东汉晚期
- 斜坡墓道砖砌券顶多室墓，由墓道、前甬道、前室、后甬道、后室组成。
- 长方形平底陶案6件，圆形平底陶案2件。
- 地处帝陵陪葬墓区。

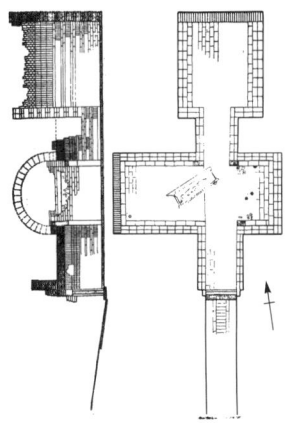

河南偃师杏园村东汉壁画墓 84YDT29M17

- 东汉晚期
- 斜坡墓道多室砖墓，由墓道、墓门、前甬道、前堂、后甬道、后室组成。
- 圆形平底陶案1件。

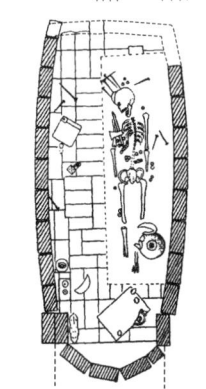

河南郑州市碧沙岗公园东汉墓 65M13

- 东汉晚期
- 单室砖墓，原结构已残不详。
- 长方形平底陶案1件，正对墓主棺木摆放。

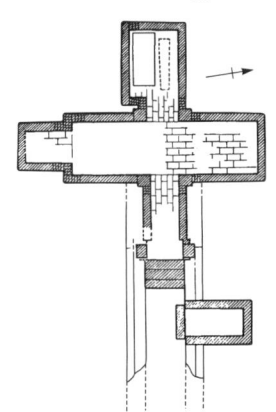

河南洛阳东关东汉殉人墓

- 东汉晚期
- 土坑墓道砖石混合结构的多室券墓，由墓道、墓门、甬道、前室、后室、南耳室和车马室等组成。
- 长方形平底陶案1件；圆形平底陶案1件。

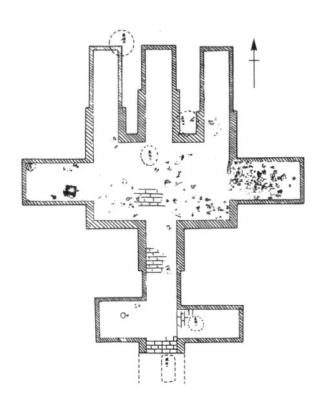

河南洛阳东关夹马营路东汉墓 C3M15

- 东汉晚期
- 砖砌多洞室墓，由墓道、甬道、前室及四个耳室、三个后室组成。
- 长方形陶案6件，具体形制不清；另出土残案足15件，形制大小不同，可能分属两种不同规格的陶案。

附表 211

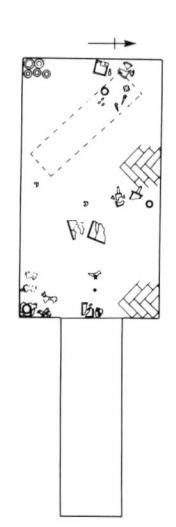

河南洛阳 310 国道孟津东汉墓 M55
- 东汉晚期
- 单室土洞墓,由墓道、墓室组成。
- 长方形陶案 1 件,具体形制不清。

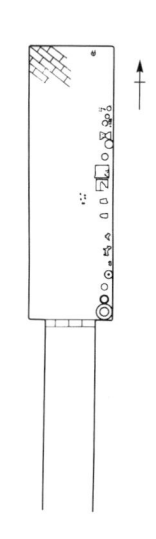

河南洛阳 310 国道孟津东汉墓 M38
- 东汉晚期
- 单室砖墓,由墓道、墓门、墓室组成。
- 长方形平底陶案 1 件。

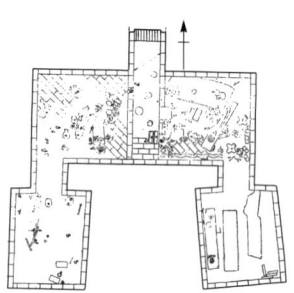

河南洛阳市南昌路东汉墓 BM3
- 东汉晚期
- 多室砖室墓(横列前堂双后室),由甬道、前堂、西后室、东后室组成。
- 长方形平底陶案 3 件,圆形平底陶案 1 件。

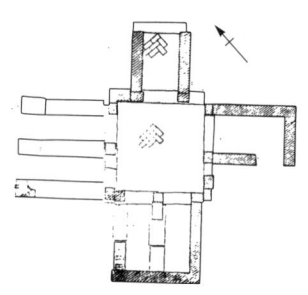

河南新野县前高庙村东汉画像石墓 M1
- 东汉晚期
- 砖石并用洞室墓,由墓门、前室、近正方形中室、西侧室、东侧室、后室组成。
- 圆形平底陶案 1 件。

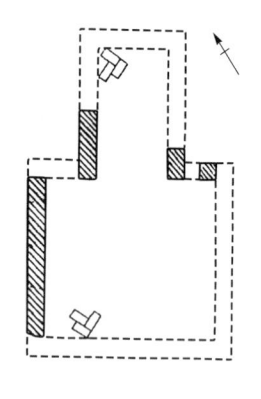

河南新野县前高庙村东汉画像石墓 M2
- 东汉晚期
- "凸"字形砖石并用洞室墓,由墓道、墓室组成(破坏较为严重)。
- 圆形平底陶案 1 件。

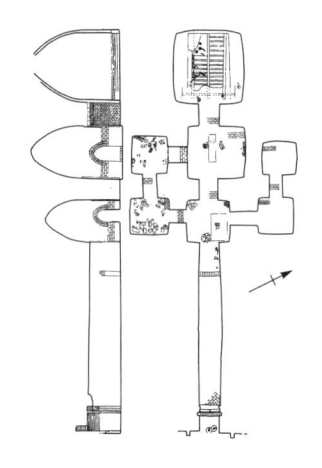

河南安阳南乐宋耿洛 1 号汉墓
- 东汉晚期
- 多室砖墓,由墓道(未发掘)、墓门、甬道、前室、中室、主室和南侧东、西耳室、北侧东西耳室等组成。
- 长方形平底陶案 1 件,圆形平底陶案 3 件。
- 东汉桓帝延熹三年之后不久(160)。

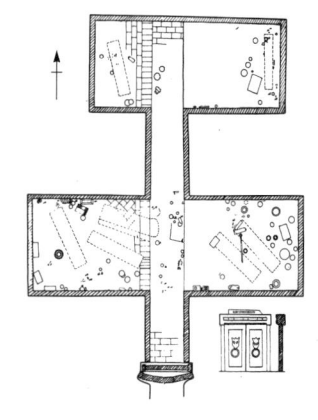

河南洛阳唐寺门东汉墓 M1
- 东汉晚期
- "干"字形砖砌多室墓,由墓道、甬道、前室、过道、后室组成。
- 平底陶案 8 件。
- 东汉桓帝永康元年(167)。

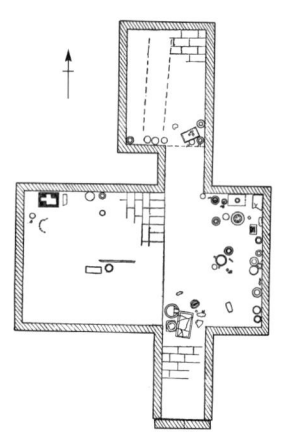

河南洛阳唐寺门东汉墓 M2
- 东汉晚期
- "十"字形砖砌多室墓,由墓道、甬道、前室、过道组成。
- 平底陶案 2 件。
- 两座墓共出土长方形平底陶案 4 件,圆形平底陶案 6 件,具体情况不清。

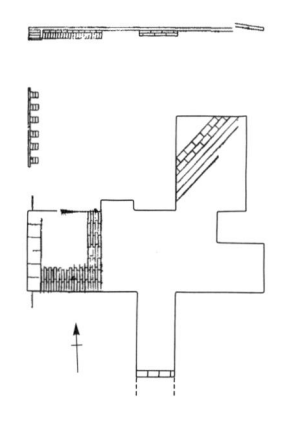

河南洛阳东汉光和二年王当墓 M1

- 东汉晚期
- 土圹前堂横列墓，由墓道（未发掘）、甬道、前室、后室、耳室等组成。
- 长方形平底陶案 3 件，圆形平底陶案 3 件。
- 东汉光和二年（179）。

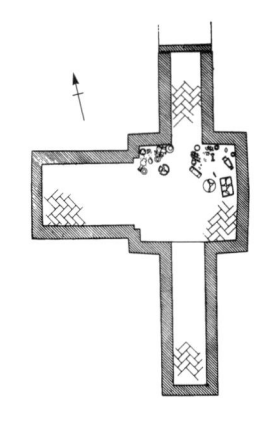

山西离石马茂庄村东汉墓 93LM4

- 东汉晚期
- 斜坡墓道砖砌双室附耳室墓，由墓道、甬道、前室、耳室、后室组成。
- 长方形平底陶案 1 件，圆形平底陶案 1 件，均出土于墓前室。
- 东汉晚期桓、灵之际。

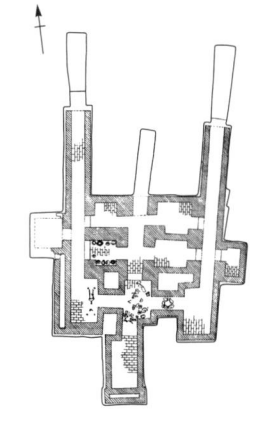

河北抚宁县邴各庄东汉墓 M1

- 东汉末期
- 三墓道十室土圹砖室墓。
- 圆形平底陶案 1 件。

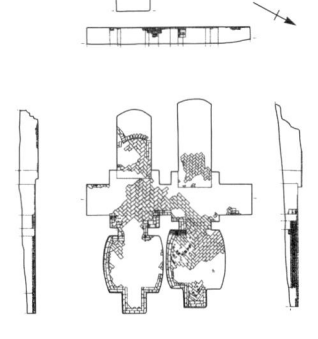

河南省淅川县香花镇杨河组东汉墓 M3、M4

- 东汉末期
- 长方形阶梯墓道多室砖墓，由墓道、甬道、前室、后室等组成，M3、M4 两墓相连。
- 圆形平底陶案各 1 件（发掘报告作陶盘）。
- 下限可能至三国时期；墓主可能为当地豪门大族。

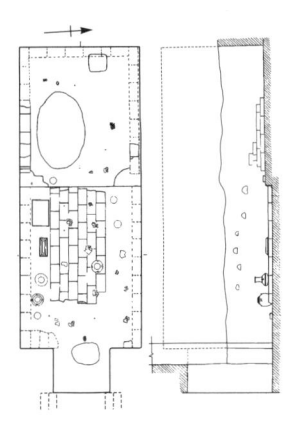

河南偃师市阎楼东汉封土墓 2006ZXYM34

- 东汉末期
- 单室土洞墓，由墓道、甬道、墓室组成。
- 长方形平底陶案 1 件，圆形平底陶案 1 件。
- 下限可能至曹魏时期。

河南陕县刘家渠汉墓群

- 西汉晚期至东汉晚期
- 竖穴土坑墓、竖穴墓道土洞墓、斜坡墓道洞室墓等。
- 该墓群共出土长方形平底陶案 47 件，圆形平底陶案 2 件，多有彩绘。

河南安阳市郭家湾汉墓群

- 新莽时期至东汉晚期
- 以土洞墓和砖室墓为主要形制，单室、双室、三室及多室墓均有。
- 该墓群共出土长方形平底陶案 21 件，圆形平底陶案 2 件；多正对墓主棺木摆放，上置陶盘、耳杯等。
- 年代上大致可分三期：一期，王莽时期及稍后；二期，东汉中期；三期，东汉晚期。

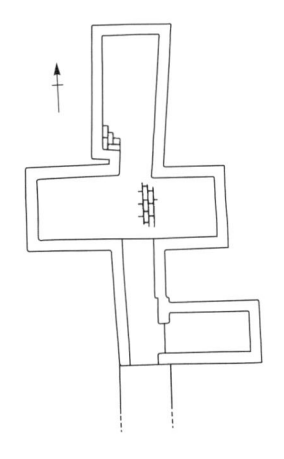

1964—1965 年河北燕下都墓葬 M38

- 东汉时期
- 长方形砖券单室墓，由墓门、羡道、墓室组成。
- 长方形平底陶案 1 件。

附表 213

河北正定野头墓地

- 东汉时期
- 均为砖室墓。
- 该墓地出土长方形平底陶案多件,可复原2件,其中1件见于M8。

河北丰润县叩家寨村东汉墓M1

- 东汉时期
- 砖室墓,具体结构及形制已不清。
- 圆形平底陶案1件。

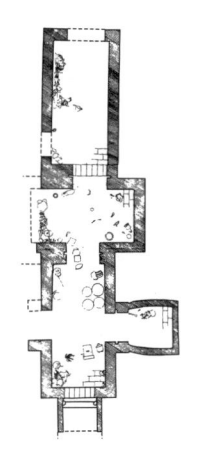

河北满城县四道口东汉墓

- 东汉时期
- 多室砖墓,由墓道、墓门、甬道、前室、东西两耳室、中室、后室等组成。
- 圆形平底陶案2件。

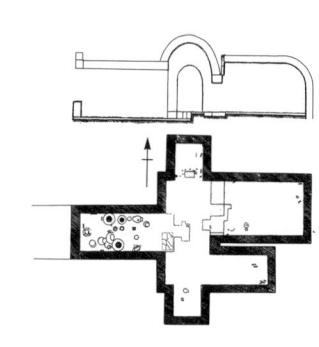

河南泌阳板桥东汉墓M31

- 东汉时期
- 多室砖墓,由甬道、前室、双耳室、双后室组成。
- 长方形平底陶案1件,圆形平底陶案1件。

山西侯马东汉墓M27

- 东汉时期
- M27为单室砖墓(已坍塌),由墓道、甬道、前室、后室、耳室组成。
- 该墓群共出土长方形平底陶案2件,其中1件出土于M27。

表2-5 东汉时期青齐、徽淮地区（山东、江苏、安徽）出土陶案墓葬分表

山东滨州市汲家湾汉墓
- 西汉末或东汉前期
- 多室砖墓，由甬道、前室、后室、耳室组成。
- 圆形平底陶案1件（发掘报告作平盘）。

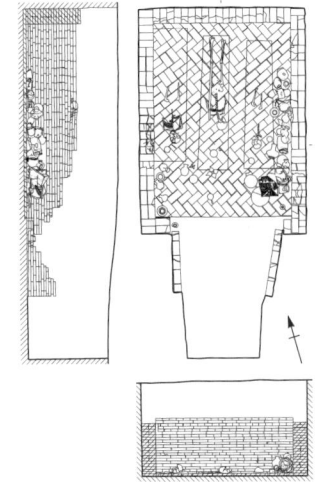

安徽淮北相山渠沟墓群 M50
- 东汉早期
- 带墓道"凸"字形砖室墓，由墓道、甬道、墓室组成。
- 圆形附三足陶案1件，摆放于其中一墓主棺木前。
- 墓主应为陈姓中小贵族。

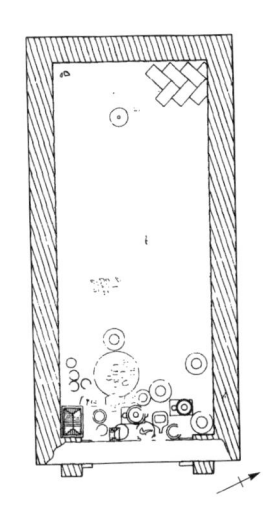

江苏徐州市韩山东汉墓 85XHM1
- 东汉中期
- 土坑竖穴砖石结构单室墓，由墓门、墓室组成。
- 圆形附三足陶案1件，上置耳杯等，摆放于墓室前部。

安徽萧县破阁东汉墓 XPM61
- 东汉中期
- "中"字形砖石结构画像墓，由墓道、墓门、前室、中室（附左右耳室）、后室组成。
- 长方形平底陶案1件，圆形平底陶案3件。

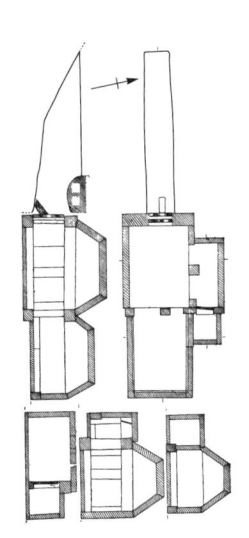

山东梁山东汉纪年墓 M1
- 东汉晚期
- 斜坡墓道石室墓，由墓道、前室、后室、侧室、侧后室组成。
- 长方形平底陶案1件。
- 东汉桓帝永康元年（167）；墓主应为东平国的中级官吏，至少也是寿张县相当地位的官吏，非一般的地主豪强。

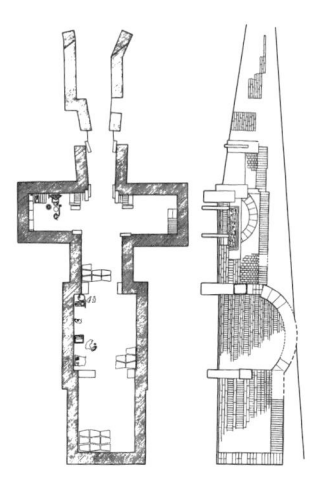

江苏徐州十里铺东汉画像石墓
- 东汉晚期
- "十"字形砖石结构多室墓，由墓道、前、中、后三主室，前室东、西侧室组成。
- 长方形附四足陶案1件，圆形平底陶案3件，其中2件出土于前室，2件出土于东侧室，对应关系不清。
- 具体年代在东汉灵帝时期（即167—189年之间）。

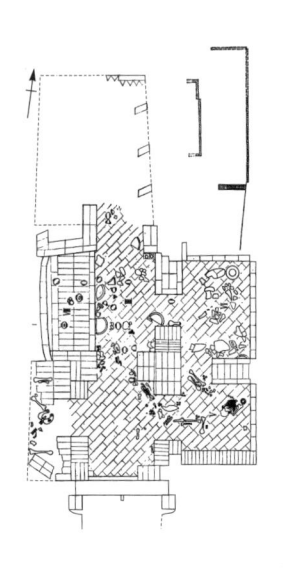

山东淄博张庄东汉画像石墓 84ZZRM1

- 东汉晚期
- 多室砖墓，由墓道、墓门、前室、中室、后室、右侧室、左前侧室和左后侧室组成。
- 圆形平底陶案3件，置于前室，散乱分布；前室与甬道交界处存长方形木案灰迹，其上似摆放器物。
- 墓主身份应为官秩三百石左右的下层官吏，或是相当于此官爵的豪强地主。

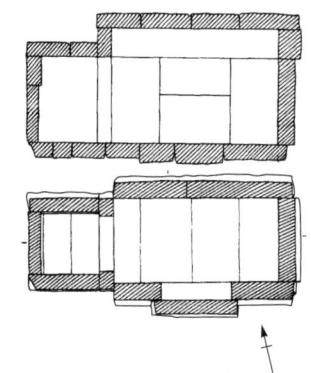

山东济宁市张山东汉墓 M1

- 东汉晚期
- 石室墓，由主室和耳室组成。
- 圆形平底陶案2件。

山东枣庄市渴口东汉墓 M79

- 东汉晚期
- 双棺石板墓。
- 圆形平底陶案1件。

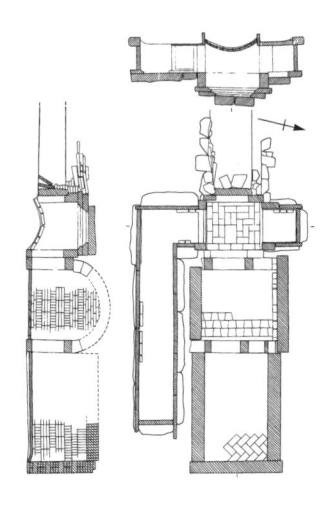

山东枣庄市桥上东汉画像石墓 M1

- 东汉晚期
- 砖石混合结构多室墓，由墓道、前室、中室、后室、耳室、侧室组成。
- 圆形平底陶案1件。
- 墓主应为官秩三百石到六百石之间的下层官吏或与汉傅阳县有关。

江苏昌梨水库东汉墓 M4

- 东汉晚期
- 多室砖墓，由前室、后左室、后右室组成。
- 圆形平底陶案1件。

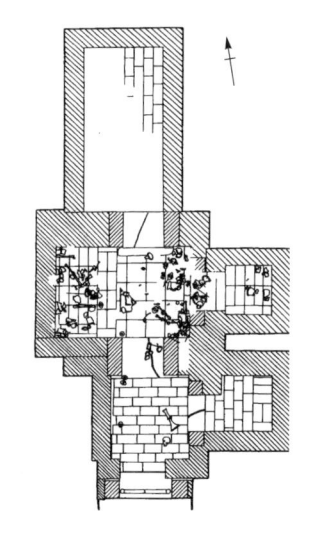

山东济南市闵子骞祠堂东汉墓

- 东汉晚期
- 砖石混筑结构多室墓，由墓道、前室、中室和后室组成，其中前室和中室都带耳室。
- 长方形平底陶案1件，圆形平底陶案1件。
- 墓主的身份和地位在当地应该较高，应是地主或者士大夫阶层的官僚。

山东济南大观园东汉墓
- 东汉晚期
- 砖石混筑结构多室墓，由前室、左右侧室、后室等组成。
- 长方形陶案1件，置前室，具体形制不清。

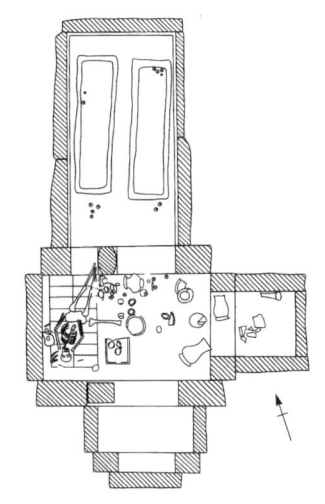

山东济南张庄汉代墓地 M1
- 东汉晚期
- 石室墓，由墓门、甬道、前室、后室、耳室组成。
- 长方形平底陶案1件，正对墓主棺木摆放；圆形平底陶案若干件，具体数量不清。

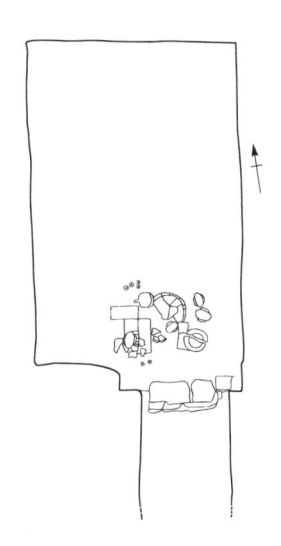

山东济南张庄汉代墓地 M4
- 东汉晚期
- 单室砖墓，由墓道、墓室组成。
- 圆形平底陶案若干件，具体数量不清；M1、M4共出土6件。

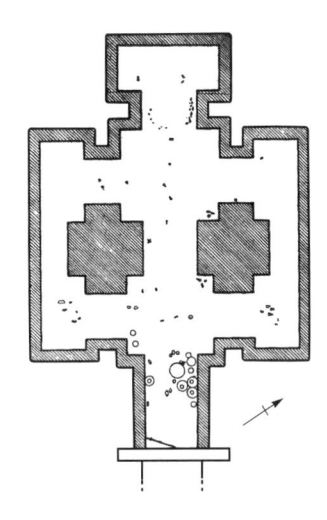

安徽亳县凤凰台1号汉墓
- 东汉末期
- 多室砖墓，由墓道、甬道和前后墓室组成。
- 圆形附三足陶案1件（发掘报告作三足盘），摆放于墓室入口。

山东潍坊后埠下墓地
- 新莽时期至东汉晚期
- 以土坑墓和砖室墓为主。
- 该墓群共出土圆形平底陶案9件。

山东滕县柴胡店东汉墓群
- 东汉早期至东汉晚期
- 均为石板墓，主要分单棺、双棺、三棺三种。
- 该墓群共出土长方形、圆形陶案11件，具体形制不清。
- 墓群内M13、M14、M23三座墓中两种陶案同出。

表 2-6　东汉时期关中地区（陕西）出土陶（漆木）案墓葬分表

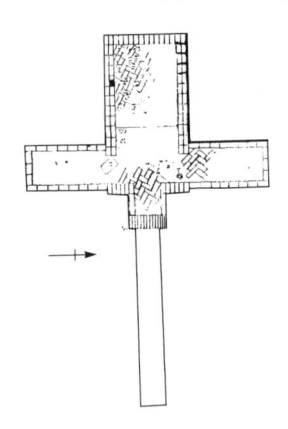

陕西西北大学医院汉墓
- 新莽时期
- 多室砖墓，由墓道、甬道、墓室和南、北二耳室组成。
- 红地彩绘漆木案 1 件（已残）。

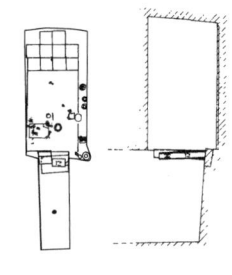

陕西咸阳织布厂汉墓 M11
- 新莽末年
- 竖穴墓道"甲"字形空心砖筑单室墓，由墓道、封门、墓室组成。
- 长方形附四足陶案 1 件，摆放于墓室前部。

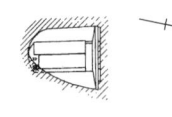

陕西长安县三里村东汉墓
- 东汉中期
- 多室砖墓，由墓道、甬道、前室、后室、左右耳室、墓道耳室等组成。
- 长方形平底陶案 2 件，分别出土于墓道耳室、前后室之内，或与耳杯等同出。
- 墓室死者葬时为东汉和帝永元十六年（104），墓道耳室死者葬时为东汉桓帝建和元年（147）。

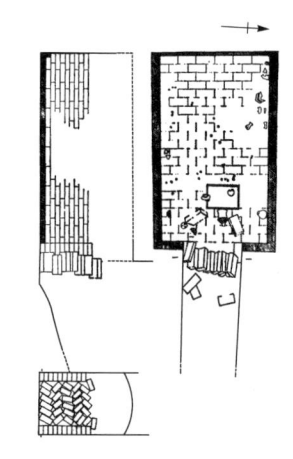

陕西西安北郊东汉墓 75CTDGM1
- 东汉中期
- 券顶单室砖墓，由墓道、墓门、墓室组成。
- 长方形附四足陶案 1 件，置于墓室前中部。

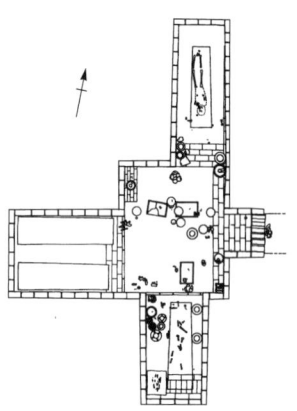

陕西咸阳杜家堡东汉墓 M1
- 东汉中期
- 斜坡墓道多室砖墓，由墓道、封门、甬道、墓室组成。
- 长方形平底陶案 3 件，上置耳杯等，摆放于中室（发掘报告作托盘）。

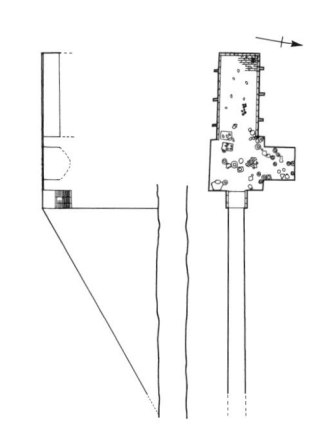

陕西咸阳市龙枣村东汉墓 M2
- 东汉中期
- 斜坡墓道洞室墓，由墓道、甬道、前室、后室、侧室组成。
- 长方形平底陶案 2 件，上置耳杯等，摆放于前室（发掘报告作方盘）。

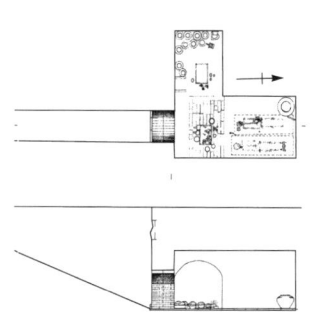

陕西西安金浐沱小学东汉墓 M3
- 东汉中期
- 斜坡墓道带耳室单室墓，由墓道、甬道、墓室、耳室组成。
- 长方形平底陶案 2 件，其中 1 件正对墓主棺木摆放，1 件出土于耳室，上置耳杯、陶勺等。

陕西西北林学院 3 号学生楼地基东汉墓 M12
- 东汉中期
- 斜坡墓道砖砌洞室墓，由墓道、墓室组成。
- 长方形平底陶案 1 件（发掘报告作陶盘）。

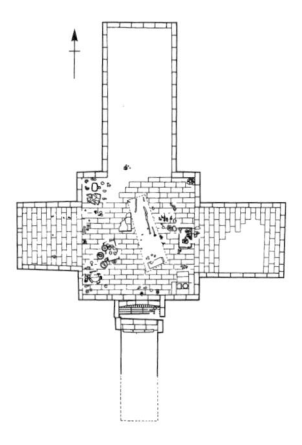

陕西西安南郊三爻村东汉墓 M12
- 东汉中期前后
- 斜坡墓道多室砖墓，由墓道（未发掘）、甬道、前室、南北耳室、后室组成。
- 长方形平底陶案4件，似摆放于墓室四角，墓主棺木列墓室正中部。

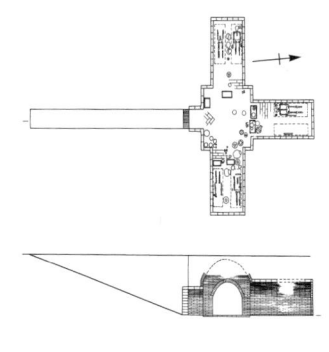

陕西西安北郊东汉墓 M1
- 东汉中期或稍晚
- 斜坡墓道多室墓，由墓道、甬道、前室、后室、左右侧室组成。
- 长方形平底陶案6件，应分别摆放于6具墓主棺木前，上置陶碗等，1件出土位置有移动。
- 具体年代应在明帝至桓帝时期（58—168）。

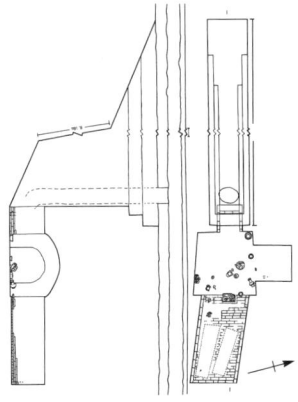

陕西咸阳渭城区民生工程东汉墓 M3、M4、M6
- 东汉中期偏晚
- 砖砌多室土洞墓，M4由墓道、甬道、墓室组成（见墓葬平面图）。
- M3、M4、M6分别出土长方形平底陶案各1件，M4陶案摆放于墓主棺前、墓室正中部。

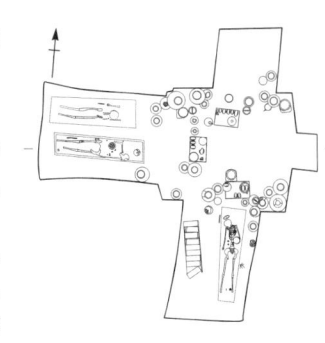

陕西西安空港新城岩村东汉墓 M7
- 东汉中晚期
- 斜坡墓道"十"字形多室土洞墓，由墓道、封门、甬道、前室、后室、南北侧室等组成。
- 长方形平底陶案3件，上置陶盘、耳杯、陶盆等，分别正对3具墓主棺木。

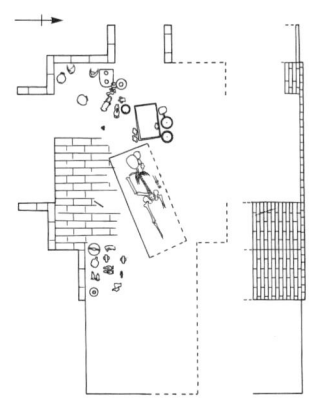

陕西西安临潼北庄遗址乙区东汉墓 M2
- 东汉中晚期
- 斜坡墓道砖室墓，由墓道、封门、墓室组成。
- 长方形平底陶案1件，上置耳杯，正对墓主棺木摆放。

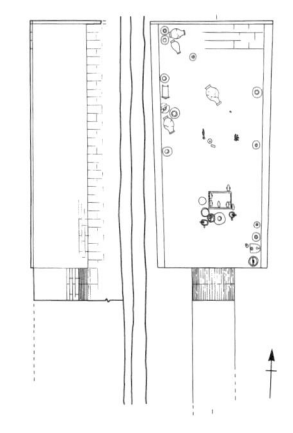

陕西西安临潼北庄遗址乙区东汉墓 M5
- 东汉中晚期
- 斜坡墓道砖室墓，由墓道、封门、甬道、墓室组成。
- 长方形平底陶案1件，上置耳杯，正对墓主棺木摆放。

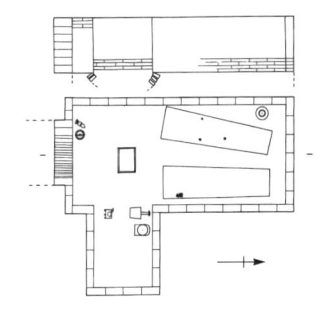

陕西西安临潼北庄遗址乙区东汉墓 M7
- 东汉中晚期
- 斜坡墓道砖室墓，由墓道、封门、甬道、墓室组成。
- 长方形平底陶案1件，上置耳杯，正对墓主棺木摆放。
- 该墓群共出土长方形平底陶案4件。

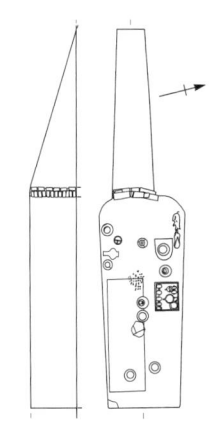

陕西西安清凉山东汉墓 M4
- 东汉中晚期
- 斜坡墓道土洞墓，由墓道、墓室组成。
- 长方形平底陶案1件，上置耳杯、陶斗、陶盘等，正对墓主棺木。

附表 219

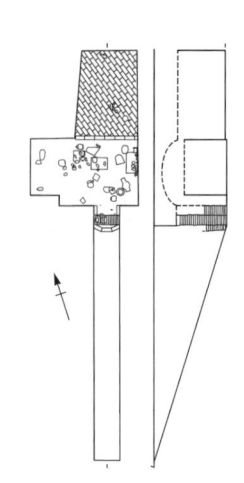

陕西西安清凉山东汉墓 M10
- 东汉中晚期
- 斜坡墓道双室土洞墓，由墓道、甬道、前室、侧室、后室组成。
- 长方形平底陶案3件，上置耳杯等，出土于前室。

陕西西安中华小区东汉墓群
- 东汉中晚期
- 以土洞墓和砖室墓为主。
- 该墓群共出土长方形平底陶案12件，其中M13出土1件；M17出土圆形平底陶案1件（发掘报告作陶盘）。

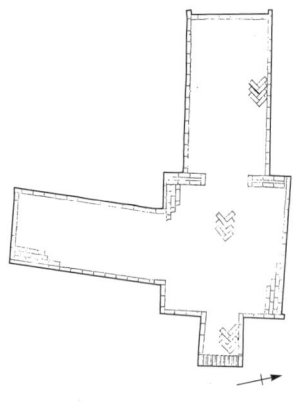

陕西临潼东汉初平元年墓
- 东汉晚期
- 斜坡墓道"甲"字形砖室墓，由墓道、甬道、前室、后室、侧室组成。
- 长方形平底陶案1件，圆形平底陶案1件。
- 东汉献帝初平元年（190）；墓主人应为当时的中小地主或地方官吏。

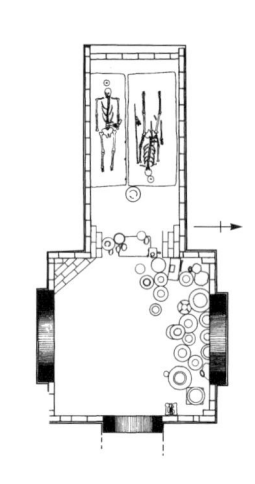

陕西卷烟材料厂东汉墓 95SJM5
- 东汉晚期
- "中字形"多室砖墓，由墓道、墓门、前室、后室组成。
- 长方形平底陶案1件，上置耳杯、陶敦等，正对墓主棺木摆放。

陕西西安财政干部培训中心汉墓群
- 东汉晚期
- 均为洞室墓。
- 该墓群共出土长方形平底陶案6件。

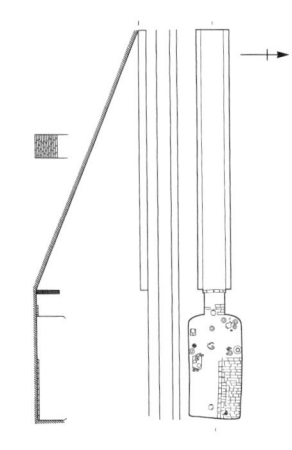

陕西西安西北大学长安校区东汉墓 04CXDM3
- 不晚于东汉晚期
- "甲"字形砖砌洞室墓，由墓道、封门、甬道、墓室组成。
- 长方形平底陶案1件，上置陶盒、陶勺、陶魁等，正对墓主棺床摆放。

注：西安东汉各墓群出土陶案墓号如下：西北有色金属研究院（M3、M4、M5、M9、M10、M13、M14、M15、M17、M18、M21、M24）；雅荷城市花园汉墓群（M1、M2）；大洋乳胶厂M2；雅荷智能家园汉墓群（M4、M9、M10）；海宏轴承厂M7；西安市中药厂M20；荣海花园M1；西安市电信局第二长途通信大楼汉墓群（M18、M67、M107、M163）；佳馨花园M60；珠江新城M3；西北农副产品批发市场汉墓群（M7、M16）；电容器厂M3；旭景名园M1；西北国棉五厂汉墓群（M17、M21）；第二炮兵学院宿舍楼M1；西安东郊常家湾M1；西安理工大学（M6、M9、M19、M33）；三兆公墓M1；曲江雁湖小区汉墓群（M14、M16）；曲江雁鸣小区汉墓群（M1、M2）；曲江花园汉墓群（M5）；曲江春晓苑汉墓群（M3、M4、M9、M29）；雁塔南路汉墓群（M15、M19、M22）；西安曲江国际会展中心M2；西安石油学院汉墓群（M7、M10、M11、M14、M15、M36）；世家星城汉墓群（M97、M141、M169、M213、M214）。

表 2-7　东汉时期西南地区（四川、重庆、云南、贵州）出土陶（铜）案墓葬分表

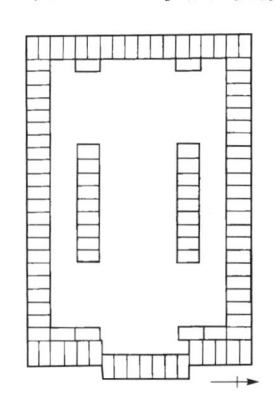

四川绵阳市综合大楼王莽时期砖室墓
- 新莽时期
- 竖穴土坑券顶砖室墓。
- 长方形附四足陶案1件。

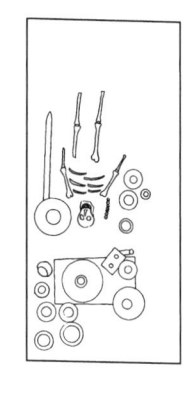

四川郫县古城乡汉墓 M7
- 新莽时期
- 长方形竖穴土坑墓。
- 长方形附四足陶案2件，上置陶罐等，摆放于墓主头部位置。

云南昭通县白泥井东汉墓
- 东汉早期
- 长方形单室砖墓，由墓门、墓室组成。
- 长方形附四足铜案1件，上置铜耳杯、铜盘、铜孔雀等，摆放于墓门前1米处（墓道南壁下）。

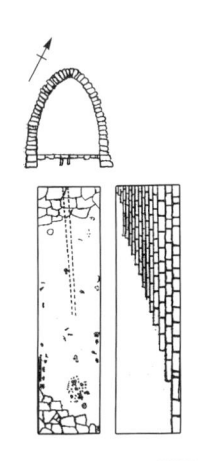

贵州兴仁乐汉墓 M6
- 东汉早中期
- 长方形单室石室墓。
- 长方形附四足铜案1件（已残）。

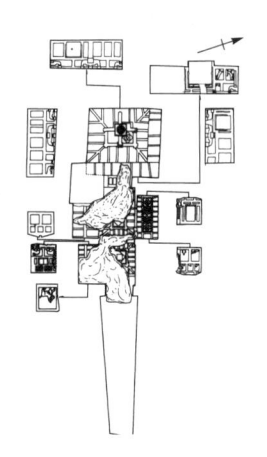

四川三台郪江崖墓群柏林坡1号墓
- 东汉中期
- 斜坡式踏道崖墓，由墓道、墓门、甬道、前室、中室、后室和侧室、耳室组成。
- 长方形连弧状足2件（或曲尺状足）。
- 东汉安帝元初四年（117）。

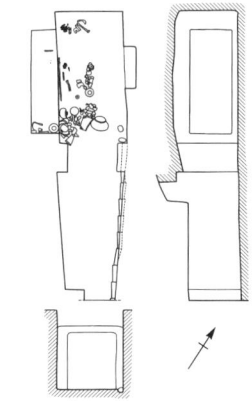

四川新津县宝资山汉墓群 2018XDBM282
- 东汉中期
- 带墓道横穴单室崖墓，由墓道、墓门、墓室、棺台、壁龛组成。
- 长方形附四足陶案1件。

四川西昌市杨家山1号东汉墓 M1
- 东汉中期
- 长方形竖穴土坑墓。
- 长方形附四足陶案1件（制造较粗滥）。

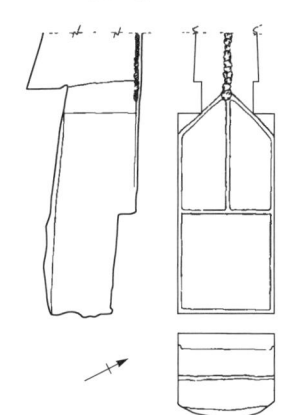

重庆市水泥厂东汉岩墓
- 东汉中期
- "凸"字形单室岩墓，由甬道、前室、后室组成。
- 长方形附四足陶案5件。

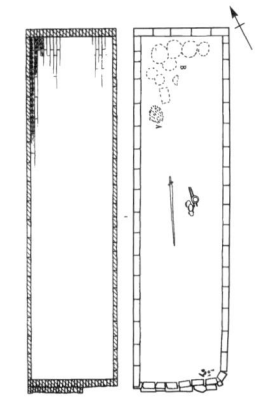

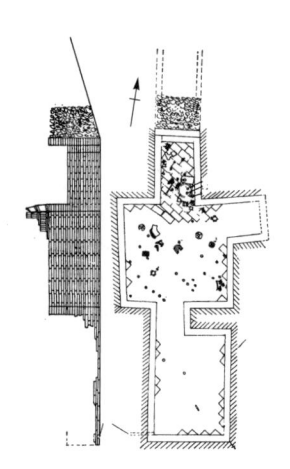

云南大理大展屯 2 号汉墓
- 东汉中晚期
- 多室砖墓,由墓道、甬道、前室、后室和东耳室组成。
- 铜案足 1 件。

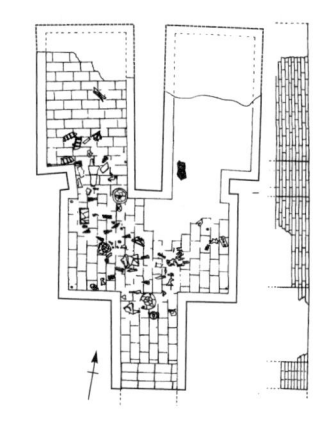

云南大理市下关城北东汉纪年墓
- 东汉中晚期
- 多室砖墓,由墓道、甬道、前室和东西并列的两个后室组成。
- 铜案足 1 件。
- "熹平年年十二月造"(172—178)。

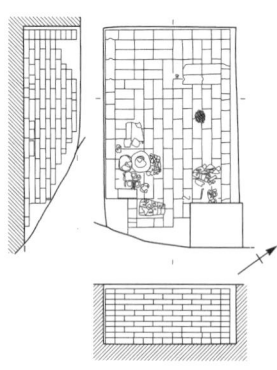

重庆市云阳县大凼子墓群 M6
- 东汉中晚期
- "凸"字形竖穴土坑墓。
- 长方形附四足陶案 1 件。

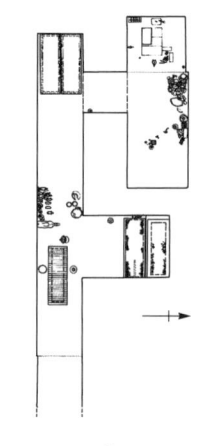

四川资阳市雁江区狮子山崖墓 M2
- 东汉中晚期
- 崖墓,由墓道、墓门、墓室、耳室、侧室组成。
- 长方形平底陶案 1 件,上置动物骨骼等,出土于侧室后部耳室中部的砖台之上。

重庆市枣子岚垭东汉墓 M2
- 东汉晚期前段
- "凸"字形单室砖墓(残损严重)。
- 长方形附四足陶案 1 件。
- M1、M2 似有出土形制较小的陶案模型 2 件。

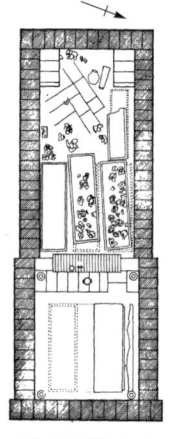

四川成都昭觉寺汉画像砖墓
- 东汉晚期
- 长方形券顶砖室墓,由墓道、前室、后室组成。
- 铜案 1 件,上置铜耳杯、铜筷等(已残,具体形制不清)。
- 具体年代在东汉桓、灵之际(147—189)。

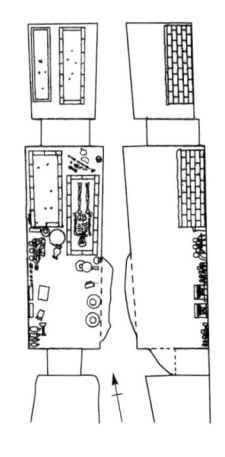

四川绵阳何家山 1 号东汉崖墓 HM1
- 东汉晚期
- 崖墓,由墓道、甬道、前室、后室组成。
- 圆形附三足铜案 1 件,正对墓主棺木摆放。

四川绵阳何家山 2 号东汉崖墓 HM2
- 东汉晚期
- 崖墓,由甬道、墓室组成。
- 长方形附四足铜案 1 件,上置铜耳杯、铜盘、铜筷等,摆放于前室正中部。

重庆璧山县棺山坡东汉崖墓群 M5
- 东汉晚期
- 崖墓，由墓道、墓门、甬道、墓室组成。
- 长方形附四足陶案1件。

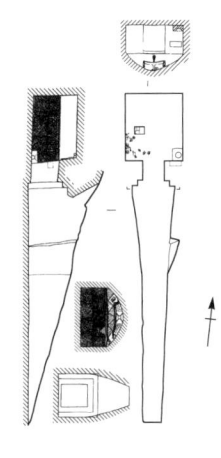

重庆合川市南屏东汉墓葬群
- 东汉晚期
- 基本为砖石结构墓。
- 该墓群共出土长方形附四足陶案5件，基本每座墓出土1件，具体位置不清。

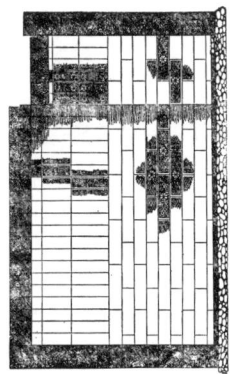

重庆江北相国寺东汉砖墓
- 东汉晚期
- 单室砖墓，由甬道、墓室组成。
- 长方形附四足陶案2件，上置耳杯、陶盘等，似正对墓主棺木摆放。

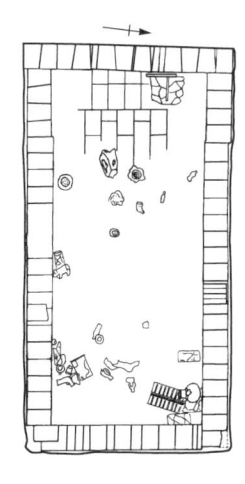

四川成都市北郊东汉墓 M5
- 东汉晚期
- 长方形单室砖墓，无墓道。
- 长方形平底陶案1件。

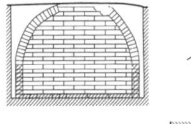

重庆丰都县火地湾、林口墓地 LM2
- 东汉晚期至蜀汉
- "刀把状"单室砖墓，由甬道、墓室组成。
- 长方形附四足陶案2件。

重庆丰都县天平丘东汉墓 M28
- 东汉时期
- 竖穴土坑墓。
- 长方形附四足铜案1件。

四川牧马山灌溉渠古墓 M13
- 东汉时期
- 长方形单室岩墓。
- 长方形附四足陶案1件。
- 另有1件已残损，具体出土墓号不清。

四川巴县冬笋坝东汉墓 M62
- 东汉时期
- 砖石结构墓，由墓道、墓室组成。
- 陶案1件（具体形制不清）。

四川郫县东汉砖室墓
- 东汉时期
- 单室砖墓，由墓门、墓道、墓室组成。
- 石质附四足案1件。

表 2-8 东汉时期幽燕地区（北京、天津、辽宁）出土陶案墓葬分表

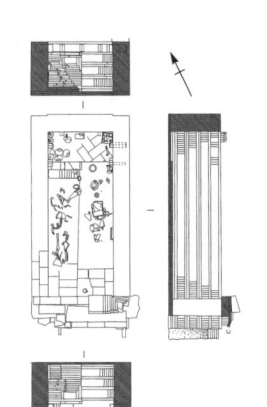

辽宁省辽阳市鹅房墓地东汉砖石墓 M56
- 东汉中期
- 砖石混筑墓，由墓门、甬道、墓室组成。
- 长方形平底陶案 1 件，摆放于侧室，正对墓主棺木。

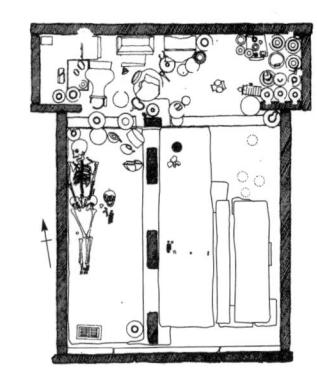

辽宁辽阳旧城东门里东汉壁画墓
- 东汉中期偏晚
- "T"字形石板支筑壁画墓，由东、西棺室和明器室组成。
- 长方形附四足陶案 1 件（足已残损），摆放于明器室西侧（后室）。
- 墓主应是辽东郡属下一个三百石文职或相当于县令一级的官员。

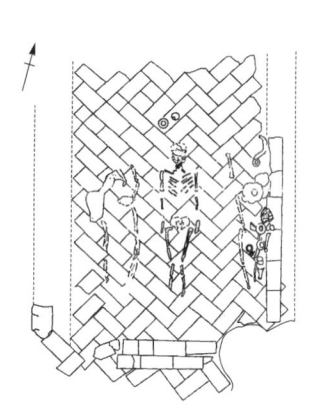

辽宁沈阳沈州路东汉墓 M2
- 东汉中晚期
- 砖砌单室墓，由墓道（已残毁）、墓门、墓室组成。
- 长方形平底陶案 1 件，摆放于墓室东侧靠近墓壁一侧。

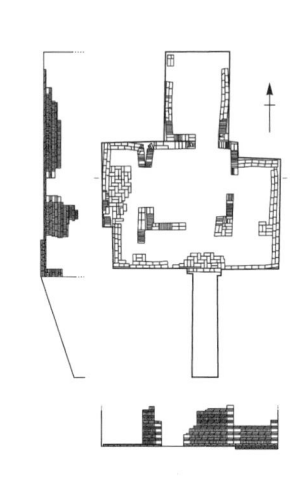

天津蓟县西关东汉墓 M1、M6
- 东汉中晚期
- 均为多室砖墓；M1 由墓道、前室、后室、耳室组成；M6 由墓道、前室、中室、后室、两耳室、两侧室组成。
- M1 出土长方形平底陶案 1 件，圆形平底陶案 1 件；M6 出土长方形平底陶案 2 件。
- M6 见墓葬平面图。

北京怀柔城北两汉墓葬
- 东汉中期至东汉晚期
- 单室或多室砖墓。
- 圆形平底陶案若干件。
- 主要出土于 M1（见墓葬平面图）、M31、M34、M47 等。

北京昌平半截塔村东汉墓 M11
- 东汉晚期
- 长方形单室砖墓。
- 圆形平底陶案 1 件。

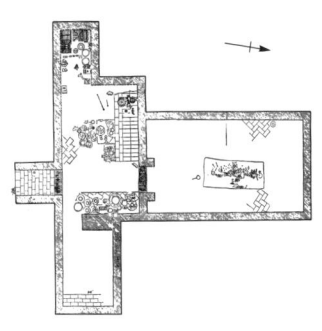

北京顺义临河村东汉墓
- 东汉晚期
- 砖室券顶墓，由墓道、甬道、前室、后室和东、西耳室组成。
- 长方形平底陶案 4 件，摆放于砖台附近，正对墓主棺木。

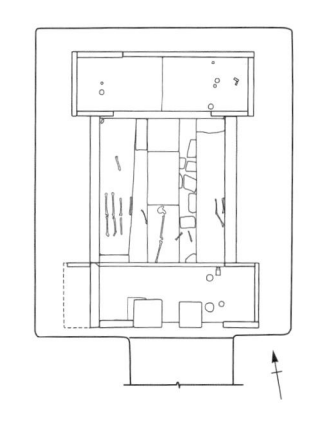

辽宁辽阳市太子河区东汉墓
- 东汉晚期
- 斜坡墓道"工"字形石室墓，由前廊、主室、后室及耳室组成。
- 圆形平底陶案 1 件。

224　从飨宴到丧祭：两汉至宋元墓葬家居随葬组合研究

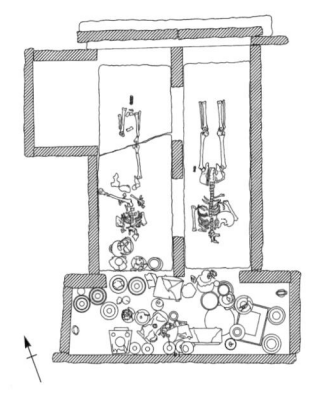

辽宁省辽阳市鹅房墓地东汉砖石墓 M1

- 东汉晚期
- "丁"字形石筑墓,由墓门、后室、主室和东耳室组成。
- 长方形平底陶案1件(案面中部绘鱼纹)。

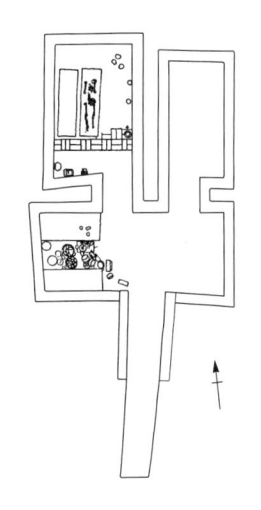

北京平谷县西柏店和唐庄子东汉墓 M1、M103

- 东汉晚期至西晋时期
- 均为多室砖墓,由墓道、前室、主室、侧室等组成。
- M1出土长方形平底陶案1件;M103(见墓葬平面图)出土长方形平底陶案1件,圆形平底陶案3件,原摆放于前室与器物台之间过道处,案内置耳杯、食物等(发掘报告作陶盘)。

北京房山南正遗址东汉墓群

- 东汉时期
- 多为砖室墓,可分单室、双室、多室三类。
- 圆形平底陶案若干件,圆形附三足陶案若干件,长方形平底陶案若干件;基本每座墓中均有出土。
- M2、M7、M10、M11、M12、M16、M17、M19、M22均见出土。

北京平谷杜辛庄遗址东汉墓群

- 东汉时期
- 竖穴土坑砖室墓。
- 圆形平底陶案若干件,圆形附三足陶案若干件;基本每座墓中均有出土。
- M2、M5、M9、M10、M13均见出土。

北京平谷兴谷河道治理工程墓地

- 东汉时期
- 竖穴土坑砖室墓。
- 圆形平底陶案若干件,圆形附三足陶案若干件;多座墓中均有出土。
- M3、M20、M21均见出土。

北京平谷西杏园墓地

- 东汉时期
- 竖穴土坑砖室墓。
- 圆形平底陶案若干件,圆形附三足陶案若干件;多座墓中均有出土。
- M2、M7均见出土。

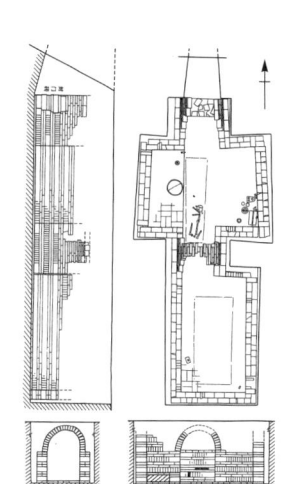

北京岩上墓葬区 M57

- 东汉时期
- 斜坡墓道砖室墓,由墓道、墓门、前室、甬道、后室组成。
- 圆形平底陶案1件,摆放于前室西侧器物台上。

北京平谷夏各庄东汉墓 M1

- 东汉时期
- 竖穴土圹多砖室墓,由墓道、墓门、前厅、耳室、东后室、西后室组成。
- 长方形平底陶案1件,圆形平底陶案1件;摆放于墓室前厅西侧。

北京亦庄 X10 号地东汉墓群

- 东汉时期
- 包括土坑墓，无墓道砖室墓，带墓道单室、双室、多室砖墓等。
- 长方形平底陶案若干件，圆形平底陶案若干件。
- M20、M24、M25、M27、M29、M33、M39、M51 均见出土。

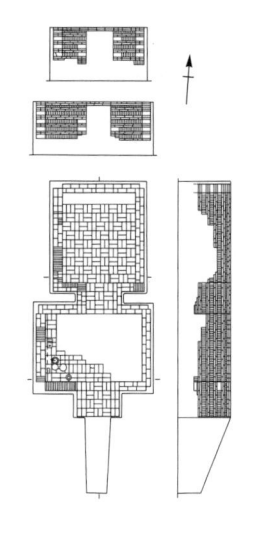

北京亦庄 X11 号地汉墓 M17

- 东汉时期
- 竖穴土圹砖室墓，由墓道、墓门、前室、甬道、后室组成。
- 圆形平底陶案 1 件（发掘报告作陶盘）。

北京亦庄 2003—2005 年东汉墓群

- 东汉时期
- 以砖室墓为主。
- 长方形平底陶案若干件，圆形平底陶案若干件。
- M2、M4、M7、M34、M74 均见出土。

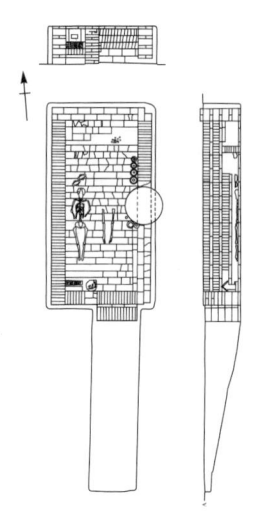

北京房山窦店 M11

- 东汉时期
- "刀"形竖穴土圹砖室墓，由墓道、墓门、墓室、器物台组成。
- 长方形平底陶案 1 件，摆放于墓主棺木之前。

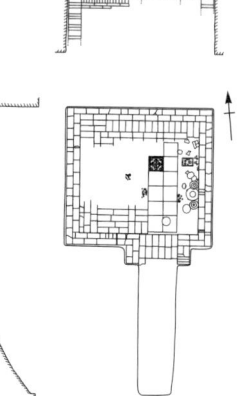

北京丰台王佐遗址 M23

- 东汉时期
- "刀"形竖穴土圹砖券单室墓，由墓道、甬道、墓室组成。
- 长方形平底陶案 1 件。

表 2-9 东汉时期江汉、湘赣等地区（湖北、湖南、江西）出土陶案墓葬分表

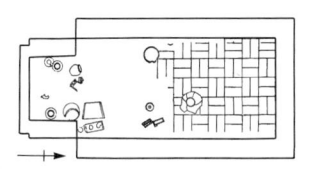

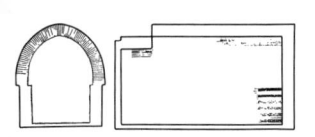

湖南衡阳豪头山东汉永元十四年墓
- 东汉早期
- 长方形券顶砖室，由甬道、墓室组成。
- 陶案残片，具体情况不清
- 东汉和帝永元十四年（102）。

江西南昌青云谱东汉墓群
- 东汉早期至东汉中晚期
- 均为拱顶砖墓。
- 该墓群共出土长方形附四足陶案4件，其中3件分别出土于M1、M6、M9，上置陶盘等，多摆放于墓室中部位置。

湖南资兴东汉墓M282
- 东汉中期
- 竖穴土坑墓。
- 长方形附四足陶案1件。

江西德安九冈岭东汉墓群M9
- 东汉中期偏晚
- 单室砖墓。
- 长方形平底陶案1件。

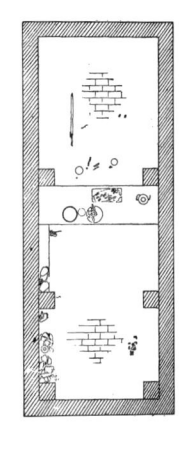

江西南昌地区塘山东汉墓M3
- 东汉中晚期偏晚
- 券顶砖室墓，由前室、中室、后室组成。
- 长方形陶案1件，具体形制不清，未见器物描述；上置陶豆等，出土于墓室中部。

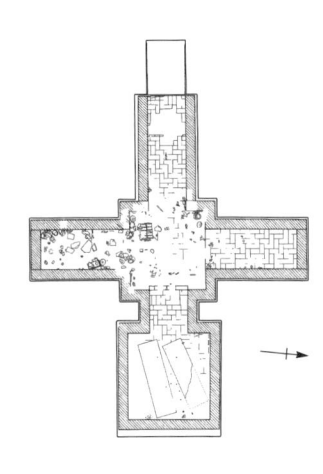

湖北黄冈市对面墩东汉墓地M1
- 东汉晚期
- "十"字形双室砖墓，由墓道、甬道、前室和左右耳室、过道、后室组成。
- 长方形附四足陶案1件。
- 墓葬等级可能低于二千石。

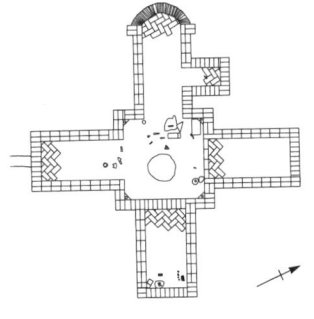

湖北武汉黄陂龙泉院子东汉墓M1
- 东汉晚期
- 双室砖墓，由券门、甬道、耳室、前室、后室以及南、北侧室构成。
- 长方形附四足陶案1件（发掘报告作枨），圆形平底陶案1件（发掘报告作盘）；摆放于前室中部。

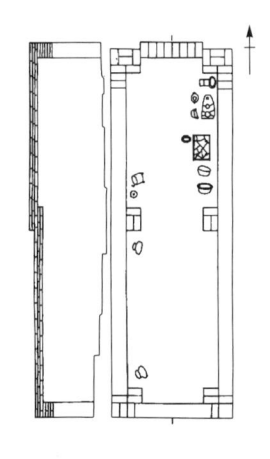

江西樟树薛家渡东汉墓
- 东汉晚期
- 双室砖墓，由前室、后室组成。
- 长方形附四足陶案1件（案足不存）。

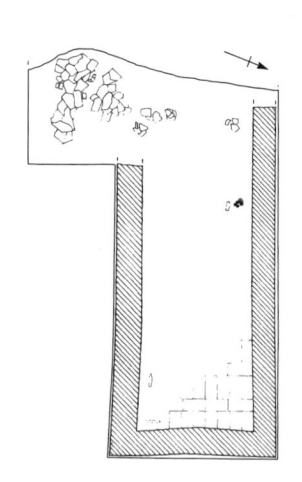

湖北罗州城东汉墓 M1
- 东汉晚期
- "卜"字形砖室墓,由主室、耳室组成。
- 长方形平底陶案1件。

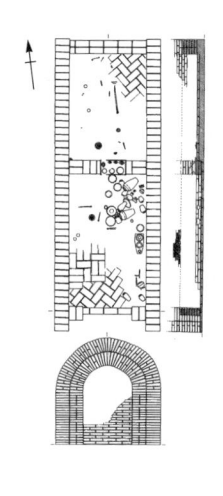

江西南昌蛟桥东汉墓 M1
- 东汉晚期
- 长方形砖室墓,由墓门、前室、后室组成。
- 长方形附四足陶案1件,摆放于前、后室相交的过道处,上置铜盆、绿釉陶耳杯等。
- 另有1件长方形附四足陶案,具体出土墓号不清。

湖南长沙砚瓦池东汉墓
- 东汉晚期
- 双室砖墓,由前室、后室组成。
- 长方形平底陶案1件,摆放于前室西部中间。
- 上限可上溯至东汉灵帝时期,下限可下推至六朝初。

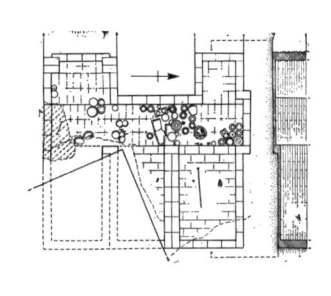

湖南长沙县北山区东汉砖室墓
- 东汉晚期
- 两门三室券顶砖石墓,由甬道、前室、南室、北室等组成。
- 长方形平底陶案1件(发掘报告作方盘)。
- 夫妻或其亲属的三人合葬墓。

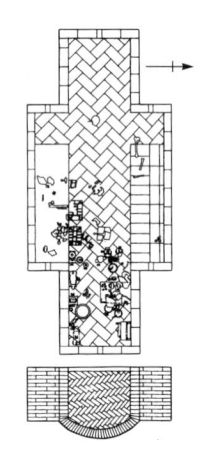

湖北随州西城区东汉墓 M1
- 东汉末期
- "中"字形券顶砖室墓,由甬道、享堂和棺室组成。
- 长方形平底陶案1件。
- 墓主生前不仅经济实力较雄厚,而且也具有一定的政治地位,应为门阀世族地主或仕宦豪强地主。

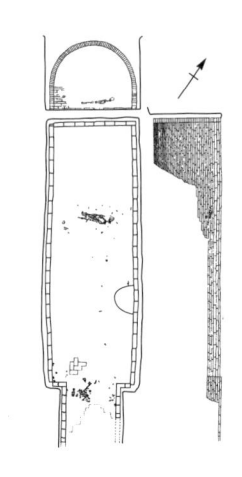

湖北巴东县瀼口古墓葬 M3
- 东汉时期
- 凸字形券顶砖石合构墓,由甬道、墓室组成。
- 陶案1件,具体形制不清,出土于甬道口。

湖北蕲春枫树林东汉墓对 M4
- 东汉明帝末年至顺帝前期
- 双室砖墓,由前室、后室、耳室等组成。
- 长方形平底陶案1件。

湖南长沙小林子冲工地东汉墓 M1
- 东汉时期
- 狭长形单室券顶墓,由墓门、前室、后室等组成。
- 长方形附四足陶案1件。

江西南昌、遂川、清江汉墓群
- 东汉时期
- 以土圹墓和砖室墓为主。
- 该墓群共出土长方形附四足陶案5件，具体出土情况不清。

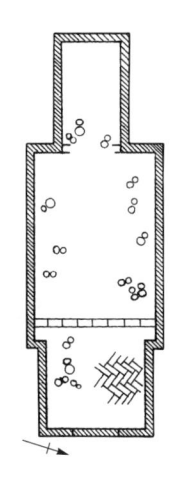

江西宜春下浦坝上古墓群M28
- 东汉时期
- "亚"字形砖室墓，由甬道、前室、中室、后室组成。
- 长方形陶案2件（具体形制不清）。

江西宜春下浦坝上古墓群M63
- 东汉时期
- "亚"字形砖室墓，由甬道、前室、中室、后室组成。
- 长方形陶案1件（具体形制不清）。

表 3-1 三国东（孙）吴时期出土"家居随葬组合"墓葬分表

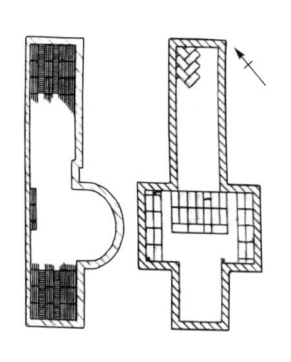

安徽马鞍山采石东吴墓 M1
- 东吴中期
- 平面呈"十"字形双室砖墓；墓葬全长 6.04、宽 1.22—4.1、高 2.06 米。
- 砖台 1 座。
- 上限不超过孙权赤乌元年（238）。

南京栖霞区大山口六朝墓 M1
- 东吴中晚期
- 长方形单室砖墓（带过道）；墓葬全长 6.02、宽 3.42、残高 2.48—2.5 米。
- 砖台 2 座。
- 上限不超过孙权赤乌元年（238）。

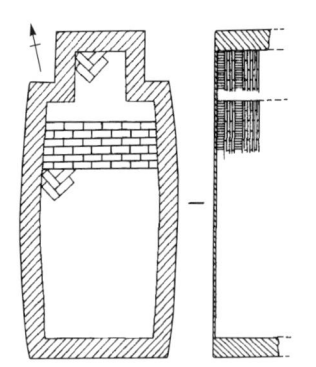

南京栖霞区大山口六朝墓 M3
- 东吴中晚期
- 长方形单室砖墓；墓葬全长 4.56、高 1.26 米。
- 陶质凭几 1 件；砖台 1 座。
- 上限不超过孙权赤乌元年（238）。

湖北武昌莲溪寺东吴墓
- 东吴中晚期（景帝永安五年 [262]）
- 多室砖墓；墓葬全长 8.46、宽 5.6、1.42 米。
- 砖台 1 座。
- 铅券铭"永安五年"。

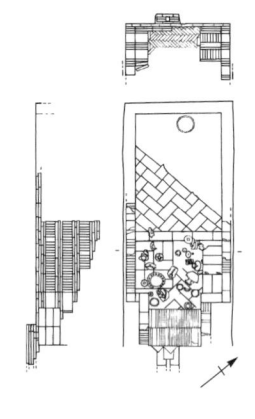

南京窑岗村 30 号（明代琉璃窑遗址）孙吴墓 M3
- 东吴中晚期
- 长方形单室砖墓；墓葬残长 4.45、残宽 1.88 米。
- 砖台 2 座。
- 据瓷罐器底铭文"还都"，推测墓葬年代应在东吴甘露二年（或宝鼎元年），即公元 266 年左右。

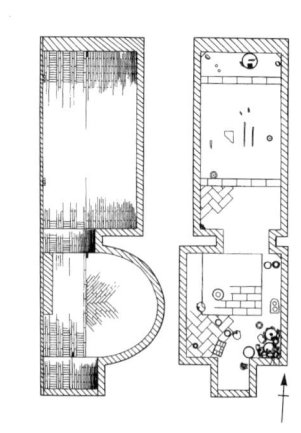

南京江宁上湖孙吴墓 M2
- 东吴中晚期
- 长方形双室砖墓（前室近方形）；墓葬全长 7.4、宽 1.7—2、高 1.96—2.4 米。
- 砖台 1 座。

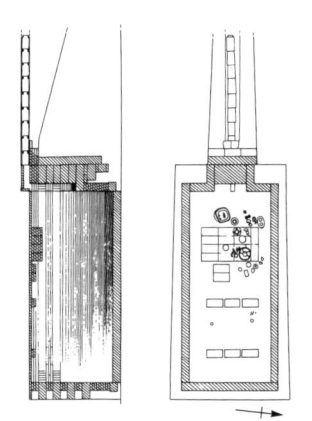

南京沧波门外余粮村孙吴墓 M2
- 东吴晚期
- 长方形单室砖墓；墓室长 4.3、宽 1.9、高 1.88 米。
- 砖台 1 座。

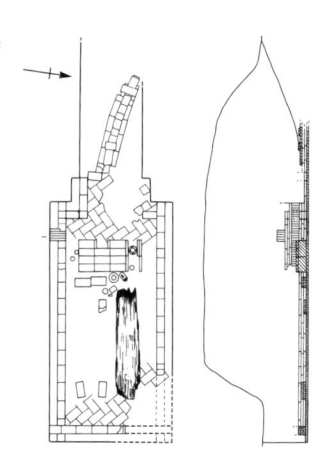

南京沧波门外余粮村孙吴墓 M3
- 东吴晚期
- 长方形单室砖墓；墓葬全长 8.54、宽 1.19—1.96、残高 0.64 米。
- 砖台 1 座。

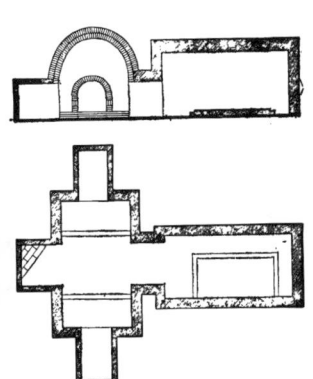

湖北鄂城东吴孙将军墓

- 东吴晚期
- 多室砖墓；墓葬全长 9.03、宽 4.61、高 2.4 米。
- 瓷案 2 件，砖台 2 座。
- 墓主可能为孙述将军。

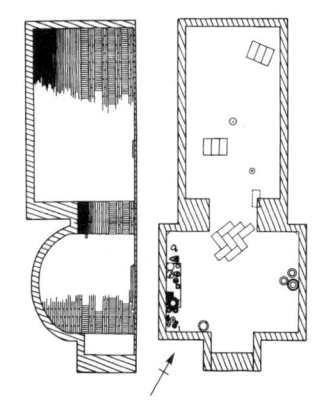

南京市东善桥"凤凰三年"东吴墓

- 东吴晚期（末帝凤凰三年［274］）
- 长方形双室砖墓（前室近方形、带过道）；墓葬全长 6.65、宽 1.95—2.06、高 2—2.1 米。
- 砖台 1 座。
- 墓砖铭"凤皇三年"。

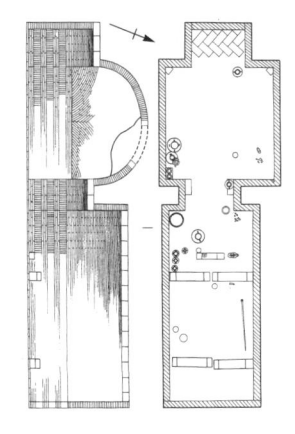

南京江宁孙吴"天册元年"墓

- 东吴晚期（末帝天册元年［275］）
- 长方形双室砖墓（前室近方形、带过道）；墓葬全长 8.38、内宽 1.9—2.46、内高 2.06—2.52 米。
- 砖台 1 座。
- 墓砖铭"天册元年"；墓主可能与兒（倪）侯有关。

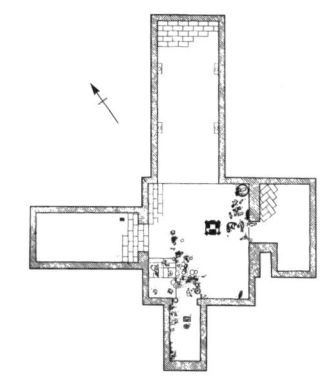

武汉黄陂滠口古墓

- 东吴晋初
- 多室砖墓；墓葬全长 9.4、宽 9.4 米。
- 砖台 1 座（发掘报告表达为砖榻，未见图）。

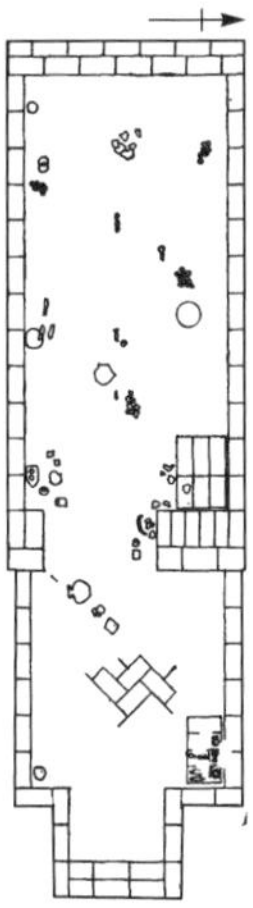

扬州市仪征县胥浦六朝墓 M89

- 东吴至西晋初
- 长方形双室砖墓（"双凸"字形、带甬道）；墓葬全长 7.1、宽 2、残高 0.43—1.17。
- 砖台 1 座。
- 可能为夫妇合葬墓。

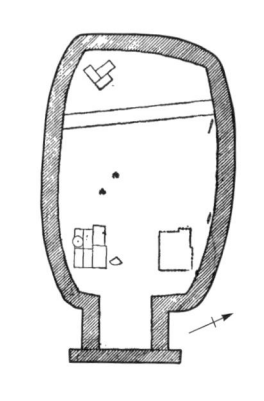

江苏宜兴晋墓 6 号

- 东吴时期
- 长方形单室墓；墓葬全长 6.1、宽 3.56、高 2.7 米。
- 砖台 2 座。
- 报告认为可能为周鲂之父周宾墓；时代为六朝早期。

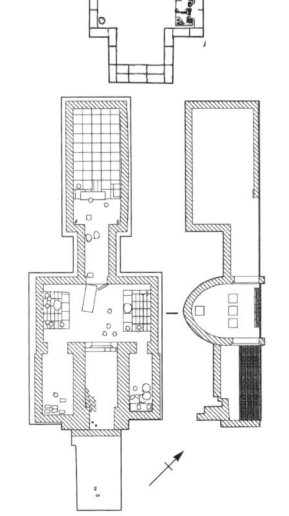

安徽马鞍山宋山墓

- 东吴时期
- 长方形双室砖墓（前室近方形）；墓葬全长 13.68、宽 2.5—5、高 1.5—1.6 米。
- 漆凭几 1 件（陶胎）。
- 墓上有享堂一类建筑。

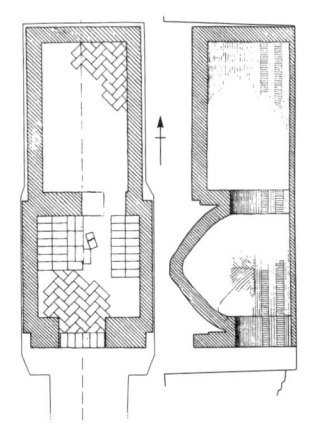

安徽马鞍山朱然墓

- 东吴时期
- 长方形双室砖墓（前室近方形）；墓葬全长 8.7、宽 3.54 米。
- 木胎凭几 1 件；木案 1 件（长方形，置足；位置不清）。
- 墓上有享堂一类建筑。

南京市大光路薛秋墓（未盗扰）

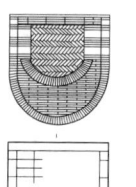

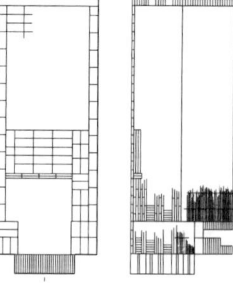

- 东吴时期
- 长方形单室砖墓；墓葬全长5.32、宽2、高2.28米。
- 木胎凭几1件（砖台与墓门之间）；砖台1座（墓室前部，墓室分两部分；内置棺木）。
- 墓主人是薛秋，官职为折锋校尉（夫妇合葬）。

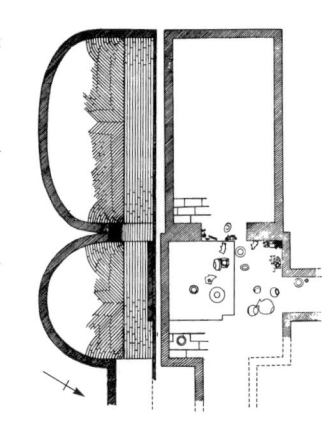

南京邓府山吴墓

- 东吴时期
- 长方形双室砖墓（前室近方形）；墓室长4.55、宽1.92—2.14米。
- 砖台1座。

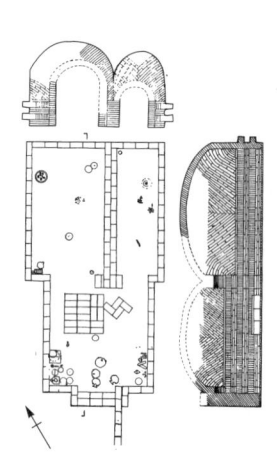

扬州市仪征县胥浦六朝墓M70

- 东吴时期
- "品"字形三室砖墓；墓葬全长6.8、宽3.94米。
- 砖台1座。
- 部分墓砖模印铭文"孙公"。

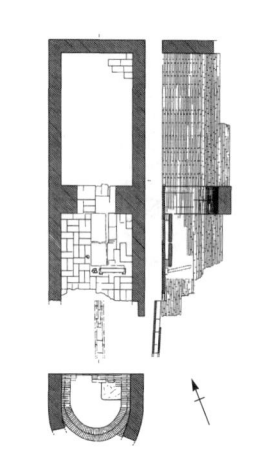

浙江湖州市白龙山汉六朝墓M24

- 东吴时期
- 长方形双室砖墓；墓葬全长7、宽2米。
- 石屏风1件，石榻1件。

湖北鄂城东吴墓M1

- 东吴时期
- 长方形单室砖墓；墓室长3.3—3.55、宽2.3、高2.2米。
- 木案1件。
- 可能为夫妇合葬墓。

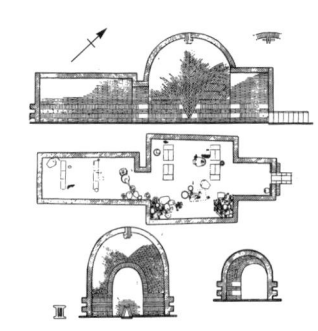

湖北鄂城东吴墓M105

- 东吴时期
- 长方形双室砖墓（前室近方形）；墓葬全长7.42、宽2.66、高3.1米。
- 砖台1座。

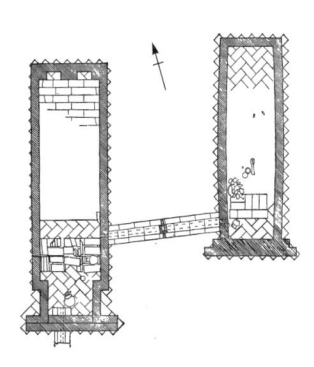

湖北鄂州市塘角头六朝墓M9、M10

- 东吴时期
- 异穴并列合葬墓；M9：长方形单室砖墓，墓葬全长4.76、宽1.39/1.73米；M10：长方形单室砖墓，墓葬全长3.84、宽1.15/1.23米。
- 砖台2座。

232　从飨宴到丧祭：两汉至宋元墓葬家居随葬组合研究

表 3-2　西晋时期出土 "家居随葬组合" 墓葬分表

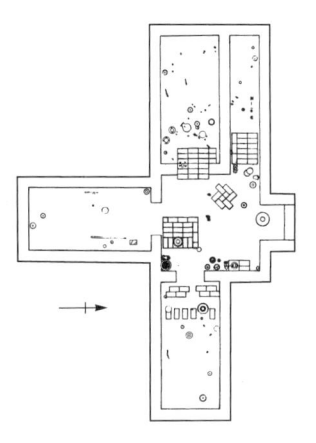

南京西岗西晋墓
- 东吴末至西晋初
- 平面呈 "十" 字形多室砖墓；墓葬南北长 8.15、东西宽 11.15 米。
- 砖台 7 座。
- 墓葬年代应在东吴晚期到西晋初年，即东吴甘露到天纪年间，亦即西晋泰始到咸宁年间，约在公元 265—280 年之间。

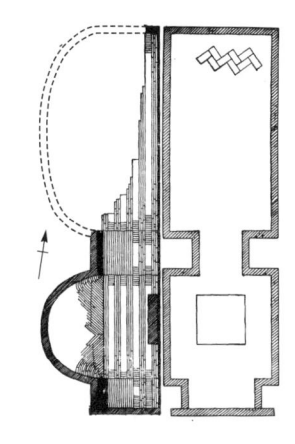

南京柳塘村西晋墓
- 西晋早期太康六年（285）
- 长方形双室砖墓（带过道）；墓葬全长 7.03、宽 2.1、高 1.25—2.28 米。
- 砖台 1 座。
- 墓砖铭 "大康六年"。

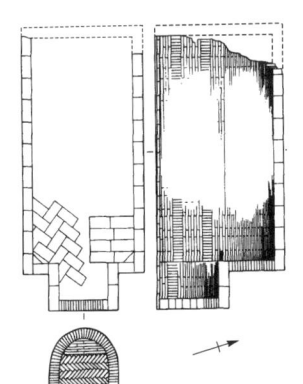

南京江宁区周岗镇尚义采石场西晋纪年墓 M1
- 西晋早期太康六年（285）
- 长方形单室砖墓；墓室长 3.2、宽 1.5、内高 1.7 米。
- 砖台 1 座。
- 墓砖铭 "大康六年"。

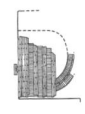

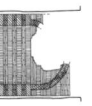

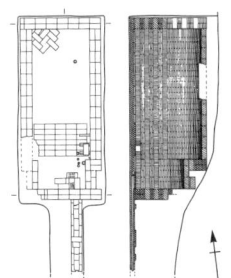

南京江宁谷里端村西晋纪年墓 M1
- 西晋早期元康五年（295）
- 长方形单室砖墓；墓葬全长 5.76、宽 2.7 米。
- 砖台 1 座。
- 墓砖铭 "元康五年"。

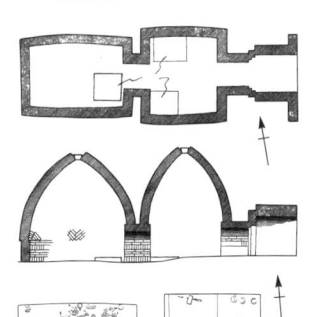

江苏宜兴晋墓 1 号
- 西晋早期元康七年（297）
- 土丘长方形双室墓；墓葬全长 13.12、宽 4.36 米。
- 砖台 3 座。
- 墓砖铭 "元康七年"；报告认为可能为周处墓。

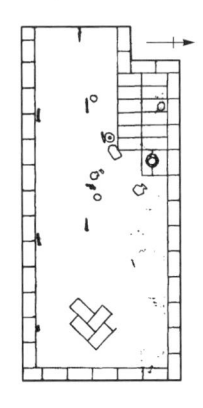

扬州市仪征县胥浦六朝墓 M94
- 西晋早期元康九年（299）
- 长方形单室砖墓（甬道偏一侧）；墓葬全长 4.3、宽 1.6 米。
- 砖台 1 座。
- 墓砖铭 "元康九年"。

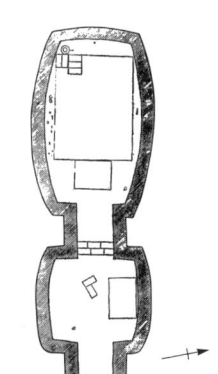

江苏宜兴晋墓 4 号
- 西晋早中期（永宁二年[302]）
- 土丘长方形双室墓；墓葬全长 11.3、宽 3.54、高 3.38 米。
- 石案 2 件（具体性质不清）。
- 墓砖铭 "永宁二年"。

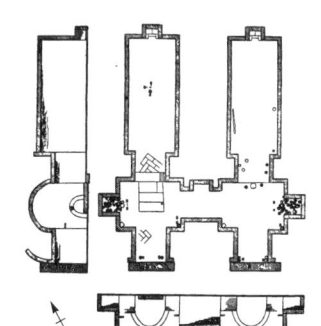

广州沙河镇狮子岗晋墓
- 西晋晚期建兴四年（316）
- 对称 "廿" 形砖室墓；墓室长 4.82、宽 2.1、高 1.95 米。
- 砖台 1 座。
- 墓砖铭 "建兴四年"。

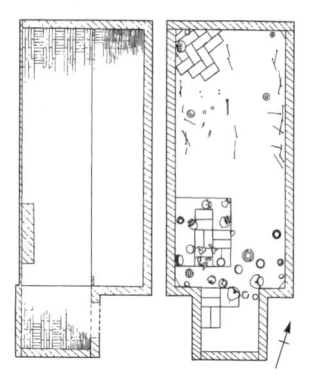

南京江宁上湖西晋墓 M1
- 西晋晚期
- 长方形单室砖墓；墓葬全长 5.8、宽 2、内高 2.2 米。
- 砖台 1 座。

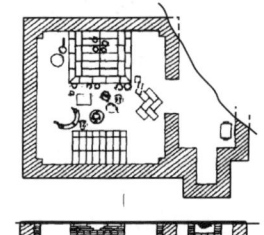

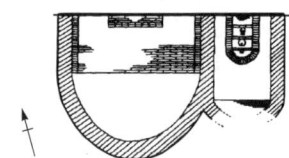

南昌火车站东晋墓葬群 M5
- 西晋晚期至东晋早期（两晋之间）
- 长方形双室砖墓；墓葬全长约 5、宽 3.54、高 4.1 米。
- 砖台 2 座；木质三足凭几 1 件。

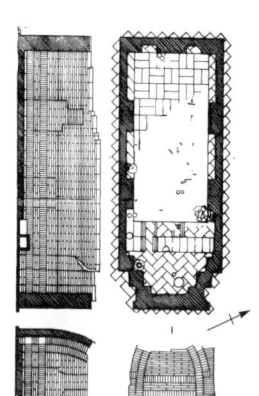

湖北鄂州市塘角头六朝墓 M3
- 西晋晚期至东晋早期（两晋之间）
- 长方形单室砖墓；墓葬全长 5.74、宽 2.24、残高 1.74 米。
- 砖台 1 座。

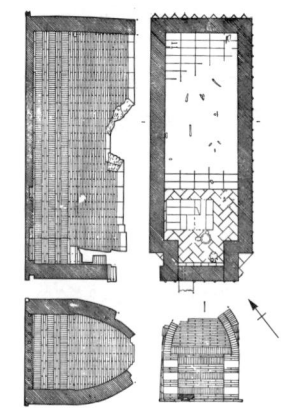

湖北鄂州市塘角头六朝墓 M11
- 西晋晚期至东晋早期（两晋之间）
- 长方形单室砖墓；墓葬全长 5.52、宽 2.01、高 2.26 米。
- 砖台 2 座。

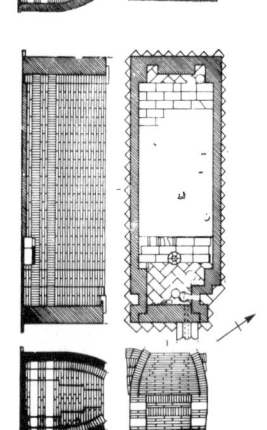

湖北鄂州市塘角头六朝墓 M13
- 西晋晚期至东晋早期（两晋之间）
- 长方形单室砖墓（甬道偏一侧）；墓葬全长 5、宽 1.74、高 1.6 米。
- 砖台 1 座。

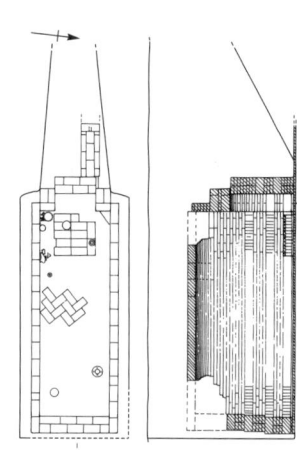

南京沧波门外余粮村西晋墓 M1
- 西晋时期
- 长方形单室砖墓；墓室长 4.26、宽 1.7 米。
- 砖台 1 座。

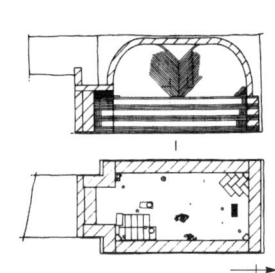

南京六合横梁西晋墓 M1
- 西晋时期
- 长方形单室砖墓；墓室内长 3.54、宽 1.72、高 2.08 米。
- 砖台 1 座。

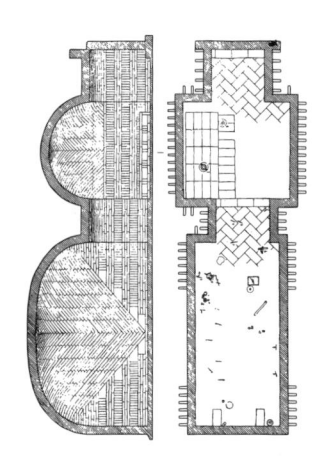

湖北鄂城石山 M1
- 西晋时期
- 长方形双室砖墓（前室近方形）；墓葬全长 5.7、宽 2.3 米。
- 曲尺形小砖台 1 座。

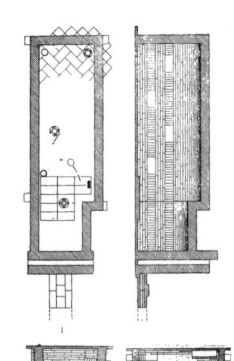

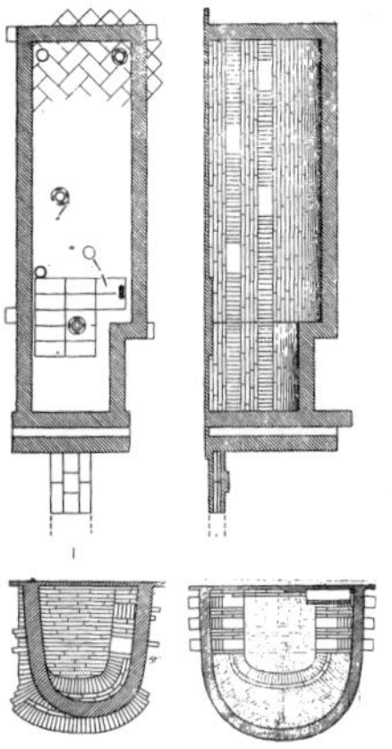

湖北鄂城石山 M2

- 西晋时期
- 长方形双室砖墓（前室近方形）；墓葬全长 7.63、宽 3.2—3.5 米。
- 砖台 1 座。

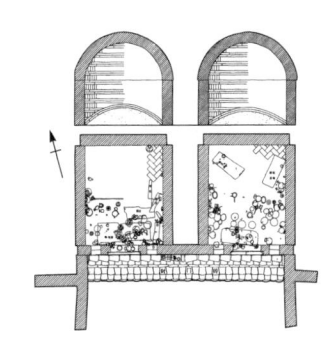

山东临沂洗砚池晋墓 M1

- 西晋时期
- 长方形对称砖石结构双室墓；墓葬全长 7.55、宽 4.6、高 3.4 米。
- 砖台 1 座。
- 出土漆器刻西晋武帝司马炎"太康"年号。

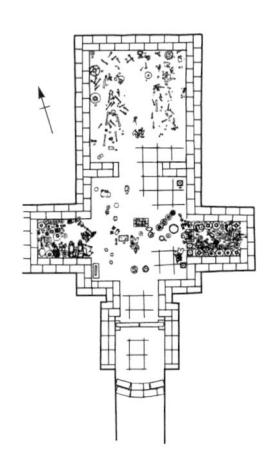

山东邹城西晋刘宝墓

- 西晋时期
- 长方形带耳室双室砖墓；墓室长 9.6、宽约 5 米。
- 石案 1 件，帷帐座 4 件。
- 出土墓志 1 方，墓主为刘宝，先后任侍中、使持节、安北大将军，领护乌丸校尉，都督幽、并州诸军事，封关内侯；永康二年，即公元 301 年。

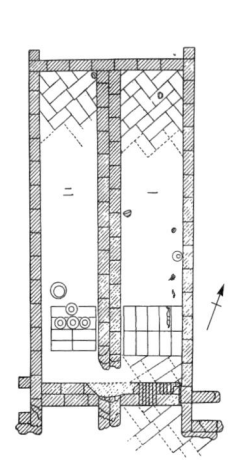

广东梅县大墓岃第 1 号晋墓

- 两晋时期
- 长方形双室砖墓；墓葬全长 4.38、宽 1.74、高 0.74 米。
- 砖台 2 座。

表 3-3　东晋时期出土"家居随葬组合"墓葬分表

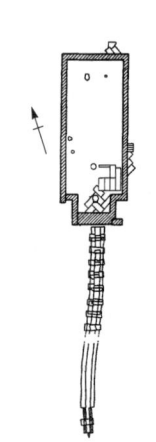

南京象坊村东晋墓 M1
- 东晋早期大兴二年（319）
- 长方形单室墓；墓葬全长 5.03、宽 2.05 米。
- 砖台 1 座。
- 墓砖铭"晋大兴二年"。

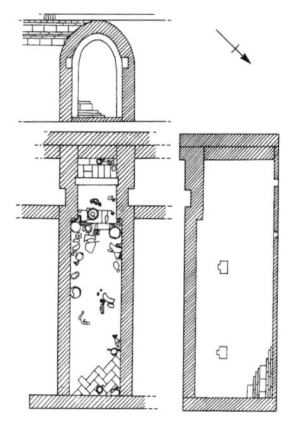

南京农业大学东晋墓
- 东晋早期
- 长方形双室砖墓（前室近方形、"凸"字形）；墓葬全长 7.18、宽 2.12、高 2.64 米。
- 陶质凭几 1 件，陶榻 1 件，陶帷帐座 2 件。
- 墓主身份较高（是否为皇族不确定）。

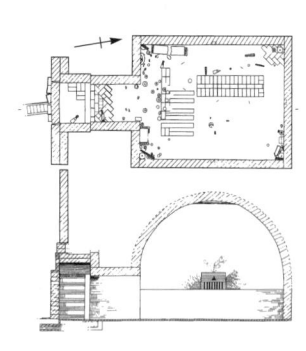

南京市郭家山 M10 温峤墓
- 东晋早期
- 长方形双室砖墓（前室近方形、"凸"字形）；墓葬全长 9.38、宽 4.92、高 5.64 米。
- 泥质灰陶凭几 1 件，陶案 2 件，龙虎形帷帐座 4 件。
- 墓主为温峤，使持节侍中大将军始安忠武公。

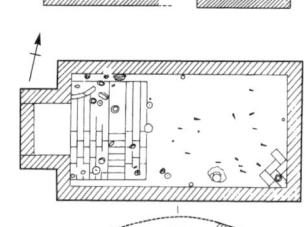

南京市雨花台区 M1 孙寔墓
- 东晋早期
- 长方形单室砖墓；墓葬全长 6.14、宽 2.4、内高 2.7 米。
- 陶质凭几 2 件，砖台 1 座。
- 墓主可能为官宦士族，担任京畿或地方要职。

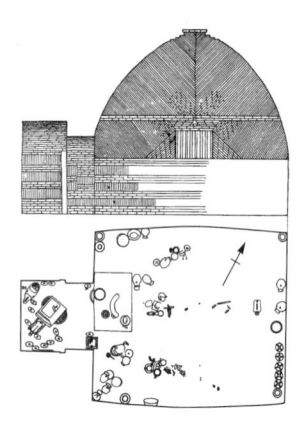

南京迈皋桥象山 M7（未盗扰）
- 东晋早期
- 长方形双室砖墓（前室近方形、"凸"字形）；墓葬全长 5.3、宽 3.22、高 3.42 米。
- 陶质凭几 2 件，陶榻 1 件。
- 墓主人可能为王廙（合葬墓）；或为高级官吏（荆州刺史）。

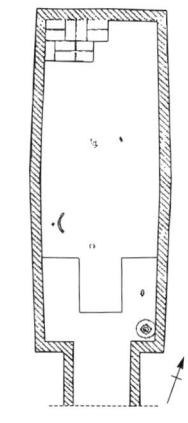

马鞍山东苑小区六朝墓 M3
- 东晋早期
- 长方形单室砖墓；墓葬全长 5.52、宽 1.56 米。
- 陶质凭几 1 件，砖台 1 座。

江苏镇江燕子山 M3
- 东晋早期
- 长方形单室砖墓；墓室长 4.86、宽 1.64、高 1.96 米。
- 灰陶凭几 1 件。
- 出土石质"兰陵太守章"1 枚。

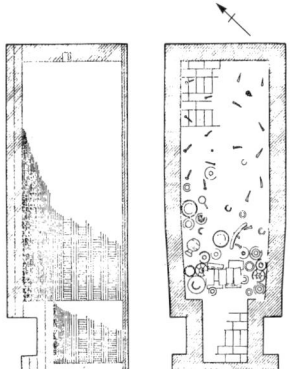

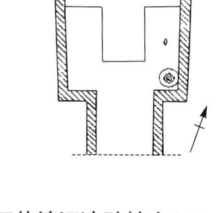

江苏镇江谏壁粮山 M5
- 东晋早期
- 长方形单室砖墓；墓室长 4.85、宽 2、高 3.6 米。
- 灰陶凭几 2 件。

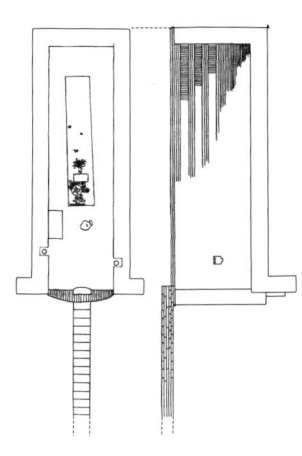

南京迈皋桥象山 M3 王丹虎墓
- 东晋中期升平三年（359）
- 长方形单室砖墓；墓室长 4.64、宽 2、高 1.9 米。
- 灰陶凭几 1 件。
- 王彬之长女王丹虎墓；墓砖铭"升平三年"。

南京赵史岗 M1
- 东晋中期泰和元年（366）
- 墓葬形制不清。
- 陶质凭几 1 件，陶案 1 件。
- 墓砖铭"泰和元年"。

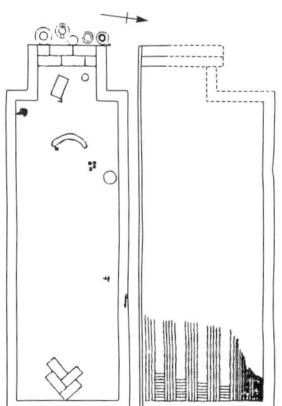

江苏镇江七田旬金家湾纪年墓 M3
- 东晋中期泰和元年（366）
- 长方形单室砖墓；墓室长 4、宽 1.4、高 1.65 米。
- 陶质凭几 1 件。
- 墓砖铭"泰和元年"。

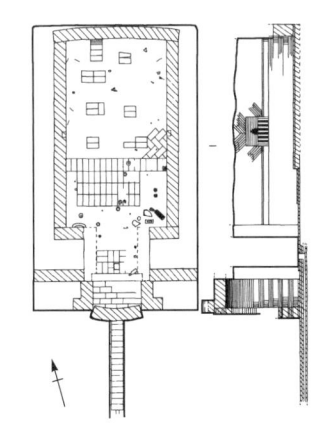

南京市郭家山 M12 温式之墓
- 东晋中期泰和六年（371）
- 长方形单室砖墓；墓葬全长 7.43、宽 4.3、残高 2.58 米。
- 泥质灰陶凭几 1 件。
- 墓砖铭"泰和六年"；墓主人为温式之，散骑常侍新建开国侯太原郡祁县都乡仁义里（夫妇合葬）。

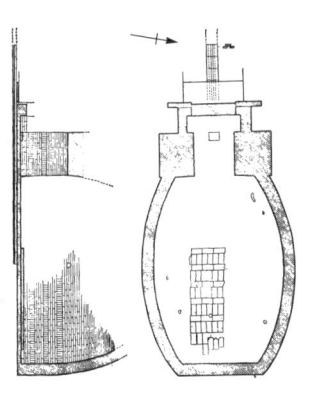

江苏溧阳谢琰墓
- 东晋中期宁康二年（374）
- 弧方形单室砖墓；墓葬全长 7.72、宽 2.22—3.73 米。
- 陶质凭几 1 件。
- 墓主为谢琰，任溧阳令、给事中、散骑常侍；墓砖铭"宁康二年"。

安徽马鞍山散骑常侍孟府君墓
- 东晋中期泰元元年（376）
- 弧方形单室砖墓；墓葬全长 6.25、宽 1.96—2.86、高 3.36 米。
- 陶质凭几 2 件（1 大 1 小）
- 墓砖铭"泰元元年"；墓主有姓无名，任散骑常侍。

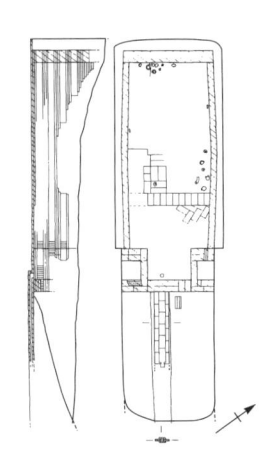

南京华为软件基地 M170
- 东晋中期泰元四年（379）
- 长方形单室砖墓（壁略弧）；墓室长 4.3、宽 1.74—1.88、残高 1.42 米。
- 灰陶凭几 1 件。
- 墓砖铭"泰元四年"。

南京苜蓿园墓 M1
- 东晋中期泰元九年（384）
- 长方形单室砖墓（？）；墓葬全长 6.7、宽 2、高 2.66 米。
- 陶质凭几 1 件。
- 墓砖铭"泰元九年"。

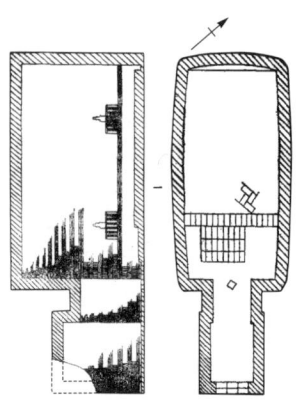

南京迈皋桥小营村东晋墓
- 东晋中期
- 长方形单室砖墓；墓葬全长 6.05、宽 2.85、高 3.47 米。
- 灰陶凭几 2 件，砖台 1 座。
- 可能为夫妇合葬墓；绝对年代应在永和以后，或东晋晚期。

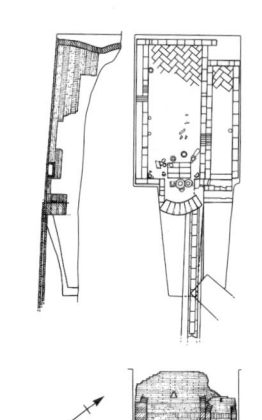

南京大报恩寺遗址东晋墓 M9
- 东晋中期
- 长方形双室砖墓；墓葬全长 4.5、宽 3.05、残高 1.8 米。
- 陶质凭几 1 件，砖台 1 座。

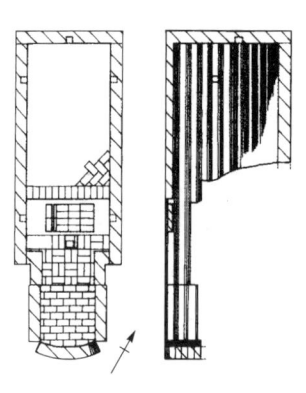

南京尹西村六朝墓 M2
- 东晋中期
- 长方形单室砖墓；墓葬全长 7.68、外宽 2.68、高 3.16 米。
- 砖台 1 座。

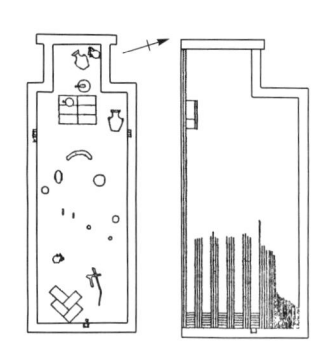

江苏镇江谏油库东晋纪年墓 M1
- 东晋中期
- 长方形单室砖墓；墓室长 3.95、宽 1.55、高 1.96 米。
- 灰黑陶凭几 1 件，砖台 1 座。

江苏镇江汝山贾家湾 M4
- 东晋中期
- 已残。
- 灰陶凭几 1 件。

江苏镇江宝塔山 M1
- 东晋中期
- 已残。
- 灰陶凭几 2 件。

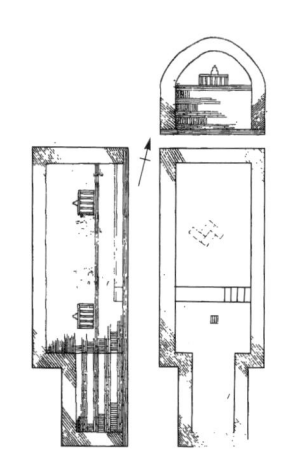

南京幕府山 M3
- 东晋中晚期
- 长方形单室砖墓；墓室长 4.6、宽 1.9、高 2.54 米。
- 泥质灰陶凭几 1 件，陶案 1 件，陶龙虎形帷帐座 4 件。
- 身份等级较高，可能为皇室；另一座 M4 也出 4 件陶龙虎形帷帐座（未被盗）。

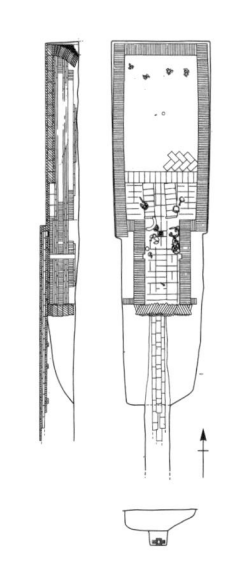

南京江宁上坊中下村东晋墓 M3
- 东晋中晚期
- 长方形单室砖墓；墓葬全长 7.76、宽 2.6—2.8、残高 0.96 米。
- 陶质凭几 1 件，砖台 1 座。

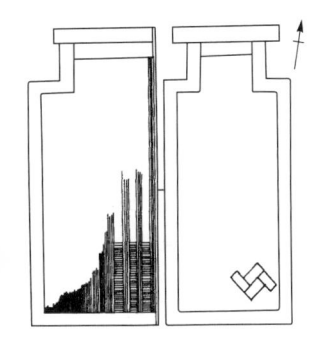

南京淳化镇防化团东晋墓 02M1

- 东晋中晚期
- 长方形单室砖墓；墓葬全长5.3、宽2.2、高2.2米。
- 泥质灰陶凭几1件。

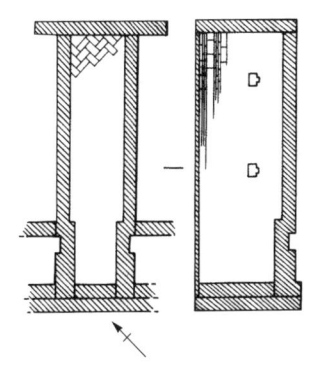

南京孝陵卫大栅门东晋墓 03M1

- 东晋中晚期
- 长方形单室砖墓；墓葬全长7.2、宽2.15、高2.7米。
- 灰陶凭几1件。

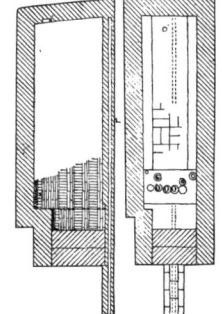

浙江嵊县六朝墓 M14

- 东晋中晚期
- 长方形单室砖墓；墓室全长4.17、宽1.17、高1.51米。
- 砖台1座。

江苏镇江畜牧场二七大队 M2

- 东晋晚期隆安二年（398）
- 长方形双室砖墓（"吕"字形）；墓葬全长8.95、宽2.37—3.93、高2.45米。
- 石台1座。
- 墓砖铭"隆安二年"。

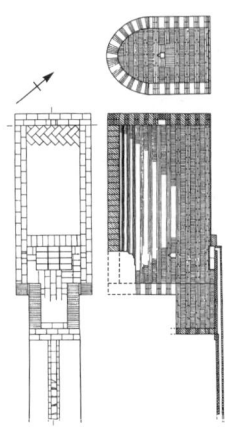

南京栖霞甘家巷东晋纪年墓 M1

- 东晋晚期义熙十一年（415）
- 长方形单室砖墓；墓室内长4.4、宽1.5、高2.6米。
- 泥质灰陶凭几1件，砖台1座。
- 墓砖铭"义熙十一年"。

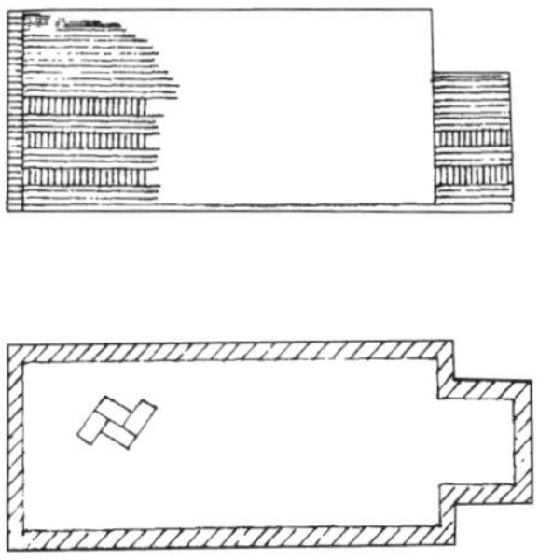

南京雨花台区红花乡墓

- 东晋晚期
- 长方形单室砖墓；墓室长4、宽1.6、高1.8米。
- 灰黑陶凭几1件。
- 墓主可能为中级官员。

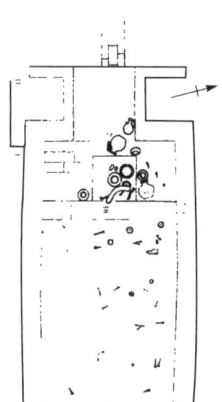

南京市栖霞区曹后村 M1（未盗扰）

- 东晋晚期
- 长方形单室砖墓（甬道偏一侧）；墓室长4.25、宽2.1、高2.6米。
- 灰陶凭几1件，砖台1座。
- 为中型双棺合葬墓；墓主可能为富裕且有一定社会地位的官吏或士族。

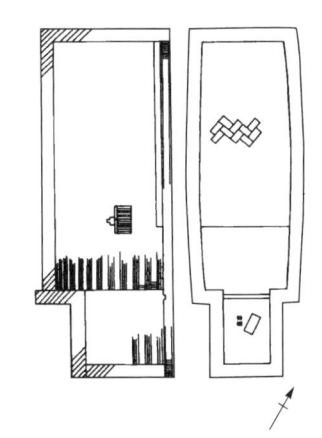

南京市司家山 M5 谢温墓

- 东晋晚期
- 长方形单室砖墓；墓葬全长7.8、宽1.96—2.18、高2.6米。
- 陶质凭几1件。
- 墓志载墓主为谢温，绝对年代为晋安帝义熙二年（406）。

附表 239

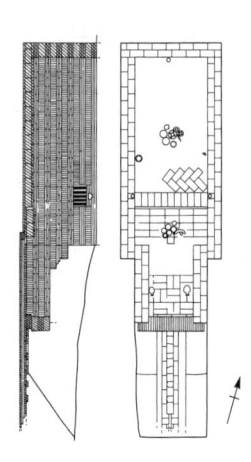

南京江宁高盖村东晋墓 M2
- 东晋晚期
- 长方形单室砖墓；墓室内长 4.43、内宽 1.76 米。
- 陶质凭几 1 件，砖台 1 座。

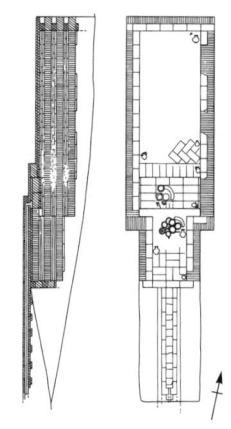

南京江宁高盖村东晋墓 M3
- 东晋晚期
- 长方形单室砖墓；墓室内长 4.3、内宽 1.44 米。
- 陶质凭几 2 件，砖台 1 座。

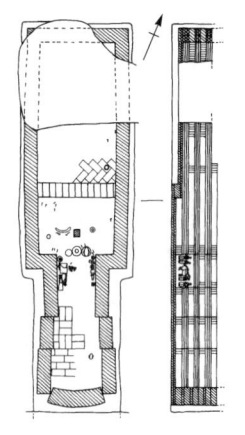

南京南郊景家村六朝墓 M10
- 东晋晚期
- 长方形单室砖墓；墓室内长 4.57、宽 1.8、残高 1 米。
- 陶质凭几 1 件。

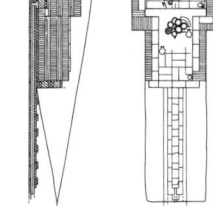

江苏镇江乌龟山 M2
- 东晋晚期
- 长方形双室砖墓；墓葬全长 3.78、宽 0.82、高 1.2 米。
- 灰陶凭几 1 件。

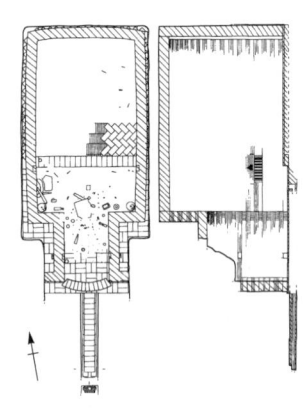

南京市郭家山 M13 温嵩之墓
- 东晋中晚期至南朝早期
- 长方形单室砖墓；墓葬全长 7.64、宽 3.66、高 3.59 米。
- 陶榻 1 件，泥质灰陶凭几 1 件，龙形陶灯座 1 件，虎形陶灯 1 件。
- 墓主为温嵩之，封"始安郡公"，应为高级官僚。

湖北鄂州市塘角头六朝墓 M7
- 东晋中晚期至南朝早期
- 长方形单室砖墓；墓葬全长 4.06、宽 1.18、残高 1.03 米。
- 砖台 1 座。

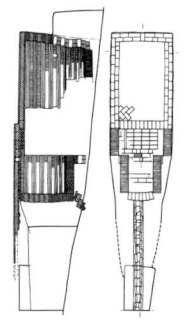

南京西善桥六朝墓 M23
- 东晋晚期至南朝早期
- 长方形单室砖墓；墓室内长 4.4、宽 1.8、高 2.38—2.44 米。
- 泥质灰陶凭几 2 件，砖台 1 座。

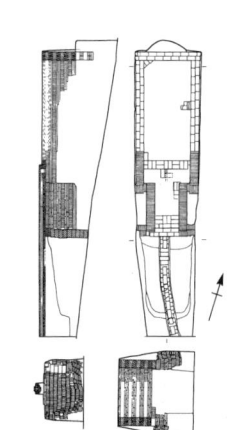

南京西善桥六朝墓 M24
- 东晋晚期至南朝早期
- 长方形单室砖墓；墓室内长 4.75、宽 1.84 米。
- 泥质灰陶凭几 3 件，砖台 1 座。

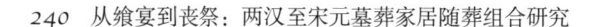

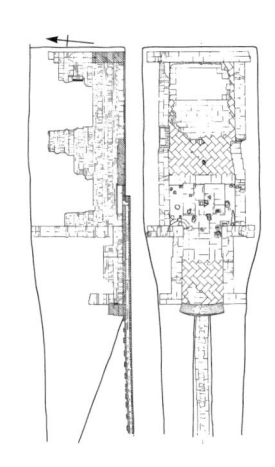

南京市宁丹路 M10

- 东晋末期至南朝早期
- 长方形单室砖墓；墓室长 5.07、宽 2.1—2.52、残高 2.55 米。
- 陶质凭几 1 件，砖台 1 座。
- 符文砖说明墓主可能具有道教信仰。

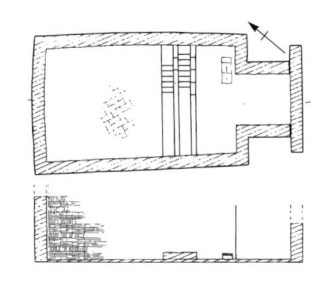

江苏南京市富贵山六朝墓 M6

- 东晋末期至南朝早期
- 长方形单室砖墓；墓葬全长 6.16、宽 2.62—2.74、残高 1.54 米。
- 砖台 1 座。
- 墓主推断为皇室成员或皇帝身边的重臣。

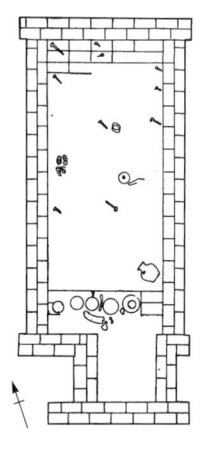

扬州市仪征县胥浦六朝墓 M13

- 东晋末期至南朝早期
- 长方形单室砖墓（甬道偏一侧）；墓室长 4、宽 1.6 米。
- 陶质凭几 1 件，砖台 1 座。
- 这一区域内东晋、南朝墓葬多在墓室前部设砖台，墓葬形制与 M13 相近，如 M4、M5 等。

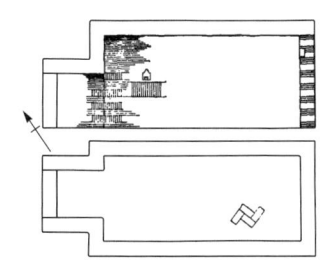

南京东郊仙鹤门外吕家山墓 M1

- 东晋时期
- 长方形单室砖墓；墓室长 4.07、宽 1.73、高 1.88 米。
- 泥质灰陶凭几 1 件。
- 年代在东晋中期"永和"以后；属中小型墓。

南京老虎山 M1 刘氏墓

- 东晋时期
- 长方形单室砖墓；墓葬全长 5.83、宽 2.32、高 2.61 米。
- 陶质凭几 1 件。
- 墓主为晋光禄大夫颜含后人。

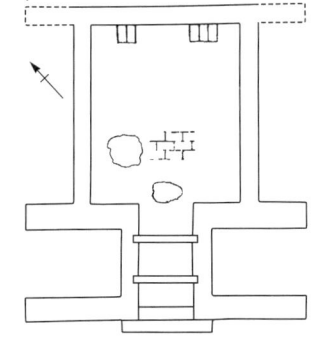

南京北郊东晋墓

- 东晋时期
- 近方形单室砖墓；墓葬全长 9.05、总宽 8、高 4.03 米。
- 陶质凭几 2 件，砖台 2 座，龙虎步障座 4 件。
- 墓主可能为晋穆帝司马聃。

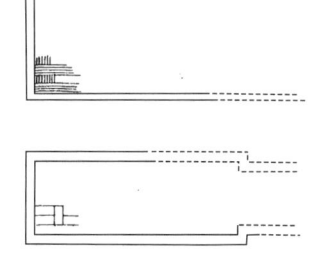

南京甘家巷栖霞山化肥厂墓

- 东晋时期
- 长方形单室砖墓（仅存部分甬道及后室）；墓葬残长 3.34、宽 1.13、高 1.6 米。
- 陶质凭几（残，不清），灰陶帷帐座 1 件。

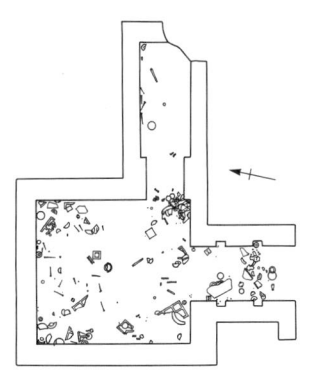

南京大学北园东晋墓

- 东晋时期
- 双室砖墓；墓葬南北总长 8.04、东西总长 9.9 米。
- 泥质灰陶凭几 3 件，陶榻 2 件，中型陶案 2 件，小型陶案 2 件，龙形陶灯座 1 件，虎形陶灯座 1 件。
- 发掘报告推测为帝王陵墓。

南京老虎山 M4
- 东晋时期
- 长方形单室砖墓；墓葬全长 6.28、宽 1.66、高 2.32 米。
- 灰陶凭几 1 件，砖台 1 座。
- 墓主为颜镇之，应是颜含后裔。

南京甘家巷 M3
- 东晋时期
- 长方形单室砖墓；墓室长 4.5、宽 2—2.51 米。
- 灰陶凭几 1 件。

南京甘家巷 M24
- 东晋时期
- 长方形单室砖墓；墓室长 4.16、宽 1.25—1.54 米。
- 灰陶凭几 1 件，石案 1 件。

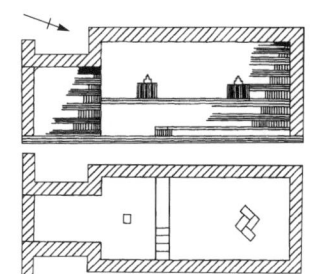

南京铁心桥司家山谢氏家族墓 M2
- 东晋时期
- 长方形单室砖墓；墓室长 5.54、宽 2.1、高 2.44 米。
- 泥质灰陶凭几 1 件。

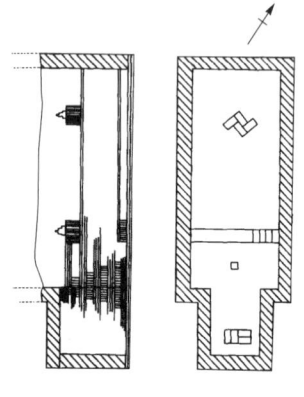

南京铁心桥司家山谢氏家族墓 M3
- 东晋时期
- 长方形单室砖墓；墓室长 5.65、宽 2.3、残高 2.34 米。
- 泥质灰陶凭几 1 件。

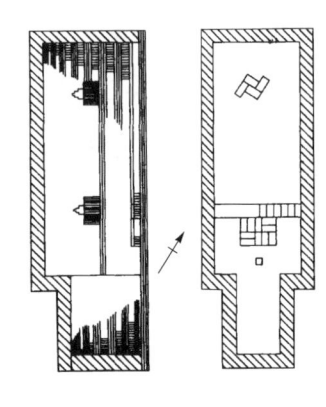

南京铁心桥司家山谢氏家族墓 M4
- 东晋时期
- 长方形单室砖墓；墓室长 5.7、宽 2.18、高 2.38 米。
- 砖台 1 座。
- 墓志载为谢球、王德光夫妇合葬墓；谢球，官职辅国参军；王德光祖王羲之。

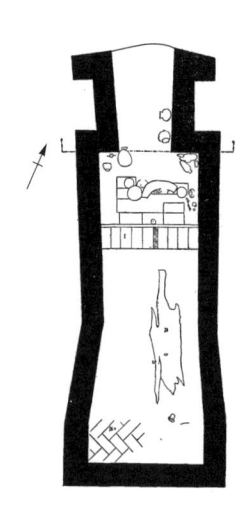

南京郎家山 M4
- 东晋时期
- 长方形单室砖墓；墓葬全长 6.7、宽 2.54 米。
- 陶质凭几 1 件，陶质短几 1 件（可能为案，具体性质不清），砖台 1 座。

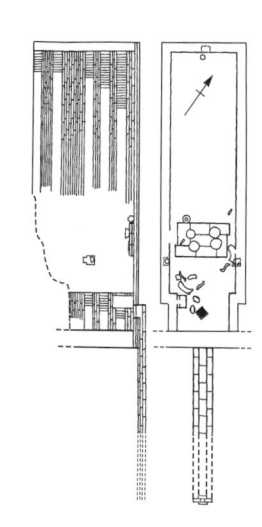

南京迈皋桥象山 M6 夏金虎墓
- 东晋时期
- 长方形单室砖墓；墓葬全长 5.18、宽 1.25、高 1.88 米。
- 灰白色细泥陶凭几 1 件，砖台 1 座。
- 墓主为王彬继室夫人夏金虎。

南京雨花台区长岗村李家洼六朝墓 M5
- 东晋时期
- 长方形单室砖墓；墓室长 3、宽 1.04、残高 1.02 米。
- 灰陶凭几 1 件。

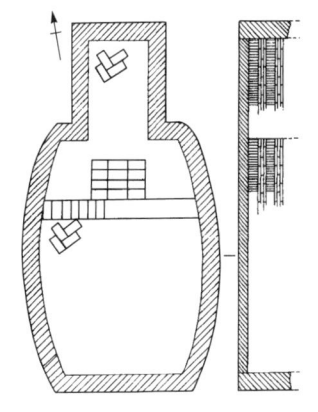

南京栖霞区大山口六朝墓 M2
- 东晋时期
- 长方形单室砖墓；墓室内长 4、内宽 2.1、残高 0.9 米。
- 灰陶凭几 1 件，砖台 1 座。

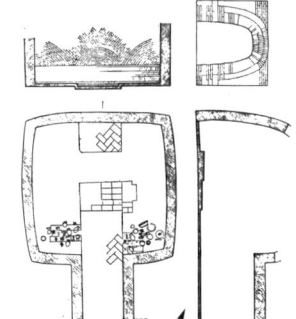

江苏吴县何山东晋墓
- 东晋时期
- 近方形单室砖墓；墓葬全长 6.3、宽 4、高 2.54 米。
- 砖台 1 座。
- 聚族而葬；墓主可能为东晋时期的门阀士族。

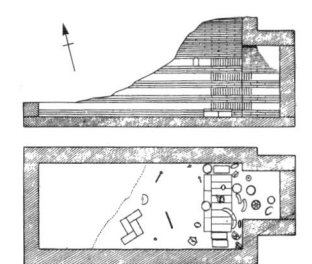

江苏镇江 M21 刘庚之墓
- 东晋时期
- 长方形单室砖墓；墓葬全长 4.3、宽 1.4—1.78、高 1.35—1.46 米。
- 陶质凭几 2 件，砖台 1 座。
- 墓主为刘庚之，曾任司吾县令。

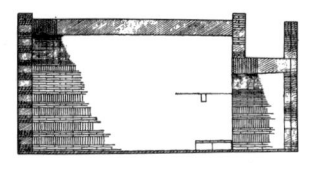

江苏镇江 M26 刘硕之妻徐氏墓
- 东晋时期
- 长方形单室砖墓；墓葬全长 6.38、宽 1.6、高 2.46 米。
- 陶质凭几 1 件，砖台 1 座。

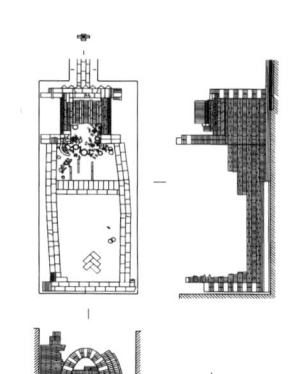

江苏镇江新区丁卯"江南世家"工地六朝墓 M2
- 东晋时期
- 长方形单室砖墓；墓室长 4.8、宽 1.86、残高 0.44 米。
- 泥质灰陶凭几 1 件，砖台 1 座。

江苏镇江新区丁卯"江南世家"工地六朝墓 M1
- 东晋时期
- 长方形单室砖墓；墓葬全长 5.69、宽 1.4 米。
- 泥质灰陶凭几 1 件，砖台 1 座。

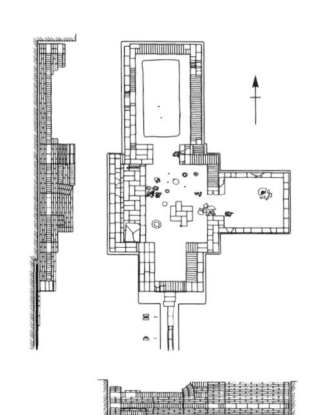

江苏镇江新区丁卯"江南世家"工地六朝墓 M8
- 东晋时期
- 多室砖墓；墓葬全长 9.2、宽 5.84、残高 1.3 米。
- 灰陶案 1 件（无足），砖台 1 座（案置于砖台上）。

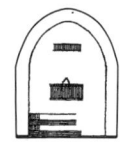

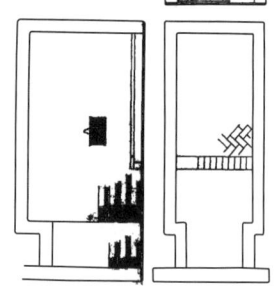

江苏江宁娘娘山墓 M1
- 东晋时期
- 长方形单室砖墓；墓室长 4.8、宽 2、高 2.98 米。
- 陶质凭几 2 件。
- 年代在东晋中期"永和"以后。

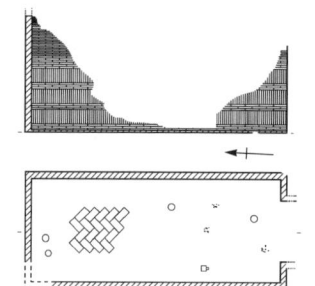

安徽马鞍山 M3 谢沈墓
- 东晋时期
- 长方形单室砖墓；墓葬残长 5.1、内宽 2、残高 2.25 米。
- 陶质凭几 1 件（残，具体不清）。
- 墓主为东晋文学家、史学家谢沈；不属于世家大族。

安徽当涂县黄山东晋墓
- 东晋时期
- 长方形单室砖墓；墓葬全长 4.72、宽 2.61 米。
- 陶质凭几 1 件。

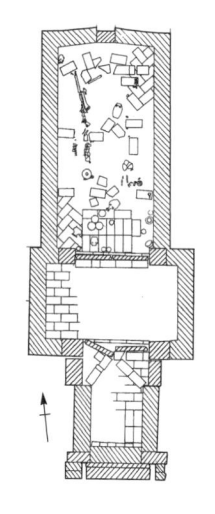

南阳市妇幼保健院东晋墓
- 东晋时期
- 长方形双室砖墓；墓葬全长 5.2、宽 1.85—2.53、高 2.15—2.5 米。
- 砖台 1 座。

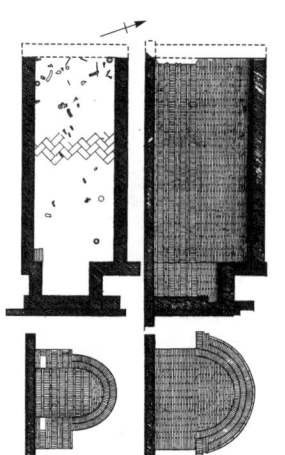

湖北枝江 M3
- 东晋时期
- 长方形单室砖墓；墓葬全长 6.5、宽 2.66、高 3.1 米。
- 陶质凭几 2 件，砖台 1 座。
- 墓主为玉义之（铜印刻），可能为中小地主阶级。

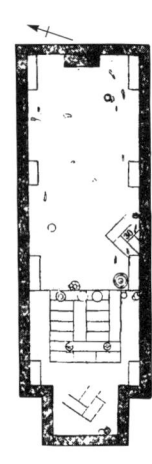

广东高要东晋墓
- 东晋时期
- 长方形单室砖墓；墓葬全长 5.9、宽 1.76、高 1.72 米。
- 砖台 1 座。
- 随葬品形制与广东韶关西河发现的"建元"至"永和"年间的东晋墓基本一致，应属于同一时期。

表 3-4 南朝时期出土"家居随葬组合"墓葬分表(南京及其周边地区)

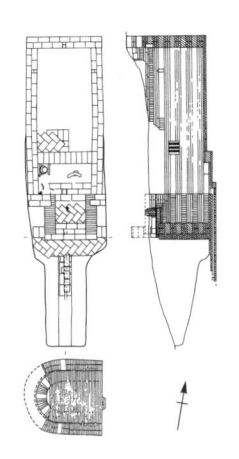

南京浦口龙山茶厂南朝墓 M1
- 南朝刘宋元嘉五年(428)
- 长方形单室砖墓;墓室内长 4.16、宽 1.54—1.64 米。
- 泥质灰陶凭几 1 件,砖台 1 座。
- 墓砖铭"宋元嘉五年"。

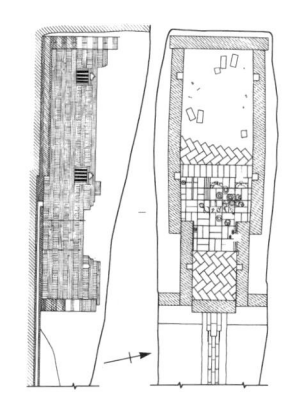

南京西善桥 M19 钟济之夫妇合葬墓(未盗扰)
- 南朝刘宋元嘉时期
- 长方形单室砖墓;墓葬全长 6.96、宽 1.96—2.1、残高 0.9—2.15 米。
- 泥质灰陶凭几 2 件,砖台 1 座。
- 墓主钟济之为豫章永修令。

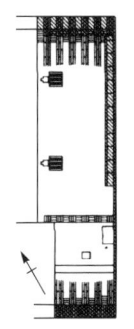

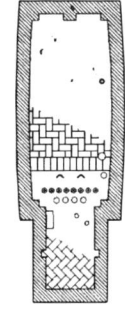

安徽当涂县 M1
- 南朝刘宋早期
- 长方形单室砖墓;墓室长 4.65、宽 1.84—2.03、残高 1.87 米。
- 陶质凭几 2 件,砖台 1 座(发掘报告认为是墓志,上无字)。
- 墓主应为刘宋早期统治阶层的上层文职人员。

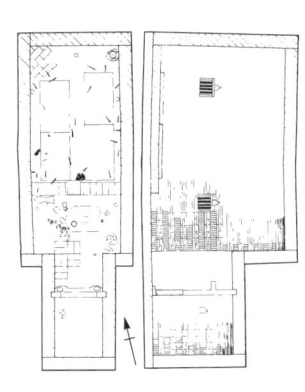

南京隐龙山 M1(盗扰不大)
- 南朝刘宋中晚期
- 长方形单室砖墓;墓葬全长 9.14、宽 2.36—2.46、高 3.66 米。
- 石榻 1 件(无围屏),陶质凭几 1 件。

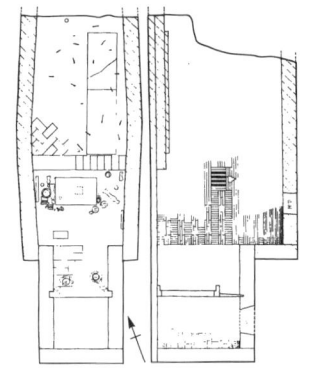

南京隐龙山 M3(盗扰不大)
- 南朝刘宋中晚期
- 长方形单室砖墓;墓葬残长 8.16、宽 2—2.26、高 2.94 米。
- 石榻 1 件(无围屏),陶质凭几 1 件。

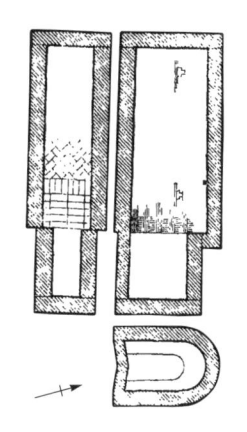

南京马群墓
- 南朝刘宋时期
- 长方形单室砖墓;墓室长 4.2、宽 1.1、高 1.9 米。
- 泥质黑陶凭几 1 件。

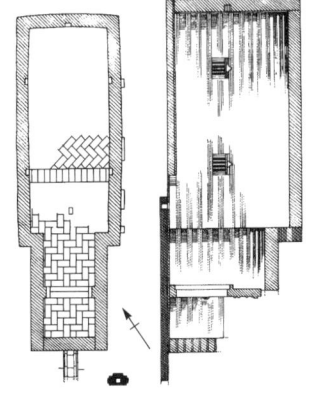

南京尹西村六朝墓 M1
- 南朝刘宋时期
- 长方形单室砖墓;墓葬全长 8.7、外宽 2.6、高 3.44 米。
- 泥质灰陶凭几 1 件。

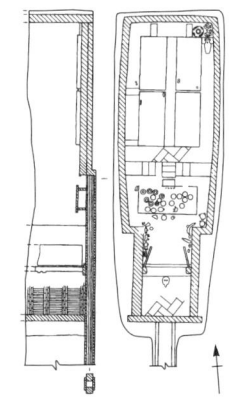

南京东杨坊 M1
- 南朝刘宋晚期至萧齐早期
- 长方形单室砖墓;墓葬全长 7.4、宽 2.12、残高 1.48 米。
- 陶质凭几 1 件,石台 1 座(发掘报告作祭台,根据墓葬平、剖面图,推测应为石榻)。
- 该墓虽遭盗扰,但位置基本不动;出行明器完整;可能为重要贵族或官员的墓葬。

附表 245

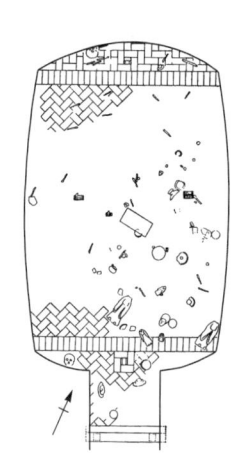

江苏丹阳县胡桥吴家村墓

- 南朝萧齐时期
- 弧方形单室砖墓;墓葬全长 15、宽 4.9、复原高 4.35 米。
- 石台 1 座(发掘报告作祭台,描述为长方形,有四足,疑为石榻),漆案(残,具体不清)。
- 墓内有砖刻壁画;墓上地面有石刻;发掘报告推测为和帝萧宝融恭安陵。

江苏丹阳县建山金家村墓

- 南朝萧齐时期
- 弧方形单室砖墓(形制与吴家村墓基本相同);墓葬全长 13.6、宽 5.17、残高 5.3 米。
- 石台 1 座(形制与吴家村相同),漆案(残,具体不清)。
- 墓内有砖刻壁画(《竹林七贤图》等);墓上地面有石刻;发掘报告推测应为废帝萧宝卷之墓。

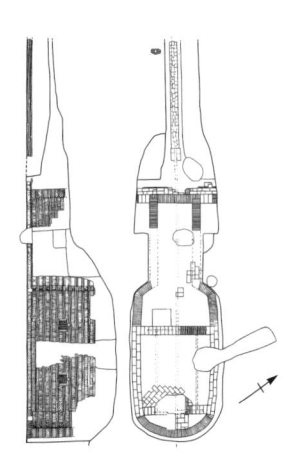

南京灵山 M2 吴郡太守墓

- 南朝萧梁时期
- 弧方形单室砖墓;墓葬全长 10.05、宽 2.75—2.9、残高 2.5 米。
- 陶质凭几 2 件。
- 墓主为吴郡太守,墓葬形制有僭越之嫌。

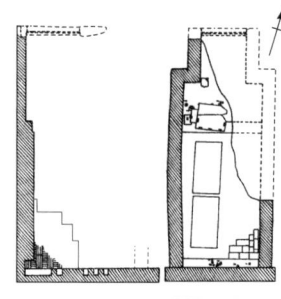

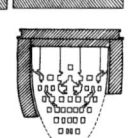

南京西善桥第二砖厂墓

- 南朝萧梁时期
- 长方形单室砖墓;墓室残长 3.62、宽 2.2 米。
- 泥质灰褐陶凭几 1 件,石质凭几 2 件,围屏石榻 1 件,帷帐座 4 件。
- 墓主应为文吏或武吏,属高级官僚。

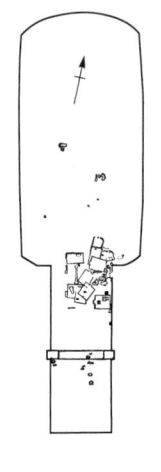

南京尧化门萧统(或萧伟)墓

- 南朝萧梁时期
- 长方形单室砖墓;墓葬全长 10.25、宽 3.48 米。
- 围屏石榻 1 件(榻面不存),陶质凭几 1 件,石质凭几 1 件,石案足 4 件(应有石案),石质帷帐座 6 件。
- 为合葬墓。萧伟曾封左光禄大夫、侍中、雍州刺史、镇北将军、散骑常侍、扬州刺史、中抚将军、江州刺史等,开封府仪同三司。萧统,即昭明太子。

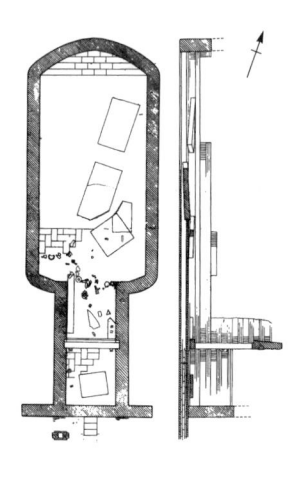

南京市桂阳王萧象墓

- 南朝萧梁时期
- 长方形单室砖墓(后壁弧形);墓葬全长 10、宽 2.96、残高 2.28 米。
- 围屏石榻 1 件,陶质凭几 1 件。
- 墓志载墓主为萧象,梁文帝长子宣武王第九子,后受命为萧融嗣子,继承桂阳王的爵禄。先后督司霍郢三州诸军事,任过轻车将军、郭州刺史、湘州刺史、黄门郎、领军、宗正卿、侍中、江州刺史、步兵校尉、秘书监等职。

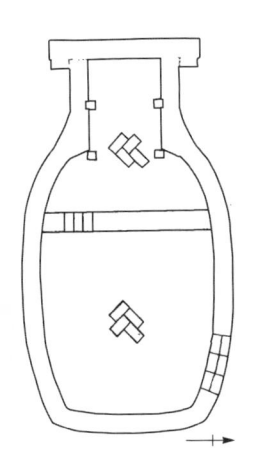

江苏常州南郊田舍村画像砖墓

- 南朝梁陈时期
- 长方形单室砖墓；墓葬全长 6.6、宽 2.96、残高 0.3—0.8 米。
- 泥质凭几 1 件，砖台 1 座，石帷帐座 4 件。
- 墓内出长方形石块 3 件，上表面中心部位低凹，但无明显孔眼，底部粗糙不平，用途不详；石质灰白色；高 5.5—7、长 17—17.5、边宽 6—7 厘米（怀疑可能为石榻足）。另出较多画像砖。

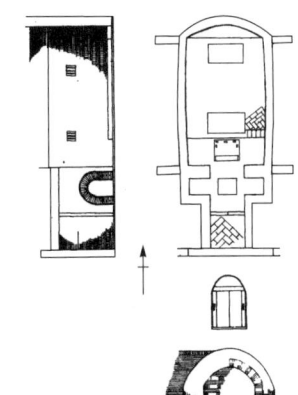

南京西善桥砖瓦厂墓（黄法氍墓）

- 南朝陈太建八年（576）
- 长方形单室砖墓（带耳室）；墓葬全长 8.8、宽 3.15 米。
- 围屏石榻 1 件，石障座 4 件。
- 墓志载墓主武将出生，曾任陈侍中、中权大将军。

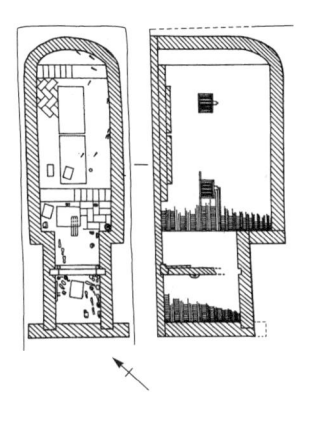

南京铁心桥马家店村墓

- 南朝陈
- 长方形单室砖墓（后壁弧形）；墓葬全长 8.11、宽 2—2.07、高 3.13 米。
- 围屏石榻 1 件，陶质凭几 1 件，石座 4 件。
- 发掘报告推测墓主可能为陈朝某一宗室王侯或作为陪葬的功臣贵族。

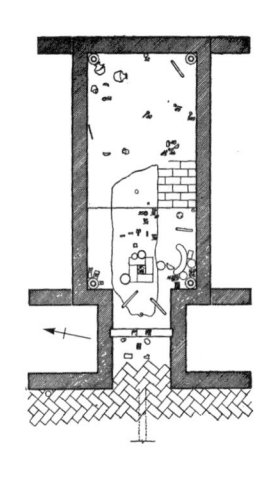

南京幕府山 M1

- 南朝早期
- 长方形单室砖墓；墓葬全长 8.16、宽 2.6、高 3.05 米。
- 陶质凭几 1 件，陶案 1 件（残，暂不清），龙头陶座 1 件，虎头陶座 1 件。

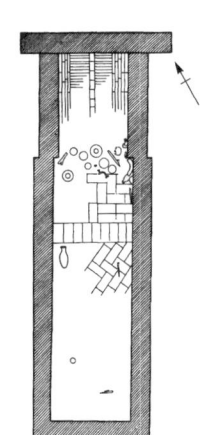

南京涂家村墓

- 南朝早期
- 长方形单室砖墓；墓葬全长 6.94、宽 2.08、高 2.18 米。
- 灰陶胎凭几 1 件。

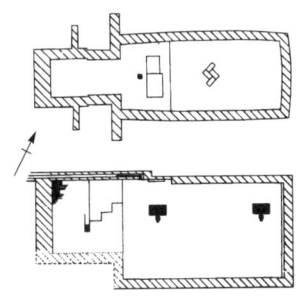

南京尧化乡前新塘墓

- 南朝早期
- 长方形单室砖墓；墓室长 5.75、宽 2.23—2.42、高 3.4 米。
- 陶质凭几 1 件，砖台 1 座。
- 发掘报告认为墓主为中级官员。

南京油坊桥 M2
- 南朝早期
- 长方形单室砖墓；墓葬全长 6.4、宽 1.8、高 2.3 米。
- 灰陶胎凭几 1 件。
- 发掘报告将该墓推测为中级官员墓葬。

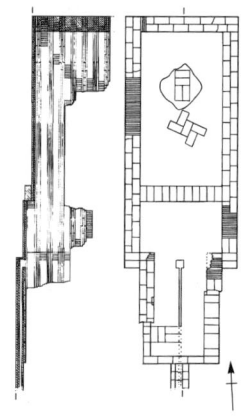

南京雨花台区华为南京基地 M36
- 南朝早期
- 长方形单室砖墓；墓室长 5.96、宽 1.9、残高 1.7 米。
- 陶质凭几 3 件。
- 发掘者推测 M36 为南朝高级士族官员墓。

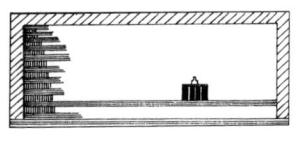

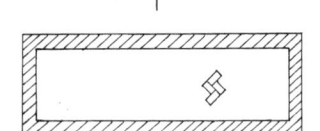

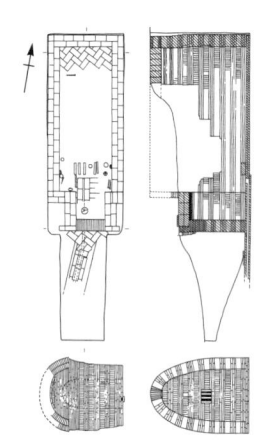

南京浦口龙山茶厂南朝墓 M2
- 南朝早期
- 长方形单室砖墓；墓室内长 4.2、宽 1.55 米。
- 砖台 1 座。

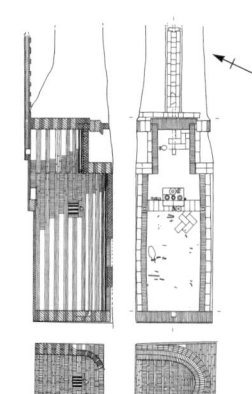

南京卫校晓庄校区六朝墓 M1
- 南朝早期
- 长方形单室砖墓；墓葬全长 6.46、宽 2.3—2.5 米。
- 砖台 1 座。

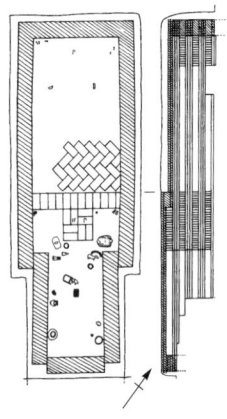

南京南郊景家村六朝墓 M13
- 南朝早期
- 长方形单室砖墓；墓室内长 4.6、宽 2.02、残高 1.05 米。
- 泥质灰陶凭几 1 件。

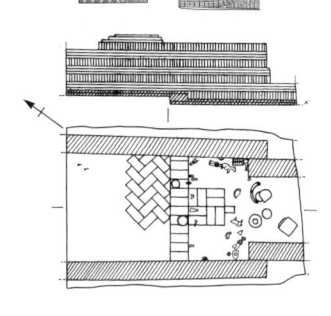

南京南郊景家村六朝墓 M14
- 南朝早期
- 长方形单室砖墓；墓室内长 3.04、宽 2.04、残高 1.05 米。
- 泥质灰陶凭几 1 件。

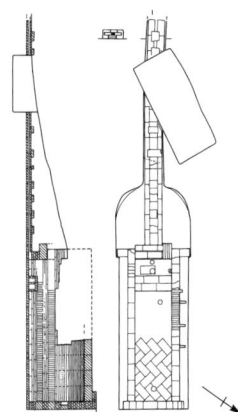

南京板桥街道钟家岗南朝墓 M7
- 南朝早中期
- 长方形单室砖墓；墓室长 3.6、宽 1.2、残高 1.6 米。
- 砖台 1 座。

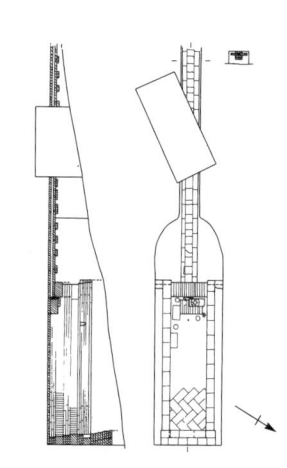

南京板桥街道钟家岗南朝墓 M8
- 南朝早中期
- 长方形单室砖墓；墓室长 3.86、宽 1.26、残高 1.56 米。
- 砖台 1 座。

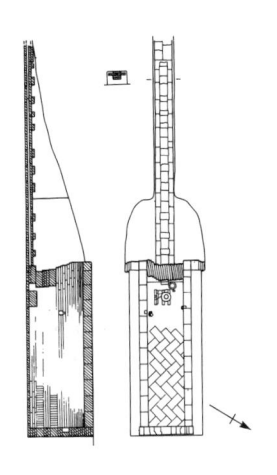

南京板桥街道钟家岗南朝墓 M9
- 南朝早中期
- 长方形单室砖墓；墓室长 3.56、宽 1.2、残高 1.45 米。
- 砖台 1 座。

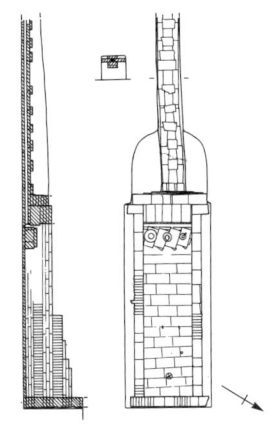

南京板桥街道钟家岗南朝墓 M11
- 南朝早中期
- 长方形单室砖墓；墓室长 3.7、宽 1.22、残高 1.1 米。
- 砖台 1 座。

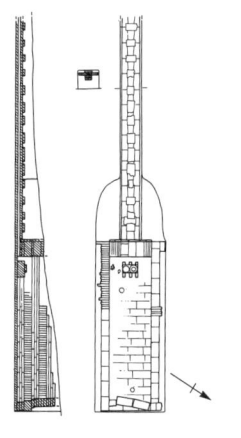

南京板桥街道钟家岗南朝墓 M12
- 南朝早中期
- 长方形单室砖墓；墓室长 3.8、宽 1.2、残高 0.9 米。
- 砖台 1 座。

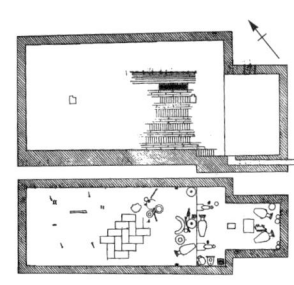

南京童家山墓（未盗扰）
- 南朝中晚期
- 长方形单室砖墓；墓室长 4.4、宽 1.7、高 2.3 米。
- 泥质黑陶 1 件。
- 墓葬形制属中型墓葬；墓主应具有一定的身份地位，但应已衰落。

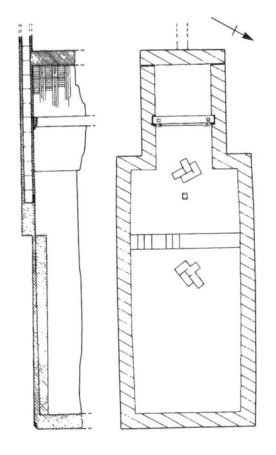

南京花神庙 M1
- 南朝中晚期
- 长方形单室砖墓；墓葬全长 7.8、宽 2.36—2.48、残高 0.98 米。
- 石质凭几 1 件，石桌 1 件（具体性质不知，仅留桌腿，怀疑为石榻；桌腿上粗下细，截面成方形，高 20 厘米左右）。
- 南京花神庙 M2 也出相同石桌腿，但未出凭几，墓葬形制与 M1 类似。

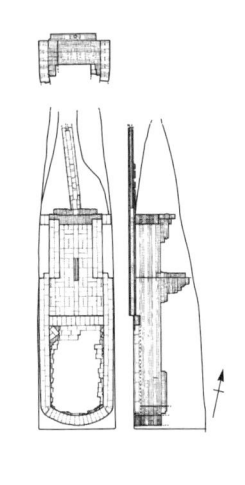

南京板桥张家洼 M1 赵叔则墓
- 南朝中晚期
- 长方形单室砖墓（后壁弧形）；墓室长 4.48、宽 1.92—2、残高 1.92 米。
- 泥质灰陶凭几 1 件，砖台 1 座（发掘报告认为是方石）。
- 墓内出土墓主印章，可能具有一定的社会地位。

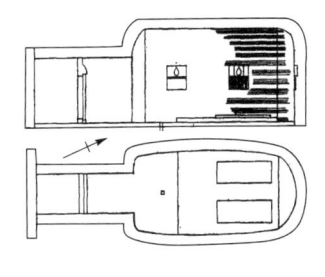

南京仙鹤门墓
- 南朝中晚期
- 长方形单室砖墓；墓葬全长 9.19、宽 2.73—2.9、高 3.65 米。
- 黄陶凭几 2 件，石板 4 件（长方形、一端有榫，怀疑为石榻围屏）。
- 发掘报告推测为王亲大族之墓。

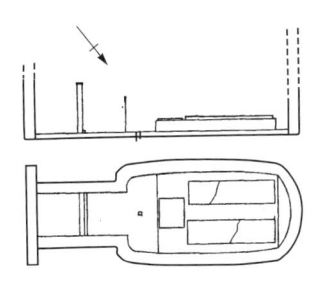

南京板桥南朝墓
- 南朝中晚期
- 长方形单室砖墓；墓葬全长 8.02、宽 2.2—2.42、残高 0.86—1.5 米。
- 砖台 1 座。
- 发掘报告推测为王亲大族之墓。

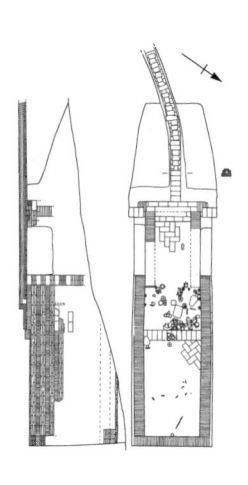

南京石子岗 M5
- 南朝中晚期
- 长方形单室砖墓；墓葬全长 8.9、宽 1.92—2 米。
- 泥质灰陶凭几 2 件，石台 1 座（石板）。
- 墓葬应属南朝大型墓葬。在墓葬形制上少象征身份、等级的木门或石门，但因出土竹林七贤和荣启期、龙、虎、天人、狮子等帝陵等级的壁画砖，墓主应是南朝中晚期宗室中级别较高的人物。壁画没能完整拼镶，可能与墓主下葬时间仓促有关或有其他变故。

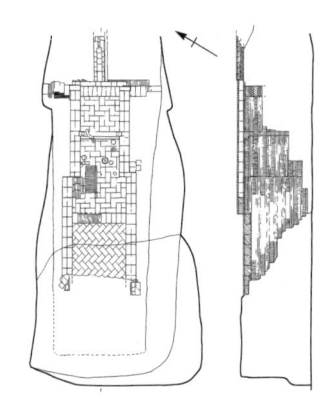

南京雨花台区铁心桥小村南朝墓 M1
- 南朝中晚期
- 长方形单室砖墓；墓室残长 3.9、内宽 1.8、残高 1.9—2.1 米。
- 陶质凭几 1 件，陶器座 4 件。
- 发掘报告认为墓主应具有较高的社会地位，很可能为贵族阶层。

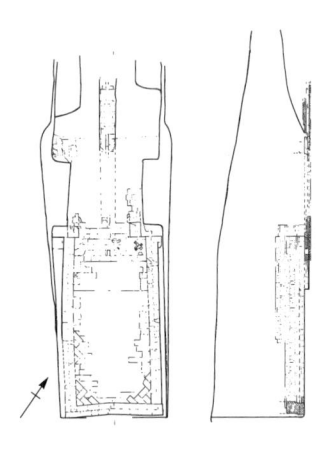

南京雨花台区铁心桥小村南朝墓 M2
- 南朝中晚期
- 长方形单室砖墓；墓室长 5.74、外宽 3.02、残高 1.08 米。
- 陶质凭几 1 件，陶器座 1 件。
- 发掘报告认为墓主应具有较高的社会地位，很可能为贵族阶层。

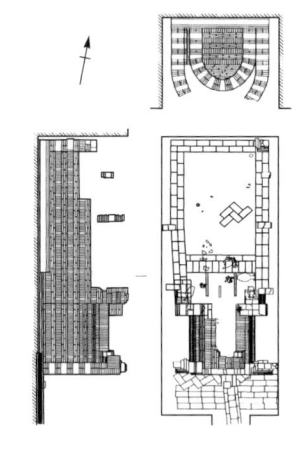

镇江丁卯"江南世家"工地六朝墓 M3
- 南朝中晚期
- 长方形单室砖墓；墓葬全长 6.12、宽 1.75、残高 1.3 米。
- 泥质灰陶凭几 1 件，砖台 1 座。

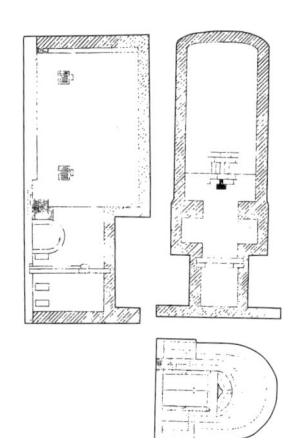

南京东善桥砖瓦一厂南朝墓
- 南朝晚期
- 长方形单室砖墓（甬道后端带两个耳室、后壁弧形）；墓葬全长 7.85、宽 2.23 米。
- 陶质凭几 1 件，石台 1 座。
- 墓葬形制属中型墓；墓主应有一定社会地位；墓内有大量画像砖，饰忍冬纹、莲花纹。

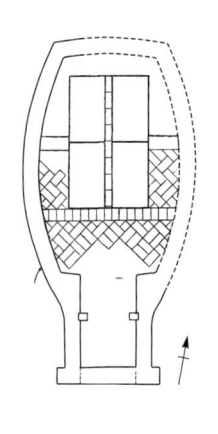

江苏常州南郊戚家村画像砖墓
- 南朝晚期至隋唐时期
- 弧方形单室砖墓；墓室长 4.5、宽 3.06、残高 1.5 米。
- 石质凭几 1 件，石座 1 件（类似于帷帐座）。
- 墓内有大量画像砖。墓葬年代仍存争议，目前有三种观点：南朝至初唐；唐；或墓室为南朝至初唐，瓷器为后移入。

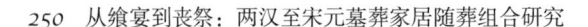

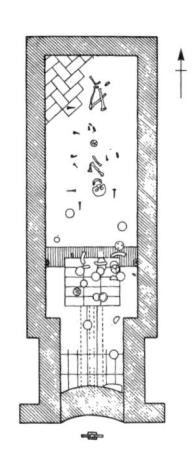

南京东善桥墓

- 南朝时期
- 长方形单室砖墓；墓葬全长 6.84、宽 1.65、残高 1.28 米。
- 陶质凭几 2 件，砖台 1 座。

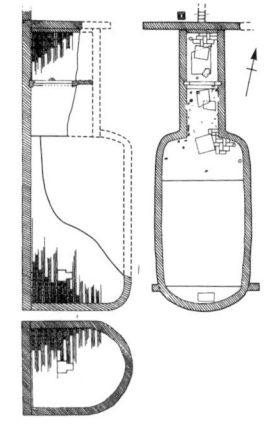

南京白龙山墓

- 南朝时期
- 弧方形单室砖墓；墓葬全长 13.4、内宽 3.7、高 5.25 米。
- 围屏石榻 1 件，泥灰陶胎凭几 1 件。
- 发掘报告认为墓主为梁临川靖惠王萧宏或其家族（规模较大，认为是萧宏本人）。

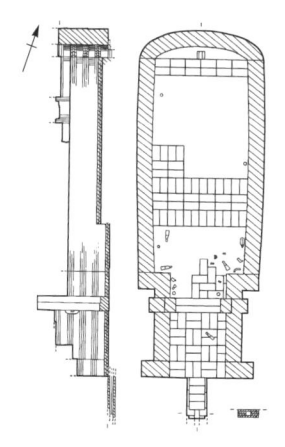

南京市胜太路 M1

- 南朝时期
- 长方形单室砖墓；墓葬全长 8.14、宽 2.06、残高 1.1 米。
- 石质凭几 1 件，石器足 3 件（类似于石榻的腿），石器座 1 件（类似于帷帐座）。

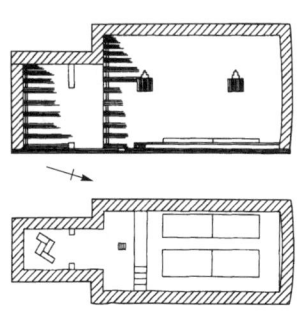

南京铁心桥司家山谢氏家族墓 M1

- 南朝时期
- 长方形单室砖墓；墓室长 5.12、宽 2.23、高 3.15 米。
- 陶质凭几（残，不清）。

南京四板村南朝墓

- 南朝时期
- 长方形单室砖墓；墓葬全长 6.12、宽 1.8、高 2.6 米。
- 灰陶凭几 1 件。

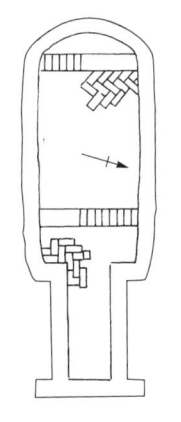

南京殷巷乡 M1

- 南朝时期
- 长方形单室砖墓；墓室长 4.7、宽 2.1、高 2.05 米。
- 泥质黑衣陶凭几 1 件。

江苏常州兰陵恽家墩 M4

- 南朝时期
- 长方形砖室墓（具体形制不清）。
- 陶质凭几 1 件。

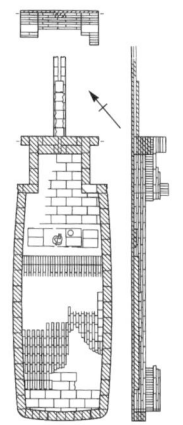

浙江余杭东西大道 05、06 地块六朝墓 M44

- 南朝时期
- 长方形单室砖墓；墓葬全长 7.45、宽 1.9—1.98、残高 0.56—0.6 米。
- 砖台 3 座。

表 3-5　南朝时期出土"家居随葬组合"墓葬分表（其他地区）

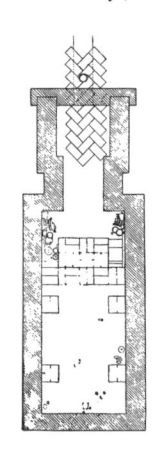

湖北江陵纪南区刘氏墓
- 南朝宋元嘉三年（426）
- "吕"字形砖室墓；墓葬全长 7.24、宽 0.96—1.98、高 1.49—2.66 米。
- 灰陶凭几 1 件。
- 墓砖铭"元嘉三年"。

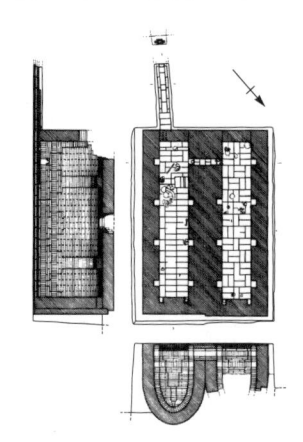

湖北鄂州郭家细湾 M8
- 南朝宋元嘉十六年（439）
- 长方形双室砖墓；墓室长 5.2、宽 3.58 米。
- 泥质灰黑陶凭几 2 件，砖台 1 座。
- 墓葬形制属中型墓；买地券铭"元嘉十六年"。（另有 M5、M10 等均有砖台；形制类似，多为长方形单室砖墓，规模相比 M8 更小。）

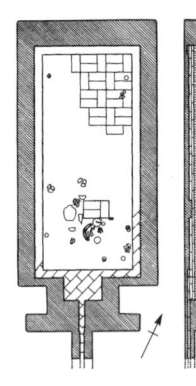

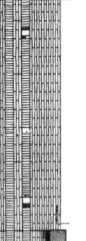

湖北武昌周家大塆 M206
- 南朝宋孝建二年（455）
- 长方形单室砖墓；墓葬全长 6.38、宽 2.22 米。
- 陶质凭几 1 件，砖台 1 座。
- 墓砖铭"孝建二年"。

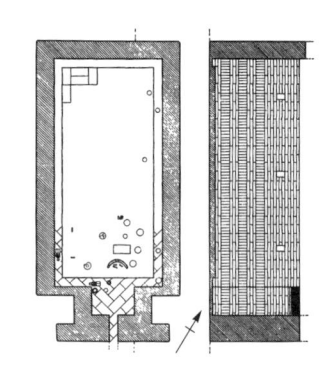

湖北武昌周家大塆 M207
- 南朝宋孝建二年（455）
- 墓葬形制与武昌周家大塆 M206 形制相似，略小。
- 陶质凭几 1 件，砖台 1 座。
- 墓砖铭"孝建二年"。

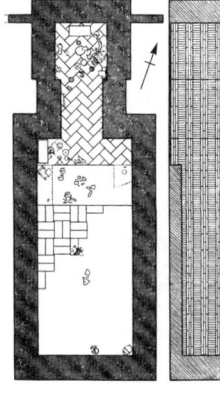

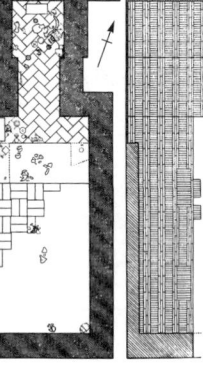

湖北武昌周家大塆 M193 刘凯墓
- 南朝齐永明三年（485）
- "吕"字形砖室墓；墓葬全长 8.4、宽 2.96 米。
- 陶质凭几 2 件，砖台 1 座。
- 墓砖铭"永明三年"；发掘报告推测墓主可能为地主阶级。

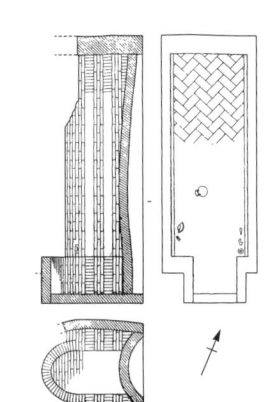

湖北武昌洪山 M3
- 南朝早期
- 长方形单室砖墓；墓葬全长 5.16、宽 1.84、高 1.4 米。
- 泥质灰陶凭几 1 件。
- 发掘报告推测墓主可能为地主阶级。

福建建瓯木墩梁墓
- 南朝梁
- 多室砖墓；墓葬全长 8.45、宽 2—3.6、高 2—3.37 米。
- 砖台 2 座。
- 墓内纪年砖刻"梁天监五年"（507）。

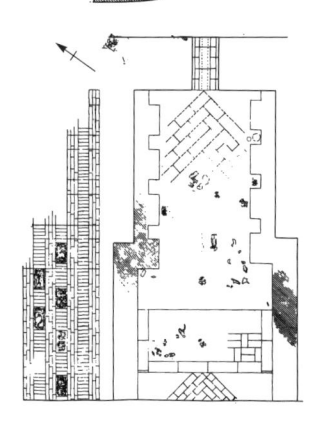

湖北襄阳贾家冲画像砖墓
- 南朝时期至隋初
- 长方形单室砖墓；墓室长 4.82、宽 2.35、残高 1.34—1.6 米。
- 陶质凭几 2 件。
- 墓内出大量画像砖、佛教题材，包括"侍饮图"画像砖 3 块：上绘饮者坐于榻上（发掘报告作"案"，根据图像，应为榻）；前部地面置香炉；饮者手捧一樽；背景为山水。

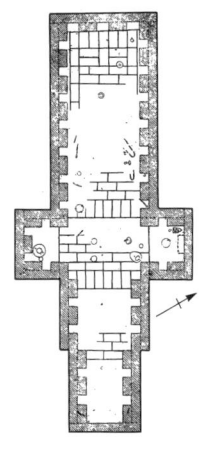

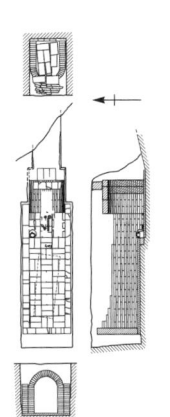

福建平漳县仙女山砖室墓 M1
- 南朝时期至唐初
- 长方形单室砖墓；墓室长 3.6、宽 1.08 米。
- 砖台 1 座。
- 推测墓主应当属于南朝晚期至唐初当地经济富足的地主阶级。

湖南长沙六朝洞室墓
- 南朝时期
- 长方形单室砖墓；墓室宽 1.37、高 1.4 米。
- 砖台 3 座。

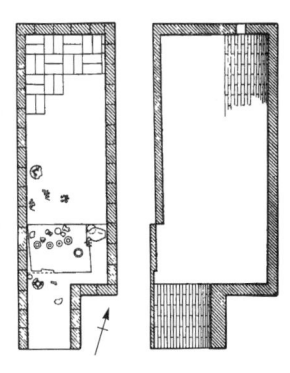

福建南安丰州南朝墓 M9（未盗扰）
- 南朝时期
- 长方形单室砖墓（平面呈"刀"形）；墓室长 5.72、宽 1.48、顶高 2.25 米。
- 砖台 1 座。
- 发掘报告认为墓主属于贵族。

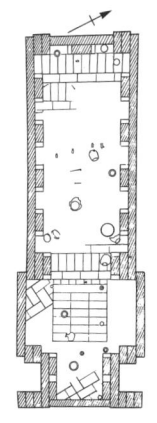

广州市先烈南路南朝墓 M10、M11
- 南朝时期
- M10："凸"字形双隅墓；墓葬全长 8 米。M11："中"字形加内衬券单隅墓；墓葬全长 6.76 米。
- 分别置砖台 1 座。

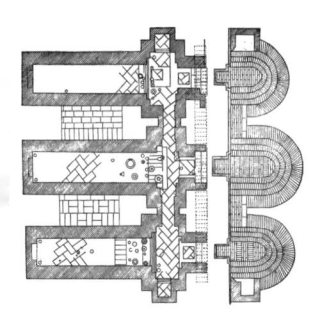

广东揭阳南朝墓 M3
- 南朝时期
- 三室砖墓（平面呈三室"卅"型）；墓葬全长 7.56、宽 5.76 米。
- 砖台 2 座。
- 发掘报告认为墓主应为上层人物。

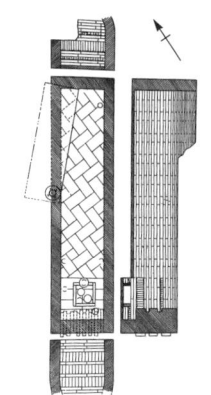

广东深圳市南头南朝墓南大 M3
- 南朝时期
- 形制未具体说明。
- 砖台 1 座。

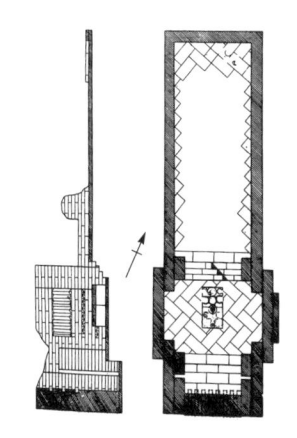

广东深圳市南头南朝墓南大 M4
- 南朝时期
- 形制未具体说明。
- 砖台 1 座。

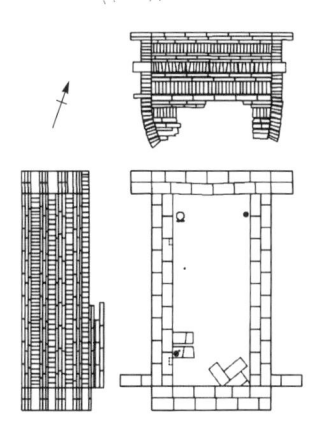

江苏淮安财富广场南北朝墓群 M1
- 南（北）朝时期
- 长方形单室砖墓；具体形制不清。
- 石板 2 块（横铺、上置瓷碗，类似于砖台）。
- 地处交汇区。

注：附表中的墓葬全长指包括墓道、甬道、墓室等在内的整体长度，宽、高除发掘报告中所标注外，其余一般仅指墓室最宽及最高处。

表 5-1　宋元时期"一桌二椅"或"夫妇共（对）坐"题材墓葬分表

宋

墓葬名称	具体年代	地区	墓葬形制	具体情况	组合或其他
郑州二里岗宋墓	北宋初年	河南郑州市	方形砖室墓	西壁北侧砖砌一桌二椅。	
山东青州市仰天山路宋代砖室墓	五代后周末期世宗柴荣（955—959）	山东青州市	圆形砖室墓	西北壁砖砌几案；东北壁砖砌一桌二椅。	
山大南校区宋代砖雕壁画墓	北宋建隆元年（960）	山东济南市	圆形砖室墓	东北壁绘一桌二椅。	东南壁绘灯；西南壁绘架；西北壁绘箱等。
河南焦作宋代刘智亮墓	北宋太平兴国五年（980）	河南焦作市	圆形砖室墓	东北壁砖砌一桌二椅。	
河南登封市双庙小区宋代砖室墓	宋代早中期	河南登封市	八角形砖室墓	东南壁砖砌一桌一椅；西壁砖砌一桌二椅。	
湖北襄樊刘家凌宋墓 M2—M5	北宋真宗天禧年间（1017—1021）	湖北襄樊市	方形砖室墓	西壁均砖砌一桌二椅。	
郑州市北二七路砖雕宋墓 M66	北宋早期（早于二里岗、南关外宋墓）	河南郑州市	方形砖室墓	西壁砖砌一桌二椅。	东壁北部砖砌衣架、熨斗、剪等；东壁南部砖砌梳妆台、灯。
郑州市北二七路砖雕宋墓 M88	北宋早期（早于二里岗、南关外宋墓）	河南郑州市	方形砖室墓	西壁砖砌一桌二椅。	东壁北部砖砌衣架、熨斗、剪、浇斗等；东壁南部砖砌梳妆台、灯。
郑州南关外北宋砖室墓	北宋仁宗至和三年（1056）	河南郑州市	方形砖室墓	西壁砖砌一桌二椅。	
河南登封城南庄宋代壁画墓	年代靠近1056，距1097稍远	河南登封市	八角形砖室墓	西壁砖砌一桌二椅，一侧绘有女性墓主形象，后立两女侍；人骨严重腐朽，无法判断数量及性别。	西南壁梳妆图；西北壁砖砌烛台、柜；东北壁砖砌镜架；东壁砖砌衣架；东南壁砖砌灯、剪、熨斗等。壁画牡丹图、人物等。

续　表

墓葬名称	具体年代	地区	墓葬形制	具体情况	组合或其他
河北平山县两岔宋墓M1	北宋元祐元年（1086）之后	河北平山县	六角形砖室墓	西北壁绘有一桌二椅；西南壁绘有"仕女送食图"。	
河南登封黑山沟宋代壁画墓	北宋末年哲宗绍圣四年（1097）	河南登封市	八角形砖室墓	西南壁绘制"备宴图"；西壁绘制"伎乐图"；西北壁绘制"宴饮图"，即一桌二椅。	墓室壁面共绘制7幅壁画，反映墓主人日常生活场景，除上列外，东北壁绘"育儿图"、东壁绘"侍寝图"、东南壁绘"侍洗图"等。栱眼壁绘8幅"行孝图"。
河南新安县宋村北宋雕砖壁画墓C12M28	北宋中期神宗、哲宗时期（上限不早于神宗元丰年间1078—1085）	河南新安县	方形砖室墓	西壁砖砌墓主夫妇对坐图，一桌二椅上绘有人物形象；多人葬（3成人1儿童、天井侧室内人骨2具）。	北壁格扇门。
河南新安县古村北宋壁画墓	北宋中期神宗、哲宗时期	河南新安县	方形砖室墓	东壁砖砌一桌二椅，绘有墓主夫妇对坐图。	北壁妇人启门图。
河南新安县梁庄北宋壁画墓	北宋哲宗时期	河南新安县	八角形砖室墓	东壁男性墓主坐于桌前、西壁女性墓主坐于桌前。	东北、西北两壁内容相同（均为牡丹图）。
山西稷山南阳宋代纪年墓	北宋徽宗崇宁四年（1105）	山西稷山县	方形砖室墓	南壁西侧原绘一桌二椅，上有墓主夫妇对坐（现已残损）。	
河南新密市平陌宋代壁画墓	北宋末年大观二年（1108）	河南新密市	八角形砖室墓	西壁绘制"家居图"；东北壁绘制"梳妆图"；东壁绘制"备宴图"；东南壁绘制"书写图"。	墓室下部绘制"梳妆图""家居图""备宴图"等；墓室上部绘制系列行孝图。
河北曲阳南平罗北宋政和七年墓	北宋徽宗政和七年（1117）	河北曲阳县	圆形砖室墓	东南壁砖砌一桌二椅。	

附　表　255

续 表

墓葬名称	具体年代	地区	墓葬形制	具体情况	组合或其他
嵩县北元村宋代壁画墓	宋徽宗—北宋晚期,上限为宋徽宗大观年间（1107—1110）	河南嵩县	八角形砖室墓	北壁正门两侧墓主夫妇并坐图。	斗栱"行孝图"。
安阳市机床厂基建工地宋代壁画墓 M1 赵火粲墓	北宋宣和二年（1120）	河南安阳市	八角形砖室墓	除一壁为墓门外,其余七壁分别描绘7幅以侍女人物为主的画面,7幅画相互联系共为一个主题,即宋代墓室壁画普遍采用的"开芳宴"与"就寝"题材,但无墓主。	
荥阳槐西壁画墓 0803XHM13	绍圣元年（1094）至北宋末或金初	河南荥阳市	方形土洞墓	西壁下部"居家图",即墓主夫妇对坐宴饮图；北壁下部"备宴图"；东壁下部"梳妆图"；南壁东下部"梳洗图"；南壁西下部"出行图"。	壁画上层15幅行孝图。
济源市东石露头村宋代壁画墓	北宋中晚期	河南济源市	方形砖室墓	北壁墓主夫妇宴饮图；三人葬（1男2女）。	
安阳小南海宋代壁画墓	北宋末徽宗时期	河南安阳市	方形砖室墓	东壁墓主夫妇宴饮图。	南壁左侧"杂剧图"、南壁右侧"备马图"、北壁"妇人启门图"、两壁左侧"庖厨图"、两壁右侧"乘轿出游者"。
河南登封唐庄宋代壁画墓 M3	北宋晚期早段	河南登封市	六角形砖室墓	西南壁砖砌一桌二椅。	
河南登封唐庄宋代壁画墓 M2	北宋晚期早中段	河南登封市	六角形砖室墓	西南壁绘制"备宴图"；西北壁绘制"宴饮图"（即一桌二椅）。	北壁绘制"妇人启门图"；西壁绘制"出行图"；东北壁绘制"起居图"。

续 表

墓葬名称	具体年代	地区	墓葬形制	具体情况	组合或其他
河北平山县两岔宋墓M3	北宋徽宗时期或稍晚	河北平山县	八角形砖室墓	东南壁砖砌一桌二椅。	
河北平山县两岔宋墓M6	北宋徽宗时期或稍晚（稍晚于M3）	河北平山县	圆形砖室墓	西壁砖砌一桌二椅。	
河南尉氏县张氏镇宋墓	北宋晚期	河南尉氏县	方形砖室墓	墓室北壁壁龛东侧男墓主画像、西侧女墓主画像（分别与棺木位置对应）。	墓门门额标注"时思堂"；孝子图4幅，农业生产、商业经营图各1幅，飞天图6幅。
河北井陉县柿庄M6	北宋徽宗政和以后（1111—1118）	河北井陉县	方形砖室墓	西壁南侧"宴饮图"，砖砌一桌二椅（墓主夫妇图像壁画）。	
河北井陉县柿庄M2	北宋徽宗大观年间（1107—1110）到金初	河北井陉县	方形砖室墓	东壁南侧"墓主供养图"（单独女性，前置案，旁有侍吏）；西壁南侧"宴饮图"，砖砌一桌二椅（墓主夫妇图像壁画）。	
河北井陉县柿庄M4	北宋徽宗大观年间到金初	河北井陉县	圆形砖室墓	东壁正中砌案、灯等，后立侍吏；西壁"宴饮图"，砖砌一桌二椅（墓主夫妇图像壁画）。	
河北井陉县柿庄M5	北宋徽宗大观年间到金初	河北井陉县	圆形砖室墓	西北壁正中砌柜、雕剪刀、熨斗等，旁立侍吏；西南壁正中砖砌一桌二椅，所绘壁画已残毁。	
河北井陉县柿庄M3	北宋徽宗大观年间到金初	河北井陉县	六角形砖室墓	东南壁正中砌柜、雕剪刀、熨斗等；西南壁正中砖砌一桌二椅，上绘有人物，多残损。	
河北井陉县柿庄M1	北宋徽宗重和或宣和年间	河北井陉县	八角形砖室墓	东北壁窗下雕剪刀、熨斗；西南壁砌三足灯、盏等；东南壁正中砖砌一桌二椅（墓主夫妇图像壁画）。	

续 表

墓葬名称	具体年代	地区	墓葬形制	具体情况	组合或其他
河北井陉县柿庄 M10	北宋徽宗大观年间到金初	河北井陉县	八角形砖室墓	东壁现存砖砌一桌二椅；西壁中砌柜等；西北壁雕熨斗、剪刀等。	
北孤台 M3	北宋徽宗大观年间到金初	河北井陉县	方形砖室墓	西壁东部砖砌一桌二椅。	
北孤台 M2	北宋徽宗大观年间到金初	河北井陉县	六角形砖室墓	西北壁砖砌一桌二椅，上砖雕俑人。	
登封高村壁画墓 03ZDGGM1	北宋末年	河南登封市	八角形砖室墓	西北壁"墓主夫妇宴饮图"，男墓主坐于椅上，女墓主站于其后，后设屏风，为侧面像。东北壁"备宴图"、东壁"侍洗图"、东南壁"升仙图"、西壁"备宴图"、西南壁"升仙图"。	甬道东壁"出行图"。
新密下庄河宋代壁画墓	宋金之际，上限不至大观二年	河南新密市	八角形砖室墓	西北壁墓主正面画像，可能是母、子、儿媳三人；双人葬（2人）。	东壁"备宴图"。
山西侯马宋代壁画墓	宋代？	山西侯马市	方形砖室墓	北壁壁画墓主夫妇共坐图；多人葬（6人）。	东壁、西壁"奏乐演唱图"。
河南巩县稍柴宋墓	北宋	河南巩县	方形砖室墓	东壁砖砌一桌二椅，绘有墓主夫妇对坐图。	
北孤台 M4	晚于金天会年前后（1123—1137）	河北井陉县	方形砖室墓	西壁南侧绘有一桌二椅。	
大官庄宋代砖雕壁画墓 M4	北宋晚期	山东济南市	圆形砖室墓	砖雕形式与大官庄金代砖雕壁画墓 M1 较为相似。	
洪家楼砖雕壁画墓	北宋	山东济南市	圆形砖室墓	东壁砖砌一桌二椅。	

辽

墓葬名称	具体年代	地区	墓葬形制	具体情况	组合或其他
河北宣化辽姜承义墓M1	辽代中期（994）	河北宣化县	六角形砖室墓	东南壁砖砌一桌一椅。	
河北涿鹿谭庄辽咸知进墓M1	辽保宁元年（969）	河北涿鹿县	圆形砖室墓	墓室西北壁砖砌一桌。	石棺。
北京大兴区青云店辽墓M1	辽代早期（1043之前）	北京大兴区	圆形砖室墓	东壁窗下砖砌一桌一椅。	
北京大兴区青云店辽墓M2	辽代早期（1043之前）	北京大兴区	方形砖室墓	东壁（1号柱与2号柱之间）砖砌一桌二椅。	墓室正中设棺床（底部壸门）。

金

墓葬名称	具体年代	地区	墓葬形制	具体情况	组合或其他
山西侯马牛村金墓94H5M1	金天德三年（1151）	山西侯马市	方形砖室墓	门内后壁砌一门状龛，龛内阴线雕刻袖手正坐于椅上的男墓主，头戴小帽，腰束带，内着右衽衣，外罩圆领宽袖长衫。墓主前置一高足长方桌，上置碗及食品等物，桌前地上置一瓷碗。南壁东部砖砌一桌二椅。	东西两侧为男女侍者；柱上端东西两侧分别砌一刻字花幡，东侧竖行阴刻"香花供养"四字；西侧竖行阴刻"天德三年五月五日"八字。
山西稷山马村金墓M4	海陵王完颜亮天德年之际（1150前后）	山西稷山县	方形砖室墓	北（正）壁设一龛，内置墓主夫妇像以及男女侍童。	二十四孝图、伎乐、杂技等砖雕。
山西侯马东庄金墓M12	金代中期海陵王至章宗年间（1150—1208）	山西侯马市	方形砖室墓	北壁墓主夫妇并坐图（似厅堂、东西两窗），中间间隔妇人启门图。	
河北内丘胡里村金代壁画墓	金正隆二年（1157）	河北内丘县	八角形砖室墓	正壁绘制"墓主夫妇对坐图"。	墓室绘制7幅壁画，东北壁绘制"送食图"、西北壁绘制"送酒图"、东壁绘制"莲花图"、西壁绘制"牡丹图"、西南壁"祥云图"。

续　表

墓葬名称	具体年代	地区	墓葬形制	具体情况	组合或其他
山西侯马东庄金墓M14	金代中期海陵王至章宗年间（1150—1208）	山西侯马市	方形砖室墓	北壁砖砌墓主夫妇对坐宴饮图。	
山西侯马牛村M101	金世宗完颜雍第十三年（1173）	山西侯马市	方形砖室墓	南壁砖砌一桌一椅。	
山西长子县小关村金代纪年壁画墓	金世宗大定十四年（1174）	山西长子县	方形砖室墓	北壁、东壁各绘1幅墓主夫妇，旁有诗句题词。	二十四孝图、居家生活、生产劳作等题材。
山西闻喜下阳金墓壁画	金章宗明昌辛亥年（1191）	山西闻喜县	方形砖室墓	北壁、西壁各绘1幅墓主夫妇对饮图（墓主生前似娶两房妻子），北壁砖砌一桌二椅。	二十四孝图、杂剧演出等题材。
陕西甘泉城关镇袁庄村金代纪年画像砖墓M1	金章宗明昌四年（1193）	陕西甘泉县	仿木结构方形砖室墓	东、西两壁正中画像砖墓主夫妇对坐图（祖孙三代）。	二十四孝图画像砖。
山西侯马牛村M102	金承安元年（1196）	山西侯马市	前后两室均为方形砖室墓	后室北壁砖砌墓主宴饮图，墓主夫妇二人分坐东西两椅之上，中间设一红色长方桌。	前室北壁门楼额板"庆阴堂"；此墓前后二室皆施砖雕，主要有墓主夫妇开芳宴、出行图、直棂窗、格扇、桌、椅以及人物故事、马球、翎毛花卉、吉祥饰物等室内装修与陈设以及墓主生活情景。
山西孝义下吐京和梁家庄金墓	金承安三年（1198）	山西孝义市	八角形砖室墓	北壁墓主夫妇并坐图。	梳妆图、书写图、居室生活等题材。
陕西甘泉城关镇袁庄村金代纪年画像砖墓M3	金世宗大定二十九年（1189）	陕西甘泉县	仿木结构方形砖室墓	西壁中部为墓主夫妇对坐宴饮图；东壁南侧为备宴图。	东壁、西壁二十四孝图等，北壁"山水图"，南壁东侧"仙鹤图"，西壁南侧与南壁西侧"孔雀牡丹图"。

续 表

墓葬名称	具体年代	地区	墓葬形制	具体情况	组合或其他
大官庄金代砖雕壁画墓M1	金泰和元年（1201）	山东济南市	圆形砖室墓	东侧南起第二间砖砌一桌二椅；东壁南起第三间壁画墓主夫妇对坐宴饮图，只绘制男墓主，另一侧空缺；夫妻合葬墓（1男1女）。	东侧南起第一间砖雕灯檠等。
大官庄金代砖雕壁画墓M4	与M1同时代（金）	山东济南市	圆形砖室墓	砖雕形式与M1较为相似。	
山西侯马金墓65H4M102	金泰和年间（1201—1208）	山西侯马市	方形砖室墓	北壁墓主夫妇并坐图（背景形似厅堂）。	葬具用木床。
山西侯马晋光药厂94H12M1	金太（大）安二年（1210）	山西侯马市	方形砖室墓	北（正）壁雕刻墓主夫妇并坐图。	
山西侯马金代董氏墓M1	金太（大）安二年（1210）	山西侯马市	方形砖室墓	北（正）壁正中雕刻墓主夫妇并坐图；东西两侧分设屏风。	买地券置于门楣；室内布满雕刻，内容丰富，有堂屋、大门、隔扇、屏风、几凳、花盆、人物故事、鸟兽花草、戏台、墓主雕像、侍从等。实为1座宋、金时代的建筑模型。
山西侯马金代董氏墓M2	金太（大）安二年（1210）	山西侯马市	方形砖室墓	北（正）壁雕刻墓主夫妇并坐图。	同M1。
山西侯马金墓M29	金"大安四年"（1212）前后	山西侯马市	主室方形砖室墓；侧室在主室西面居中处，为长方形砖室墓	北壁正中砖雕大几，两侧墓主夫妇并坐于椅上。	多人葬（9人）。
山西侯马金墓M9	金"大安四年"（1212）前后	山西侯马市	方形砖室墓	南壁墓门左右各雕一破子棂窗，窗下雕一侧置之椅。	
河南焦作邹琼画像石墓	金代	河南焦作市	八角形画像石墓	祭祀画像石，图像正中刻修墓铭记，两侧刻有同样题材：方桌四周帷幔，桌上置果品，后设空椅，两旁立男女侍者。	另有散乐、温酒、侍奉灯、孝行图等画像石题材。

附 表 261

续 表

墓葬名称	具体年代	地区	墓葬形制	具体情况	组合或其他
河南焦作西冯封金墓	金代	河南焦作市	前室方形砖室墓；后室八角形砖室墓	后室东南壁砖砌一桌二椅。	
山西屯留宋村金代壁画墓	金代	山西屯留县	方形砖室墓	北（正）壁左侧绘制墓主夫妇对坐图，后有男女侍吏、侍童；北壁右侧应与左侧相似。	墓室壁面另绘制二十四孝图、庖厨、日常生活图等题材。
郑家庄砖雕墓	金、元时期	山东济南市	圆形砖室墓	东壁砖砌一桌一椅。	

元

墓葬名称	具体年代	地区	墓葬形制	具体情况	组 合
山西平定县东回村古墓	元代	山西平定县	八角形砖室墓	东北壁绘制墓主夫妇对坐宴饮图。	
邢村砖雕壁画墓	元代	山东济南市	圆形砖室墓	东壁砖砌一桌二椅，上绘墓主夫妇对坐宴饮图。	
埠东村石雕壁画墓	元代	山东济南市	圆形砖室墓	北壁绘制墓主夫妇共坐图。	
洛阳伊川元墓92YM5	元代	河南洛阳市	方形砖室墓	北壁山墙绘墓主夫妇对坐图；东、西两壁绘礼乐供奉图。	
内蒙古赤峰市元宝山元代壁画墓	元代	内蒙古赤峰市	方形砖室墓	墓室北壁绘墓主夫妇对坐图（中间无桌子），后有侍从；墓门东、西两侧绘礼乐仪仗图。	东壁棺床头部行旅图、西壁棺床脚部山居图等题材。
内蒙古凉城县后德胜元墓M1	元代	内蒙古凉城县	仿木结构方形砖室墓	墓室北壁绘墓主家居图（正对外侧，正面肖像），男墓主两边各端坐一妇人，身后站侍从。	二十四行孝图、牡丹图、神怪图等题材。
内蒙古昭盟赤峰三眼井元代壁画墓M2	元代	内蒙古赤峰市	方形砖室墓	正北砖台上方壁面绘制墓主夫妇宴饮图（正对外侧，正面肖像），身后站侍从；西壁绘制出猎图等。	

图表索引

壹 从地面到墓下：墓内祭祀设施的出现

图 1-1	四川彭县出土汉画像石中的重案	27
图 1-2	陕西咸阳马泉镇西汉空心砖墓 M1（上）、M2（下）墓葬平面图	32
图 1-3	西北医疗设备厂 M95（上）、陕西交通学校 M178（下）墓葬平面分布图	32
图 1-4	山西柳林县看守所 98LYHM68 墓葬平面分布图	33
图 1-5	河南洛阳金谷园车站 M11 墓葬平面分布图	33
图 1-6	山东临沂金雀山墓群 M14（上左）、M28（上右）、M31（下左）、M33（下右）墓葬平面分布图	34
图 1-7	山东临沂金雀山墓群出土漆案、俎、几	35
图 1-8	山东临沂金雀山墓群 M1 出土兔首木几复原示意图（M1∶19）	35
图 1-9	山东文登县石羊村汉木椁墓墓葬平面分布图	40
图 1-10	湖北江陵凤凰山 M168 边箱第二层随葬器物平面分布图	41
图 1-11	湖北江陵凤凰山 M168 出土长方形漆木案（漆方盘 M168∶24）	41
图 1-12	湖北江陵凤凰山西汉墓 M8 第一层物平面分布图	42
图 1-13	贵州赫章可乐西汉晚期墓 M178 墓葬平面分布图	43
图 1-14	广东东山梅花村 M8 墓葬平面分布图（上层）	44
表 1-1	西汉时期诸侯王墓出土家居随葬器物组合相关概况	24
表 1-2	西汉时期列侯墓出土家居随葬器物组合相关概况	29
表 1-3	西汉时期江淮青齐地区非诸侯王、列侯墓出土漆木家居随葬器物组合相关概况	36

贰 墓室空间中的"飨"与"宴"

图 2-1	河南禹州新峰墓地东汉画像石墓出土"鱼纹"陶案（M127∶3）	54
图 2-2	河南洛阳市朱村东汉壁画墓北壁墓主夫妇宴饮图	55
图 2-3	河南济源市桐花沟 M10 墓葬平、剖面图	55
图 2-4	河南孟津县天皇岭东汉墓 M8 墓葬平面分布图	56
图 2-5	河南孟津县天皇岭东汉墓 M3 墓葬平面分布图	56
图 2-6	河北满城宏昌园 B 区东汉墓 M9 墓葬平面分布图	56
图 2-7	河南洛阳涧西七里河东汉墓墓葬平面分布图	57
图 2-8	河南洛阳五女冢新莽墓 M267 墓葬平、剖面图	58
图 2-9	1957—1959 年甘肃武威磨咀子墓地 M48 墓葬平面分布图	60

图 2-10	2003 年甘肃武威磨咀子墓地 M6 墓室平面分布图	60
图 2-11	1959 年甘肃武威磨咀子墓地 M22 墓葬平面分布图	61
图 2-12	汉墓画像石可见多曲足几置坐图像题材	61
图 2-13	内蒙古和林格尔东汉壁画墓壁画分布平面位置示意图	62
图 2-14	甘肃宁县和盛镇屯庄村汉墓 HTM1 墓葬平面分布图	63
图 2-15	山东章丘县普集镇东汉墓 M1 墓葬平、剖面图	64
图 2-16	安徽定远县墉王庄古画像石墓中室出土石榻（"石条"）	65
图 2-17	山东泰安县旧县村汉画像石墓出土石榻	65
图 2-18	山东济南青龙山汉画像石壁画墓中室平面分布图	66
图 2-19	山东福山东留公村汉墓墓葬平面分布图	67
图 2-20	广东广州东郊沙河东汉墓 M2 墓葬平面分布图	67
图 2-21	广东广州东郊沙河东汉墓 M2 出土铜案	68
图 2-22	辽宁辽阳南郊街东汉壁画墓 M1 墓主画像及位置示意图	69
图 2-23	陕西西安理工大学西汉壁画墓 M1 墓主画像及位置示意图	70
图 2-24	河南洛阳偃师新莽壁画墓墓主画像及位置示意图	71
图 2-25	陕西定边县郝滩东汉壁画墓 M1 墓主夫妇画像	72
图 2-26	陕西靖边县杨桥畔东汉壁画墓 M1 墓主画像及位置示意图	73
图 2-27	陕西神木大保当 96SDM20 墓主画像及位置示意图	74
图 2-28	河南洛阳西工东汉壁画墓 C1M120 墓主画像及位置示意图	75
图 2-29	河南密县打虎亭汉画像石墓 M2 墓主画像及位置示意图	76
图 2-30	山西夏县王村东汉壁画墓墓主画像及位置示意图	79
图 2-31	四川中江塔梁子崖墓 M3 墓主画像及位置示意图	81
表 2-1	东汉时期诸侯王墓出土家居随葬器物组合相关概况	51
表 2-2	东汉时期列侯墓出土家居随葬器物组合相关概况	53
表 2-3	东汉时期中原地区（河北、河南、山西）出土"附足陶案"墓葬分表	203
表 2-4	东汉时期中原地区（河北、河南、山西）出土"平底陶案"墓葬分表	206
表 2-5	东汉时期青齐、徽淮地区（山东、江苏、安徽）出土陶案墓葬分表	215
表 2-6	东汉时期关中地区（陕西）出土陶（漆木）案墓葬分表	218
表 2-7	东汉时期西南地区（四川、重庆、云南、贵州）出土陶（铜）案墓葬分表	221
表 2-8	东汉时期幽燕地区（北京、天津、辽宁）出土陶案墓葬分表	224
表 2-9	东汉时期江汉、湘赣等地区（湖北、湖南、江西）出土陶案墓葬分表	227

叁 地方传统与区域差异

图 3-1	浙江湖州市白龙山六朝墓 M24 出土器物	86
图 3-2	江苏南京市郭家山东晋温氏家族墓出土器物	88
图 3-3	江苏南京象山 M7 墓葬平、剖面图	89
图 3-4	南朝时期南京及其周边地区墓葬出土石榻及构件	92
图 3-5	南方地区各个时期家居随葬组合地域分布变迁图	95

图 3-6	曹魏至西晋时期北方地区墓葬出土陶案	97
图 3-7	河南洛阳涧西 M2035（左）、新安 C12M262 帷帐架复原示意图（右）	97
图 3-8	河南新安魏晋墓 C12M262 墓葬平面分布图	98
图 3-9	河南巩义站街晋墓 M1 墓葬平面分布图	99
图 3-10	北魏时期墓葬墓主画像题材壁画	101
图 3-11	北魏时期北方地区墓葬出土石质床榻	102
图 3-12	北魏孝昌三年田阿赦墓出土石棺床（现见于中国台湾私人收藏）	103
图 3-13	东魏北齐时期北方地区墓葬墓主画像题材壁画	104
图 3-14	东魏北齐时期北方地区墓葬屏风式壁画	拉页
图 3-15	北周时期北方地区墓葬出土石棺床	拉页
图 3-16	陕西西安北周凉州萨保史君墓石堂（右、下图均为石堂北壁）	106
图 3-17	东魏北齐时期北方地区墓葬出土石棺床	107
图 3-18	北朝时期北方地区墓葬出土石棺床	108
图 3-19	魏晋北朝时期东北辽阳地区壁画墓墓主画像及位置示意图	111
图 3-20	北京石景山八角村魏晋墓石龛平面分布及壁画复原示意图	113
图 3-21	辽宁朝阳袁台子东晋壁画墓墓葬平面分布图	114
图 3-22	辽宁辽阳南环街壁画墓墓葬平、剖面图	114
图 3-23	魏晋南北朝时期朝鲜地区壁画墓墓主画像及位置示意图	116
图 3-24	甘肃敦煌佛爷庙湾西晋画像砖墓 M37（左）、M39（右）墓葬平、剖面图	117
图 3-25	甘肃酒泉丁家闸壁画墓 M5 前室壁画（左为西壁）	120
图 3-26	新疆吐鲁番地区阿斯塔那古墓群西区 M408 出土"庄园生活图"壁画	121
图 3-27	新疆吐鲁番地区哈拉和卓古墓群 75TKM98 墓室壁画	121
图 3-28	云南昭通后海子东晋霍承嗣墓墓室北壁壁画	121
表 3-1	三国东（孙）吴时期出土"家居随葬组合"墓葬分表	230
表 3-2	西晋时期出土"家居随葬组合"墓葬分表	233
表 3-3	东晋时期出土"家居随葬组合"墓葬分表	236
表 3-4	南朝时期出土"家居随葬组合"墓葬分表（南京及其周边地区）	245
表 3-5	南朝时期出土"家居随葬组合"墓葬分表（其他地区）	252

伍　家居组合的消匿与墓主画像的重现

图 5-1	山东嘉祥英山 1 号隋墓《徐侍郎夫妇宴享行乐图》（局部）	139
图 5-2	甘肃天水石马坪屏风石棺床正视图	141
图 5-3	河南安阳隋开皇十年麴庆墓航拍照片及墓室石棺床	142
图 5-4	唐节愍太子墓复原棺床示意图	145
图 5-5	6、7、8、9 号棺床石条各表、立面线刻纹样	146
图 5-6	唐嗣虢王李邕墓后室西壁壁画全图	147
图 5-7	京畿地区玄宗时代墓室壁画布局图	148
图 5-8	唐嗣虢王李邕墓后室南壁正视图及西侧方障图	148

图 5-9	唐昭陵燕妃墓"列女"题材屏风式壁画	151
图 5-10	新疆阿斯塔那墓地唐墓 M38 墓室后壁"树下人物"壁画	154
图 5-11	新疆阿斯塔那墓地唐墓 M216 墓室后壁"鉴诫"壁画	154
图 5-12	河北曲阳五代王处直墓后室北（正）壁壁画全景图	156
图 5-13	河北曲阳五代王处直墓后室东（上）、西（下）两壁砖雕全景图	156
图 5-14	河北曲阳五代王处直墓东（左）、西（右）耳室正壁壁画全景图	157
图 5-15	陕西西安天宝十五载高元珪墓墓室北壁墓主画像	159
图 5-16	北京宣武区燕史思明顺天元年何府君墓墓室西壁墓主画像	159
图 5-17	唐墓壁画狩猎出行、游憩乐舞题材中的"情境式"墓主形象	161
图 5-18	河南郑州市北二七路砖雕宋墓 M66（上）、M88（下）墓室四壁展开图	170
图 5-19	河南登封市双庙小区宋代砖室墓墓室四壁展开图	172
图 5-20	河南登封城南庄宋代壁画墓墓室四壁展开图	174
图 5-21	山西长治市北郊安昌村金墓 ZAM2"发靷图"（上）与"守灵图"（下）砖雕	176
图 5-22	内蒙古赤峰宝山辽壁画墓 M1 石堂内北壁壁画	176
图 5-23	内蒙古赤峰宝山辽壁画墓 M1（左）、M2（右）壁画内容与布局示意图	177
图 5-24	内蒙古解放营子辽墓墓葬平面分布图	178
图 5-25	内蒙古解放营子辽墓出土木器	178
图 5-26	内蒙古解放营子辽墓木椁壁画"宴饮图"（摹本）	179
图 5-27	河北宣化辽墓群张匡正墓 M10 墓葬平面分布图	180
图 5-28	山西大同南郊十里铺村东 M27（左）、M28（右）墓室北（正）壁壁画	181
图 5-29	山西侯马乔村墓群 M1 北壁"香花供养"题记	183
图 5-30	山西侯马乔村墓群 M4309 北壁"永为供养"题记	184
图 5-31	山西兴县红峪村至大二年墓墓室北壁壁画	185
图 5-32	山西文水北峪口元墓墓室北壁壁画	186
图 5-33	山西阳泉东村元墓墓室北壁壁画	186
图 5-34	山西大同至元二年冯道真墓墓葬平面分布图	187
图 5-35	山东临淄大武村元墓墓室东壁砖雕供龛	188
图 5-36	湖北黄陂县周家田元墓墓葬平、剖面图	188
图 5-37	山西大同元大德二年壁画墓平、剖面图	190
图 5-38	北京密云县太子务村元代早期壁画墓墓室四壁展开图	191
图 5-39	河北涿州元至顺二年壁画墓墓室屏风式壁画	192
图 5-40	山西大同北郊孤山元大德年间王青墓出土家居随葬组合器物	193
图 5-41	明定陵玄宫中殿神座分布图	194
图 5-42	明鲁荒王墓前室出土器物平面分布示意图	195
图 5-43	明定陵陵园石几筵	195
表 5-1	宋元时期"一桌二椅"或"夫妇共（对）坐"题材墓葬分表	254

参考文献

一、历史文献

《论衡校注》，〔东汉〕王充撰，张宗祥校注，郑绍昌标点，上海：上海古籍出版社，2010年。
《释名》，〔东汉〕刘熙撰，北京：中华书局，1985年。
《西京杂记》，〔晋〕葛洪撰，北京：中华书局，1985年。
《三国志》，〔晋〕陈寿撰，〔南朝宋〕裴松之注，北京：中华书局，1982年。
《后汉书》，〔南朝宋〕范晔撰，〔唐〕李贤等注，北京：中华书局，1965年。
《南齐书》，〔南朝梁〕萧子显撰，北京：中华书局，1972年。
《宋书》，〔南朝梁〕沈约撰，北京：中华书局，1974年。
《魏书》，〔北齐〕魏收撰，北京：中华书局，1974年。
《隋书》，〔唐〕魏徵、令狐德棻撰，北京：中华书局，1973年。
《通典》，〔唐〕杜佑撰，王文锦、王永兴、刘俊文、徐庭云、谢方点校，北京：中华书局，1988年。
《元陵仪注》，〔唐〕颜真卿撰，收于〔清〕董诰等编《唐文拾遗》，北京：中华书局，1982年。
《晋书》，〔唐〕房玄龄等撰，北京：中华书局，1974年。
《陈书》，〔唐〕姚思廉撰，北京：中华书局，1972年。
《旧唐书》，〔后晋〕刘昫等撰，北京：中华书局，1975年。
《新定三礼图》，〔北宋〕聂崇义纂辑，丁鼎点校，北京：清华大学出版社，2006年。
《司马氏书仪》，〔北宋〕司马光撰，北京：中华书局，1985年。
《汉制考》，〔南宋〕王应麟撰，张三夕、杨毅点校，北京：中华书局，2011年。
《乐菴语录》，〔南宋〕龚昱撰，《景印文渊阁四库全书》第849册。
《四书章句集注》，〔南宋〕朱熹撰，北京：中华书局，1983年。
《辽史》，〔元〕脱脱等撰，北京：中华书局，1974年。
《宋史》，〔元〕脱脱等撰，北京：中华书局，1985年。
《元史》，〔明〕宋濂等撰，北京：中华书局，1976年。
《古今事物考》，〔明〕王三聘辑，上海书店，1987年。
《遵生八笺之七·起居安乐笺·尘外遐举笺》，〔明〕高濂撰，成都：巴蜀书社，1986年。
《明史》，〔清〕张廷玉等撰，北京：中华书局，1974年。
《礼记集解》，〔清〕孙希旦撰，沈啸寰、王星贤点校，北京：中华书局，1989年。
《全后汉文》，〔清〕严可均撰，北京：商务印书馆，1999年。
《春秋左传诂》，〔清〕洪亮吉撰，李解民点校，北京：中华书局，2008年。
《释名疏证补》，〔东汉〕刘熙撰，〔清〕毕沅疏证，〔清〕王先谦补，北京：中华书局，2008年。
《礼记正义》，〔清〕阮元校刻，北京：中华书局，2009年。

《十三经注疏（清嘉庆刊本）》，〔清〕阮元校刻，北京：中华书局，2009年。
《仪礼注疏》，〔清〕阮元校刻，北京：中华书局，2009年。
《家礼拾遗》，〔清〕李文炤撰，赵载光点校，长沙：岳麓书社，2012年。
《礼记质疑》，〔清〕郭嵩焘撰，梁小进主编，长沙：岳麓书社，2012年。
《周礼集传》，〔清〕李文炤撰，长沙：岳麓书社，2012年。
《礼记浅说》，〔清〕皮锡瑞撰，吴仰湘编，北京：中华书局，2015年。
《周礼正义》，〔清〕孙诒让撰，汪少华整理，北京：中华书局，2015年。

二、考古资料

〔日〕田边胜美、前田耕作《世界美术大全集·东洋编》第15卷《中央アジア》，东京：小学馆，1999年。

〔日〕香川默识《西域考古谱》，东京：国华社，大正四年（1915）。

Stein, M. A., Innermost Asia, Detailed Report of Explorations in Central Asia, Kan-su and Eastern Īrān, Oxford at the Clarendon Press, 1928, Vol. II, pp. 693–694; Vol. III, Pl. CV, CVI.

安徽省博物馆《安徽和县城北西汉木椁墓》，载《文物》编辑委员会编《文物资料丛刊》（1），北京：文物出版社，1977年。

安徽省当涂县文物事业管理所、安徽省马鞍山市李白研究所《安徽当涂新市来陇村南朝墓群发掘简报》，《东南文化》2008年第1期，页37—41、100。

安徽省文化局文物工作队、寿县博物馆《安徽寿县茶庵马家古堆东汉墓》，《考古》1966年第3期，页9—10、138—146。

安徽省文物工作队《安徽马鞍山东晋墓清理》，《考古》1980年第6期，页569—570、576。

安徽省文物工作队《安徽天长县汉墓的发掘》，《考古》1979年第4期，页320—329、389。

安徽省文物考古研究所、安徽省萧县博物馆《萧县汉墓》，北京：文物出版社，2008年，页106—114。

安徽省文物考古研究所《安徽天长三角圩墓地》，北京：科学出版社，2013年。

安徽省文物考古研究所、巢湖市文物管理所《巢湖汉墓》，北京：文物出版社，2007年。

安徽省文物考古研究所、马鞍山市文物管理所《安徽马鞍山宋山东吴墓发掘简报》，《江汉考古》2007年第4期，页29—37。

安金槐《河南密县后士郭三号汉墓调查记》，《华夏考古》1994年第3期，页29—32、40。

安金槐《河南南阳杨官寺汉画象石墓发掘报告》，《考古学报》1963年第1期，页111—139、171—174。

安金槐、贺官保《河南泌阳板桥古墓葬及古井的发掘》，《考古学报》1958年第4期，页51—69、136—139。

安金槐、王与刚《密县打虎亭汉代画象石墓和壁画墓》，《文物》1972年第10期，页49—62、68、73—74。

安亚伟、范新生《河南新安西晋墓（C12M262）发掘简报》，《文物》2004年第12期，页13—25。

安阳市文物工作队《安阳梯家口村汉墓的发掘》，《华夏考古》1993年第1期，页11—29。

安志敏《德兴里壁画墓》，载《中国大百科全书·考古学》，北京：中国大百科全书出版社，1986年，页89。

敖承隆《河北定县北庄汉墓发掘报告》，《考古学报》1964年第2期，页127—194、243—254。

北京大学考古文博学院、青海省文物考古研究所《都兰吐蕃墓》，北京：科学出版社，2006年。
北京市古墓发掘办公室《大葆台西汉木椁墓发掘简报》，《文物》1977年第6期，页23—29、84—85。
北京市文物研究所《北京大兴区青云店辽墓》，《考古》2004年第2期，页18—25、99—101。
北京市文物研究所《北京段考古发掘报告集》，北京：科学出版社，2008年，页84—91。
北京市文物研究所《北京平谷夏各庄东汉墓考古发掘简报》，《文物春秋》2017年第6期，页39—45、58。
北京市文物研究所《北京亦庄X10号地》，北京：科学出版社，2010年，页17—131。
北京市文物研究所《北京亦庄X11号地考古发掘报告》，北京：科学出版社，2012年，页49—52。
北京市文物研究所《北京亦庄考古发掘报告：2003～2005年》，北京：科学出版社，2009年，页15—139。
北京市文物研究所《窦店与长阳》，北京：科学出版社，2013年，页46—52。
北京市文物研究所《房山南正遗址：拒马河流域战国以降时期遗址发掘报告》，北京：科学出版社，2008年，页100—208。
北京市文物研究所《丰台王佐遗址》，北京：科学出版社，2010年，页93—103。
北京市文物研究所《平谷杜辛庄遗址》，北京：科学出版社，2009年，页30—67。
北京市文物研究所《平谷汉墓》，北京：科学出版社，2011年，页10—115。
北京市文物研究所《元铁可父子墓和张弘纲墓》，《考古学报》1986年第1期，页95—114、145—150。
边成修《山西大同郊区五座辽壁画墓》，《考古》1960年第10期，页7—11、37—42。
亳县博物馆《亳县凤凰台一号汉墓清理简报》，《考古》1974年第3期，页187—190、214。
蔡强、万雄飞、赵代盈、邓晓纯《河北正定野头墓地发掘简报》，《文物》2012年第1期，页42—54。
曹吟葵《云南昭通县白泥井发现东汉墓》，《考古》1965年第2期，页98—99。
曹元启、王学良《山东五莲张家仲崮汉墓》，《文物》1987年第9期，页76—83。
长江流域第二期文物考古工作人员训练班《湖北江陵凤凰山西汉墓发掘简报》，《文物》1974年第6期，页41—61、88—95。
长陵发掘委员会工作队《定陵试掘简报》，《考古》1958年第7期，页5—10、36—47。
长陵发掘委员会工作队《定陵试掘简报（续）》，《考古》1959年第7期，页358—368、393—398。
长治市博物馆《山西长子县小关村金代纪年壁画墓》，《文物》2008年第10期，页60—69。
常一民、陈庆轩、裴静蓉《山西太原晋源镇三座唐壁画墓》，《文物》2010年第7期，页1、33—45。
常一民、裴静蓉、王普军《太原北齐徐显秀墓发掘简报》，《文物》2003年第10期，页4—40。
常一民、渠传福、阎跃进《太原北齐库狄业墓》，《文物》2003年第3期，页1、26—36。
常州市博物馆、武进县博物馆《江苏常州南郊画像、花纹砖墓》，《考古》1994年第12期，页1097—1103。
畅文斋《侯马金代董氏墓介绍》，《文物》1959年第6期，页50—55。
陈安利、马骥《西安西郊唐西昌县令夫人史氏墓》，《考古与文物》1988年第3期，页35—37。
陈安利、马咏钟《西安王家坟唐代唐安公主墓》，《文物》1991年第9期，页15—27、98。
陈福坤《南京北郊涂家村六朝墓清理简报》，《考古》1963年第6期，页5、301—302。
陈国科、刘兵兵、沙琛乔、张奋强《甘肃武威市唐代吐谷浑王族墓葬群》，《考古》2022年第10期，页2、29—47。
陈惠《1964—1965年燕下都墓葬发掘报告》，《考古》1965年第11期，页5—6、548—561、598。

陈立信《河南郑州市碧沙岗公园东汉墓》，《考古》1966年第5期，页264—267。

陈萍、翟良富、赵立国、周国力《河北滦县新农村东汉墓发掘简报》，《文物春秋》2002年第4期，页27—37。

陈钦龙、徐华《南京窑岗村30号孙吴墓发掘简报》，《东南文化》2009年第1期，页57—63。

陈贤儒《甘肃武威磨咀子汉墓发掘》，《考古》1960年第9期，页6—11、15—28。

陈彦堂《河南济源市桐花沟十号汉墓》，《考古》2000年第2期，页78—88、102—103。

陈燕萍、罗忠武《江陵黄山南朝墓》，《江汉考古》1986年第2期，页50—55、92。

陈兆善《江宁东善桥砖瓦一厂南朝墓发掘简报》，《东南文化》1987年第3期，页24、60—63。

陈兆善《南京前新塘南朝墓葬发掘简报》，《文物》1989年第4期，页79—83、104。

陈兆善、张九文、顾苏宁《南京北郊三座六朝墓葬发掘简报》，《东南文化》1989年第2期，页148—152。

陈振裕《江陵凤凰山一六八号汉墓》，《考古学报》1993年第4期，页455—513、551—566。

成都市文物考古研究所、绵阳博物馆、云阳县文物管理所《云阳洪家包墓地发掘报告》，载重庆市文物局、重庆市移民局编《重庆库区考古报告集2002卷》，北京：科学出版社，2010年，页427—466。

成都市文物考古研究所《四川郫县古城乡汉墓》，《考古》2004年第1期，页32—43、102—103。

成都文物考古研究所、荆州文物保护中心《成都天回镇老官山汉墓发掘简报》，载四川大学博物馆、四川大学考古学系、成都文物考古研究所编《南方民族考古》（第十二辑），北京：科学出版社，2017年，页215—246。

程继林《山东泰安县旧县村汉画像石墓》，《考古》1988年第4期，页307—313。

程应麟《江西的汉墓与六朝墓葬》，《考古学报》1957年第1期，页163—168、258—259。

迟延璋、曹元启、李学训《山东昌乐县东圈汉墓》，《考古》1993年第6期，页505—513、535、562—563。

磁县文化馆《河北磁县北齐高润墓》，《考古》1979年第3期，页235—243。

崔汉林、夏振英《陕西华阴北魏杨舒墓发掘简报》，《文博》1985年第2期，页4—11、97—98。

崔新社、潘杰夫《襄阳贾家冲画像砖墓》，《江汉考古》1986年第1期，页16—33、101。

大葆台汉墓发掘组、中国社会科学院考古研究所《北京大葆台汉墓》，北京：文物出版社，1989年。

大同市考古研究所《大同雁北师院北魏墓群》，北京：文物出版社，2008年。

大同市考古研究所《山西大同沙岭北魏壁画墓发掘简报》，《文物》2006年第10期，页1、4—24。

大同市考古研究所《山西大同阳高北魏尉迟定州墓发掘简报》，《文物》2011年第12期，页4—12、51。

大同市考古研究所《山西大同迎宾大道北魏墓群》，《文物》2006年第10期，页50—71。

大同市考古研究所《山西大同云波里路北魏壁画墓发掘简报》，《文物》2011年第12期，页1、13—25。

大同市文物陈列馆、山西云冈文物管理所《山西省大同市元代冯道真、王青墓清理简报》，《文物》1962年第10期，页34—46、59。

代尊德《太原南郊金胜村唐墓》，《考古》1959年第9期，页473—476、508—509。

戴春阳《敦煌佛爷庙湾西晋画像砖墓》，北京：文物出版社，1998年。

戴春阳、张珑《敦煌祁家湾——西晋十六国墓葬发掘报告》，北京：文物出版社，1994年。

党华、张敏《南京马群六朝墓》，《考古》1985年第11期，页1002—1004。

邓伯清《四川牧马山灌溉渠古墓清理简报》,《考古》1959年第8期,页419—429、457—458。

邓宏里、蔡全法《沁阳县西向发现北朝墓及画像石棺床》,《中原文物》1983年第1期,页4—13、79。

邓雁、费小路《马鞍山市马钢二钢厂东晋谢沈家族墓群发掘简报》,《江汉考古》2012年第1期,页31—39、134—136。

丁邦钧《安徽马鞍山东吴朱然墓发掘简报》,《文物》1986年第3期,页1—15、97—104。

定县博物馆《河北定县43号汉墓发掘简报》,《文物》1973年11期,页8—20、81—84。

东北博物馆《辽阳三道壕两座壁画墓的清理工作简报》,《文物参考资料》1955年第12期,页49—58。

鄂城博物馆《鄂城东吴孙将军墓》,《考古》1978年第3期,页163—167、222—223。

樊军《宁夏固原市北塬东汉墓》,《考古》2008年第12期,页2、23—38、101—102。

范鹏、李大地、邹后曦《重庆璧山县棺山坡东汉崖墓群》,《考古》2014年第9期,页28—41。

冯文海《山西文水北峪口的一座古墓》,《考古》1961年第3期,页136—138、141。

冯沂《山东临沂金雀山九座汉代墓葬》,《文物》1989年第1期,页21—47、101—102。

冯沂《山东临沂洗砚池晋墓》,《文物》2005年第7期,页1—2、4—37、97。

江陵凤凰山一六八号汉墓发掘整理组《湖北江陵凤凰山一六八号汉墓发掘简报》,《文物》1975年第9期,页1—12、22。

傅举有《湖南资兴东汉墓》,《考古学报》1984年第1期,页53—120、147—156。

傅永魁《河南巩县稍柴清理一座宋墓》,《考古》1965年第8期,页428。

甘肃省博物馆《武威雷台汉墓》,《考古学报》1974年第2期,页87—109、174—191。

甘肃省博物馆《武威磨咀子三座汉墓发掘简报》,《文物》1972年第12期,页9—23、79—80。

甘肃省文物队、甘肃省博物馆、嘉峪关市文物管理所《嘉峪关壁画墓发掘报告》,北京:文物出版社,1985年。

甘肃省文物考古研究所《安西五道沟汉墓发掘简报》,《陇右文博》2000年第2期,页3—16。

甘肃省文物考古研究所《甘肃敦煌佛爷庙湾墓群2014年发掘简报》,《文物》2019年第9期,页4—24。

甘肃省文物考古研究所《甘肃敦煌佛爷庙湾—新店台墓群曹魏、隋唐墓2015年发掘简报》,《文物》2019年第9期,页25—43。

甘肃省文物考古研究所、甘肃陇东古石刻艺术博物馆《甘肃合水唐魏哲墓发掘简报》,《考古与文物》2012年第4期,页48—54。

甘肃省文物考古研究所《酒泉十六国壁画》,北京:文物出版社,1989年。

甘肃省文物考古研究所、日本秋田县埋藏文化财中心、甘肃省博物馆《2003年甘肃武威磨咀子墓地发掘简报》,《考古与文物》2012年第5期,页28—38、115—117。

高继习、李铭《济南市闵子骞祠堂东汉墓》,《考古》2004年第8期,页40—47。

高继习、刘剑、马前伟《济南市长清区大觉寺村一、二号汉墓清理简报》,《考古》2004年第8期,页26—41。

高彤流、刘永生《山西夏县王村东汉壁画墓》,《文物》1994年第8期,页34—46。

高小龙《北京清理唐代砖墓》,《中国文物报》1998年12月20日第1版。

高忠玉、赵彩秀《西北林学院基建中发现的古墓葬》,《文博》1996年第5期,页65—73。

葛林杰、杨波、王丽君《四川新津县宝资山墓群四座汉代崖墓的发掘》,《考古》2020年第11期,页29—47。

苟惠迪、何佑《甘肃定西嗔口两座墓葬发掘简报》,《考古与文物》1982年第2期,页20—25。

古方、丁晓雷《西安北郊汉墓发掘报告》,《考古学报》1991年第2期,页239—264、279—284。
古运泉、杨豪、彭如策《深圳市南头东晋南朝隋墓发掘简报》,载深圳博物馆编《深圳考古发现与研究》,北京:文物出版社,1994年,页104—113。
顾苏宁《南京迈皋桥小营村发现东晋墓》,《考古》1991年第6期,页545、566—568。
顾苏宁《南京雨花台区三座六朝墓葬》,《东南文化》1991年第6期,页193—197。
广东省博物馆《广东高要晋墓和博罗唐墓》,《考古》1961年第9期,页488—490。
广西壮族自治区文物工作队《广西贵县罗泊湾一号墓发掘简报》,《文物》1978年第9期,页25—42、54、81—84。
广州市文物管理委员会《广州东郊沙河汉墓发掘简报》,《文物》1961年第2期,页54—57。
广州市文物管理委员会、中国社会科学院考古研究所、广东省博物馆《西汉南越王墓》(上下册),北京:文物出版社,1991年。
广州市文物考古研究所《广州东山梅花村八号墓发掘简报》,载其所编《广州文物考古集》,北京:文物出版社,1998年,页262—281。
广州市文物考古研究所《广州市永福路汉唐墓葬发掘简报》,载其所编《羊城考古发现与研究(一)》,北京:文物出版社,2005年,页73—87。
广州市文物考古研究所《广州先烈南路晋南朝墓发掘简报》,载其所编《广州文物考古集》,北京:文物出版社,1998年,页174—187。
贵州省博物馆考古组、贵州省赫章县文化馆《赫章可乐发掘报告》,《考古学报》1986年第2期,页199—251、275—282。
贵州省考古研究所《安顺旧州松林村一号墓清理简报》,载贵州省博物馆考古研究所编《贵州田野考古四十年(1953—1993)》,贵阳:贵州民族出版社,1993年,页435—441。
贵州省考古研究所《贵州兴仁交乐汉墓发掘报告》,载贵州省博物馆考古研究所编《贵州田野考古四十年(1953—1993)》,贵阳:贵州民族出版社,1993年,页236—264。
郭德维、黄道华、黄凤春《湖北枝江姚家港晋墓》,《考古》1983年第6期,页512—516。
郭洪涛《唐恭陵哀皇后墓部分出土文物》,《考古与文物》2002年第4期,页9—18。
郭仁《北京怀柔城北东周两汉墓葬》,《考古》1962年第5期,页219—239。
郭世云、吴鸿禧、李功业《山东滨州市汲家湾发现汉墓》,《文物》1990年第2期,页67—69。
郭蜀德、王新南《重庆市水泥厂东汉岩墓》,《四川文物》1987年第2期,页58—61。
郭伟民、张春龙《沅陵虎溪山一号汉墓发掘简报》,《文物》2003年第1期,页1、2、36—55。
310国道孟津考古队《洛阳孟津汉墓发掘简报》,《华夏考古》1994年第2期,页36—45。
韩炳华、霍宝强《山西兴县红峪村元至大二年壁画墓》,《文物》2011年第2期,页40—46、98。
韩孔乐、韩兆民《宁夏固原北魏墓清理简报》,《文物》1984年第6期,页46—56、104—105。
韩利忠、郑海伟、郝楚婧、畅红霞《山西阳泉东村元墓发掘简报》,《文物》2016年第10期,页32—43。
韩明祥、赵镇平、仓小义《济南市马家庄北齐墓》,《文物》1985年第10期,页42—48、66、105。
韩维龙、李全立、史磊《河南淮阳北关一号汉墓发掘简报》,《文物》1991年第4期,页34—46、102—103。
杭德州《长安县三里村东汉墓葬发掘简报》,《文物参考资料》1958年第7期,页62—65。
杭州市文物考古研究所、余杭博物馆《余杭东西大道05、06地块六朝墓清理简报》,《东方博物》

2017年第3期，页6、28—41。
郝明华《江苏吴县何山东晋墓》，《考古》1987年第3期，页202、203—206、291。
何德亮、郑同修、崔圣宽《日照海曲汉代墓地考古的主要收获》，《文物世界》2003年第5期，页41—46。
何直刚《河北邢台南郊西汉墓》，《考古》1980年第5期，页403—405、485—486。
何志国《四川绵阳何家山1号东汉崖墓清理简报》，《文物》1991年第3期，页1—8、97。
何志国《四川绵阳何家山2号东汉崖墓清理简报》，《文物》1991年第3期，页9—19、98—100。
何志国、胥泽蓉《四川绵阳市发现一座王莽时期砖室墓》，《考古》2003年第1期，页90—94。
河北省文化局文物工作队《望都二号汉墓》，北京：文物出版社，1959年。
河北省文物研究所《安平东汉壁画墓》，北京：文物出版社，1990年。
河北省文物研究所、保定市文物管理处《五代王处直墓》，北京：文物出版社，1998年。
河北省文物研究所《河北抚宁县邴各庄汉墓发掘简报》，《文物春秋》1997年第3期，页30—37、48。
河北省文物研究所《河北阜城桑庄东汉墓发掘报告》，《文物》1990年第1期，页19—30、100。
河北省文物研究所《河北考古重要发现（1949—2009）》，北京：科学出版社，2009年。
河北省文物研究所、鹿泉市文物保管所《高庄汉墓》，北京：科学出版社，2006年。
河北省文物研究所、满城县文物保管所《河北满城荆山汉墓发掘简报》，《文物春秋》2014年第3期，页25—33。
河北省文物研究所《宣化辽墓：1974～1993年考古发掘报告》（上下册），北京：文物出版社，2001年。
河南省博物馆《济源泗涧沟三座汉墓的发掘》，《文物》1973年第2期，页46—54、69。
河南省博物馆、焦作市博物馆《河南焦作金墓发掘简报》，《文物》1979年第8期，页1—17、97—99。
河南省文化局文物工作队第一队《郑州南关外北宋砖室墓》，《文物参考资料》1958年第5期，页52—54。
河南省文物考古研究所《北宋皇陵》，郑州：中州古籍出版社，1997年。
河南省文物考古研究所《曹魏高陵考古发现与研究》，北京：文物出版社，2010年。
河南省文物考古研究所《河南济源市赵庄汉墓发掘简报》，《华夏考古》1996年第2期，页28、60—74。
河南省文物考古研究所、许昌市文物工作队《河南禹州新峰墓地东汉画像石墓发掘简报》，《华夏考古》2013年第3期，页10—22、153—156。
河南省文物考古研究所、永城市文物旅游管理局《永城黄土山与酂城汉墓》，郑州：大象出版社，2010年。
河南省文物考古研究院、焦作市文物考古研究所《河南焦作店后村汉墓发掘简报》，《华夏考古》2014年第2期，页24—31、153。
河南省文物研究所、鹤壁市博物馆《鹤壁市后营古墓群发掘简报》，《中原文物》1986年第3期，页29—35、130—131。
河南省文物研究所《密县打虎亭汉墓》，北京：文物出版社，1993年。
贺勇《河北阳原金家庄唐墓》，《考古》1992年第8期，页745—750。
贺勇《河北涿鹿谭庄辽咸知进墓》，《文物春秋》1990年第3期，页29—35。
贺梓城《唐墓壁画》，《文物》1959年第8期，页31—33。

衡水地区文物管理所《河北景县大代庄东汉壁画墓》，《文物春秋》1995 年第 1 期，页 14—22、86、97—101。

衡阳市博物馆《湖南耒阳市东汉墓发掘报告》，载刘庆柱编《考古学集刊》（第 13 辑），北京：中国大百科全书出版社，2000 年，页 100—166。

红中《江西南昌青云谱汉墓》，《考古》1960 年第 10 期，页 24—29。

洪晴玉《关于冬寿墓的发现和研究》，《考古》1959 年第 1 期，页 27—35。

洪淑莹《北方地区蒙元壁画墓研究》，郑州大学硕士学位论文，2019 年 5 月。

侯毅、孟耀虎《太原金胜村 337 号唐代壁画墓》，《文物》1990 年第 12 期，页 11—15、97、102。

胡新立《山东邹城西晋刘宝墓》，《文物》2005 年第 1 期，页 1、4—26。

湖北省博物馆《鄂城两座晋墓的发掘》，《江汉考古》1984 年第 3 期，页 41—48。

湖北省博物馆《武昌石牌岭南朝墓清理简报》，《江汉考古》1989 年第 1 期，页 27—31、84。

湖北省文物管理委员会《武昌莲溪寺东吴墓清理简报》，《考古》1959 年第 4 期，页 189—190、223—225。

湖南省博物馆、湖南省文物考古研究所《长沙马王堆二、三号汉墓（第一卷 田野考古发掘报告）》，北京：文物出版社，2004 年。

湖南省博物馆、中国科学院考古研究所《长沙马王堆一号汉墓》，北京：文物出版社，1973 年。

湖南省文物考古研究所《洪江市小江汉代墓地》，载中国考古学会编《中国考古学年鉴（2010）》，北京：文物出版社，2011 年，页 329—330。

湖南省文物考古研究所《沅陵虎溪山一号汉墓》，北京：文物出版社，2020 年。

华国荣《江苏南京邓府山吴墓和柳塘村西晋墓》，《考古》1992 年第 8 期，页 733—740。

华国荣、张九文《南京北郊东晋温峤墓》，《文物》2002 年第 7 期，页 1、19—33。

淮安市博物馆《江苏淮安财富广场南北朝墓群发掘报告》，《东南文化》2007 年第 4 期，页 29—38、98—99。

淮南市文化局《安徽省淮南市刘家古堆汉墓发掘简报》，载《文物》编辑委员会编《文物资料丛刊》（4），北京：文物出版社，1981 年，页 104—111。

黄冈市博物馆《罗州城与汉墓》，北京：科学出版社，2000 年，页 135。

黄吉博、王炬、余扶危《洛阳新安县铁塔山汉墓发掘报告》，《文物》2002 年第 5 期，页 33—38。

黄启善《广西贵县北郊汉墓》，《考古》1985 年第 3 期，页 197—215、290—291。

黄秀纯《北京顺义临河村东汉墓发掘简报》，《考古》1977 年第 6 期，页 376—381、436。

黄义军、徐劲松、何建萍《湖北鄂州郭家细湾六朝墓》，《文物》2005 年第 10 期，页 35—47。

黄运甫、闪修山《唐河汉郁平大尹冯君孺人画象石墓》，《考古学报》1980 年第 2 期，页 239—262。

霍华《南京尧化门南朝梁墓发掘简报》，《文物》1981 年第 12 期，页 14—23。

纪达凯、刘劲松《江苏东海县尹湾汉墓群发掘简报》，《文物》1996 年第 8 期，页 2、4—25、97—98、100。

纪仲庆《江苏邗江甘泉二号汉墓》，《文物》1981 年第 11 期，页 1—11、98—100。

济宁市博物馆《山东济宁发现一座东汉墓》，《考古》1994 年第 2 期，页 127—134、195—196。

贾成惠《河北内丘胡里村金代壁画墓》，《文物春秋》2002 年第 4 期，页 38—42。

贾峨《河南荥阳河王水库汉墓》，《文物》1960 年第 5 期，页 60—68。

贾峨、赵世网《河南襄城茨沟汉画象石墓》，《考古学报》1964 年第 1 期，页 111—131、151—154。

贾维勇、周维林、张九文《南京江宁上湖孙吴、西晋墓》,《文物》2007年第1期,页35—49。
贾振国《西汉齐王墓随葬器物坑》,《考古学报》1985年第2期,页223—266、279—286。
江苏常州博物馆《江苏常州兰陵恽家墩汉墓发掘简报》,《南方文物》2011年第3期,页30、44—58。
江苏省文物管理委员会、南京博物院《江苏徐州十里铺汉画象石墓》,《考古》1966年第2期,页66—83、91。
江苏省文物管理委员会《南京近郊六朝墓的清理》,《考古学报》1957年第1期,页187—191、264—265。
江西省文物考古研究所《江西德安九冈岭汉墓群》,《南方文物》1998年第3期,页1—14。
江西省文物考古研究所《江西南昌蛟桥东汉墓发掘简报》,《文物》2011年第4期,页4—19。
江西省文物考古研究所《江西樟树薛家渡东汉墓》,《南方文物》1998年第3期,页15—19。
江西省文物考古研究所、宜春市博物馆《江西宜春下浦坝上古墓群发掘报告》,《江西文物》1991年第2期,页1—27。
江章华、刘雨茂《成都龙泉驿区北干道木椁墓群发掘简报》,《文物》2000年第8期,页21—32。
姜林海《南京西善桥南朝墓》,《文物》1993年第11期,页19—23。
姜杉、冯耀武《山西左权发现宋代双层墓》,《文物世界》2005年第5期,页46—47。
蒋宝庚、殷汝章《山东文登县的汉木椁墓和漆器》,《考古学报》1957年第1期,页127—131、244—245。
蒋绩初、黎忠义《南京中山门外苜蓿园东晋墓清理简报》,《考古通讯》1958年第4期,页12、41—48。
蒋若是、郭文轩《洛阳晋墓的发掘》,《考古学报》1957年第1期,页169—185、260—263。
蒋若是《洛阳30.14号汉墓发掘简报》,《文物参考资料》1955年第10期,页42—50。
蒋英炬、唐士和《山东东平王陵山汉墓清理简报》,《考古》1966年第4期,页6、189—192。
蒋赞初《南京东晋帝陵考》,《东南文化》1992年第3、4期,页98—106。
蒋缵初《南京幕府山六朝墓清理简报》,《文物参考资料》1956年第6期,页29—36。
焦强、李建中、周雪松《大同元代壁画墓》,《文物季刊》1993年第2期,页17—24、82—100。
焦作市文物工作队、焦作师范高等专科学校美术学院《河南焦作白庄M51汉墓发掘简报》,《中国国家博物馆馆刊》2012年第7期,页6—21。
解廷琦《大同金代阎德源墓发掘简报》,《文物》1978年第4期,页1—13、97—98。
解希恭《山西孝义下吐京和梁家庄金、元墓发掘简报》,《考古》1960年第7期,页11—15、57—61。
金维诺《中国美术全集·绘画编2·隋唐五代绘画》,北京:人民美术出版社,1997年。
井增利、王小蒙《富平县新发现的唐墓壁画》,《考古与文物》1997年第4期,页8—11。
孔德铭、周伟、胡玉君《河南安阳发现隋代汉白玉石棺床墓》,《中国文物报》2021年1月15日第8版。
兰日勇、覃义生《广西贵县罗泊湾二号汉墓》,《考古》1982年第4期,页355—364、453—454。
蓝日勇、覃义生、覃光荣《广西贺县金钟一号汉墓》,《考古》1986年第3期,页221—229、292。
雷建红、石磊、黄信、马小飞《河北蔚县大德庄墓地M2发掘简报》,《北方文物》2021年第2期,页2、13—27。
雷新军、蔡华初《武汉黄陂滠口古墓清理简报》,《文物》1991年第6期,页48—54、96、102。
黎瑶渤《辽宁北票县西官营子北燕冯素弗墓》,《文物》1973年第3期,页2—28、65—69。
黎忠义《昌梨水库汉墓群发掘简报》,《文物参考资料》1957年第12期,页29—43。

李德渠《山东济宁市张山发现三座东汉墓》，《考古》1997年第7期，页84—85、95。

李德文《颍上县黄坝乡魏晋墓发掘报告》，载安徽省文物考古研究所编《文物研究》（第11辑），合肥：黄山书社，1998年，页136—146。

李恩佳、李文龙《河北曲阳五代壁画墓发掘简报》，《文物》1996年第9期，页1—2、4—13。

李奉山、沈振中《太原市金胜村第六号唐代壁画墓》，《文物》1959年第8期，页2、19—22。

李洪甫、石雪万《连云港地区的几座汉墓及零星出土的汉代木俑》，《文物》1990年第4期，页58、80—93、104。

李继鹏、王文浩、严辉、朱郑慧《河南偃师市吴家湾东汉封土墓》，《考古》2010年第9期，页37—45。

李鉴昭《南京南郊郎家山第4号六朝墓清理简报》，《文物参考资料》1956年第4期，页9—13。

李克敏《山东福山东留公村汉墓清理简报》，《考古通讯》1956年第5期，页9、16—19。

李坤《唐嗣鲁王李道坚墓志铭释读》，《考古与文物》2019年第6期，页87—95。

李浪涛《唐肃宗建陵出土石生肖俑》，《文物》2003年第1期，页95—96。

李龙彬《辽宁沈阳沈州路东汉墓发掘简报》，《北方文物》2004年第3期，页1—8。

李明斌《四川成都市北郊战国东汉及宋代墓葬发掘简报》，《考古》2001年第5期，页27—39。

李明斌《四川成都市石人坝小区汉墓清理简报》，《考古》2000年第1期，页45—53。

李明德、郭艺田《安阳小南海宋代壁画墓》，《中原文物》1993年第2期，页76—81。

李庆发《朝阳袁台子东晋壁画墓》，《文物》1984年第6期，页29—45、101—103。

李庆发《建平西窑村辽墓》，《辽海文物学刊》1991年第1期，页120—123。

李庆发《辽阳上王家村晋代壁画墓清理简报》，《文物》1959年第7期，页60—62。

李桃元、徐劲松《湖北鄂州市塘角头六朝墓》，《考古》1996年第11期，页1—27。

李蔚然《南京四板村南朝墓清理》，《考古》1959年第3期，页157、175。

李文明、钱锋《南京童家山南朝墓清理简报》，《考古》1985年第1期，页23—27、100—101。

李文信《辽阳发现的三座壁画古墓》，《文物参考资料》1955年第5期，页3、15—25、28—42。

李献奇、司马俊堂《洛阳苗南新村528号汉墓发掘简报》，《文物》1994年第7期，页36—43。

李献奇《嵩县北元村宋代壁画墓》，《中原文物》1987年第3期，页39—44、122—123。

李肖、张永兵《新疆吐鲁番地区阿斯塔那古墓群西区408、409号墓》，《考古》2006年第12期，页2—11。

李新全《辽宁辽阳南环街壁画墓》，《北方文物》1998年第3期，页22—25。

李晔《山西大同浑源唐墓发掘简报》，《文物世界》2011年第5期，页11—15。

李逸友《包头市窝尔吐壕汉墓清理简况》，《文物》1960年第2期，页76—77。

李翼、乔保同、袁东山、刘国奇《河南淅川全寨子墓地东汉墓的发掘》，《中原文物》2016年第1期，页4—10。

李永军、张晓军《镇江丁卯"江南世家"工地六朝墓》，《东南文化》2008年第4期，页17—27、98—99。

李永康、韩用祥、熊克彪、张世洪《湖北武汉黄陂龙泉院子东汉墓发掘简报》，《文博》2020年第4期，页22—30。

李永康、姚晶华《黄陂县周家田元墓》，《文物》1989年第5期，页81—85、88。

李永敏《山西侯马东周、两汉墓》，《文物季刊》1994年第2期，页29—59。

李则斌《江苏邗江县杨寿乡宝女墩新莽墓》,《文物》1991年第10期,页39—61、104。

李珍《巴东县西瀼口古墓葬2000年发掘简报》,《江汉考古》2002年第1期,页15—30。

李征《吐鲁番县阿斯塔那——哈拉和卓古墓群发掘简报(1963—1965)》,《文物》1973年第10期,页7—27、82。

李征《新疆阿斯塔那三座唐墓出土珍贵绢画及文书等文物》,《文物》1975年第10期,页89—90、95—98。

李宗道、赵国璧《洛阳16工区曹魏墓清理》,《考古》1958年第7期,页51—53。

李宗山、王兴明、尹晓燕《河北迁安于家村一号汉墓清理》,《文物》1996年第10期,页30—42。

连云港市博物馆《连云港市陶湾黄石崖西汉西郭宝墓》,《东南文化》1986年第2期,页17—21、236—237。

梁白泉《高邮天山一号汉墓发掘侧记》,《文物通讯》1980年第32期,页36—39。

梁文骏《四川郫县东汉砖墓的石棺画象》,《考古》1979年第6期,页495—503。

辽金考古队《扎鲁特旗辽墓发现精美壁画》,《中国文物报》2000年10月29日第1版。

辽宁省博物馆《北燕冯素弗墓》,北京:文物出版社,2015年。

辽宁省博物馆、辽宁铁岭地区文物组发掘小组《法库叶茂台辽墓记略》,《文物》1975年第12期,页26—36。

辽宁省博物馆、辽阳博物馆《辽阳旧城东门里东汉壁画墓发掘报告》,《文物》1985年第6期,页25—42、99—101。

辽宁省文物考古研究所《姜屯汉墓》,北京:文物出版社,2013年。

辽宁省文物考古研究院、辽宁省博物馆、辽阳博物馆《辽宁省辽阳市鹅房墓地东汉砖石墓发掘简报》,载教育部人文社会科学重点研究基地、吉林大学边疆考古研究中心、边疆考古与中国文化认同创新中心编《边疆考古研究》(第26辑),北京:科学出版社,2019年,页19—43。

廖子中《洛阳北郊唐颍川陈氏墓发掘简报》,《文物》1999年第2期,页41—51、100。

林必忠、冯庆豪《重庆市枣子岚垭汉墓清理简报》,《四川文物》1991年第2期,页64—69。

林泊、李德仁《临潼发现汉初平元年墓》,《文博》1989年第1期,页37—41、97。

林留根《江苏镇江东晋纪年墓清理简报》,《东南文化》1989年第2期,页134、153—158。

林玉海、荆展远、王艳《山东青岛市平度界山汉墓的发掘》,《考古》2005年第6期,页2、32—42、98—103。

临朐县博物馆《北齐崔芬壁画墓》,北京:文物出版社,2002年。

临沂文物组《山东临沂金雀山一号墓发掘简报》,载《考古》编辑部编《考古学集刊》(第1辑),北京:中国社会科学出版社,1981年,页133—138。

刘兵兵《甘肃天祝岔山村唐慕容智墓》,《大众考古》2019年第11期,页12—15。

刘春迎、王三营、王小秋《河南尉氏县张氏镇宋墓发掘简报》,《华夏考古》2006年第3期,页2、13—18、113。

刘弘、姜先杰、唐亮《四川西昌市杨家山一号东汉墓》,《考古》2007年第5期,页19—32。

刘焕民《沈阳小东汉墓葬群勘探调查与发掘》,载辽宁省文物考古研究所编《辽宁考古文集》(二),北京:科学出版社,2010年,页173—192。

刘均合、隆立新《丰润县叩家寨村发现汉代墓葬》,《文物春秋》1995年第3期,页78—79。

刘俊喜、高峰《大同智家堡北魏墓棺板画》,《文物》2004年第12期,页1、35—47。

刘俊喜、张志忠、左雁《大同市北魏宋绍祖墓发掘简报》，《文物》2001年第7期，页1—2、19—39。
刘来成《安平东汉壁画墓发掘简报》，《文物春秋》1989年合刊，页70—77、145—151。
刘来成《河北定县40号汉墓发掘简报》，《文物》1981年第8期，页1—10、97—98。
刘庆柱《曹操高陵的考古发现与研究》，《中原文物》2010年第4期，页8—12、55。
刘善沂、史芸、李铭《济南市宋金砖雕壁画墓》，《文物》2008年第8期，页33—54。
刘善沂、孙亮《山东济南青龙山汉画像石壁画墓》，《考古》1989年第11期，页984—993、1059—1060。
刘善沂、王惠明《济南市历城区宋元壁画墓》，《文物》2005年第11期，页50—72。
刘卫鹏《陕西咸阳杜家堡东汉墓清理简报》，《文物》2005年第4期，页43—50、61。
刘卫鹏《咸阳马泉镇西汉空心砖墓清理报告》，《文博》2000年第6期，页10—20、39。
刘晓燕、张云涛、隋裕仁《山东威海市崮泊大天东村西汉墓》，《考古》1998年第2期，页25—30、99。
刘玉新《山东省东阿县曹植墓的发掘》，《华夏考古》1999年第1期，页7—17。
刘志远《成都昭觉寺汉画像砖墓》，《考古》1984年第1期，页63—68。
刘尊志、耿建军、吴公勤《徐州拖龙山五座西汉墓的发掘》，《考古学报》2010年第1期，页101—132、141—148。
柳洪亮《1986年新疆吐鲁番阿斯塔那古墓群发掘简报》，《考古》1992年第2期，页143—156、197—199。
鲁礼鹏《吐鲁番阿斯塔那古墓群墓葬登记表》，《新疆文物》2000年第3、4期合刊，页215—243。
陆建方、欧阳摩一《泗阳大青墩泗水王陵》，《东南文化》2003年第4期，页26—29。
陆建方、王根富《梁朝桂阳王萧象墓》，《文物》1990年第8期，页29、33—40。
吕劲松《洛阳伊川元墓发掘简报》，《文物》1993年第5期，页40—44、102—103。
吕品生、段忠谦、贾卫平《北京市石景山区八角村魏晋墓》，《文物》2001年第4期，页54—59、97。
吕品、周到《唐河县电厂汉画像石墓》，《中原文物》1982年第1期，页9—15、69—71。
吕智荣、张鹏程《陕西定边县郝滩发现东汉壁画墓》，《考古与文物》2004年第5期，页20—21、97。
旅顺博物馆《辽宁大连前牧城驿东汉墓》，《考古》1986年第5期，页397—403。
罗敦静、胡琪《长沙县北山区东汉砖室墓清理记》，载湖南省博物馆、湖南省考古学会编《湖南考古辑刊》，长沙：岳麓书社，1986年，页265—269、275。
罗敦静《湖南长沙发现战国和六朝的洞室墓》，《考古通讯》1958年第2期，页41。
罗二虎、吕千云、邓林、格日勒《河北鹿泉西龙贵汉代墓葬》，《考古学报》2013年第1期，页111—152。
罗丰《宁夏固原唐梁元珍墓》，《文物》1993年第6期，页1—9、97—100。
罗宗真《江苏宜兴晋墓发掘报告——兼论出土的青瓷器》，《考古学报》1957年第4期，页83—106、143—151。
洛阳博物馆《洛阳汉代彩画》，郑州：河南美术出版社，1986年。
洛阳市第二文物工作队《洛阳孟津大汉冢西晋围沟墓发掘简报》，《文物》2011年第9期，页48—57。
洛阳市第二文物工作队、偃师市文物局《河南偃师市首阳山西晋帝陵陪葬墓》，《考古》2010年第2期，页47—62、104—108、111。
洛阳市文物工作队《河南新安县古村北宋壁画墓》，《华夏考古》1992年第2期，页27—33。
洛阳市文物工作队《河南新安县梁庄北宋壁画墓》，《考古与文物》1996年第4期，页8—14。
洛阳市文物工作队《河南新安县宋村北宋雕砖壁画墓》，《考古与文物》1998年第3期，页22—28。

洛阳市文物工作队《洛阳发掘的四座东汉玉衣墓》，《考古与文物》1999年第1期，页3—26。
洛阳市文物工作队《洛阳西工东汉壁画墓》，《中原文物》1982年第3期，页18—24。
洛阳市文物考古研究院《河南省洛阳市苗南村三座东汉墓发掘简报》，《洛阳考古》2016年第2期，页2—19。
洛阳市文物考古研究院《洛阳河拦沟村两座东汉墓发掘简报》，《洛阳考古》2013年第3期，页16—24。
洛阳市文物考古研究院《洛阳龙盛小学五代壁画墓发掘简报》，《洛阳考古》2013年第1期，页37—47。
洛阳市文物考古研究院《洛阳邙山镇营庄村北五代壁画墓》，《洛阳考古》2013年第1期，页48—57。
骆崇礼、骆明《淮阳于庄汉墓发掘简报》，《中原文物》1983年第1期，页1—3、77—78。
骆振华、陈晶《常州南郊戚家村画像砖墓》，《文物》1979年第3期，页32—41、97。
马鞍山市文物管理所《马鞍山采石东吴墓发掘简报》，载《文物研究》编辑部编《文物研究》（第14辑），合肥：黄山书社，2005年，页331—337。
马全、路百胜《焦作白庄41号汉墓发掘简报》，《华夏考古》1989年第2期，页69—76。
马志军、张建林《西安西郊陕棉十厂唐壁画墓清理简报》，《考古与文物》2002年第1期，页16—37、98。
麦英豪《广州沙河镇狮子岗晋墓》，《考古》1961年第5期，页4、245—247。
满城县文物局《满城宏昌园B区汉墓发掘简报》，《文物春秋》2012年第3期，页23—27。
孟凡峰、刘龙启、李静杰《河北沙河兴固汉墓》，《文物》1992年第9期，页12—21、100。
明朝方、宋国定、罗武干、张清池《河南淅川王庄汉墓群发掘简报》，《华夏考古》2015年第2期，页26—43、78。
穆舜英《吐鲁番哈喇和卓古墓群发掘简报》，《文物》1978年第6期，页1—15。
南波《南京西岗西晋墓》，《文物》1976年第3期，页55—60、82。
南京博物院《江苏丹阳胡桥南朝大墓及砖刻壁画》，《文物》1974年第2期，页44—56。
南京博物院《江苏溧阳果园东晋墓》，《考古》1973年第4期，页227—231。
南京博物院《江苏宜兴晋墓的第二次发掘》，《考古》1977年第2期，页115—122、149—150。
南京博物院、连云港市博物馆《海州西汉霍贺墓清理简报》，《考古》1974年第3期，页178—186、212—213。
南京博物院《南京农业大学东晋墓》，《东南文化》1997年第1期，页68—71。
南京博物院、南京市文物保管委员会《南京栖霞山甘家巷六朝墓群》，《考古》1976年第5期，页316—325、351—356。
南京博物院《南京西善桥南朝墓》，《东南文化》1997年第1期，页61—65。
南京大学历史系考古组《南京大学北园东晋墓》，《文物》1973年第4期，页36—50。
南京市博物馆、江宁区博物馆《南京江宁区周岗镇尚义采石场西晋纪年墓》，载南京市博物馆编《南京文物考古新发现：南京历史文化新探二》，南京：江苏人民出版社，2006年，页83—88。
南京市博物馆、江宁区博物馆《南京南郊景家村六朝墓葬》，载南京市博物馆编《南京文物考古新发现：南京历史文化新探二》，南京：江苏人民出版社，2006年，页43—54。
南京市博物馆、江宁区博物馆《南京隐龙山南朝墓》，《文物》2002年第7期，页41—58。
南京市博物馆、六合区文化旅游局《南京六合横梁西晋发掘报告》，载南京市博物馆编《南京文物考古新发现：南京历史文化新探二》，南京：江苏人民出版社，2006年，页66—70。

南京市博物馆《南京沧波门外余粮村孙吴西晋墓》，载南京市博物馆编《南京文物考古新发现》（第三辑），北京：文物出版社，2014年，页53—62。

南京市博物馆《南京淳化防化团、孝陵卫大栅门东晋墓》，载南京市博物馆编《南京文物考古新发现：南京历史文化新探二》，南京：江苏人民出版社，2006年，页98—102。

南京市博物馆《南京大光路孙吴薛秋墓发掘简报》，《文物》2008年第3期，页1—2、4—15。

南京市博物馆《南京栖霞区大山口六朝墓葬发掘简报》，载南京市博物馆编《南京文物考古新发现：南京历史文化新探二》，南京：江苏人民出版社，2006年，页77—82。

南京市博物馆、南京市江宁区博物馆《南京江宁高盖村东晋墓发掘简报》，载南京市博物馆编《南京文物考古新发现》（第三辑），北京：文物出版社，2014年，页85—94。

南京市博物馆、南京市江宁区博物馆《南京江宁谷里端村西晋纪年墓》，载南京市博物馆编《南京文物考古新发现》（第三辑），北京：文物出版社，2014年，页63—67。

南京市博物馆、南京市江宁区博物馆《南京江宁胜太路南朝墓》，《文物》2012年第3期，页18—21。

南京市博物馆、南京市浦口区文化局《南京浦口龙山茶厂南朝墓发掘简报》，载南京市博物馆编《南京文物考古新发现》（第三辑），北京：文物出版社，2014年，页116—124。

南京市博物馆、南京市栖霞区文化广播电视局《南京栖霞甘家巷东晋纪年墓》，载南京市博物馆编《南京文物考古新发现》（第三辑），北京：文物出版社，2014年，页74—78。

南京市博物馆《南京市雨花台区铁心桥小村南朝墓发掘简报》，《东南文化》2015年第2期，页50—60、127—128、131—132。

南京市博物馆、南京市雨花台区文化局《南京铁心桥镇马家店村南朝墓清理简报》，载南京市博物馆编《南京文物考古新发现：南京历史文化新探二》，南京：江苏人民出版社，2006年，页105—111；后载南京市博物馆编《南京考古资料汇编三》，南京：凤凰出版社，2013年，页1780—1786。

南京市博物馆、南京市雨花台区文化局《南京西善桥两座六朝墓发掘简报》，载南京市博物馆编《南京文物考古新发现》（第三辑），北京：文物出版社，2014年，页108—115。

南京市博物馆、南京市雨花台区文化局《南京雨花台东晋纪年墓发掘简报》，《文物》2008年第12期，页1—2、35—39、68。

南京市博物馆、南京市雨花台区文化局《南京雨花台石子岗南朝砖印壁画墓（M5）发掘简报》，《文物》2014年第5期，页20—38。

南京市博物馆《南京卫校晓庄校区三座六朝墓发掘简报》，载南京市博物馆编《南京文物考古新发现》（第三辑），北京：文物出版社，2014年，页131—137。

南京市博物馆、雨花台区文化广播电视局《南京市雨花台区宁丹路东晋墓发掘简报》，《东南文化》2014年第6期，页29—42、65—67。

南京市博物馆、雨花台区文化局《南京尹西村六朝墓发掘报告》，载南京市博物馆编《南京文物考古新发现：南京历史文化新探二》，南京：江苏人民出版社，2006年，页55—61。

南京市博物馆、雨花台区文化局《南京雨花台区长岗村李家洼六朝墓群》，载南京市博物馆编《南京文物考古新发现：南京历史文化新探二》，南京：江苏人民出版社，2006年，页36—42。

南京市考古研究所《南京板桥张家洼南朝墓M1》，《中国国家博物馆馆刊》2015年第12期，页88—99。

南京市考古研究所《南京市板桥街道钟家岗南朝墓发掘简报》，载南京市博物总馆、南京市考古研究所编《南京文物考古新发现》（第四辑），北京：文物出版社，2016年，页95—102。
南京市考古研究所、南京市江宁区博物馆《南京江宁上坊中下村五座东晋南朝墓发掘简报》，载南京市博物总馆、南京市考古研究所编《南京文物考古新发现》（第四辑），北京：文物出版社，2016年，页78—88。
南京市文物保管委员会《南京老虎山晋墓》，《考古》1959年第6期，页288—295、327。
南京市文物研究所《南阳市妇幼保健院东晋墓》，《中原文物》1997年第4期，页56—63。
南阳地区文物工作队、新野县文化馆《新野县前高庙村汉画像石墓》，《中原文物》1985年第3期，页3—7、117。
南阳市文物研究所《南阳市人民北路汉墓发掘简报》，《华夏考古》1999年第3期，页53—58。
南阳市文物研究所《南阳中建七局机械厂汉画像石墓》，《中原文物》1997年第4期，页35—47。
内蒙古文物工作队、内蒙古博物馆《和林格尔发现一座重要的东汉壁画墓》，《文物》1974年第1期，页8—23、79—84。
内蒙古自治区博物馆、鄂尔多斯博物馆《乌审旗翁滚梁北朝墓葬发掘简报》，载内蒙古文物考古研究所编《内蒙古文物考古文集》（第二辑），北京：中国大百科全书出版社，页478—483。
内蒙古自治区文物考古研究所、哲里木盟博物馆《辽陈国公主墓》，北京：文物出版社，1993年。
倪思贤《甘肃酒泉县下河清汉墓清理简报》，《文物》1960年第2期，页50、55—58。
宁笃学《甘肃武威滕家庄汉墓发掘简报》，《考古》1960年第6期，页8、13—15。
潘伟斌、聂凡《河南安阳固岸墓地考古发掘收获》，《华夏考古》2009年第3期，页19—23、167—172。
潘伟斌、聂凡、裴涛《河南安阳固岸墓地北朝墓地考古发掘的重要收获及认识》，《中国文物报》2007年12月7日第5版。
潘伟斌、朱树奎《河南安阳市西高穴曹操高陵》，《考古》2010年第8期，页35—45、106—107、115。
裴明相《郑州二里岗宋墓发掘记》，《文物参考资料》1954年第6期，页44—48。
齐晓光、盖志勇、丛艳双《内蒙古赤峰宝山辽壁画墓发掘简报》，《文物》1998年第1期，页73—95、97—103。
祁海宁、华国荣、张金喜《江苏南京市富贵山六朝墓地发掘简报》，《考古》1998年第8期，页35—47、100。
祁海宁《南京市东善桥"凤凰三年"东吴墓》，《文物》1999年第4期，页32—37。
祁海宁、张金喜《江苏南京市花神庙南朝墓发掘简报》，《考古》1998年第8期，页53—59、101。
祁海宁、张金喜《南京市栖霞区东杨坊南朝墓》，《考古》2008年第6期，页2、36—42。
祁普实《老山汉墓出土主要文物刍议》，《首都博物馆论丛》2011年总第25期，页215—223。
祁庆国《密云县瞳里村元代壁画墓》，载中国考古学会编《中国考古学年鉴（1991）》，北京：文物出版社，1992年，页129。
钱国光、李银德《徐州韩山东汉墓发掘简报》，《文物》1990年第9期，页74—82。
乔栋、朱连华、彭海军、赵淑水《重庆丰都县天平丘东汉墓发掘简报》，《华夏考古》2013年第3期，页23—35。
秦大树、魏成敏《山东临淄大武村元墓发掘简报》，《文物》2005年第11期，页39—48、97—98。
秦建明《乾陵考古获重要成果，航拍发现乾陵下宫遗址》，《华商报》2009年4月1日。
沁阳市文物工作队、沁阳市怀朴园管理所《河南沁阳廉坡村东汉墓发掘简报》，《洛阳考古》2018年第3期，页2、15—19。

邱播、苏建军《山东临沂市药材站发现两座唐墓》,《考古》2003年第9期,页861—863。
邱玉鼎、佟佩华《济南市东八里洼北朝壁画墓》,《文物》1989年第4期,页67—78、101—103。
渠川福《太原南郊北齐壁画墓》,《文物》1990年第12期,页1—10、98—101。
全虎兑、潘博星《德兴里壁画墓》,《地域文化研究》2017年第2期,页139—152、156。
全锦云《湖北郧县唐李徽、阎婉墓发掘简报》,《文物》1987年第8期,页30—42、51。
任相宏、崔大庸《山东长清县双乳山一号汉墓发掘简报》,《考古》1997年第3期,页1—9、26、97—100。
阮国林、李毅《南京司家山东晋、南朝谢氏家族墓》,《文物》2000年第7期,页1、36—49。
阮国林《南京郊区三座东晋墓》,《考古》1983年第4期,页323—327、389。
山东博物馆、山东省文物考古研究所《鲁荒王墓》(上下册),北京:文物出版社,2014年。
山东省博物馆《山东嘉祥英山一号隋墓清理简报——隋代墓室壁画的首次发现》,《文物》1981年第4期,页28—33、97—98。
山东省菏泽地区汉墓发掘小组《巨野红土山西汉墓》,《考古学报》1983年第4期,页471—499、531—542。
山东省文物管理委员会《济南大观园的一个汉墓》,《考古通讯》1955年第4期,页11、48—50。
山东省文物考古研究所、寒亭区文物管理所《山东潍坊后埠下墓地发掘报告》,载山东省文物考古研究所编《山东省高速公路考古报告集(1997)》,北京:科学出版社,2000年,页234—286。
山东省文物考古研究所、临朐县博物馆《山东临朐北齐崔芬壁画墓》,《文物》2002年第4期,页1、4—20、22—26。
山东省文物考古研究所《山东济南张庄汉代墓地发掘简报》,载山东省文物考古研究所编《山东省高速公路考古报告集(1997)》,北京:科学出版社,2000年,页297—313。
山东省文物考古研究所《山东临淄金岭镇一号东汉墓》,《考古学报》1999年第1期,页97—121。
山东省文物考古研究所《山东日照海曲西汉墓(M106)发掘简报》,《文物》2010年第1期,页1、4—25。
山东省枣庄市博物馆《山东枣庄市渴口汉墓》,载刘庆柱编《考古学集刊》(第15集),北京:文物出版社,2004年,页80—160、558—565。
山西大学历史文化学院、山西省考古研究所、大同市博物馆《大同南郊北魏墓群》,北京:科学出版社,2006年。
山西省大同市博物馆、山西省文物工作委员会《山西大同石家寨北魏司马金龙墓》,《文物》1972年第3期,页20—33、64、89—92。
山西省考古研究所、长治市博物馆《山西屯留宋村金代壁画墓》,《文物》2008年第8期,页55—62。
山西省考古研究所、大同市博物馆《大同南郊北魏墓群发掘简报》,《文物》1992年第8期,页1—11、97—98。
山西省考古研究所、大同市考古研究所《山西大同南郊仝家湾北魏墓(M7、M9)发掘简报》,《文物》2015年第12期,页4—22、97—98。
山西省考古研究所侯马工作站《侯马65H4M102金墓》,《文物季刊》1997年第4期,页17—27。
山西省考古研究所侯马工作站《侯马102号金墓》,《文物季刊》1997年第4期,页28、30—40。
山西省考古研究所侯马工作站《山西稷山马村4号金墓》,《文物季刊》1997年第4期,页40—46、48、51。

山西省考古研究所《侯马乔村墓地》，北京：科学出版社，2004年。
山西省考古研究所、吕梁地区文物管理局、柳林县文物管理所《柳林县看守所墓葬发掘报告》，载石金铭主编，山西省考古研究所、山西省考古学会编《三晋考古》（第三辑），太原：山西人民出版社，2006年，页313—327。
山西省考古研究所、山西博物院、朔州市文物局、崇福寺文物管理所《山西朔州水泉梁北齐壁画墓发掘简报》，《文物》2010年第12期，页1、26—42。
山西省考古研究所、山西大学文博学院《山阴新广武汉墓发掘报告》，载石金铭主编，山西省考古研究所、山西省考古学会编《三晋考古》（第三辑），太原：山西人民出版社，2006年，页286—296。
山西省考古研究所《山西新绛南范庄、吴岭庄金元墓发掘简报》，《文物》1983年第1期，页64—72、103。
山西省考古研究所《太原市南郊唐代壁画墓清理简报》，《文物》1988年第12期，页50—59、65、98、103—106。
山西省考古研究所、太原市文物管理委员会《太原市北齐娄叡墓发掘简报》，《文物》1983年第10期，页1—23、97—104。
山西省考古研究所、太原市文物考古研究所《北齐东安王娄睿墓》，北京：文物出版社，2006年。
山西省考古研究所、太原市文物考古研究所、太原市晋源区文物旅游局《太原隋虞弘墓》，北京：文物出版社，2005年。
山西省考古研究所《唐代薛儆墓发掘报告》，北京：科学出版社，2000年。
山西省考古研究院《山西侯马东庄金墓发掘简报》，《文物》2021年第2期，页1、22—39。
山西省人民政府文物管理委员会《山西文物介绍》，太原：山西人民出版社，1955年。
山西省文物管理委员会《山西平定县东回村古墓中的彩画》，《文物参考资料》1954年第12期，页94—98。
陕西考古所唐墓工作组《西安东郊苏思勖墓清理简报》，《考古》1960年第1期，页6、11、30—36。
陕西历史博物馆《唐墓壁画集锦》，西安：陕西人民美术出版社，1991年。
陕西省博物馆、乾县文教局唐墓发掘组《唐章怀太子墓发掘简报》，《文物》1972年第7期，页13—25、68—69。
陕西省考古研究所、富平县文物管理委员会《唐节愍太子墓发掘报告》，北京：科学出版社，2004年。
陕西省考古研究所《陕西卷烟材料厂汉墓发掘简报》，《考古与文物》1997年第1期，页3—12。
陕西省考古研究所《陕西蒲城洞耳村元代壁画墓》，《考古与文物》2000年第1期，页16—21、48。
陕西省考古研究所《唐李宪墓发掘报告》，北京：科学出版社，2005年。
陕西省考古研究所《西安北郊北周安伽墓发掘简报》，《考古与文物》2000年第6期，页28—35。
陕西省考古研究所《西安北周安伽墓》，北京：文物出版社，2003年。
陕西省考古研究所《西安南郊三爻村汉唐墓葬清理发掘简报》，《考古与文物》2001年第3期，页3—26。
陕西省考古研究所、西安市文物保护考古所《唐孙承嗣夫妇墓发掘简报》，《考古与文物》2005年第2期，页18—28。
陕西省考古研究所、榆林市文物管理委员会办公室《神木大保当：汉代城址与墓葬考古报告》，北京：科学出版社，2001年。

陕西省考古研究院、靖边县文物管理办《陕西靖边县杨桥畔渠树壕东汉壁画墓发掘简报》，《考古与文物》2017年第1期，页2—28、131。

陕西省考古研究院、陕西历史博物馆、西安市长安区旅游民族宗教文物局《西安郭庄唐代韩休墓发掘简报》，《文物》2019年第1期，页4—43。

陕西省考古研究院《陕西西安空港新城岩村汉墓M7发掘简报》，《文博》2020年第4期，页12—21。

陕西省考古研究院《陕西咸阳渭城区民生工程汉墓发掘简报》，《考古与文物》2017年第2期，页10—27。

陕西省考古研究院《唐嗣虢王李邕墓发掘简报》，《考古与文物》2012年第3期，页22—25、67、120—121。

陕西省考古研究院《唐嗣虢王李邕墓发掘报告》，北京：科学出版社，2012年。

陕西省考古研究院《西安北郊枣园南岭西汉墓发掘简报》，《考古与文物》2017年第6期，页17—33。

陕西省考古研究院《西安临潼北庄遗址乙区发掘简报》，《文博》2016年第3期，页3—12。

陕西省考古研究院《西安南郊唐贞观十七年王怜夫妇合葬墓发掘简报》，《文博》2012年第3期，页3—12。

陕西省考古研究院、榆林市文物研究所、靖边县文物管理办公室《陕西靖边东汉壁画墓》，《文物》2009年第2期，页32—43。

陕西省文物清理工作队《陕西省文物清理工作队发现唐代石棺等》，《文物参考资料》1955年第3期，页158。

商彤流、董楼平、王金元《离石马茂庄村汉墓》，《文物季刊》1995年第4期，页1—9。

商彤流、解光启《山西交城县的一座元代石室墓》，《文物季刊》1996年第4期，页23—25、29。

商彤流、杨林中、李永杰《长治市北郊安昌村出土金代墓葬》，《文物世界》2003年第1期，页3—7。

邵会秋、高兴超、霍东峰《河北临城县解村东遗址东汉墓葬》，《考古》2017年第4期，页43—53。

邵磊《南京灵山梁代萧子恪墓的发现与研究》，《南京晓庄学院学报》2012年第5期，页12—22。

邵磊《南京市灵山南朝墓发掘简报》，《考古》2012年第11期，页52—61、112。

沈欣《辽阳唐户屯一带的汉墓》，《考古通讯》1955年第4期，页7、35—39。

沈新《辽阳市北郊新发现两座壁画古墓》，《文物参考资料》1955年第7期，页152—154。

沈阳市文物考古研究所《沈阳市五爱墓群发掘报告》《沈阳青桩子汉魏墓群2013年发掘简报》，载姜万里编《沈阳考古文集》（第5集），北京：科学出版社，2015年，页19—102、109—140。

沈阳市文物考古研究所《沈阳下伯官屯汉墓2007年发掘报告》《沈阳热闹路天主教修女院古代墓群2007年考古发掘报告》，载其所编《沈阳考古文集》（第2集），北京：科学出版社，2009年，页75—81、页92—120。

沈毅《山东临沂金雀山周氏墓群发掘简报》，《文物》1984年第11期，页41—58、97。

沈仲常《重庆江北相国寺的东汉砖墓》，《文物参考资料》1955年第3期，页35—49。

盛立双、相军、甘才超、郜志坚《天津蓟县西关汉墓2006年发掘简报》，《内蒙古文物考古》2010年第1期，页1—11。

史殿海《涿州上念头东汉墓葬发掘简报》，《文物春秋》2007年第3期，页40—46。

史家珍、樊有升、王万杰《洛阳偃师县新莽壁画墓清理简报》，《文物》1992年第12期，页1—8、97、99。

史家珍《洛阳市南昌路东汉墓发掘简报》,《中原文物》1987年第3期,页33—36。
史家珍《洛阳市朱村东汉壁画墓发掘简报》,《文物》1992年第12期,页15—20、98、101—102。
史家珍、王遵义、周立《洛阳五女冢267号新莽墓发掘简报》,《文物》1996年第7期,页1—2、42—53、95。
四川省文物考古研究院、德阳市文物考古研究所、中江县文物保护管理所《中江塔梁子崖墓》,北京:文物出版社,2008年。
四川省文物考古研究院、绵阳博物馆《绵阳双包山汉墓》,北京:文物出版社,2006年。
四川省文物考古研究院、资阳市雁江区文物管理所《资阳市雁江区狮子山崖墓M2清理简报》,《四川文物》2011年第4期,页10—23、97—98。
宋嵩瑞、耿建北、付得力《河南登封市双庙小区宋代砖室墓发掘简报》,《文物春秋》2007年第6期,页33—37。
苏天钧《北京昌平半截塔村东周和两汉墓》,《考古》1963年第3期,页5、136—139。
宿白《白沙宋墓》,北京:生活·读书·新知三联书店,2017年。
宿白《朝鲜安岳所发现的冬寿墓》,《文物参考资料》1952年第1期,页91—104。
宿白《中国美术全集·绘画编12·墓室壁画》,北京:文物出版社,1989年。
孙德润、贺雅宜《咸阳织布厂汉墓清理简报》,《考古与文物》1995年第4期,页10—28、87。
孙德润、时瑞宝《咸阳市胡家沟西魏侯义墓清理简报》,《文物》1987年第12期,页57—68。
孙福喜、程林泉、张翔宇《西安理工大学西汉壁画墓初探》,《西北大学学报(哲学社会科学版)》2005年第3期,页46—49。
孙福喜、孙武、杨军凯《西安中华小区东汉墓发掘简报》,《文物》2002年第12期,页15—31。
孙建华、张郁《辽陈国公主驸马合葬墓发掘简报》,《文物》1987年第11期,页4—24、97—106。
孙启祥《河北获鹿高庄出土西汉常山国文物》,《考古》1994年第4期,页330—333、388—390。
孙启祥、李胜伍《石家庄北郊东汉墓》,《考古》1984年第9期,页810—812、848。
孙铁山、张海云《西安硫酸厂唐墓发掘简报》,《文博》2001年第5期,页9—23、82。
孙新民、傅永魁《宋太宗元德李后陵发掘报告》,《华夏考古》1988年第3期,页19—46。
太原市文物考古研究所《北齐徐显秀墓》,北京:文物出版社,2005年。
唐昌朴、许智范《江西南昌地区东汉墓》,《考古》1981年第5期,页426—428、490。
唐云明《河北井陉县柿庄宋墓发掘报告》,《考古学报》1962年第2期,页31—73、124—153。
陶宗冶、李维、孙鹏《河北宣化辽姜承义》,《北方文物》1991年第4期,页67—71、173—174。
陶宗冶、屈建基《张家口下花园区东汉墓》,《文物春秋》1992年第2期,页82、90—91。
滕磊《一件海外回流石棺床之我见》,《故宫博物院院刊》2009年第4期,页22—32、158—159。
天长市文物管理所、天长市博物馆《安徽天长西汉墓发掘简报》,《文物》2006年第11期,页1、4—21。
田桂萍、吴晓松、刘焰《湖北黄冈市对面墩东汉墓地发掘简报》,《考古》2012年第3期,页35—50、104—107。
田立坤、穆启文、梁振晶《辽宁辽阳南郊街东汉壁画墓》,《文物》2008年10期,页1、34—59。
田立振、傅方笙《山东济宁市肖王庄一号汉墓》,载刘庆柱编《考古学集刊》(第12集),北京:中国大百科全书出版社,1999年,页41—112、411—418。
田醒农《西安郭家滩隋姬威墓清理简报》,《文物》1959年第8期,页4—7、81。

参考文献　285

万新民《侯马的一座带壁画宋墓》,《文物》1959年第6期,页56—57。

汪旭、赵海星、王振杰《巩义万宝苑昱盈阁公寓汉墓群发掘报告》,《中原文物》2004年第1期,页3—17、89。

王策、程利《燕京汽车厂出土唐墓》,《北京文博》1999年第1期。

王大方、李兴盛《内蒙古凉城县后德胜元墓清理简报》,《文物》1994年第10期,页10—18。

王方、王仲雄《成都高新区紫荆路汉墓发掘简报》,载成都市文物考古研究所编《成都考古发现》,北京:科学出版社,2002年,页142—156。

王根富、张敏《江苏仪征烟袋山汉墓》,《考古学报》1987年第4期,页471—501、537—540。

王桂芳、林仙庭、于晓丽《山东荣成梁南庄汉墓发掘简报》,《考古》1994年第12期,页1069—1077。

王海阔、方刚、白九江、王豫《重庆合川市南屏东汉墓葬群发掘简报》,《华夏考古》2000年第2期,页43—64。

王家祐、李世芸、赖有德《四川巴县冬笋坝战国和汉墓清理简报》,《考古通讯》1958年第1期,页11—32。

王恺、李银德《徐州石桥汉墓清理报告》,《文物》1984年第11期,页24—42、102—103。

王来柱《辽阳青年大街发现的两座汉墓》,载辽宁省文物考古研究所编《辽宁考古文集(一)》,沈阳:辽宁民族出版社,2003年,页51—57。

王明芳《山东莱西县岱墅西汉木椁墓》,《文物》1980年第12期,页7—16、98。

王秋华《惊世叶茂台》,天津:百花文艺出版社,2002年。

王善才、王世振《湖北随州西城区东汉墓发掘报告》,《文物》1993年第7期,页66—72。

王善才《武汉地区四座南朝纪年墓》,《考古》1965年第4期,页5—7、176—184、214。

王思礼《山东章邱县普集镇汉墓清理简报》,《考古通讯》1955年第6期,页12—15、33—39。

王武钰、王鑫、程利《老山汉墓考古发掘的收获》,《首都博物馆丛刊》2001年总第15期,页2、129—131。

王小蒙、刘呆运《唐节愍太子墓发掘简报》,《考古与文物》2004年第4期,页13—25。

王耀宗、王自媛《河北安平水泥管厂东汉墓》,《文物春秋》2005年第2期,页39—42。

王业友《定远县壖王庄古画象石墓》,《文物》1959年第12期,页43—46。

王银田、刘俊喜《大同智家堡北魏墓石椁壁画》,《文物》2001年第7期,页1、40—51。

王宇、马鑫、李龙彬、全晓红《辽宁辽阳市太子河区东汉魏晋墓群发掘简报》,载刘庆柱编《考古学集刊》,北京:科学出版社,2018年,页44—58。

王泽庆《闻喜下阳金墓壁画简介》,《美术研究》1984年第3期,页59—60。

王增新《辽宁辽阳县南雪梅村壁画墓及石墓》,《考古》1960年第1期,页16—19。

王增新《辽阳市棒台子二号壁画墓》,《考古》1960年第1期,页20—23。

王志高、贾维勇《江苏南京市白龙山南朝墓》,《考古》1998年第12期,页46—52。

王志高《南京殷巷东晋、南朝墓》,《东南文化》1993年第2期,页72—78。

王志高、张九文《南京市石子岗东晋墓的发掘》,《考古》2005年第2期,页35—40。

王自媛、沈阳、王耀宗、王晓岩《河北武邑青冢汉墓发掘简报》,《文物春秋》2007年第2期,页31—35。

韦江、林强《广西贵港市马鞍岭东汉墓》,《考古》2002年第3期,页34—45、99—100。

韦正《试谈酒泉丁家闸5号壁画墓的时代》,《文物》2011年第4期,页41—48、74。
魏坚《内蒙古中南部汉代墓葬》,北京:中国大百科全书出版社,1998年。
魏峻、张道森《安阳宋代壁画墓考》,《华夏考古》1997年第2期,页55、103—104。
文启明《蠡县汉墓发掘纪要》,《文物》1983年第6期,页45—52。
吴礽骧《酒泉、嘉峪关晋墓的发掘》,《文物》1979年第6期,页1—17、97—99。
吴晓松、刘松山《湖北蕲春枫树林东汉墓》,《考古学报》1999年第2期,页179—210、255—262。
吴学文《江苏江宁东善桥南朝墓》,《考古》1978年第2期,页96、143—144。
武汉市文物考古研究所、巫山县文物管理所《重庆巫山土城坡墓地2004年发掘简报》,《江汉考古》2009年第2期,页24—55、153—156。
武威地区博物馆《甘肃永昌乱墩子汉墓》,《考古与文物》1985年第1期,页38—43、49。
西安市文物保护考古所《西安北周康业墓发掘简报》,《文物》2008年第6期,页1、14—35。
西安市文物保护考古所《西安北周凉州萨保史君墓发掘简报》,《文物》2005年第3期,页1、4—33、97。
西安市文物保护考古所《西安财政干部培训中心汉、后赵墓发掘简报》,《文博》1997年第6期,页3—39。
西安市文物保护考古所《西安东汉墓》(上下册),北京:文物出版社,2009年。
西安市文物保护考古所《西安理工大学西汉壁画墓发掘简报》,《文物》2006年第5期,页1、7—44。
西安市文物保护考古所《西安三国曹魏纪年墓清理简报》,《考古与文物》2007年第2期,页21—29。
西安市文物保护考古所、郑州大学考古专业《长安汉墓》(上下册),西安:陕西人民出版社,2004年。
西安市文物保护考古研究院《北周史君墓》,北京:文物出版社,2014年。
西安市文物保护考古研究院《西安金浮沱小学汉、唐墓发掘简报》,《文博》2016年第2期,页3—19。
西安市文物保护考古研究院《西安清凉山两座东汉墓发掘简报》,《文博》2019年第3期,页2—11。
西安市文物保护考古研究院《西安唐殿中侍御医蒋少卿及夫人宝手墓发掘简报》,《文物》2012年第10期,页25—42。
西北大学文化遗产学院、陕西省考古研究院《陕西西安西北大学长安校区东汉M3发掘简报》,《文博》2020年第1期,页3—7。
郗满祥、郗承民、韩利忠、畅红霞《阳泉市马家坪东汉墓葬群发掘简报》,载石金铭主编,山西省考古研究所、山西省考古学会编《三晋考古》(第三辑),太原:山西人民出版社,2006年,239—249。
夏名采《益都北齐石室墓线刻画像》,《文物》1985年第10期,页49—54。
襄樊市文物管理处《湖北襄樊刘家埂唐宋墓葬清理简报》,《江汉考古》1999年第2期,页30—36、40。
向开旺、田云国《1990年湖南溆浦大江口战国西汉墓发掘简报》,《考古》1994年第1期,页23—33、104。
向群《北京平谷县西柏店和唐庄子汉墓发掘简报》,《考古》1962年第5期,页8—10、240—245。
项春松《辽宁昭乌达地区发现的辽墓绘画资料》,《文物》1979年第6期,页22—32、100—101。
项春松《内蒙古赤峰市元宝山元代壁画墓》,《文物》1983年第4期,页40—46、97、102。
项春松《内蒙古解放营子辽墓发掘简报》,《考古》1979年第4期,页330—334、390—391。
项春松《上烧锅辽墓群》,《内蒙古文物考古》1982年第2期,页56—63。
项春松、王建国《内蒙昭盟赤峰三眼井元代壁画墓》,《文物》1982年第1期,页54—58、102—103。

肖梦龙《江苏镇江谏壁砖瓦厂东晋墓》,《考古》1988年第7期,页621—635、676—678。
肖湘、黄纲正《长沙咸家湖西汉曹墰墓》,《文物》1979年第3期,页3—18。
谢飞、李恩佳、任亚珊、贺永《河北阳原西城南关东汉墓》,《文物》1990年第5期,页56—63、103。
谢尧亭《侯马两座金代纪年墓发掘报告》,《文物季刊》1996年第3期,页67—80。
新疆文物考古研究所《吐鲁番阿斯塔那第十次发掘简报(1972—1973年)》,《新疆文物》2000年第3、4期合刊,页84—167。
新疆文物考古研究所《吐鲁番阿斯塔那第十一次发掘简报(1973年)》,《新疆文物》2000年第3、4期合刊,页168—214。
新疆文物考古研究所《吐鲁番阿斯塔那—哈拉和卓墓地(哈拉和卓卷)》,北京:文物出版社,2018年。
新乡市文物管理委员会《1995年新乡火电厂汉墓发掘简报》,《华夏考古》1997年第4期,页15—26、107。
新乡市文物考古研究所《河南新乡市仿木结构砖室墓发掘简报》,《华夏考古》2010年第2期,页44—55、155—164。
新乡市文物考古研究所《河南新乡市王门东汉画像石墓的发掘》,《华夏考古》2012年第3期,页29—33。
新乡市文物考古研究所、获嘉县文物保护管理所《河南获嘉县嘉苑小区汉墓发掘简报》,《华夏考古》2019年第3期,页18—24。
新乡市文物考古研究所《新乡西环路东汉封土墓发掘简报》,《中原文物》2011年第4期,页13—18、29。
邢福来、李明《唐高力士墓发掘简报》,《考古与文物》2002年第6期,页21—32。
熊亚云、丁堂华《湖北鄂城四座吴墓发掘报告》,《考古》1982年第3期,页257—269、343—344。
胥浦六朝墓发掘队《扬州胥浦六朝墓》,《考古学报》1988年第2期,页233—256、273—282。
徐秉琨《辽阳唐户屯一带的汉墓》,载辽宁省博物馆编《辽宁省博物馆学术论文集(1999—2008)》第1册,沈阳:辽海出版社,2009年,页363—367。
徐殿魁《河南偃师杏园村东汉壁画墓》,《考古》1985年第1期,页18—22、98—99。
徐光冀《中国出土壁画全集·东北卷(辽宁·吉林·黑龙江)》,北京:科学出版社,2011年。
徐光冀《中国出土壁画全集(河南)》,北京:科学出版社,2012年。
徐光冀《中国出土壁画全集(陕西上)》,北京:科学出版社,2012年。
徐海峰、刘连强、李文龙、杨卫东《河北涿州元代壁画墓》,《文物》2004年第3期,页42—60。
徐基、孙国平《辽宁朝阳发现北燕、北魏墓》,《考古》1985年第10期,页915—929、968。
徐明甫、郭铮《满城县四道口东汉墓发掘简报》,《文物春秋》1991年第1期,页29—33。
徐淑彬、高本同、苏建军《山东临沂市银雀山的七座西汉墓》,《考古》1999年第5期,页28—35、100—103。
徐州博物馆、南京大学历史系考古专业《徐州北洞山西汉楚王墓》,北京:文物出版社,2013年。
徐州博物馆、南京大学历史系考古专业《徐州北洞山西汉墓发掘简报》,《文物》1988年第2期,页2—18、68、97—100。
许长生、周维林《南京江宁孙吴"天册元年"墓发掘简报》,《东南文化》2009年第3期,页26—31、129—131。
许清泉《福建建瓯木墩梁墓》,《考古》1959年第1期,页44—46。

许清泉、黄炳元《福建南安丰州东晋、南朝、唐墓清理简报》,《考古通讯》1958年第6期,页9—10、18—28。

烟台市博物馆《山东莱州市朱郎埠墓群发掘报告》,《华夏考古》2009年第1期,页39—64、161—163、169、171。

延安市文物研究所《陕西甘泉城关镇袁庄村金代纪年画像砖墓群调查简报》,《考古与文物》2014年第3期,页2—13。

严辉、李继鹏、王文浩《河南偃师市阎楼汉魏封土墓》,《考古》2011年第2期,页45—49。

阎根齐《芒砀山西汉梁王墓地》,北京:文物出版社,2001年,页40—75。

扬州博物馆、邗江县图书馆《江苏邗江胡场五号汉墓》,《文物》1981年第11期,页12—23、101。

扬州博物馆、邗江县文化馆《扬州邗江县胡场汉墓》,《文物》1980年第3期,页1—10、97—98。

杨宝顺《焦作金墓发掘简报》,《河南文博通讯》1979年第1期,页2、14—24。

杨德文《云南大理大展屯二号汉墓》,《考古》1988年第5期,页449—456。

杨德文《云南大理市下关城北东汉纪年墓》,《考古》1997年第4期,页63—72、101—102。

杨富斗、畅红霞、杨及耘《稷山南阳宋代纪年墓》,载山西省考古研究所、山西省考古学会编《三晋考古》(第四辑),上海:上海古籍出版社,2012年,页510—514、666—667。

杨富斗《山西侯马金墓发掘简报》,《考古》1961年第12期,页9—12、681—683。

杨桂梅《北京市海淀区八里庄唐墓》,《文物》1995年第11期,页45—53、98—99。

杨海青、史智民、胡小龙、许海星《河南淅川县北王营墓地发掘简报》,《洛阳考古》2017年第2期,页14—36。

杨豪《广东梅县大墓垅晋、唐墓清理简报》,《考古通讯》1956年5期,页11—12、27—31。

杨及耘《侯马101号金墓》,《文物季刊》1997年第3期,页14、19—22。

杨鸠霞《安徽霍山县西汉木椁墓》,《文物》1991年第9期,页14、40—60、101—103。

杨军凯、孙福喜《西安市北周史君石椁墓》,《考古》2004年第7期,页2、38—49、103—105。

杨军凯、郑旭东、辛龙、赵占锐《西安曲江唐博陵郡夫人崔氏墓发掘简报》,《文物》2018年第8期,页4—22。

杨军、徐长青《南昌市西汉海昏侯墓》,《考古》2016年第7期,页45—62。

杨俊峰、李翼、林擎《河南淅川县双河镇51号墓发掘简报》,《华夏考古》2017年第1期,页6—11、27。

杨林中、王进先、李永杰《山西屯留县康庄工业园区元代壁画墓》,《考古》2009年第12期,页39—46、104—113。

杨耀林、陈瑞和《广东揭阳东晋、南朝、唐墓发掘简报》,《考古》1984年第10期,页895—903。

姚晨辰《苏州黑松林出土三国时期石屏风》,《中国文物报》2020年1月17日第6版。

易家胜《南京郊区两座南朝墓》,《考古》1983年第4期,页328—333、390。

易家胜、阮国林《南京幕府山东晋墓》,《文物》1990年第8期,页41—48。

尹申平、邢福来、李明《西安发现的北周安伽墓》,《文物》2001年第1期,页1—2、4—26、110。

印志华、李则斌《江苏邗江姚庄101号西汉墓》,《文物》1988年第2期,页19—43、101—104。

印志华、吴炜《邗江县两座汉代砖室墓发掘简报》,《东南文化》1986年1月,页26—31。

印志华《扬州邗江县郭庄汉墓》,《文物》1980年第3期,页90—92。

印志华《扬州平山养殖场汉墓清理简报》,《文物》1987年第1期,页26—36、102。

尤振克《江苏丹阳县胡桥、建山两座南朝墓葬》,《文物》1980年第2期,页1—17、98—101。
于宏伟、郝红星、李扬《河南登封城南庄宋代壁画墓》,《文物》2005年第8期,页62—70。
于宏伟、郝红星、李扬《河南巩义市新华小区二号墓发掘简报》,《华夏考古》2003年第3期,页25—32、113—114。
于宏伟、黄俊、李扬《登封高村壁画墓清理简报》,《中原文物》2004年第5期,页4—12。
余扶危、贺官保《洛阳东关东汉殉人墓》,《文物》1973年第2期,页55—62。
余扶危《洛阳涧西七里河东汉墓发掘简报》,《考古》1975年第2期,页116—123、134、143—145。
余扶危、张剑《洛阳金谷园车站11号汉墓发掘简报》,《文物》1983年第4期,页15—28、100。
负安志《北周珍贵文物》,西安:陕西人民美术出版社,1993年。
负安志《陕西茂陵一号无名冢一号从葬坑的发掘》,《文物》1982年第9期,页1—17、97—100。
袁俊卿《南京象山5号、6号、7号墓清理简报》,《文物》1972年第11期,页23—41、74—75。
岳涌、张九文《南京市郭家山东晋温氏家族墓》,《考古》2008年第6期,页2—25、97—101。
云南省文物工作队《云南省昭通后海子东晋壁画墓清理简报》,《文物》1963年第12期,页1—6、49—52。
张弛《宁县和盛镇屯庄村汉墓清理报告》,《陇右文博》2011年第2期,页3—7。
张春长、樊书海、张献中《河北平山县两岔宋墓》,《考古》2000年第9期,页49—59、102。
张德卿、耿建北《登封清理唐砖室墓》,《中国文物报》1998年6月10日第1版。
张光明《山东淄博张庄东汉画像石墓》,《考古》1986年第8期,页717—725、773。
张广东《河南禹州新峰墓地东汉墓(M127)发掘简报》,《文物》2012年第9期,页16—22、34。
张海斌、高学锋《召湾和边墙壕清理的四座汉墓》,《内蒙古文物考古》2000年第1期,页66、92—101。
张恒《浙江嵊县六朝墓》,《考古》1988年第9期,页800—813、867—868。
张鸿亮、马寅清《河南孟津县天皇岭东汉墓》,《考古》2016年第12期,页2、37—55。
张怀银《河南洛宁东汉墓清理简报》,《文物》1987年第1期,页37—42。
张卉英《天水市发现隋唐屏风石棺床墓》,《考古》1992年第1期,页46—54、103—104。
张家口地区博物馆《河北涿鹿矾山五堡东汉墓清理简报》,《文物春秋》1989年第4期,页12、24—35、104。
张家口市宣化区文物保管所《河北宣化东升路东汉墓发掘简报》,《文物》2014年第3期,页23—35。
张家口市宣化区文物保管所《河北宣化纪年唐墓发掘简报》,《文物》2008年第7期,页23—48。
张家口市宣化区文物保管所《河北张家口宣化东升路东汉墓(M3)发掘简报》,《文物》2015年第3期,页4—11。
张剑、李献奇《洛阳烧沟西14号汉墓发掘简报》,《文物》1983年第4期,页29—35、101。
张剑、余扶危《洛阳曹魏正始八年墓发掘报告》,《考古》1989年第4期,页313—318、387—388。
张剑、余扶危《洛阳唐寺门两座汉墓发掘简报》,《中原文物》1984年第3期,页34—42、118—119。
张金茹《河北曲阳南平罗北宋政和七年墓清理简报》,《文物》1988年第11期,页72—78。
张俊民、马兰英、李青娥、买岩龙《河南淅川大石桥汉晋墓发掘简报》,《考古与文物》2017年第4期,页3—18。
张敏、孙庆飞、李民昌《仪征张集团山西汉墓》,《考古学报》1992年第4期,页477—507、509、535—540。

张铭洽《章怀太子墓壁画》，北京：文物出版社，2002年。

张庆捷、畅红霞、张兴民、李爱国《太原隋代虞弘墓清理简报》，《文物》2001年第1期，页1、27—52。

张庆捷《大同南郊北魏墓考古新发现》，载国家文物局编《2009中国重要考古发现》，北京：文物出版社，2010年，页106—111。

张童心《唐薛儆墓发掘简报》，《文物季刊》1997年第3期，页4—14。

张文霞、王彦民《河南巩义站街晋墓》，《文物》2004年第11期，页39—53。

张先得、袁进京《北京市密云县元代壁画墓》，《文物》1984年第6期，页57—60。

张小丽、宁琰、呼安林、郭昕《西安北郊两座汉墓发掘简报》，《文博》2018年第2期，页13—24。

张欣如《湖南衡阳豪头山发现东汉永元十四年墓》，《文物》1977年第2期，页93—94。

张新斌、卫平复《河南济源县承留汉墓的发掘》，《考古》1991年第12期，页1084—1089、1095。

张鑫如《湖南长沙小林子冲工地战国、东汉、唐墓清理简报》，《考古》1958年第12期，页28—34。

张鑫如《湖南长沙砚瓦池古墓的清理》，《考古通讯》1957年第5期，页18、71—75。

张掖市文物保护研究所《甘肃临泽五三汉晋墓群发掘简报》，《中国国家博物馆馆刊》2020年第3期，页6—35。

张义中、徐凤芹《安徽淮北相山渠沟墓群M50发掘简报》，《东南文化》2018年第6期，页23—34。

张永兵、陈新勇、舍秀红《新疆吐鲁番阿斯塔那墓地西区2004年发掘简报》，《文物》2014年第7期，页1、31—53。

昭陵博物馆《唐昭陵李勣（徐懋功）墓清理简报》，《考古与文物》2000年第3期，页3—14。

昭陵博物馆《昭陵唐墓壁画》，北京：文物出版社，2006年。

赵德才、马岩波《河南焦作宋代刘智亮墓发掘简报》，《中原文物》2012年第6期，页9—12。

赵德林、李国利《南昌火车站东晋墓葬群发掘简报》，《文物》2001年第2期，页1、12—41、97。

赵宏、高明《济源市东石露头村宋代壁画墓》，《中原文物》2008年第2期，页19—21、54、115—117、119。

赵连生、史国强《南乐宋耿洛一号汉墓发掘简报》，《中原文物》1981年第2期，页6—12、69—71。

赵青云、刘东亚《一九五五年洛阳涧西区小型汉墓发掘报告》，《考古学报》1959年第2期，页75—94、167—168。

赵清、赵新平、韩召会、王保仁《巩义市北窑湾汉晋唐五代墓葬》，《考古学报》1996年第3期，页361—421。

赵清、赵新平、韩召会、王保仁《河南巩义市仓西战国汉晋墓》，《考古学报》1995年第3期，页365—393。

赵世纲《河南密县打虎亭发现大型汉代壁画墓和画象石墓》，《文物》1960年第4期，页27—30。

赵世纲、欧正文《密县后士郭汉画像石墓发掘报告》，《华夏考古》1987年第2期，页96—159、223、229—240。

赵吴成、周广济《甘肃酒泉孙家石滩魏晋墓发掘简报》，《考古与文物》2005年第5期，页29—35、98—101。

赵吴成、周广济《甘肃省高台县汉晋墓葬发掘简报》，《考古与文物》2005年第5期，页16—28。

赵旭阳、武海、魏冰、邓攀《陕西咸阳市龙枣村东汉墓发掘简报》，《文博》2019年第3期，页12—17。

赵占锐《陕西西安空港新城岩村东汉墓M7随葬器物研究》,《文博》2020年第4期,页31—38。

赵振华、邢建东《河南洛阳北郊东汉壁画墓》,《考古》1991年第8期,页713—721、768。

赵争鸣《河南新乡五陵村战国两汉墓》,《考古学报》1990年第1期,页103—135、148—155。

赵芝荃、徐殿魁《河南偃师杏园村的两座魏晋墓》,《考古》1985年第8期,页721—735、773—774。

浙江省文物考古研究所、湖州市博物馆《湖州市白龙山汉六朝墓葬发掘报告》,载浙江省文物考古研究所编《浙江汉六朝墓报告集》,北京:科学出版社,2012年,页175—178。

郑汉池、刘彦军、申明清《河南安阳市北关唐代壁画墓发掘简报》,《考古》2013年第1期,页2、59—68。

郑绍宗《满城汉墓》,北京:文物出版社,2003年。

郑同修、胡常春、牛瑞红、陈永刚《山东枣庄市桥上东汉画像石墓》,《考古》2004年第6期,页59—69。

郑元日、唐青雕、邓少年《湖南永州市鹞子岭二号西汉墓》,《考古》2011年第4期,页45—62。

郑州大学历史学院、洛阳市文物考古研究院《洛阳孟津朱仓东汉墓发掘简报》,《文物》2015年第4期,页28—38。

郑州市文物考古研究所、登封市文物局《河南登封黑山沟宋代壁画墓》,《文物》2001年第10期,页60—66。

郑州市文物考古研究所、新密市博物馆《河南新密市平陌宋代壁画墓》,《文物》1998年第12期,页26—32、100。

郑州市文物考古研究所、新密市文物保管所《新密下庄河宋代壁画墓》,《中原文物》1999年第4期,页4—10。

郑州市文物考古研究所《郑州宋金壁画墓》,北京:科学出版社,2005年,页8—12。

郑州市文物考古研究院、登封市文物局《河南登封唐庄宋代壁画墓发掘简报》,《文物》2012年第9期,页35—50。

郑州市文物考古研究院、荥阳市文物保护管理所《荥阳槐西壁画墓发掘简报》,《中原文物》2008年5月,页21—25、113—117、119。

郑州市文物考古研究院《郑州市北二七路两座砖雕宋墓发掘简报》,《中原文物》2012年第4期,页2、13—18、113。

中国古代书画鉴定组《中国绘画全集》第1卷《战国—唐》,北京:文物出版社,1997年。

《中国墓室壁画全集》编辑委员会《中国墓室壁画全集·隋唐五代》,石家庄:河北教育出版社,2011年。

中国社会科学院考古研究所安阳工作队《河南安阳刘家庄北地唐宋墓发掘报告》,《考古学报》2015年第1期,页101—146。

中国社会科学院考古研究所安阳工作队《河南安阳市郭家湾汉墓》,载王仲殊主编,考古杂志社编《考古学集刊》(第11辑),北京:中国大百科全书出版社,页187—220

中国社会科学院考古研究所、定陵博物馆、北京市文物工作队《定陵》(上下册),北京:文物出版社,1990年。

中国社会科学院考古研究所、河北省文物管理处《满城汉墓发掘报告》(上下册),北京:文物出版社,1980年。

中国社会科学院考古研究所《陕县东周秦汉墓》,北京:科学出版社,1994年。

中国社会科学院考古研究所《偃师杏园唐墓》，北京：科学出版社，2001年。
中国社科院考古研究所《唐长安城郊隋唐墓》，北京：文物出版社，1980年。
钟长发《甘肃武威南滩魏晋墓》，《文物》1987年第9期，页87—93。
钟治、周科华、李生《四川三台郪江崖墓群柏林坡1号墓发掘简报》，《文物》2005年第9期，页14—35。
重庆市文化遗产研究院、丰都县文物管理所《重庆丰都县火地湾、林口墓地发掘简报》，《江汉考古》2013年第3期，页51—69。
重庆市文化遗产研究院、云阳县博物馆《重庆市云阳县大凼子墓群2014、2015年度发掘简报》，《四川文物》2020年第1期，页22—38、121。
周保华、祁海宁《南京市雨花台区西善桥南朝刘宋墓》，《考古》2013年第4期，页2、33—42。
周长源、徐良玉、吴炜《扬州西汉"妾莫书"木椁墓》，《文物》1980年第12期，页1—6、97。
周到《中国画像石全集·石刻线画》，郑州：河南美术出版社、济南：山东美术出版社，2000年。
周汉信、哈斯《科右中旗出土辽代木椁室及尸床浅析》，兴安盟文物工作站《科右中旗代钦塔拉辽墓清理简报》，均载内蒙古文物考古研究所编《内蒙古文物考古文集》（第二辑），北京：中国大百科全书出版社，1997年，页567—579、651—667。
周锦屏《连云港市唐庄高高顶汉墓发掘报告》，《东南文化》1995年第4期，页102—108。
周裕兴《南京虎踞关、曹后村两座东晋墓》，《文物》1988年第1期，页77—84。
周元生《山东梁山东汉纪年墓》，《考古》1988年第11期，页975—982。
周赟、秦宗林《江苏扬州市小杨庄西汉墓葬M28的发掘》，《考古》2021年第4期，页2、61—78。
朱兰霞《南京北郊东晋墓发掘简报》，《考古》1983年第4期，页315—322、388。
朱亮、李德方《洛阳孟津北陈村北魏壁画墓》，《文物》1995年第8期，页1、26—35、97。
朱亮《洛阳东关夹马营路东汉墓》，《中原文物》1984年第3期，页43—49、120—122。
朱亮、余扶危《洛阳东汉光和二年王当墓发掘简报》，《文物》1980年第6期，页52—56。
朱岩石、何利群、沈丽华《河北磁县北朝墓群发现东魏皇族元祜墓》，《考古》2007年第11期，页3—6。
庄明军、李宝垒、王岩《山东青州市仰天山路宋代砖室墓的清理》，《考古》2011年第10期，页94—96、107—108。
邹宝库《辽阳发现三座壁画墓》，《考古》1980年第1期，页56—58、65、103。

三、研究论著

〔美〕洪知希著，滕宇宁、朱美旎译《"恒在"中的葬仪：宋元时期中原墓葬的仪礼时间》，载〔美〕巫鸿、朱青生、郑岩编《古代墓葬美术研究》（第三辑），长沙：湖南美术出版社，2015年，页196—226。
〔美〕巫鸿《东亚墓葬艺术反思：一个有关方法论的提案》，载其所撰，梅玖、肖铁、施杰等译《时空中的美术（巫鸿古代美术史文编二集）》，北京：生活·读书·新知三联书店，2016年，页161—192。
〔美〕巫鸿、李清泉《宝山辽墓：材料与释读》，上海：上海书画出版社，2013年。
〔美〕巫鸿著，施杰译《黄泉下的美术》，北京：生活·读书·新知三联书店，2011年。

〔美〕余英时著，侯旭东等译《东汉生死观》，上海：上海古籍出版社，2005年。
〔日〕饭山知保《金元时期北方社会演变与"先茔碑"的出现》，《中国史研究》2015年第4期，页117—139。
〔日〕仁井田陞著，栗劲、霍存福、王占通、郭延德编译《唐令拾遗》，长春：长春出版社，1989年。
安志敏《长沙新发现的西汉帛画试探》，《考古》1973年第1期，页43—53。
白彬、丁曼玉《宋金时期北方地区墓主人像类型及表现含义——兼论"开芳宴"定名问题》，《美术学报》2020年第6期，页108—113。
陈寅恪《述东晋王导之功业》，《中山大学学报（社会版）》1956年第1期，页163—175，后载所撰《金明馆丛稿初编》，北京：生活·读书·新知三联书店，2001年，页55—77。
陈寅恪《陈寅恪集·隋唐制度渊源略论稿·唐代政治史述论稿》，北京：生活·读书·新知三联书店，2001年。
陈增弼《汉、魏、晋独坐式小榻初论》，《文物》1979年第9期，页66—71。
程酩茜《汉唐墓葬中的施帐现象研究》，南京大学硕士学位论文，2018年5月。
程义《谈唐代丧葬文献中的"下帐"》，《中国文物报》2011年7月22日第6版。
程义《宋墓壁画夫妻对坐图的再研究》，载西安曲江艺术博物馆编《色·物象·变与辩——首届曲江壁画论坛论文集》，北京：文物出版社，2013年，页181—205。
崔咏雪《中国家具史——坐具篇（增订新版）》，台北：明文书局，1994年。
邓菲《图像与仪式——宋金仿木构砖雕壁画墓图像题材探析》，载〔美〕巫鸿、郑岩编《古代墓葬美术研究》（第一辑），北京：文物出版社，2011年，页285—312。
邓菲《"香积厨"与"茶酒位"——谈宋金元砖雕壁画墓中的礼仪空间》，载中山大学艺术史研究中心编《艺术史研究》（第14辑），广州：中山大学出版社，2012年，页465—497。
邓菲《"性别空间"的构建——宋代墓葬中的剪刀、熨斗图像》，《中国美术研究》2019年第1期，页16—25。
丁雨《从"门窗"到"桌椅"——兼议宋金墓葬中"空的空间"》，载中国人民大学北方民族考古研究所、中国人民大学历史学院考古文博系编《北方民族考古》（第4辑），北京：科学出版社，2017年，页195—204。
董淑燕《执麈凭几的墓主人图》，《东方博物》2011年第3期，页4、49—59。
樊睿《礼仪与情感：宋金墓葬中的共坐图像再探讨》，《民族艺术》2019年第4期，页136—145。
傅征男《南京及其周边地区出土凭几探究——以东晋、南朝时期为主》，南京大学硕士学位论文，2016年5月。
高玲玲、徐伟、沈忠民《供案与祭祀文化之间的渊源探究》，《家具与室内装饰》2018年第5期，页20—21。
高世华《天水棺床墓、墓主人及石棺床屏风画相关问题新论》，《敦煌研究》2021年第1期，页47—56。
古顺芳《大同北魏墓葬图像资料研究》，山西大学硕士学位论文，2006年6月。
郭婧《高元珪墓主坐像》，北京大学本科学位论文，2019年6月。
郭婧《原州梁元珍墓研究》，北京大学硕士学位论文，2021年6月。
郭美玲《西安地区玄宗时代墓室壁画经营与布局》，《西部考古》2017年第2期，页230—248。
郭美玲《西安地区中晚唐壁画墓研究》，载北京大学考古文博学院、北京大学中国考古学研究中心编《考古学研究》，北京：科学出版社，2019 年，页 434—473。

韩国河《秦汉魏晋丧葬制度研究》，西安：陕西人民出版社，1999 年。

韩伟《北周安伽墓围屏石榻之相关问题浅见》，《文物》2001 年第 1 期，页 90—101。

韩小囡《宋代墓葬装饰研究》，山东大学博士学位论文，2007 年 5 月，页 111—113。

何康《汉唐墓葬屏风随葬样式之变》，北京大学硕士学位论文，2018 年 6 月。

何月馨《隋唐墓葬出土帐构研究》，《中原文物》2016 年第 2 期，页 94—100。

贺华《读〈唐高元珪墓志〉》，载西安碑林博物馆编《碑林集刊》（第三辑），西安：三秦出版社，1995 年，页 87—89。

贺西林《北朝画像石葬具的发现与研究》，载巫鸿编《汉唐之间的视觉文化与物质文化》，北京：文物出版社，2013 年，页 341—373。

贺西林《道德再现与政治表达——唐燕妃墓、李勣夫妇墓屏风壁画相关问题的讨论》，《故宫博物院院刊》2019 年第 12 期，页 70—88。

胡德生《几子案子和桌子》，《家具》1997 年第 5 期，页 25—27。

胡德生《中国古代的家具》，北京：商务印书馆，1997 年。

胡雪竹《汉代墓内祭祀空间及祭祀图像的研究》，西安美术学院硕士学位论文，2017 年 5 月。

华勇《浅析屏风与空间》，《艺术教育》2006 年第 3 期，页 81、112。

黄晖《论衡校释》，北京：中华书局，1990 年。

黄晓芬《汉墓形制的变革——试析竖穴式椁墓向横穴式室墓的演变过程》，《考古与文物》1996 年第 1 期，页 49—69。

黄晓芬《汉墓的考古学研究》，长沙：岳麓书社，2003 年，页 92、155。

霍巍《六朝陵墓装饰中瑞兽的嬗变与"晋制"的形成》，《考古》2015 年第 2 期，页 2、103—113。

姜伯勤《天水隋石屏风墓胡人"酒如绳"祆祭画像石图像研究》，《敦煌研究》2003 年第 1 期，页 13。

蒋赞初《关于长江下游六朝墓葬的分期和断代问题》，载中国考古学会编《中国考古学会第二次年会论文集（1980 年）》，北京：文物出版社，1982 年，页 196—205。

蒋赞初《南京东晋帝陵考》，《东南文化》1992 年第 3、4 期，页 98—106。

李道亮《古代屏风造型特征和功能演变探析》，《美与时代（上）》2013 年第 11 期，页 105—106。

李虹《死与重生：汉代墓葬信仰研究》，山东大学博士学位论文，2011 年 4 月。

李鉴昭《试说六朝墓中出土凭几的正名与用途》，《考古通讯》1956 年第 5 期，页 60—62。

李娟娟《东晋侨姓士族与江东世族的关系》，《嘉应学院学报》2017 年第 35 卷第 12 期，页 30—35。

李林《"图像铭记"与祭奠空间——以辽阳壁画墓墓主画像与明器台（室）为中心》，《艺术探索》2013 年第 4 期，页 4、29—36。

李梅田、李童《魂归于墓：中古招魂葬略论》，《江汉考古》2019 年第 4 期，页 95—103。

李梅田、赵东《帷帐居神——墓室空间内的帷帐及其礼仪功能》，《江汉考古》2021 年第 3 期，页 58—65。

李梅田《曹魏薄葬考》，《中原文物》2010 年第 4 期，页 17—20、69。

李清泉《"一堂家庆"的新意象——宋金时期的墓主夫妇像与唐宋墓葬风气之变》，《美术学报》2013 年第 2 期，页 17—30。

李清泉《墓主像与唐宋墓葬风气之变——以五代十国时期的考古发现为中心》，《美术学报》2014 年第 4 期，页 4—20。

李清泉《埋在地下的三维屏风》，载〔美〕巫鸿编《物绘同源：中国古代的屏与画》，上海：上海书画出版社，2021年，页37—66。

李清泉《宣化辽墓：墓葬艺术与辽代社会》，北京：文物出版社，2008年。

李如森《汉代墓祀新探》，《北方文物》1998年第1期，页28—33。

李如森《汉代丧葬礼俗》，沈阳：沈阳出版社，2003年。

李婷《墓内祭祀的继承与流变》，云南民族大学硕士学位论文，2015年6月。

李蔚然《南京六朝墓葬的发现与研究》，成都：四川大学出版社，1998年。

李宗山《中国家具史图说》，武汉：湖北美术出版社，2001年。

梁潇《东亚墓葬艺术研究方法论模型结构研究——以巫鸿先生〈东亚墓葬艺术反思：一个有关方法论的提案〉为例》，《大观》2015年第7期，页16。

刘未《辽代契丹墓葬研究》，《考古学报》2009年第4期，页497—546。

刘未《门窗、桌椅及其他——宋元砖雕壁画墓的模式与传统》，载〔美〕巫鸿、朱青生、郑岩编《古代墓葬美术研究》（第三辑），长沙：湖南美术出版社，2015年，页227—252。

刘文锁《唐代西州的屏风画》，《新疆艺术（汉文）》2018年第5期，页113—125。

刘亚玲《宋代富民阶层生活探究——以北方地区宋代墓葬的考古发掘为视角》，郑州大学硕士学位论文，2016年4月。

刘中伟《晋江流域东晋南朝墓葬与社会结构和经济形态》，《泉州师范学院学报》2014年第3期，页31—37。

刘尊志《汉代墓内祭祀设施浅论》，《中原文化研究》2019年第1期，页55—62。

鲁礼鹏《吐鲁番阿斯塔那墓地出土木案类型学研究》，《吐鲁番学研究》2014年第1期，页91—102。

陆锡兴《凭几源流》，《中国典籍与文化》2000年第1期，页97—101。

罗宗真《六朝考古》，南京：南京大学出版社，1994年。

马晓玲《北朝至隋唐时期墓室屏风式壁画的初步研究》，西北大学硕士学位论文，2009年6月。

马雍《论长沙马王堆一号汉墓出土帛画的名称和作用》，《考古》1973年第2期，页118—125。

倪润安《南北朝墓葬文化的正统争夺》，《考古》2013年第12期，页71—83。

聂定《辽代墓葬出土木器具研究》，《赤峰学院学报（汉文哲学社会科学版）》2017年第38卷第9期，页17—22。

聂菲、姚湘君《从汉画看汉代家具及陈设》，《南方文物》2002年第3期，页77—83。

齐东方《中国古代丧葬中的晋制》，《考古学报》2015年第3期，页345—366。

秦大树《宋元明考古》，北京：文物出版社，2004年。

商彤流《太原唐墓壁画之"树下老人"》，《上海文博论丛》2006年第3期，页20—23。

尚志儒《凤翔县高庄战国秦墓发掘简报》，《文物》1980年第9期，页10—14、31、98。

申秦雁《谈谈唐代帝王的狩猎活动——兼谈章怀太子墓〈狩猎出行图〉》，载《陕西历史博物馆馆刊》编辑部编《陕西历史博物馆馆刊》（第5辑），西安：西北大学出版社，1998年，页272—276。

沈睿文《拓跋—北魏考古概观》，《上海书评》2017年3月9日。

沈睿文《太原金胜村唐墓再研究》，载陕西师范大学历史文化学院、陕西历史博物馆编《丝绸之路研究集刊》，北京：商务印书馆，2018年，页7—32。

沈睿文《中古中国祆教信仰与丧葬》，上海：上海古籍出版社，2019年。

宿白《西安地区唐墓壁画的布局与内容》,《考古学报》1982年第2期,页137—153。
孙秉根《西安隋唐墓葬的形制》,载徐元邦编《中国考古学研究——夏鼐先生考古五十年纪念论文集》(二集),北京:科学出版社,1986年,页161。
孙机《汉代物质文化资料图说》(增订本),上海古籍出版社,2008年。
孙作云《长沙马王堆一号汉墓出土画幡考释》,《考古》1973年第1期,页54—61、70—71。
唐静《考古材料中十二生肖形象的类型及演变》,吉林大学硕士学位论文,2007年4月。
田余庆《东晋门阀政治》,北京大学出版社,1989年。
王丽颖《中国北方地区宋金墓葬中宴饮图装饰研究》,山西大学硕士学位论文,2013年6月。
王利民《大同地区考古资料中的古代家具初探》,《山西大同大学学报(社会科学版)》2008年第1期,页35—37、57。
王倩《魂兮有奉:三国两晋南北朝墓葬祭祀遗存研究》,北京大学博士学位论文,2020年6月。
王音《北朝晚期墓室空间布局研究——以北魏洛阳时代至北齐都城地区的墓葬为例》,载北京大学中国考古学研究中心主办《古代文明》(第12卷),北京:文物出版社,2018年,页306—323。
王音《孙吴墓葬中的砖台及其渊源流布——以都城墓葬为中心》,《南方文物》2020年第2期,页193—199。
王音《长江中下游孙吴、西晋墓葬中的文化与礼俗》,北京大学博士学位论文,2019年6月。
王源、郭丽云《唐朝墓葬棺床位置变化原因初探》,《山西广播电视大学学报》2016年第4期,页92—96。
王作新《"隐几而卧"诂正》,《古籍整理研究学刊》1994年第1期,页22—24。
韦正《六朝墓葬的考古学研究》,北京:北京大学出版社,2011年。
魏镇《洛阳汉墓中的陶案及其礼仪功能》,《中国国家博物馆馆刊》2017年第12期,页17—24。
魏镇《礼俗之间:"古不墓祭"研究反思》,《民俗研究》2019年第4期,页69—74、158。
魏镇《汉代墓内设奠现象与祭奠器再研究》,《考古》2020年第11期,页83—90。
温星金《东晋建康地区墓葬制度试析》,南京大学硕士学位论文,2016年5月。
吴丽娱《唐代的皇帝丧葬与山陵使》,载武汉大学中国三至九世纪研究所《魏晋南北朝隋唐史资料》(第二十四辑),《武汉大学文科学报》编辑部编辑出版,2008年,页110—137。
吴荣曾《"五朱"和汉晋墓葬断代》,《中国历史文物》2002年第6期,页46—49。
吴郁芳《也说"隐几而卧"》,《古籍整理研究学刊》1994年第4期,页30—31。
吴振韩《三足凭几的形态及其演变研究》,《东南文化》2017年第4期,页73—84。
武伯伦《古城集》,西安:三秦出版社,1987年。
信佳敏《汉唐时期墓室壁画中的屏风图像研究》,中央美术学院硕士学位论文,2010年5月。
邢福来《北朝至隋初入华粟特贵族墓随葬用围屏石榻研究》,《考古与文物》2006年增刊《汉唐考古》,页239。
徐华《两汉生死观的演变及其艺术表现》,《扬州大学学报(人文社会科学版)》2004年第3期,页91—96。
徐涛涛《屏风的历史渊源及其文化脉络》,《现代装饰(理论)》2015年第2期,页198。
许永杰《中国考古学研究中的情境分析》,《考古与文物》2011年第1期,页92—99。
薛豫晓《宋辽金元墓葬中"开芳宴"图象研究》,四川大学硕士学位论文,2007年5月。

杨泓《考古发现与中国古代家具史的研究》，载《庆祝苏秉琦考古五十五年论文集》，北京：中华书局，1989年，页121—128；后载其所撰《汉唐美术考古和佛教艺术》，北京：科学出版社，2000年，页245—252。

杨泓《美术考古半世纪——中国美术考古发现史》，北京：文物出版社，1997年。

杨泓《敦煌莫高窟与中国古代家具史研究之一——公元五至六世纪中国家具的演变》，载其所撰《汉唐美术考古和佛教艺术》，北京：科学出版社，2000年，页253—263。

杨泓《汉唐之间城市建筑、室内布置和社会生活习俗的变化》，载巫鸿编《汉唐之间的视觉文化与物质文化》，北京：文物出版社，2003年，页3—30；后载其所撰《中国古兵与美术考古论集》，北京：文物出版社，2007年，页205—232。

杨泓《隐几》，载其所撰《逝去的风韵——杨泓谈文物》，北京：中华书局，2007年，页58—60。

杨泓《考古所见魏晋南北朝家具》，《紫禁城》2010年第10、12期，2011年第1期，页54—67、60—65、94—99。

杨泓《冬寿墓再研究——为祝贺宿白先生九十华诞而作》，载中国考古学会编《中国考古学会第十四次年会论文集（2011年）》，北京：文物出版社，2012年，页421—437。

杨泓、孙机《寻常的精致》，沈阳：辽宁教育出版社，1996年。

杨鸿勋《关于秦代以前墓上建筑的问题》，《考古》1982年第4期，页402—406。

杨宽《先秦墓上建筑和陵寝制度》，《文物》1982年第1期，页31—37。

杨森《敦煌家具研究》，兰州大学硕士学位论文，2006年5月。

杨效俊《影作木构间的树石——懿德太子墓与章怀太子墓壁画的比较研究》，载周天游、申秦雁编《唐墓壁画研究文集》，西安：三秦出版社，2001年，页333—347。

易晴《宋金中原地区壁画墓"墓主人对（并）坐"图像探析》，《中原文物》2011年第2期，页73—80。

于宏伟、郝红星、李扬《河南登封城南庄宋代壁画墓》，《文物》2005年第8期，页62—70。

于静芳《唐墓壁画女性图像风格研究》，西安美术学院博士学位论文，2018年5月。

于伸《木样年华：中国古代家具》，天津：百花文艺出版社，2006年。

俞伟超《汉代诸侯王与列侯墓葬的形制分析——兼论"周制"、"汉制"、"晋制"的三阶段性》，载其所撰《先秦两汉考古学论文集》，北京：文物出版社，1985年，页117—125。

袁泉《从墓葬中的茶酒题材看元代丧祭文化》，载吉林大学边疆考古研究中心编《边疆考古研究》（第六辑），北京：科学出版社，2007年，页329—349。

袁泉《物与像：元墓壁面装饰与随葬品共同营造的墓室空间》，《故宫博物院院刊》2013年第2期，页54—71。

袁泉《蒙元时期中原北方地区墓葬研究》，北京：文物出版社，2020年，页195—246。

袁胜文《宋元墓葬中的供祀——以壁饰和随葬品为中心》，《南开学报（哲学社会科学版）》，2018年第2期，页153—160。

张道森、吴伟强《安阳唐代墓室壁画初探》，《美术研究》2001年第2期，页26—28。

张建林《唐墓壁画中的屏风画》，载周天游编《唐墓壁画研究文集》，西安：三秦出版社，2001年，页237—238。

张鹏《勉世与娱情——宋金墓葬壁画中的一桌二椅到夫妇共坐》，《美术研究》2010年第4期，页55—64。

张勋燎《吐鲁番阿斯塔那216号唐墓壁画考释》，《中国史研究》1980年第4期，页131—140。
张蕴、秦造垣《浅谈"下帐"》，《考古与文物》2009年第6期，页46—48。
赵超《"树下老人"与唐代的屏风式墓中壁画》，《文物》2003年第2期，页69—81。
赵超《从太原金胜村唐墓看唐代的屏风式壁画墓》，载陕西历史博物馆编《唐墓壁画国际学术研讨会论文集》，西安：三秦出版社，2006年，页199—208。
郑浩东《东汉形神思想研究——以〈新论〉、〈论衡〉为中心》，兰州大学硕士学位论文，2015年6月。
郑旭东《西安曲江唐故博陵郡夫人崔氏墓相关问题略论》，《文博》2017年第3期，页27—32。
郑岩《魏晋南北朝壁画墓研究》，北京：文物出版社，2002年。
周保国《"古不墓祭"再考》，《华夏文化论坛》2018年第2期，页72—85。
周庭熙《论南京地区东晋南朝墓出土的明器榻》，《东南文化》2017年第1期，页102—108。
周庭熙《南京地区东晋南朝墓葬所出明器坐榻研究》，南京大学硕士学位论文，2017年5月。
周耀、张吉庆《试论屏风在古代室内生活中的作用》，《设计》2016年第11期，页107—109。
朱启新《高年授几杖——古代的尊老与养老》，《中华文化画报》2010年第10期，页82—87。
朱新艳《床榻围子的历史渊源研究》，《家具与室内装饰》2015年第10期，页92—93。
庄程恒《北宋两京地区墓主夫妇画像与唐宋世俗生活风尚之新变动》，载中山大学艺术史研究中心编《艺术史研究》（第12辑），广州：中山大学出版社，2010年，页83—122。
邹清泉《隐几图考》，《文艺研究》2012年第2期，页130—135。
邹清泉《图像重组与主题再造——"宁懋"石室再研究》，《故宫博物院院刊》2014年第2期，页97—113、160。

后　记

　　家居随葬组合的名称放在这里，怕是已经引起一些不解和质疑。诚然，在挥笔的过程中，我也一度挣扎思索这一名字最终是否能够契合我想要真正论证的问题。为了避免研究对象的争议，在绪言中，我将"家居随葬组合"做了具体的厘定，即包括实物、壁画等多种材料形式在内的、象征墓主生前居室家具一类的墓内器物，同时也将墓主画像题材纳入了讨论的范畴。

　　自魏晋以来，中国古代墓葬墓内随葬陶器大致可分为以下三大系统：包括仪仗出行类的俑群组合、日常生活类的实用器具，以及以案、几、屏风为代表的家居类随葬器物。后者形成家居随葬组合并非魏晋时期一蹴而就，相反，它具有自身的发展脉络和历史变化。前人学者在研究中通常赋予其一个性质化的组合描述，亦如先秦两汉时期常称"祭器"，至东晋南朝则称墓内的砖台作"祭台"，但对组合性质的推定又多有前后矛盾、犹疑之处。故而在几次斟酌后，我想就材料本身的划分会更有利于研究的深入，"家居"一词既能将相关的考古学物质对象统统扔入考察的范畴，其边界又可根据不同历史阶段的现实传统进行更改；同时，不在开始前就对这一组合的性质进行框定，也就允许其特征意涵在历史进程中发生改变。

　　在考古学研究中，对一固定命题的长时段考察是极为常见的一种研究方法。打通看似不同年代、不同王朝的时间壁垒，能够使我们以一种更加合理、更加精确的眼光去审视关联问题的内核并发现历史真相。如何在浩如烟海、星罗棋布的考古学材料中编织出蜘蛛网状般的时空脉络？如何对已获取的材料进行安排与归置，最大限度地让其展现出原本的真实色彩？又如何在长时段的研究视野下抽丝剥茧般地提取出可能存在的动态化边界或结论？这一系列的问题都是在相关研究中亟需解决和克服的。

　　就墓葬内随葬组合的研究而言，基于目前考古学分段的学科现状，少有学者做跨时代的整体性叙述，即使有，也多是缀连前朝、勾绣后世的简单回顾或展望，而非从头至尾的全面梳理。其原因当与物质材料本身的复杂性、多样性有关，存在可操作层面上的阻碍。但若想真正弄清某一物质对象或现象，究竟滥觞何处、发展何如，其主体特征与核心意涵又是否发生变化、发生何种变化，那么，这一工作确是不得不想、不得不做的。

故而，打破传统历史朝代更迭的界限，揭示墓葬体系内部各随葬组合所凸显或隐匿着的延续性，是考古学研究应有的合理取向，亦是中华传统文化中难以割裂的传承性与赓续性所给予我们的永恒基调。也正因此，我们才有无限接近于历史真相的可能。

本书的写作及出版，要感谢许多人。感谢沈睿文老师从选题到成稿，从修改到出版一路以来的指导与帮助！感谢齐东方、杨哲峰、倪润安、秦大树、田天、丁雨、李云河等老师在写作过程中的建议与启发！感谢卢亚辉、贺逸云、何康、李佳胜、蒋子谦、梁硕、郭婧等师兄师姐的交流与鼓励！感谢何燕、王蕻荃等师弟师妹的陪伴和支持！感谢编辑缪丹师姐对本书的认真编校！

考古学于我而言的最大意义，莫过于能够在唯一、单程的人生旅途中拥有触碰、感知他者生命的体验。期待自己下一次站在历史与未来的交汇点上时，仍能满怀"回头看的好奇心"与"往前走的勇气"。

李嘉妍
2022 年 11 月于燕园

考古与礼

❖ **古礼足征**
礼制文化的考古学研究
高崇文 著
2015 年初版

❖ **鸡冠壶**
历史考古札记
刘 未 著
2019 年初版

❖ **葬之以礼**
魏晋南北朝丧葬礼俗与文化变迁
李梅田 著
2022 年初版

❖ **南北朝墓葬礼制研究**
韦 正 著
2022 年初版

❖ **礼与礼器**
中国古代礼器研究论集
张 辛 著
2022 年初版

❖ **墓葬中的礼与俗**
沈睿文 著
2022 年初版

❖ **中古丧葬模式与礼仪空间**
李梅田 著
2023 年初版

❖ **从飨宴到丧祭**
两汉至宋元墓葬家居随葬组合研究
李嘉妍 著
2023 年初版

❖ **青铜器与宋代文化史**
陈芳妹 著
2024 年即将出版

上海古籍出版社